GUIA DA

INTELIGÊNCIA ARTIFICIAL

DO INICIANTE AO NERD

André Barcaui

GUIA DA INTELIGÊNCIA ARTIFICIAL

DO INICIANTE AO NERD

ACTUAL
Rio de Janeiro, 2025

Guia da Inteligência Artificial

Copyright © 2025 Actual.

Actual é uma empresa do Grupo Editorial Alta Books (STARLIN ALTA EDITORA E CONSULTORIA LTDA).

Copyright © **2025** *by* André Barcaui.

ISBN: 978-65-83400-07-9

Impresso no Brasil — 1ª Edição, 2025 — Edição revisada conforme o Acordo Ortográfico da Língua Portuguesa de 2009.

Dados Internacionais de Catalogação na Publicação (CIP)
(BENITEZ Catalogação Ass. Editorial, MS, Brasil)

B242g
1.ed. Barcaui, André
Guia da inteligência artificial : do iniciante ao nerd / André Barcaui. – 1.ed. – Rio de Janeiro : Actual, 2025.
320 p.; 15,7 x 23 cm.

Bibliografia.
ISBN 978-65-83400-07-9

1. Inteligência artificial. 2. Inteligência artificial – Manuais, guias etc. 3. Redes neurais. 4. Tecnologia. I. Título.

04-2025/131 CDD 006

Índice para catálogo sistemático:
1. Inteligência artificial 006
Aline Graziele Benitez – Bibliotecária – CRB-1/3129

Grupo Editorial Alta Books

Produção Editorial: Grupo Editorial Alta Books
Diretor Editorial: Anderson Vieira
Editor da Obra: Rodrigo Faria e Silva
Vendas Governamentais: Cristiane Mutüs

Produtora Editorial: Andreza Moraes
Revisão: Leandro Menegaz
Diagramação: Fernando Ribeiro
Capa: André Barcaui.

ALTA BOOKS
GRUPO EDITORIAL

Rua Viúva Cláudio, 291 — Bairro Industrial do Jacaré
CEP: 20.970-031 — Rio de Janeiro (RJ)
Tels.: (21) 3278-8069 / 3278-8419
www.altabooks.com.br — altabooks@altabooks.com.br
Ouvidoria: ouvidoria@altabooks.com.br

Editora **afiliada à:**

ASSOCIADO

Para Lucia Barcaui,

não só por ter sido
meu primeiro "ChatGPT" na vida,
mas por continuar a ser minha eterna
e infinita fonte de inspiração.

Prefácio

NA ALVORADA DA QUARTA REVOLUÇÃO INDUSTRIAL, NOS ENCONTRAMOS À BEIRA DE UMA TRANSFORMAÇÃO tão profunda quanto aquela iniciada pela invenção da roda ou da escrita. A inteligência artificial (IA), tema central desta obra notável de André Barcaui, é a vanguarda dessa transformação. *Guia da Inteligência Artificial: do Iniciante ao Nerd* não é um manual técnico, é um convite a explorar como a IA vem remodelando os contornos do nosso mundo – das formas mais visíveis às mais sutis.

A tecnologia hoje permeia todas as camadas de nossa existência, muitas vezes de maneiras que não percebemos. Desde um simples comando a uma assistente virtual até complexos sistemas de decisão em negócios globais, a IA nos rodeia de formas que ainda estamos começando a compreender.

Neste livro, o professor Barcaui – como gosto de chamar o amigo e ex-colega de IBM –, com mais de duas décadas de experiência na vanguarda tecnológica e educacional, traz uma perspectiva única sobre como desmistificar e democratizar esse conhecimento. E, devo dizer, são muito poucos os que eu conheço que aceitariam o desafio de tornar a IA compreensível e acessível a todos, desde entusiastas a estudiosos sérios do campo.

Com muita habilidade, Barcaui nos conduz através de uma jornada detalhada, começando com os fundamentos da IA no primeiro capítulo e avançando até suas aplicações contemporâneas e implicações éticas. Cada capítulo está cuidadosamente estruturado para abordar um aspecto específico da IA, com explicações claras e exemplos objetivos que ilustram como esses conceitos são aplicados no mundo real. De "aprendizado de máquina» a «IA generativa", professor Barcaui não apenas explica o que a tecnologia faz, mas também como ela se relaciona com nossas vidas cotidianas.

Não imagino melhor momento para recebermos esse livro, um verdadeiro presente. Conforme a IA se torna mais integrada em nossa sociedade, a necessidade de um entendimento amplo e crítico sobre ela passa a ser mais premente. Barcaui reconhece isso e articula, com seu natural bom humor e muitos exemplos práticos, como a IA pode ser usada de forma responsável e eficaz. Seu texto nos convida a não só compreendê-la, mas a questionar e a moldar seu futuro.

Este guia também é pessoal. Nele, o autor compartilha um pouco de suas experiências, desafios e alegrias ao interagir com a tecnologia ao longo de sua carreira. É essa abordagem pessoal que torna o conteúdo não apenas informativo, mas também inspirador. Ele mostra que a IA, apesar de sua complexidade, é uma ferramenta ao alcance de todos e que pode ampliar significativamente nossas capacidades humanas.

Ao se preparar para adentrar nas seguintes páginas, eu o incentivo a explorar cada capítulo não apenas pela sua contribuição ao constructo da inteligência artificial, mas também como um convite ao despertar da curiosidade. Este livro serve como um portal para compreender e se engajar em uma das esferas mais estimulantes e de maior impacto de nosso tempo.

Desejo que sua leitura seja prazerosa e esclarecedora, confiante de que, ao final desta jornada, você verá a inteligência artificial com novos olhos!

Daniel Arantes
Executivo, mentor e conselheiro independente,
com passagens na liderança de empresas como
IBM, McDonald's e Meta

Nota do Autor

Que mundo fascinante esse em que vivemos! Uma verdadeira dádiva para aqueles que, como eu, sempre apostaram que o cotidiano de *Os Jetsons* poderia se tornar, em boa parte, factível. Sem querer fazer referência a nenhuma das partes da trilogia de *Matrix* ou nada do gênero, é fato que a inteligência artificial chegou ao estágio da ubiquidade gerando uma combinação de difícil discernimento entre o real e o virtual. Basta apenas ouvir a Alexa sugerindo uma receita na cozinha ou o iPhone desbloqueado na reação a um olhar mais íntimo.

Para alguém da minha geração que cresceu lendo livros de ficção, que teve filmes de cinema e séries de TV escapistas como parte de sua formação, não é incompreensível ter computadores e robôs como uma de suas paixões. Como diria o sr. Spock, seria ilógico e moralmente injusto negar a influência que as máquinas sempre exerceram em mim, inclusive inspirando a minha primeira formação acadêmica e atuação profissional, um apelo que sempre considerei fascinante, desafiador e instigante ao mesmo tempo. Confesso que o prazer de programar (ou codar, como diriam os desenvolvedores de hoje) sempre me transmitiu uma sensação de *"veni, vidi, vici"*. Era uma disputa interna, solitária, mas que me enchia de dopamina como recompensa quando um código bem-feito e elegante fazia o que dele era esperado.

Cheguei a desenvolver jogos em época de faculdade, nada muito profundo – e muito menos comercial. Joguinhos simples que, curiosamente, me davam mais prazer em criar do que propriamente em jogar. Aliás, sempre foi assim. A graça maior sempre esteve no desenvolvimento, no desafio. Em uma dessas empreitadas, meu objetivo foi desenvolver um jogo em que a máquina se tornasse imbatível. Nada nem ninguém conseguiria ganhar do meu programa. Claro que teria que ser uma opção de jogo simples. Primeiro, porque apesar de esforçado, eu não era nenhum Bill Gates. Segundo, porque não estávamos falando ainda de aprendizado de máquina, mas sim, de um minissistema especialista programado de forma a não dar brecha de vitória ao adversário. A escolha natural foi uma espécie de *space invaders* estilizado, dado que as regras são simples e o número de combinações de jogadas possíveis é finito e modesto.

Arrisco-me a dizer que o jogo ficou perfeito, ainda que só pessoas da minha família tenham jogado(!). Mas o mais curioso é que, sem perceber, estava lá um protótipo de simulação de inteligência que eu havia criado e que me arrebatou profundamente – ou seja, a possibilidade de a máquina estar jogando um jogo "por ela mesma" sem qualquer chance de perder, no máximo, empatar. Aquilo era inteligência de verdade? Óbvio que não! Afinal, era tudo baseado em uma sequência de *if-then-else* pré-programada. Mas a impressão de quem jogava contra o computador era o que contava. Em resumo, a raiva de não conseguir ganhar e as frases que eu havia arquitetado para o programa espezinhar seu opoente constituíam a fonte geradora na percepção de inteligência abstrata.

Evidentemente, a ficção científica sempre contribuiu com boa parte dessa sensação. Eu diria até que é corresponsável porque, afinal, como escreveu o poeta Oscar Wilde "a vida imita a arte mais do que a arte imita a vida". Só que dessa época longínqua da minha história para cá muita coisa mudou. Assisti e continuo assistindo inúmeras séries com roteiros cada vez mais elaborados, filmes com efeitos progressivamente extraordinários e incontáveis horas de leitura. Em outras palavras, sigo sendo um apaixonado por ficção e tecnologia em geral. Mas, então, o que teria mudado? Elas... as máquinas. Aquelas que eu havia me acostumado a vencer.

Eis que as máquinas se popularizaram, ficaram infinitamente mais potentes, com abundância de memória e colossal poder de processamento. Basta ver como um simples smartphone oferece hoje mais poder computacional do que o computador de bordo da Apollo 11 (embora um iPhone não consiga levar ninguém a superfície da Lua). Ou seja, de um segmento restrito a especialistas, a ciência da computação se tornou globalmente distribuída em uma verdadeira revolução que levou à disseminação dos computadores. Revolução esta que sofreu um upgrade desde que a ARPANET[1] e o TCP/IP[2] foram criados. Definitivamente, o mundo nunca mais seria o mesmo. A internet logo se propagou e navegadores como os saudosos Mosaic e Netscape tornaram a navegação fácil e amigável.

Com a entrada do novo milênio, a internet passou por uma enorme expansão a partir do surgimento de novas tecnologias e serviços – como as redes sociais, o comércio eletrônico, a computação na nuvem e os dispositivos móveis. Essa democratização da informação levou a internet a deixar de ser apenas um meio de comunicação e informação para assumir sua verdadeira vocação como plataforma de negócios e entretenimento. Esse mesmo movimento propiciou uma verdadeira enxurrada de aplicativos que nos levam a pensar como era possível a vida na Terra antes deles. O fenômeno é interessante porque, se pararmos para refletir, em nenhuma das revoluções industriais anteriores a velocidade de penetração, o impacto e a capilaridade foram tão velozes e profundos. Fazendo uma analogia rápida, a eletricidade – uma das principais inovações da Segunda Revolução Industrial – levou cerca de meio século para ser incorporada em 25% da população mundial. Já a onipresente ferramenta ChatGPT levou cerca de dois meses para atingir 100 milhões de usuários em todo mundo após ter sido lançada![3]

---

1 A *Advanced Research Projects Agency Network* (ARPANET) foi uma rede de computadores construída em 1969 para transmissão de dados militares sigilosos e interligação dos departamentos de pesquisa nos Estados Unidos, inicialmente financiada pela então Agência de Projetos de Pesquisa Avançada (ARPA, atual DARPA) do Departamento de Defesa dos EUA.

2 Transmition Control Protocol/Internet Protocol: Conjunto de protocolos de comunicação entre computadores em rede.

3 Fonte: https://www.reuters.com/technology/chatgpt-sets-record-fastest-growing-user-base-analyst-note-2023-02-01/. Acessado em 4 de março de 2023.

Foi nesse contexto de metamorfose coletiva e ambulante que voltei a ter contato com a inteligência artificial – muito tempo depois de formado. Envolvi-me em um projeto que utilizou IA para desenvolvimento de um chatbot, mas que acabou abarcando a análise preditiva, além de outras aplicações dentro do leque de possibilidades que a IA oferece. Ao iniciar o projeto com uma equipe de cientistas de dados, senti uma mescla de nostalgia, perplexidade e entusiasmo que há muito não experimentava – tanto do ponto de vista das alegrias quanto das agruras. Tive que procurar conhecer metodologias de gestão de dados e adaptá-las da melhor forma ao contexto da gestão do projeto, voltar a programar, tomar contato com modelos que me fizeram voltar a estudar estatística, entre outras iniciativas que culminaram nesse livro.

Admito que a pandemia nesse ponto até me ajudou, liberando mais tempo para estudo. A constatação de que a tecnologia de IA havia florescido e de que eu poderia me tornar um profissional melhor com ela me encheu de ânimo e desejo de conhecer mais e me embrenhar naquele emaranhado de algoritmos. Não mais com intenção de "vencer a máquina", mas para entender como utilizá-la da forma mais fértil, benéfica e responsável.

O assunto é inesgotável e quanto mais estudamos, mais percebemos o quanto falta estudar. Foi nesse clima que comecei a dar aulas e palestras sobre IA. Não existe técnica melhor ao tentar dominar um assunto do que dar aulas a respeito dele. E foi exatamente a partir desse ponto que percebi haver uma demanda de pessoas cansadas de buscar referências em diversos locais diferentes a respeito dos mais profusos tópicos sobre IA. No reconhecimento que se trata de algo importante, mas também com certa dificuldade de penetrar no assunto de forma inteligível, confidenciavam a mim que seu único desejo era uma fonte simples e prática de começar a aprender sobre IA. Algum compêndio de fácil compreensão e de tal modo resumido, que facilitasse o entendimento do que parece ser o epicentro da Quarta Revolução Industrial.

Da mesma forma, amigos mais próximos e familiares, de tanto me ouvir falar sobre o tema e insistir que estamos vivendo um novo ponto de virada na história da humanidade, também corroboravam na súplica por um *locus* esmerado de informação que cumprisse o papel de fio de Ariadne desse enorme labirinto de algoritmos, termos e expressões relativas à IA.

Entretanto, quem já escreveu livros sabe que são como filhos e que, portanto, demandam tempo e dedicação. Vontade para escrever sobre o que venho trabalhando e estudando há tempos não faltava, mas sempre postergava essa iniciativa em função dos demais compromissos assumidos. Para resumir uma longa história, foram mais de catorze meses escrevendo. Não direto, assumo. Começando, parando, estudando, voltando, parando de novo, intercalando com trabalho, reescrevendo, até o texto estar do jeito que eu achava que seria interessante. Tudo isso sem contar as idas e vindas com a editora.

Um ponto deveras cativante – e insólito ao mesmo tempo – foi quanto ao uso da IA durante o processo de escrita. Claro que sabia que teria que fazer a IA trabalhar para mim (e não ao contrário), ela deveria me ajudar, dentre outros pontos, na síntese dos pontos-chave de cada capítulo, na geração de imagens, na revisão de partes do texto e nas pesquisas por referências. Mas, na prática, todo processo foi bem mais custoso e laborioso do que eu imaginava. O apoio generativo nem sempre é tão aprazível e assertivo quanto se presume, ele comete erros (sim, a máquina erra!) e por vezes apresenta desafios intrínsecos ao processamento de linguagem natural que, a princípio, eu havia subestimado.

A IA também foi uma grande aliada na manipulação de expressões (em que pese que por vezes tenhamos tidos embates notáveis), mas reconheço que em vários momentos deixei meu lado geek sobressair sem pudores. Efetivamente, foram muitas horas de pesquisa e revisões, desenhando resumos esquemáticos de algoritmos e compilando artigos que já havia escrito sobre o tema. Tudo isso temperado por uma profunda paixão pelo assunto que transforma o árduo processo de redação em uma fonte de satisfação indescritível. Todavia, mesmo depois de inúmeras revisões, o trabalho nunca parece completo; sempre há espaço para aperfeiçoamento, comprovando que escrever é mesmo um ato de resistência.

Meu compromisso comigo mesmo era de produzir capítulos sintéticos (coisa que algumas vezes consegui, outras nem tanto), com uma abordagem que fosse ao mesmo tempo substancial e acessível. Algo que pudesse ser digerido não só por especialistas, mas também por entusiastas e iniciantes no campo. Cada seção foi esculpida com o propósito de desmistificar a IA tornando-a mais próxima e menos intimidadora, sempre me empenhando para transmitir conhecimento prático que possa ser aplicado.

Em termos da arquitetura, o livro está organizado da seguinte forma: o Capítulo 1, como não poderia deixar de ser, introduz o conceito de inteligência artificial e suas variações. No Capítulo 2 há uma pequena revisão da história da IA para que o leitor perceba que nada ocorre por acaso e as coisas têm seu tempo de acontecer. No Capítulo 3, fiz questão de abordar um tema um tanto mais espinhoso, porém compulsório no estudo de IA: a engenharia de dados. Depois, o Capítulo 4 fala sobre as novas profissões oriundas de IA, suas características e desafios. O Capítulo 5 aborda o aprendizado de máquina, que é, na prática, o coração que bate dentro do peito da IA. Os Capítulos 6, 7, 8 e 9 tratam das principais categorias de algoritmos de aprendizado de máquina: supervisionado, não supervisionado, por reforço e outras categorias, respectivamente. No Capítulo 10 é explorada o fascinante mundo das redes neurais e do aprendizado profundo – uma área que vem transformando a maneira como interagimos com a tecnologia e processamos grandes volumes de dados. O Capítulo 11 trata da IA generativa, abrindo alas para decifrar o dadivoso ChatGPT, no Capítulo 12. Os capítulos seguintes focam no desenvolvimento de projetos envolvendo IA. Tanto o Capítulo 13 quanto o 14 provavelmente terão maior apelo para aqueles que pretendem se envolver com a IA de maneira mais intrínseca, ainda que eu recomende fortemente a leitura para todos, uma vez que é traçado um mapa de como se localizar na salada de opções que a IA oferece. O Capítulo 15 apresenta uma série de aplicações de IA nas mais diversas áreas com exemplos reais de utilização. Mas, como nem tudo na vida é um mar de rosas, o Capítulo 16 deixa claro alguns dos principais riscos e desafios envolvendo a tecnologia de IA, principalmente no que diz respeito ao lado ético de sua utilização. O último capítulo do livro (17) fecha com uma homenagem à IA na cultura em geral, com diversas referências a livros, filmes e séries, mas, principalmente, visando deixar claro o que é ficção e o que é realidade.

Você pode optar por ler de forma sequencial ou ir direto para aquele tópico que mais lhe interessar. Contudo, admito que mesmo tentando construir uma estrutura de capítulos evolutiva, alguns trechos acenam mais para neófitos e, outros, para experts no assunto. O resultado não pretende – e nunca pretendeu – ser um tratado definitivo sobre IA. Trata-se de um ponto de partida e um complemento para aqueles interessados em inteligência artificial, um convite à exploração, uma ponte para transformar a curiosidade inicial em mais curiosidade ainda! Se conseguir lograr esse propósito, considerarei a missão cumprida com satisfação.

Vale comentar também que coloquei todos os algoritmos que usei para formar os exemplos passados no livro em um link no Github. Basta clicar o QR Code a seguir para acessá-lo.

Acredito que estes exemplos possam ajudar a tangibilizar o que foi apresentado em termos de aprendizado de máquina, transformando o abstrato em concreto. Para aqueles mais acostumados com a linguagem algorítmica, haverá exemplos simples que podem ser copiados e modificados depois para outros tipos de aplicação mais sofisticadas. Para os mais novatos em programação, pode ser que inspire algum interesse passar os olhos pelos códigos.

Faço votos que sim, mas reitero que o objetivo com esses scripts não é de maneira nenhuma ensinar a construir algoritmos, mas, sim, tentar demonstrar que essas sequências de linhas de código em Python não são "bichos de sete cabeças" (ainda que possamos complicar tanto quanto a necessidade da aplicação) e qualquer pessoa com boa vontade, persistência e alguma resiliência pode aprender a programar. Espero que as linhas de código compartilhadas não sejam apenas uma extensão da teoria, mas um convite à ação. Programar é uma jornada de descoberta contínua, na qual cada erro é um degrau e cada sucesso é um horizonte expandido.

Que as possibilidades que emergirem desses exemplos inspirem o leitor a tecer sua própria narrativa digital, a explorar seu entusiasmo e a persistir diante dos desafios. E que o leitor descubra que, na interseção entre lógica e criatividade, a programação se revela como ciência, mas também como uma forma de expressão pessoal, uma linguagem universal que nos permite transformar ideias em realidade e moldar um pouquinho do mundo a nossa volta.

Feito este preâmbulo, gostaria de aproveitar esse momento mais pessoal e particular que a Nota do Autor proporciona para fazer uma ressalva e elucidar um ponto que considero falacioso na cultura geral a respeito do tema: não tem nada de glamuroso em um projeto de IA, muito pelo contrário! Normalmente é sangue, suor e lágrimas. Espero, inclusive, que ao longo dos capítulos fique mais evidente a razão desta minha afirmação. Por outro lado, isso também não significa que não valha a pena se envolver com inteligência artificial. Verdade seja dita, talvez a mensagem principal que eu queira passar ao leitor é que se há uma área que vale a pena ter certa inquietação intelectual, é IA! Não tenho a menor dúvida que estamos atravessando o momento mais significativo da história recente, que abrange tanto aspectos tecnológicos, quanto sociais, políticos e econômicos de nossas vidas. Paradoxalmente, ao mesmo tempo, sinto que ainda estamos arranhando sua superfície. Portanto, muitas oportunidades surgirão! É uma questão de ter disposição para estudar e estar devidamente preparado.

Por último, ratifico que tentei escrever com o máximo de zelo e carinho. Este é um livro que eu gostaria de ter tido em mãos quando retomei meus estudos sobre IA. Adianto que foi impossível fugir da terminologia especializada porque (1) a IA é uma área efervescente em seu vocabulário técnico e (2) porque entendo que o leitor veio em busca justamente desse conhecimento. A redação tende a ser bem-humorada porque esse é meu estilo, mas também porque meus mais de 24 anos de docência corroboram que essa concepção favorece sobremaneira o aprendizado. Mas lembre-se sempre que este não é um livro de ficção, ainda que eu não tenha me eximido de iniciar cada capítulo com uma pequena citação relativa a filmes e séries. Afinal, é possível formar um professor a partir de um nerd, mas não é possível tirar o nerd do professor.

Boa leitura!

André Barcaui

Sumário

CAPÍTULO 1
Conceito de Inteligência Artificial

As a robot, I could have lived forever. But I tell you all today, I would rather die a man, than live for all eternity a machine."

(Andrew Martin – *Bicentennial Man*)

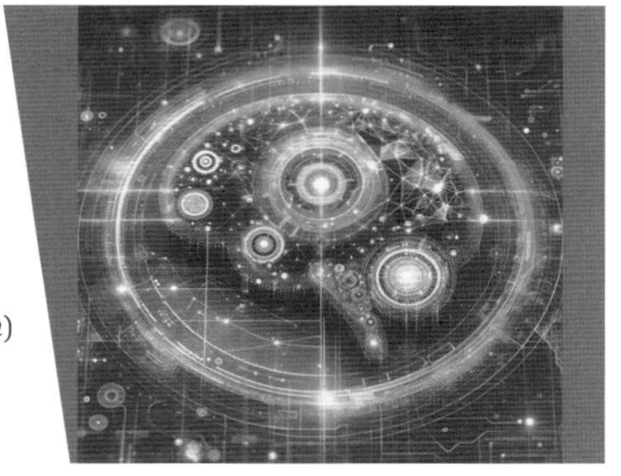

Introdução

A inteligência artificial (IA) é um dos assuntos mais comentados do século XXI segundo o Google Trends.[1] Na verdade, nem seria preciso pesquisar muito para ter a sensação de que o interesse vem crescendo e que estamos vivendo uma realidade diferente. Desconfio que assim será por algum tempo até que o uso da IA seja tão corriqueiro e habitual que nem notemos mais que ela está entre nós. E confie em mim: ela definitivamente está entre nós! Durante a leitura do livro você terá a chance de entender as razões por trás dessa minha afirmação.

Mas antes mesmo de mergulharmos de cabeça no oceano da IA, acho relevante molharmos os pés na praia da inteligência humana. Afinal, é ela que estamos tentando emular com algoritmos, circuitos e códigos.

Inteligência, essa palavra que tanto nos define e nos desafia, tem sido objeto de fascínio e debate desde que os primeiros filósofos coçaram a cabeça e questionaram o que nos torna pessoas inteligentes. Parafraseando Thales de Mileto, "a coisa mais difícil é conhecer a si mesmo". Essa frase sugere uma reflexão sobre a natureza da autoconsciência e da inteligência, implicando que entender a própria essência da mente é uma tarefa labiríntica.

Se perguntarmos a dez pessoas o que é inteligência, provavelmente receberemos onze respostas diferentes (porque uma delas é indecisa e mudará de ideia no meio do caminho).

---

1 Fonte: https://trends.google.com.br/trends/explore?q=%2Fm%2F0mkz&hl=en. Acessado em 18 de maio de 2023.

Para alguns, inteligência é a habilidade de resolver problemas complexos – como descobrir um modo de evitar o trânsito na hora do rush. Para outros, é a capacidade de aprender com a experiência – como aquele amigo que sempre sabe a hora exata de sair da festa antes que as coisas fiquem estranhas. Isso também é inteligência.

E não podemos esquecer da inteligência emocional – a capacidade de uma pessoa reconhecer e entender suas próprias emoções e as dos outros, e a habilidade de usar essa consciência para gerir comportamentos e relacionamentos de forma efetiva. Essa definição foi popularizada por Daniel Goleman, psicólogo e autor da obra *Inteligência Emocional*, publicado na década de 1990.

Mas se você pensar em grandes mentes como Einstein, Da Vinci ou a nossa avó – que sabe exatamente quando estamos precisando de alguma coisa –, você começará a entender que inteligência vai muito além do QI. Ela é multifacetada, um mosaico de habilidades cognitivas, emocionais, sociais e, até mesmo, artísticas. Mas o que tudo isso tem a ver com inteligência artificial?

O que é inteligência artificial?

A INTELIGÊNCIA ARTIFICIAL É, BASICAMENTE, O CAMPO DE ESTUDO QUE SE CONCENTRA NA SIMULAÇÃO DA inteligência humana por meio de máquinas. Diferentemente da nossa capacidade orgânica de sentir e experimentar o mundo, a IA opera através de algoritmos e modelos computacionais que buscam replicar o processamento complexo de dados e a tomada de decisão que caracteriza o pensamento humano.

Na sua essência, a IA se baseia em uma fundação de aprendizado de máquina, no qual sistemas computacionais são alimentados com grandes volumes de dados e usam essas informações para aprender e melhorar o desempenho de tarefas específicas. Através de técnicas como redes neurais, que imitam a estrutura do cérebro humano, a IA pode reconhecer padrões, fazer previsões e até mesmo realizar ações sem a intervenção direta de seres humanos. Falando assim, parece um filme de Stanley Kubrick, Steven Spielberg ou James Cameron, mas não é!

Esse campo está em constante evolução, expandindo as fronteiras do que é tecnicamente possível. A cada dia, novos avanços são feitos, permitindo que sistemas de IA se tornem mais sofisticados, precisos e, em certa medida, "inteligentes". E mesmo considerando que a IA ainda não possui a plenitude da consciência ou emoções como nós, ela segue cada vez mais capaz de realizar tarefas que antes acreditávamos requerer o toque humano e a inteligência natural.

Assim, a IA não é uma simples réplica digital do nosso próprio intelecto, mas uma extensão das nossas capacidades, uma ferramenta poderosa que, quando usada com sabedoria e ética, tem o potencial de transformar todos os aspectos da nossa sociedade. A propósito, transformação é o "nome do meio" da IA. Uma tecnologia que começou tentando não tropeçar em cálculos simples e agora ganha medalhas de ouro em maratonas de eficiência.

O conceito de IA foi concebido no início do século XX, mas só ganhou reconhecimento formal como uma disciplina acadêmica na década de 1950. A jornada da IA é marcada por uma progressão de inovações que vão desde a criação de algoritmos simples que realizam cálculos matemáticos até sistemas complexos capazes de aprender e adaptar-se de maneira autônoma. Então, ainda que não exista uma definição padrão universalmente aceita por toda comunidade científica em relação a IA, essa evolução levou à distinção de três conceitos-chave em sua classificação:

- **IA Fraca (ou IA Estreita):** refere-se a sistemas projetados para realizar tarefas específicas sem a consciência de suas ações. Devido a essa abordagem estreita e à incapacidade de realizar tarefas diferentes das que lhes são especificadas, eles também são chamados de IA "fraca". É como aquele amigo que só sabe fazer macarrão, mas faz isso como ninguém. Exemplos incluem chatbots, sistemas de reconhecimento facial e assistentes pessoais virtuais. Esses sistemas são altamente especializados e operam dentro de um domínio limitado, sendo esse o único modelo que temos até hoje no universo de IA.
- **IA Forte (ou IA Geral[2]):** uma IA que que pode pensar e funcionar no nível humano. Isso inclui tarefas cognitivas, perceptivas, de visão, linguagem e uma abordagem mais geral do pensamento como um todo. Bem mais ampla e adaptável, esta IA poderia teorizar sobre física quântica, compor uma sinfonia ou liderar uma equipe de inovação sem suar a camisa. Só tem um detalhe: ainda não chegamos lá. Existem várias organizações tentando criar uma IAG, algumas delas inclusive transformaram esse objetivo em sua própria missão organizacional, como a OpenAI, por exemplo[3]. São realizados congressos a respeito do tema e definitivamente não existe um só caminho para chegarmos a IA Geral, mas até então isso ainda não ocorreu (pelo menos até a época de produção deste livro).
- **Superinteligência:** expressão utilizada para denotar uma IA que excede a cognição humana. Um sistema hipotético com inteligência extremamente superior às mentes humanas mais brilhantes somadas, oriundo de um autoaperfeiçoamento recursivo. Vale dizer que esta possibilidade é real e constitui uma certa inquietude para muitos pesquisadores, intelectuais e cientistas a respeito da IA.

O leitor poderia argumentar que o ChatGPT faz várias coisas e provê diversos tipos de respostas e, portanto, poderia ser considerado uma IA Geral. Entretanto, embora seja extremamente avançado na área de processamento de linguagem natural, suas habilidades são limitadas a tarefas relacionadas à compreensão e geração de linguagem. Sem falar que um modelo de linguagem é treinado com um conjunto de dados específicos e segue um modelo predefinido para gerar respostas. Sua capacidade

2 Do inglês, *Artificial General Intelligence* (AGI).
3 Fonte: https://openai.com/about. Acessado em 18 de maio de 2023.

de aprender e se adaptar é limitada ao escopo de seu treinamento e não se estende ao aprendizado contínuo ou à adaptação autônoma a novos domínios ou tarefas não vistas durante seu treinamento.

Uma característica definidora da IA Geral é a capacidade de possuir ou imitar a consciência e o raciocínio cognitivo complexo semelhante ao dos humanos. Isso inclui a autoconsciência, a compreensão contextual profunda e a capacidade de fazer julgamentos morais ou éticos. O ChatGPT opera sem consciência, baseando-se em algoritmos e padrões de dados para gerar respostas, sem compreensão real do conteúdo ou do contexto em um nível cognitivo ou consciente.

Mesmo que o ChatGPT possa gerar conteúdo criativo até certo ponto, ele faz isso através da recombinação de informações existentes em seu conjunto de treinamento. Uma IAG exibiria uma forma de criatividade e flexibilidade que não é limitada por dados prévios, permitindo-lhe inovar e criar de maneira verdadeiramente autônoma. Por último, o ChatGPT e outros modelos de linguagem não entendem o significado verdadeiro ou o contexto subjacente da maneira que os seres humanos fazem.

Apesar de tudo isso, pense comigo: em seu âmago, o que é um cérebro se não um conjunto de elétrons e quarks organizados? Em outras palavras, o que impede a ciência de evoluir na construção de um computador da mesma linha, só que ainda mais poderoso? Aliás, esse é um dos maiores receios de muitos envolvidos na área. A maioria concorda que estamos no caminho e que esse dia chegará – a questão é quando e por quê. Se você acha que se trata de uma questão filosófica, está correto. Vamos discutir um pouco mais sobre isso no Capítulo 16, que trata dos riscos e desafios da IA.

Padrões de utilização

A INTELIGÊNCIA ARTIFICIAL TEM O DOM DE NOS CONHECER ÀS VEZES MELHOR DO QUE NÓS MESMOS. SEM bola de cristal, ela analisa nossos dados com a habilidade de um detetive veterano e a precisão de um estatístico, desvendando nossos gostos, manias e até aqueles pequenos caprichos que pensávamos que ninguém notava. Aqui estão as formas como essa sagaz observadora digital aplica seu conhecimento sobre a humanidade (Figura 1.1):

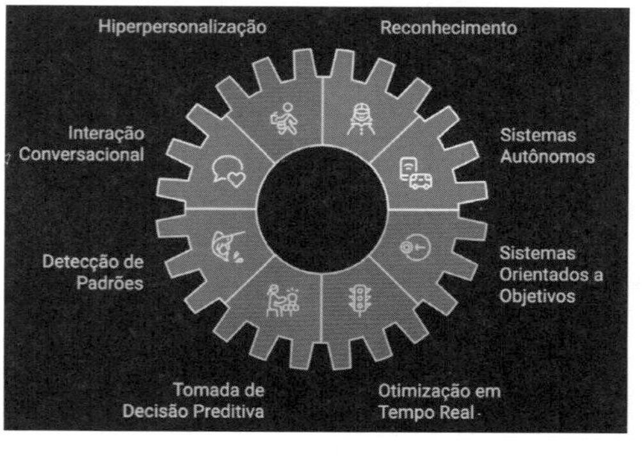

Figura 1.1 Padrões de Utilização da IA
Fonte: O autor.

- Hiperpersonalização: Em um mundo no qual seu café vem com seu nome no copo, a IA leva a personalização a um novo patamar. Ela aprende com seus gostos, escolhas e até com aqueles erros de compras feitas às três da manhã, para oferecer produtos, serviços e experiências que parecem ter sido feitos sob medida para você. Esta IA é o alfaiate digital da era moderna, cortando e costurando as recomendações para se ajustarem perfeitamente aos seus desejos e necessidades.
- Reconhecimento: A IA é o detetive da era digital, exceto que ela não precisa de uma lupa para identificar as coisas. Seja reconhecendo seu rosto em uma multidão ou identificando a marca do seu tênis preferido a partir de uma foto, a IA pode perceber, identificar e classificar objetos e pessoas com uma precisão que deixaria Sherlock Holmes com inveja.
- Conversação e interação humana: A IA é capaz de conversar, oferecer suporte ao cliente ou até mesmo consolá-lo depois de um dia ruim. Ela está aprendendo a linguagem do ser humano tão bem que às vezes você pode se perguntar se não está falando com um ente querido – contanto que esse seu ente possa processar milhões de dados em um segundo.
- Sistemas autônomos: De carros que dirigem sozinhos a drones que entregam encomendas, a IA definitivamente assume cada vez mais o volante. E ela está fazendo isso com a confiança de um piloto veterano, navegando pelo mundo com uma mistura de sensores e softwares que mantêm tudo funcionando de forma suave e eficiente – sem pausas para o café.
- Detecção de padrões e anomalias: A IA é a guru dos padrões. Ela olha para os dados como um vasto oceano e não só vê as ondas, mas também os peixes estranhos nadando contra a corrente. Essa habilidade de detectar padrões e anomalias é crucial para prever problemas antes que eles ocorram – desde uma falha iminente em uma máquina até uma transação fraudulenta em sua conta bancária.
- Sistemas direcionados a um objetivo: A IA direcionada a um objetivo é focada e determinada, capaz de otimizar rotas de entrega, gerenciar investimentos ou maximizar a eficiência energética de um edifício. É como se ela tivesse um objetivo em mente e não descansasse até atingi-lo (ou até você desligá-la).
- Análise e tomada de decisão preditiva: A IA analisa os dados históricos, avalia as condições atuais e faz previsões que ajudam as empresas a decidir se devem lançar um novo produto ou se preparar para uma tendência de mercado. Esta IA é como um meteorologista para o mundo dos negócios, só que com uma taxa de acerto bem mais impressionante.
- Otimização em tempo real: A IA em tempo real está constantemente ajustando e otimizando processos – desde o trânsito de uma cidade até a entrega de energia elétrica –, garantindo que tudo funcione com a máxima eficiência. Ela está por trás de sistemas inteligentes de gerenciamento de tráfego que adaptam semáforos em resposta às condições de trânsito instantâneas, ou em

centros de distribuição que reorganizam as prioridades de envio baseando-se em alterações de demanda ao vivo. A IA nesta área é como um maestro invisível, mantendo o ritmo e fluidez de operações complexas que nunca dormem.

Desafios e oportunidades

Como vemos, as possibilidades são infinitas. Porém, enquanto navegamos pelas ondas criadas pelos padrões de aplicação da IA, somos levados a um horizonte onde as promessas da tecnologia brilham com intensidade. Cada padrão abre portas para possibilidades que poderiam ter saído diretamente de obras de ficção, transformando cada aspecto de como vivemos, trabalhamos e interagimos. A IA não é apenas mais uma ferramenta em nosso arsenal tecnológico; ela está se tornando o artesão, moldando o futuro com uma precisão e inteligência que desafiam os limites da imaginação humana.

No entanto, é aqui, nesse ponto de inflexão entre o que a IA pode fazer e o que ainda devemos aprender a gerenciar, que a nossa jornada encontra seus enigmas mais significativos. A IA é uma tecnologia de dupla face, oferecendo um vasto espectro de promessas junto com uma série de desafios significativos que merecem atenção cuidadosa. As promessas da IA são muitas e variadas, estendendo-se por todos os campos imagináveis. Nas ciências da saúde, a IA está revolucionando a forma como diagnosticamos e tratamos doenças, com sistemas capazes de identificar padrões em imagens médicas que podem escapar ao olho humano. No setor de transportes, ela está na vanguarda do desenvolvimento de veículos autônomos, prometendo reduzir acidentes causados por erro humano e otimizar o tráfego. O leitor poderá vislumbrar mais sobre essas e outras utilizações notáveis – e controversas – no Capítulo 15, que trata das aplicações da IA.

Falando dessa forma parece que é só perfeição, mas a IA levanta diversas preocupações que abordaremos mais a frente também. Por exemplo, à medida que a IA se torna mais integrada em nossa infraestrutura crítica, a necessidade de garantir que esses sistemas sejam seguros contra interferências maliciosas torna-se cada vez mais importante. A possibilidade de uso indevido de IA para fins nefastos – como a criação de deepfakes ou a condução de ciberguerra – também representa um campo de risco que deve ser endereçado de forma proativa. Os debates a respeito deste paradoxo são acalorados e estão longe de terminar, ainda que este autor seja da opinião que, ao fim e ao cabo, os benefícios da IA responsável compensam os riscos.

Da mesma forma, conforme abraçamos as oportunidades da IA, deparamo-nos com o desafio da compreensão pública e da confiança. Há um abismo visível entre o que a tecnologia pode fazer e o que as pessoas entendem que ela pode fazer, alimentando tanto o temor quanto expectativas irrealistas. Educar o público em geral sobre as capacidades reais e limitações da IA é fundamental para sua aceitação e uso ético. Afinal, uma ferramenta é tão boa quanto o conhecimento da pessoa que a utiliza. Essa, inclusive, é uma das razões deste livro. A IA, como qualquer outra ferramenta avançada, exige que nós, como sociedade, estejamos preparados para manejá-la com a devida diligência, compreendendo que seu poder deve ser usado para ampliar o bem-estar humano, não para substituí-lo.

Outro desafio notável é a questão da inclusão. À medida que a IA molda o futuro, devemos nos perguntar: Quem está modelando essa IA? A diversidade na concepção de sistemas de IA é crucial para evitar vieses e garantir que os benefícios da tecnologia sejam compartilhados por todos. Atualmente, existe o risco de uma "IA elitista", desenvolvida por poucos e inacessível para muitos. A democratização do acesso à tecnologia de IA e a participação na sua criação são passos essenciais para evitar acentuar desigualdades sociais e econômicas. Nossa meta deve ser que a IA reflita a diversidade da experiência humana, mas também respeite e celebre essa diversidade em todas as suas aplicações.

Como velejadores prudentes no vasto mar da inovação, sabemos que as águas da IA podem ser simultaneamente calmas e tempestuosas. Nos próximos capítulos, navegaremos por essas ondas, abordando os picos de oportunidades e os vales dos desafios. A ideia é que o leitor tenha uma espécie de bússola que o oriente através dos territórios excitantes e em pleno desenvolvimento. Alguns assuntos são inerentemente complexos, mas procurei usar uma linguagem simples e ser o mais didático possível para que o leitor tenha uma boa experiência de leitura (seja você iniciante ou nerd!). Nesse sentido, convido-os a abrir as comportas da mente, acender as chamas da absorção e desbravar comigo os meandros da inteligência artificial.

Só não se esqueça que, enquanto continuamos nossa jornada de descoberta, vamos manter um olho na rota de navegação e outro na paisagem em constante mudança, preparados para sermos tanto usuários quanto críticos nesse arrebatador mundo da IA que se descortina diante de nós.

Pontos-chave

- A inteligência artificial é o campo de estudo que visa simular a inteligência humana em máquinas, utilizando algoritmos e modelos computacionais para replicar o processamento de dados e a tomada de decisão humana.
- A aprendizagem de máquina é o alicerce da IA, permitindo que sistemas computacionais aprendam e melhorem no desempenho de tarefas através de grandes conjuntos de dados e técnicas como redes neurais.
- A IA está constantemente avançando, tornando-se mais sofisticada, precisa e, até certo ponto, inteligente, embora ainda não possua consciência ou emoções como os seres humanos.
- A IA Fraca é especializada e opera dentro de um domínio limitado, enquanto a IA Forte tem o potencial para teorizar e criar de maneira autônoma em vários contextos – uma meta ainda não alcançada.
- A hiperpersonalização pela IA reflete um nível de intimidade tecnológica alcançado, no qual os sistemas podem oferecer recomendações e experiências sob medida para preferências individuais.
- A capacidade de reconhecimento, conversação e interação humana, além da autonomia dos sistemas, mostra como a IA pode melhorar significativamente a eficiência e a segurança em várias áreas, como saúde e transporte.
- A detecção de padrões e anomalias, sistemas com objetivos específicos e a tomada de decisão preditiva são exemplos de como a IA pode antecipar e resolver problemas complexos.
- Os desafios da área incluem questões éticas, de segurança, de compreensão pública e inclusão, todas exigindo uma abordagem ponderada para garantir que a IA seja utilizada de forma responsável e benéfica.

CAPÍTULO 2

A História da Inteligência Artificial

"It may be that our role on this planet is not to worship God – but to create him."

(Sir Arthur C. Clarke)

Pioneiros e fundações

Eu gostaria de convidar o leitor a entrar em um DeLorean e voltar comigo no tempo para os primeiros dias da IA, onde conheceremos os extraordinários pioneiros que lançaram as bases para este campo fascinante. Nossa primeira parada é para falar do gênio Alan Turing (1912–1954), um matemático e cientista da computação britânico, cujas ideias visionárias ajudaram a moldar o mundo da IA como o entendemos hoje.

Alan Turing nasceu em Londres, e desde muito jovem demonstrou proezas matemáticas excepcionais. As contribuições de Turing para o campo da ciência da computação são numerosas, mas uma de suas realizações mais famosas ocorreu durante a Segunda Guerra Mundial, quando desempenhou um papel crucial na quebra do código Enigma alemão. Realização essa depois retratada no cinema com o ator inglês Benedict Cumberbatch fazendo o papel de Turing no filme *O Jogo da Imitação* (2014). Esse triunfo encurtou a guerra e salvou inúmeras vidas.

O trabalho de Turing no Enigma despertou seu interesse em criar máquinas que pudessem pensar e processar informações como humanos. Ele acreditava que, com a programação certa, as máquinas poderiam se tornar entidades inteligentes capazes de entender e interagir com o mundo ao seu redor. Essa ideia, extremamente ousada para época, lançou as bases para o desenvolvimento da inteligência artificial como a conhecemos hoje.

Em 1950, Turing apresentou ao mundo o que descreveu como o "Jogo da Imitação" em um artigo inovador intitulado *Computing Machinery and Intelligence*[1], que posteriormente passou a ser tratado como Teste de Turing. Nesse artigo, Turing analisou a questão-chave de tudo que se discute até hoje relativo a IA, ou seja, "até que ponto as máquinas podem pensar", e propôs uma maneira inovadora de determinar se uma máquina poderia realmente exibir um comportamento inteligente.

O teste envolve um juiz humano envolvido em uma conversa baseada em texto com duas outras partes: um humano e uma máquina. Se o juiz não puder diferenciar de forma confiável entre o humano e a máquina com base em suas respostas, considera-se que a máquina passou no teste e demonstrou inteligência. A figura a seguir representa uma interpretação padrão do teste em que o jogador C, o interrogador, recebe a tarefa de tentar determinar qual jogador – A ou B – é um computador e qual é um humano. O interrogador está limitado a usar as respostas às perguntas escritas para fazer a determinação.

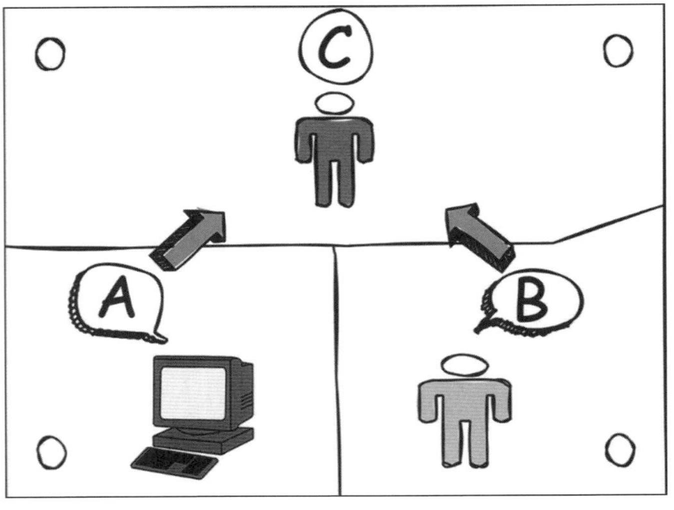

Figura 2.1: Representação do teste de Turing

Fonte : O autor

O Teste de Turing tem sido objeto de muito debate e discussão ao longo dos anos desde sua proposta. Os críticos argumentam que o teste é muito simplista e que a mera capacidade de imitar a conversa humana não equivale necessariamente à inteligência genuína. Por outro lado, os proponentes veem o teste como uma referência valiosa para o progresso do campo, inspirando inúmeras competições de IA e esforços de pesquisa para desenvolver chatbots sofisticados.

1 Fonte: https://academic.oup.com/mind/article/LIX/236/433/986238. Acessado em 2 de fevereiro de 2023.

Apesar da controvérsia em torno do Teste de Turing, não há como negar que ele teve um impacto profundo e duradouro no campo da IA. Ao longo dos anos, várias tentativas foram feitas para criar máquinas que pudessem passar no teste, com vários graus de sucesso. Os primeiros esforços na década de 1960, como o ELIZA de Joseph Weizenbaum (1923–2008), focaram na simulação da conversa humana usando técnicas simples de correspondência de padrões. O ELIZA era essencialmente um chatbot que poderia se envolver em uma conversa baseada em texto com um ser humano, simulando um psicoterapeuta. Por essa nem Freud esperava! O programa usou um conjunto de regras pré-programadas para identificar palavras-chave e gerar respostas com base nessas palavras-chave. Por exemplo, se o usuário mencionasse "namorada", ELIZA poderia responder com uma pergunta do tipo: "fale mais sobre ela".

As respostas do ELIZA não eram baseadas em qualquer compreensão real dos conceitos sendo apresentados. Melhor dizendo, o software não entendia absolutamente nada sobre o que estava sendo dito, "apenas" usava algoritmos de correspondência de padrões. Todavia, sua capacidade de criar a ilusão de conversa inteligente foi inovadora na época e lançou as bases para os chatbots mais avançados que se seguiram.

Um deles veio na década 1990, e foi denominado *Artificial Linguistic Internet Computer Entity* (ALICE), desenvolvido pelo dr. Richard Wallace. Trata-se de um dos chatbots mais conhecidos e influentes da história da inteligência artificial. O ALICE foi concebido para simular conversas com humanos, e seus criadores se concentraram no processamento de linguagem natural, fazendo uso de uma vasta base de conhecimento para gerar respostas mais convincentes e semelhantes às humanas. O chatbot foi projetado para conversar sobre uma ampla variedade de tópicos e fazia uso da sua base de dados para responder a perguntas e declarações.

Um dos principais recursos do ALICE era sua capacidade de gerar respostas contextualmente relevantes para a conversa. O chatbot podia entender o significado de palavras dentro do contexto de uma frase, permitindo gerar respostas mais sutis e apropriadas. O sucesso do ALICE foi demonstrado quando participou da competição Loebner Prize, um evento anual que testa as habilidades dos chatbots para simular a conversa humana. Em 2000, o ALICE conquistou a medalha de bronze, a primeira conquistada na história da competição. Sim, existem competições para máquinas também!

O legado de ALICE pode ser visto até hoje na moderna tecnologia de chatbots, no qual o processamento de linguagem natural e abordagem baseada em conhecimento foram, obviamente, expandidos e refinados. Mas o importante é que ficou demonstrado que era possível criar chatbots que poderiam se envolver em conversas significativas e convincentes com humanos, abrindo caminho para o desenvolvimento de modelos avançados de linguagem, como a série GPT da OpenAI.

Muito tempo depois, em maio de 2018, na *Google's I/O Conference*, o CEO Sundar Pichai deu uma demonstração – que ficou famosa – do Google Duplex, que tinha como objetivo realizar chamadas telefônicas e interagir com pessoas de maneira realista e natural para tarefas específicas. Diante de um público ao vivo, ele usou o dispositivo para telefonar para um cabeleireiro local e agendar um horário. O assistente usou uma voz natural, pausas, hesitações e até expressões típicas de uma conversa humana, como "hum" e "uh". A pessoa do outro lado da linha jamais imaginou que estivesse conversando com uma máquina e agiu como se estivesse agendando com um ser humano.

Mas será que é correto não informar à pessoa do outro lado da linha que seu diálogo está sendo travado com um robô? É por essa e outras questões que a relevância do Teste de Turing vai além de apenas medir as habilidades de conversação de uma máquina. Serve também como um lembrete da importância das considerações ético-morais no desenvolvimento da IA, uma vez que cada vez mais as máquinas se tornam indistinguíveis de seres humanos.

Alan Turing suicidou-se em 1954, aos 41 anos. As circunstâncias de sua morte foram trágicas e têm sido objeto de muitos debates e especulações ao longo dos anos. Na época de sua morte, Turing era um cientista altamente conceituado, mas também homossexual, o que era ilegal no Reino Unido na época. Em 1952, Turing foi condenado por "atentado violento ao pudor" e teve de escolher entre a prisão e a castração química. Ele escolheu o último e começou a receber tratamentos hormonais para suprimir seus desejos. Desnecessário comentar que os tratamentos tiveram efeitos colaterais significativos, incluindo transtornos de humor – como a depressão –, que podem ter contribuído para a decisão de Turing de tirar a própria vida. Por outro lado, existem evidências que sugerem que Turing enfrentava outras pressões e lutas adicionais em sua vida pessoal e profissional no momento de sua morte.

De todo modo, as contribuições de Turing para o campo da ciência da computação e inteligência artificial foram amplamente reconhecidas e celebradas, e sua trágica morte foi um lembrete preocupante da necessidade de maior aceitação e inclusão de comunidades marginalizadas. Em 2009, o então primeiro-ministro britânico Gordon Brown emitiu um pedido público de desculpas em nome do governo do Reino Unido. Em 2013, a rainha Elizabeth II concedeu a Turing um perdão póstumo, reconhecendo a injustiça de sua condenação. O perdão foi visto como um gesto simbólico para corrigir a injustiça cometida contra Turing e reconhecer seu legado como um dos mais importantes pioneiros da ciência da computação.

Em 2019, o Banco da Inglaterra lançou uma nova nota de cinquenta libras com um retrato de Alan Turing como parte de seus esforços para celebrar as conquistas britânicas na ciência e na tecnologia. A nota também apresenta uma citação de Turing, fórmulas matemáticas de seu trabalho e uma imagem da máquina piloto *Automatic Computing Engine* (ACE) que Turing ajudou a desenvolver. A nova nota de cinquenta libras entrou em circulação em junho de 2021 e seu lançamento foi recebido com muitos elogios por seu reconhecimento às contribuições de Turing para a ciência da computação e sua celebração da diversidade e inclusão.

As ideias visionárias de Alan Turing continuam a inspirar e moldar o campo da IA, mais de sete décadas depois de ele ter proposto o Teste de Turing pela primeira vez. O sonho de Turing de máquinas inteligentes pode estar mais perto do que nunca de se tornar realidade, mas a jornada está longe de terminar. Acredito que devemos continuar a explorar as fronteiras da IA, guiados pelo espírito pioneiro de Turing, ao mesmo tempo em que permanecemos atentos às implicações de uma tecnologia que se encontra em franca evolução.

Mas continuando nossa jornada pela história da IA, nossa próxima parada nos leva ao trabalho pioneiro de John McCarthy (1927–2011). McCarthy foi um cientista da computação e cientista cognitivo norte-americano, muitas vezes referido como o "pai da inteligência artificial" por seu papel fundamental no desenvolvimento inicial do campo.

Em 1956, McCarthy organizou a famosa Conferência de Dartmouth, um evento seminal que reuniu algumas das mentes mais brilhantes da área para discutir as possibilidades e limitações da IA. A conferência marcou o nascimento da IA como um campo de estudo e seus resultados abriram caminho para grande parte da pesquisa e desenvolvimento que se seguiram.

Mas as suas contribuições para a IA vão além da Conferência de Dartmouth. Em 1955, McCarthy cunhou o termo "inteligência artificial" em uma proposta de pesquisa que ele usou para descrever o conceito de criação de máquinas que poderiam realizar tarefas que exigiriam inteligência se executadas por um ser humano. Ou seja, foi ele o responsável pela expressão que hoje é sinônimo no âmbito da IA e costuma ser usada de forma intercambiável com termos como inteligência de máquina e computação cognitiva.

O trabalho de McCarthy lançou as bases para grande parte da pesquisa que se seguiu, e sua herança intelectual continua a influenciar o campo da IA até hoje. Para os que são da área de computação e já passaram mais da metade da vida na frente do computador, não é difícil lembrar do LISP (abreviação de *List Processing*) – uma das mais antigas linguagens de programação inventada por McCarthy em 1958 enquanto estava no Massachusetts Institute of Technology (MIT). Seu trabalho também ajudou a estabelecer a IA como um campo interdisciplinar, reunindo pesquisadores da ciência da computação, engenharia, matemática, psicologia, entre outras disciplinas, para enfrentar alguns dos problemas mais complexos da IA. Aliás, se você leitor, assim como eu, tem uma formação "bipolar" (no meu caso, computação e psicologia) e aparentemente desconexa entre si, fique tranquilo porque McCarthy é um dos exemplos que simboliza que esse tipo de iniciativa acadêmica não só é útil como tem potencial complementaridade. Além de seu trabalho em IA, McCarthy também foi defensor do uso da tecnologia para enfrentar questões de cunho socioeconômico tais como o desarmamento nuclear, reforma educacional e a criação de uma renda básica universal. Ele acreditava que a tecnologia, particularmente na IA, levaria a um deslocamento significativo de empregos e que uma renda básica ajudaria a resolver esse problema. Tema este que continua a ser discutido nos dias de hoje.

Outro cientista da computação pioneiro na área de IA foi Marvin Minsky (1927–2016), que teve seu interesse despertado para o segmento a partir de 1950 quando ele foi apresentado ao trabalho de John McCarthy, que havia proposto recentemente a ideia de construir máquinas que pudessem raciocinar e aprender como humanos. Junto com McCarthy e um pequeno grupo de outros pesquisadores, Minsky começou a explorar o potencial da IA e a trabalhar para desenvolver os primeiros sistemas e algoritmos de IA.

Em 1959, Minsky e McCarthy cofundaram o MIT Artificial Intelligence Project, que mais tarde foi renomeado para MIT AI Laboratory. O laboratório rapidamente se tornou um centro de pesquisa atraindo algumas das mentes mais talentosas e inovadoras em IA e impulsionando grandes avanços em áreas como aprendizado de máquina, processamento de linguagem natural e visão computacional.

Sob a liderança de Minsky, o MIT AI Lab fez enormes contribuições para o desenvolvimento da pesquisa de IA, incluindo o desenvolvimento dos primeiros sistemas especialistas e a invenção do primeiro braço robótico. O trabalho de Minsky sobre "frames" – que são estruturas que representam o conhecimento básico sobre um determinado domínio ou problema –forneceu uma maneira poderosa para os sistemas de IA representarem e raciocinarem sobre o mundo e ajudaram a estabelecer as bases para o desenvolvimento de outras tecnologias de IA mais avançadas.

Minsky esteve envolvido também no desenvolvimento dos primeiros sistemas especialistas, que eram sistemas de IA projetados para replicar as habilidades de tomada de decisão de especialistas humanos. Esses sistemas foram usados em uma variedade de aplicações, desde diagnósticos médicos até análises financeiras.

Indo mais além, Minsky foi um proponente da ideia de que a inteligência não é um conceito único e unificado, mas sim uma coleção de diferentes habilidades e processos cognitivos. Nesse sentido, ele desenvolveu vários modelos de arquitetura cognitiva, incluindo o modelo da "sociedade da mente", que postula que a inteligência surge da interação de muitos processos especializados menores.

Ao longo de sua carreira, Minsky permaneceu um defensor da pesquisa de IA e continuou a ultrapassar os limites do que era possível com máquinas inteligentes. Suas contribuições para o campo ajudaram a estabelecer o MIT AI Lab como um dos principais centros de pesquisa de IA e abriram caminho para muitos dos principais avanços na matéria.

Não se poderia deixar de registrar nessa prestigiada lista de fundadores da IA, o cientista político americano Herbert Simon (1916–2001), que deixou, da mesma forma, muitas contribuições marcantes para promoção da IA e da psicologia cognitiva. O trabalho de Simon sobre "racionalidade limitada" desafiou a visão predominante de que os tomadores de decisão sempre agem de maneira perfeitamente racional. Em vez disso, Simon argumentou que a tomada de decisão é limitada por fatores como pouca informação, restrições de tempo e limitações cognitivas. Essa visão teve um grande impacto no desenvolvimento de sistemas de IA que lidam com informações incertas ou incompletas.

Em 1956, Simon e seu colaborador Allen Newell (1927–1992) desenvolveram o primeiro programa de IA, chamado Logic Theorist. O programa foi capaz de provar teoremas matemáticos pesquisando muitas soluções possíveis. Esse avanço demonstrou o potencial da IA e ajudou a inspirar uma nova geração de pesquisadores.

Outro ponto forte do trabalho do cientista foi relativo ao conceito de "chunking", que envolve o agrupamento de informações em unidades menores e mais gerenciáveis. Essa representação teve enorme impacto no desenvolvimento do aprendizado de máquina e do processamento de linguagem natural. Só para facilitar o entendimento, o chunking ajuda a reduzir a quantidade de informações que os sistemas de IA precisam processar, tornando-os mais eficientes e eficazes.

Do mesmo modo, Simon foi figura-chave no desenvolvimento de "árvores de decisão", que são modelos gráficos que representam os possíveis resultados de diferentes decisões (falaremos sobre elas mais a frente). As árvores de decisão são usadas em uma ampla gama de aplicações, desde a tomada de decisões de negócios até o diagnóstico médico. Não bastasse tudo isso, em 1978, Simon recebeu o prêmio Nobel de Economia por seu trabalho na tomada de decisões organizacionais.

A Conferência de Dartmouth e o nascimento da IA moderna

Em 1956, como comentado, John McCarthy convidou pesquisadores para a Conferência de Dartmouth, um evento que se tornou o marco do nascimento oficial da IA como um campo de estudo. Lá, McCarthy, juntamente com Marvin Minsky, Nathaniel Rochester e Claude Shannon, escreveram uma proposta ambiciosa para o estudo da IA declarando que "qualquer aspecto do aprendizado ou qualquer outra característica da inteligência pode, em princípio, ser tão precisamente descrito que uma máquina pode ser feita para simulá-lo". Essa conferência definiu a agenda de pesquisa para as décadas seguintes e é até hoje reverenciada como o ponto de partida da IA.

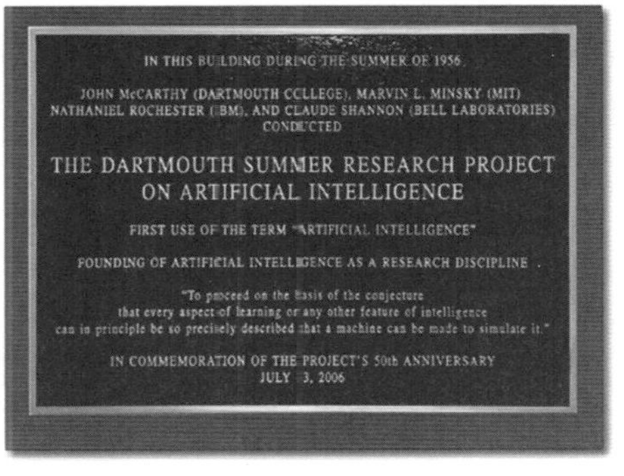

Figura 2.2: Placa comemorativa da Conferência de Dartmouth [2]

A onda de otimismo que se seguiu a Dartmouth alimentou rapidamente avanços significativos, inaugurando o que muitos chamariam de o "primeiro verão da IA". Durante aquela época, as máquinas começaram a mostrar habilidades que imitavam a aprendizagem e o raciocínio humanos, e as expectativas para o potencial da IA dispararam.

No entanto, as complexidades e as limitações da inteligência artificial foram inicialmente subestimadas, tornando-se evidentes as restrições tecnológicas da época.

---

2 Fonte: https://www.semanticscholar.org/paper/The-Dartmouth-College-Artificial-Intelligence-The-Moor/d4869863b5da0fa4ff5707fa972c6e1dc92474f6/figure/2. Acessado em 20 de março de 2023.

As primeiras promessas da IA não foram cumpridas tão rapidamente quanto muitos haviam previsto, levando a uma fase conhecida como o "primeiro inverno da IA" nos anos 1970. Esse período foi marcado por uma desilusão generalizada com o progresso da IA e, consequentemente, por um declínio no financiamento e no interesse pelas pesquisas sobre o assunto.

Apesar desses reveses, o campo da IA continuou a desenvolver-se, embora em um ritmo mais lento e com expectativas mais moderadas. Esse foi um tempo para um trabalho mais focado e aprofundado, que pavimentou o caminho para o ressurgimento da IA nas décadas seguintes.

O início dos anos 1980 viu o despertar de um "segundo verão da IA", impulsionado pelo interesse renovado em redes neurais e pelo advento do algoritmo *backpropagation*, que permitiu que as redes neurais aprendessem de maneira mais eficaz. O investimento e a pesquisa em IA aumentaram, e surgiram novas aplicações em diversos campos. Entretanto, o ciclo de altos e baixos continuou, e o campo enfrentou outro "inverno" no final daquela década e início dos anos 1990, quando o financiamento foi novamente reduzido devido às altas expectativas não atendidas.

A virada do século trouxe consigo o que pode ser considerado o "verão atual da IA", com avanços em Big Data, poder computacional e algoritmos sofisticados – como o aprendizado profundo. Esses progressos culminaram em marcos impressionantes, como o Deep Blue da IBM derrotando Garry Kasparov no xadrez em 1997, o Watson vencendo no Jeopardy! em 2011, o AlphaGo da DeepMind superando o campeão mundial de Go, Lee Sedol, em 2016, e o surgimento do GPT-3 da OpenAI em 2020. Tais conquistas reafirmaram o potencial da IA e a estabeleceram como uma força onipresente em nossa sociedade.

Apenas para facilitar a visualização no tempo desses "verões e invernos" da IA, apresento os diagramas a seguir que ilustram um pouco de como foi esse movimento ao longo da história recente.

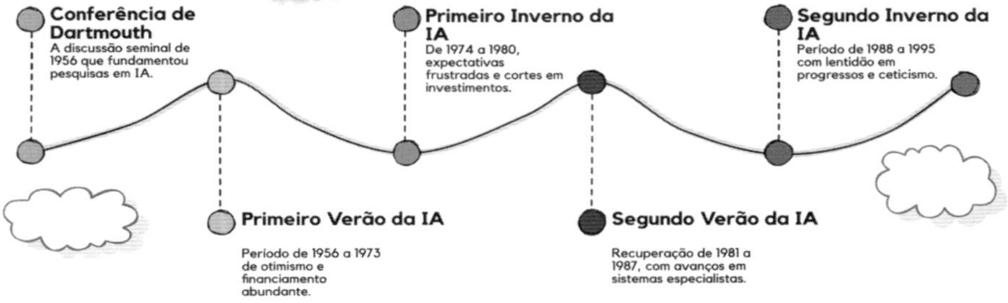

Figura 2.3 – Representação dos "verões" e "invernos" da IA

Fonte: O autor.

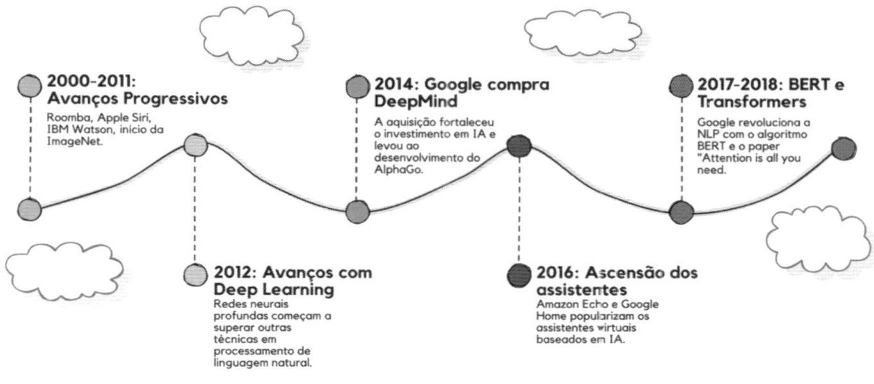

Figura 2.4 – Principais marcos da IA de 2000 a 2018.

Fonte: O autor.

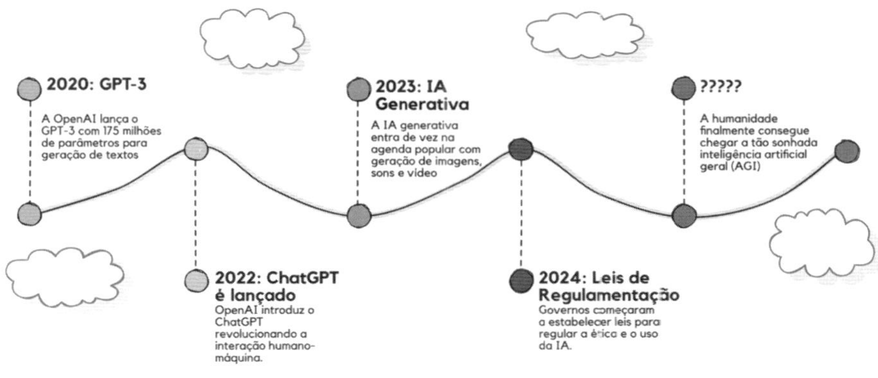

Figura 2.5 – Principais marcos da IA a partir de 2018.

Fonte: O autor.

As imagens apresentam linhas do tempo sintéticas da evolução da IA, divididas em momentos marcantes. Começa com a Conferência de Dartmouth e caminha para o primeiro "verão da IA" – de 1956 a 1973 –, no qual tivemos um otimismo marcante e um financiamento abundante para iniciativas de IA, mas que acabaram não provando seu retorno de investimento. Daí segue para o "inverno da IA" – de 1974 a 1980 –, caracterizado por promessas não cumpridas e expectativas não alcançadas. O segundo "verão da IA" ocorre de 1981 a 1987, com o surgimento de IA estreita e sistemas especialistas. O outro "inverno da IA" – entre 1988 e 1995 – é notado por sistemas especialistas que acabaram não provando seu retorno de investimento.

Na virada do século tivemos pequenos grandes avanços que caminhavam em paralelo com o desenvolvimento de novas tecnologias de aprendizado de máquina. Entre elas, o lançamento do aspirador automático Roomba em 2002, o nascimento da Siri (iPhone) em 2008 e IBM Watson em 2011. Tivemos também o surgimento da base de dados ImageNet em 2009, que acabaria se tornando uma referência através de sua competição anual para algoritmos de reconhecimento de imagens. Em 2012 destaca-se o avanço do *deep learning* e em 2014 a compra da DeepMind pela Google. Em 2016 tivemos a ascensão dos assistentes pessoais, que já foi um presságio de que estávamos vivendo em uma nova era (ainda que se você utilize alguma delas sabe que ainda carecem de muito aperfeiçoamento). Os anos de 2017 e 2018 foram prodígios na revolução do processamento de linguagem natural com a introdução do algoritmo *Transformers* e com o BERT, respectivamente, mas ambos os assuntos serão deixados para capítulos mais à frente no livro.

Os modelos de linguagem continuaram a evoluir em 2020 e 2021, mas foi a partir de 2022 que tivemos a popularização da IA com a introdução do ChatGPT. As IAs generativas não pararam de crescer nas suas mais diversas vertentes de texto, som, imagem e vídeo, e todos os dias até hoje somos surpreendidos com novidades. O ano de 2024 traz consigo movimentos importantes voltados a regulação da IA e finalmente a linha do tempo aponta para o futuro com um questionamento sobre o possível fenômeno da inteligência artificial geral, sugerindo um ponto teórico no qual a IA poderá avançar além da capacidade humana, levantando questões sobre consequências e implicações ainda desconhecidas.

O fato é que a IA se encontra hoje intrinsicamente entrelaçada com o tecido de nossa vida cotidiana, e embora o futuro possa reservar novos invernos, a trajetória da IA parece cada vez mais integrada e indispensável ao avanço humano. O campo continua a evoluir, desafiando os limites do que máquinas podem aprender e realizar, e os pesquisadores permanecem cautelosamente otimistas sobre as promessas que os próximos verões da IA podem trazer. Essa evolução constante foi o que levou à Revolução do Aprendizado de Máquina à medida que o milênio se desdobrava.

A revolução do aprendizado de máquina

Na virada do século a IA começava a despertar de um período de hibernação. Esse dobrar de esquina histórico foi testemunha de um fenômeno que iria, eventualmente, redefinir todo o campo da IA: a ascensão do aprendizado de máquina. Tal avanço não era apenas uma mera continuação dos métodos existentes, mas um salto evolutivo – possibilitado pelo casamento entre o poder computacional crescente e a disponibilidade massiva de dados. O aprendizado de máquina não se tratava mais de programar computadores para responder a um conjunto específico de instruções, mas, sim, de permitir que eles aprendessem a partir dos dados.

No coração dessa revolução estava uma ideia que já tinha décadas, mas que apenas agora estava começando a mostrar seu verdadeiro potencial: as redes neurais. Esses sistemas, modelados vagamente na estrutura do cérebro humano, não eram novidade. No entanto, limitações tanto no poder computacional quanto na quantidade de dados disponíveis tinham restringido seu desenvolvimento. Agora, com as restrições aliviadas, as redes neurais começaram a florescer de formas que poucos poderiam ter previsto.

O aprendizado profundo, uma abordagem de redes neurais que emprega várias camadas de processamento para extrair progressivamente características de alta complexidade dos dados, emergiu como uma força transformadora. Era como se, depois de anos tentando decifrar a linguagem secreta da inteligência, os cientistas de IA tivessem finalmente encontrado a chave mestra. As redes neurais profundas, treinadas com enormes conjuntos de dados e rodando em processadores gráficos velozes, começaram a realizar façanhas que pareciam saídas de livros de Carl Sagan (1934–1996).

Com essa nova ferramenta poderosa, o campo da IA começou a produzir sistemas com capacidades que imitavam – e até superavam – o processamento humano em tarefas específicas. Os assistentes de voz tornaram-se interlocutores fluentes em nossos telefones e lares, e os sistemas de reconhecimento de imagem aprenderam a identificar rostos e objetos com uma precisão surpreendente. No entanto, foi a vitória do AlphaGo em 2016 sobre o campeão mundial de Go, Lee Sedol, que talvez tenha sido o exemplo mais marcante do que o aprendizado de máquina poderia alcançar naquela época. O Go é um jogo de estratégia de alta complexidade, e a vitória do AlphaGo demonstrou que as máquinas poderiam dominar tarefas que requerem intuição e criatividade – habilidades longamente consideradas como sendo exclusivamente humanas. Curiosamente, mais tarde, o AlphaZero,[3] desenvolvido pela mesma equipe, derrotou o AlphaGo e alcançou resultados notáveis em diversos outros jogos, destacando a versatilidade do aprendizado de máquina em diferentes domínios.

O que torna a vitória do AlphaZero ainda mais impressionante é o fato de que ele foi treinado apenas com as regras do jogo, sem orientações humanas ou partidas históricas de Go. O AlphaZero utiliza uma abordagem de aprendizado profundo e aprendizado por reforço para melhorar seu desempenho. Ele joga inúmeras partidas contra si mesmo, aprimorando suas estratégias com base em experiências anteriores. Esse processo de autoaprendizado permitiu que o AlphaZero se tornasse um jogador de Go de classe mundial, superando todas as expectativas.

Posteriormente, o AlphaZero foi capaz de aplicar seus conhecimentos a outros jogos – como xadrez e shogi –, alcançando resultados excepcionais em todos eles. Essa capacidade de generalização mostra o potencial impressionante do aprendizado de máquina e da IA para dominar tarefas complexas.

Com o aprendizado profundo empurrando as fronteiras do que era possível, a revolução do aprendizado de máquina deixou claro que o inverno da IA tinha passado,

[3] Fonte: https://www.nytimes.com/2018/12/26/science/chess-artificial-intelligence.html. Acessado em 06 de março de 2023.

e um verão de inovação sem precedentes estava agora em pleno andamento. A IA estava pronta para transformar a tecnologia e, mais ainda, a maneira como vivemos, trabalhamos e compreendemos o mundo ao nosso redor.

Além disso, é importante mencionar o grande boom recente da IA, que ocorreu com o lançamento do ChatGPT em novembro de 2022. O ChatGPT é um exemplo impressionante da abrangência e capilaridade que a IA alcançou em todo o mundo. Sua capacidade de compreender e gerar texto em várias línguas, bem como seu uso em uma ampla gama de aplicações – desde assistência virtual até criação de conteúdo – demonstrou o impacto transformador da IA em nossa sociedade globalmente interconectada. Esse marco reflete a rápida evolução da IA e sua crescente integração em nosso cotidiano, prometendo um futuro repleto de possibilidades emocionantes e inovações revolucionárias.

Marcos históricos

Ao longo de sua história, a IA alcançou vários marcos que demonstraram seu progresso técnico e influenciaram a percepção pública da tecnologia. A seguir, estão alguns dos mais notáveis:

- 1950 – Teste de Turing: Alan Turing propõe um teste de inteligência que uma máquina poderia passar se pudesse imitar a inteligência humana a ponto de enganar um ser humano.
- 1956 – Conferência de Dartmouth: O termo "inteligência artificial" é formalmente usado pela primeira vez, marcando o nascimento do campo como uma disciplina acadêmica.
- 1997 – Deep Blue: O supercomputador da IBM, Deep Blue, derrota Garry Kasparov, o campeão mundial de xadrez, destacando o avanço da IA em resolver problemas complexos.
- 2011 – Watson: O sistema de IA da IBM, Watson, vence o jogo de perguntas e respostas Jeopardy!, batendo competidores humanos e mostrando avanços significativos em processamento de linguagem natural e compreensão de contexto.
- 2016 – AlphaGo: O programa de IA desenvolvido pela DeepMind, AlphaGo, derrota Lee Sedol, um dos melhores jogadores mundiais do jogo de estratégia Go, feito considerado um grande salto para a IA devido à complexidade do jogo.
- 2018 – Project Debater: A IBM introduz o Project Debater, uma IA capaz de debater tópicos complexos com humanos, demonstrando a habilidade de argumentação e formação de opinião baseada em dados.
- 2020 – GPT-3: A OpenAI lança a terceira versão do Generative Pre-trained Transformer (GPT-3), um modelo de linguagem que escreve textos convincentes, gera ideias criativas e resolve tarefas de forma mais eficiente do que as versões anteriores.

Cada um desses eventos ilustra um salto significativo na capacidade das máquinas em realizar tarefas que exigem inteligência, desde o jogo estratégico até a comunicação e argumentação. Eles demonstram não só o avanço tecnológico, mas também a crescente integração da IA em atividades que antes eram consideradas exclusivamente humanas.

É em função desses acontecimentos que sempre acho interessante conhecer a história de algo que estamos estudando. Isso porque nada acontece por acaso e tudo acaba sendo uma sucessão de acontecimentos interligados que fazem diferença para entender o todo. No caso da inteligência artificial, a história remonta às origens da própria computação, e de certa forma, até mesmo antes, retrocedendo às primeiras concepções de autômatos e reflexões filosóficas sobre a mente humana e a máquina. Essa história é frequentemente narrada como uma série de grandes realizações, mas a verdade é que, na prática, representa um megaexercício de paciência, persistência, resiliência e aprendizado incremental.

Cada avanço significativo na inteligência artificial foi construído sobre as lições aprendidas e falhas anteriores, marcando uma jornada que envolveu inúmeros pensadores, inventores e cientistas ao longo do tempo. Olhando para trás, desde os autômatos dos antigos mitos até as sofisticadas IAs de hoje, vemos uma história repleta de sonhos, desafios e conquistas. No fundo, a IA não é apenas uma área de estudo, é um reflexo do desejo humano de entender e recriar a essência do que nos torna inteligentes.

Pontos-chave

- Alan Turing estabeleceu as bases da IA e teve papel fundamental na Segunda Guerra Mundial com a quebra do código Enigma.
- O Teste de Turing, proposto em 1950, desafia máquinas a imitar a inteligência humana, gerando debates sobre a natureza da inteligência artificial.
- Controvérsias e discussões éticas em torno do Teste de Turing destacam sua importância histórica na IA.
- Os primeiros chatbots, como ELIZA e ALICE, iniciaram a era da conversação simulada por máquinas.
- John McCarthy, "pai da IA", liderou a Conferência de Dartmouth em 1956, um marco no estabelecimento da IA como um campo acadêmico.
- Marvin Minsky fez contribuições notáveis, incluindo o desenvolvimento dos sistemas especialistas e o MIT AI Lab.
- Herbert Simon impactou a IA e a psicologia cognitiva com teorias sobre racionalidade limitada e árvores de decisão.
- Os verões e invernos da IA descrevem ciclos de avanço e estagnação no campo da Inteligência Artificial. Durante os "verões" da IA, o otimismo e os investimentos florescem, impulsionados por descobertas inovadoras e progressos tecnológicos, levando a avanços significativos e aplicações práticas.
- Os "invernos", em contraste com os "verões" da IA, são períodos de ceticismo e redução de financiamento, em que as limitações e os desafios não superados geraram dúvidas sobre o potencial da tecnologia.
- Os ciclos "verão e inverno" refletem a natureza dinâmica da pesquisa em IA, alternando entre períodos de euforia e de desilusão, à medida que a comunidade busca superar barreiras técnicas e éticas no caminho para o desenvolvimento de inteligências cada vez mais sofisticadas.
- Revoluções recentes no aprendizado de máquina – incluindo avanços como Google Duplex e ChatGPT – indicam um "verão atual da IA" com integração crescente na sociedade.

CAPÍTULO 3

A Importância da Engenharia de Dados

"I've seen things you people wouldn't believe. Attack ships on fire off the shoulder of Orion. I watched C-beams glitter in the dark near the Tannhäuser Gate. All those moments will be lost in time, like tears in rain. Time to die."

(Roy Batty – *Blade Runner*)

Introdução à engenharia de dados

Antes de iniciar este capítulo, permita-me elucidar uma questão que pode passar pela cabeça do leitor e que me parece conveniente desobscurecer: Por que um livro sobre IA deveria falar sobre um tópico aparentemente árduo e tangente como engenharia de dados? A resposta é muito simples e direta: Os modelos de IA são apenas tão bons quanto os dados que os alimentam. Só que os dados não costumam ajudar muito, oferecendo alguns traços de complexidade, imprevisibilidade e potencial traição! Assim como um chef precisa de ingredientes de alta qualidade para criar um prato excepcional, a engenharia de dados é a arte de selecionar, preparar e organizar os "ingredientes" de dados que tornam a IA funcional e verdadeiramente inteligente. Sem uma sólida base de engenharia de dados, mesmo os algoritmos mais avançados não podem atingir seu potencial máximo, assim como até mesmo as receitas mais sofisticadas falhariam sem o cuidado adequado na escolha e tratamento dos ingredientes. Assim sendo, mesmo que o leitor não pretenda cozinhar, acho justo informá-los um pouco mais sobre o processo pelo qual os dados passam antes de se tornarem parte integral de qualquer solução de IA.

A engenharia de dados é o processo meticuloso de transformar dados brutos em um formato limpo e organizado, pronto para ser servido aos algoritmos que dependem dessa nutrição de alta qualidade para funcionar. Compreender esse processo enriquece o conhecimento geral sobre IA e auxilia a revelar como as máquinas aprendem e se adaptam a partir da informação que recebem, e por que a precisão e a integridade dos dados são críticas. Por isso, temos esse capítulo, que faz um pequeno resumo desse processo, para garantir que, quando falarmos de aprendizado de máquina e inteligência artificial, estejamos cientes de que, por trás de cada decisão inteligente que uma máquina toma, existe um grande volume de dados que foi cuidadosamente preparado, manipulado e alinhavado. Esse conhecimento é essencial para quem deseja compreender verdadeiramente como a IA funciona e como ela está moldando o nosso futuro.

No universo da IA, os dados não são apenas números e fatos; eles são a voz que narra histórias escondidas, esperando serem descobertas. A engenharia de dados é a arte de ouvir e interpretar essa voz, garantindo que cada sussurro de informação seja capturado, compreendido e valorizado. É um processo que vai muito além de simplesmente reunir números; é a busca pela verdade dentro de uma cacofonia de ruídos.

Diz-se frequentemente que os engenheiros de dados gastam 80% do seu tempo preparando os dados para que os outros 20% possam ser usados na criação de algoritmos deslumbrantes. Essa estatística reflete não uma tarefa mundana, mas uma missão crítica: a de forjar a matéria-prima da nossa era digital em uma forma que os computadores possam entender, adaptar-se e evoluir. O trabalho desses engenheiros é a base para algoritmos que podem prever o futuro, entender a linguagem humana e até mesmo dirigir carros sem a nossa ajuda. Quem leu minha Nota do Autor pode ter estranhado quando eu disse que projetos de IA não são fáceis. Pois ratifico aqui esse ponto e destaco que uma grande e sofrida parte do trabalho é justamente a arte e a ciência no manuseio dos dados.

De volta para o futuro

Compreendendo a essencialidade da engenharia de dados na criação de algoritmos inovadores e sistemas inteligentes, é fundamental reconhecer as raízes históricas desse campo. A jornada da computação nos mostra como os fundamentos da engenharia de dados foram estabelecidos. O desenvolvimento do Apple 1, por exemplo, não foi apenas um marco na acessibilidade da computação, mas também um ponto de inflexão na necessidade de métodos mais sofisticados de processamento de dados. Assim, ao refletir sobre a evolução dos computadores pessoais, podemos apreciar o caminho percorrido e entender que cada avanço tecnológico exige uma nova camada de expertise em engenharia de dados, preparando o terreno para as maravilhas da automação e da inteligência artificial que hoje tomam forma em nosso cotidiano.

Mas comecemos do princípio. No âmago do nascimento da computação, encontramos o *Electronic Numerical Integrator and Computer* (ENIAC), uma maravilha da engenharia dos anos 1940 que ocupava uma sala inteira com seu emaranhado de válvulas e cabos. Esse gigante é considerado um dos primeiros computadores eletrônicos de propósito geral. Sua criação marcou a era em que começamos a transformar números e dados em cálculos complexos e soluções concretas, pavimentando o caminho para as maravilhas da engenharia de dados que hoje conhecemos.

1 Fonte: https://en.wikipedia.org/wiki/ENIAC. Rose, Allen (April 1946). "Lightning Strikes Mathematics". *Popular Science*: 83–86. Acessado em 20 de abril de 2023.

Figura 3.1: ENIAC (1943).

Esse colosso da computação abriu as portas para a era digital e estabeleceu as fundações sobre as quais gigantes da tecnologia, como a IBM e a HP, construiriam suas máquinas de grande porte – algumas das quais tive o privilégio de trabalhar e programar (sim, sou tão vintage quanto isso!).

Assim, esse marco tecnológico sinalizou uma mudança paradigmática, na qual a capacidade de processar e armazenar dados evoluiu de forma revolucionária, marcando o advento da Terceira Revolução Industrial. A informação, outrora limitada a papéis e processos manuais, começou a ser digitalizada e automatizada, remodelando os setores econômicos e sociais de forma profunda. Desde o ENIAC, que manipulava dados de maneira rudimentar, até os avançados sistemas computacionais de hoje, que são capazes de processar quantidades imensas de informação quase instantaneamente, testemunhamos o poder dos dados como o novo petróleo da era digital.[2] Sendo que na prática, os dados são ainda mais valiosos, porque diferentemente do petróleo, podem ser continuamente utilizados e reutilizados.

Avançando no tempo, a magia da miniaturização e do design inovador nos presenteou com o Apple I. Uma verdadeira revolução em termos de acessibilidade e estética, esse dispositivo foi um dos primeiros a trazer a computação para a mesa de trabalho – um prenúncio do que viria a ser a personalização dos dados e a democratização do acesso à informação. O Apple I simbolizou o início de uma nova era em que os dados não eram mais entidades distantes, mas parte integrante da vida diária das pessoas.

Figura 3.2: Computador Apple I (1976), o primeiro com uma placa única de circuito.[3]

2 Fonte: https://www.theguardian.com/technology/2013/aug/23/tech-giants-data. Acessado em 1º de maio de 2023.

3 Fonte: https://www.mac-history.net/2012/07/08/apple-i/. Acessado em 11 de outubro de 2024.

E então veio a IBM PC (bons tempos!), o arquétipo dos computadores pessoais modernos, que transformou a paisagem dos dados de algo que apenas as corporações e os governos manipulavam para algo que tocava a vida dos indivíduos. Com a sua introdução, a engenharia de dados começou a se tornar mais do que uma prática corporativa; tornou-se uma habilidade pessoal, quase que artesanal, com planilhas e bancos de dados entrando no repertório das famílias.

Figura 3.3: IBM Personal Computer (1981).[4]

Mantendo a linha saudosista, ao relembrar a chegada do Windows 95, é impossível não sentir uma ponta de saudade por aqueles tempos mais simples. O lançamento desse sistema foi um momento de mudança cultural, no qual a familiaridade com o computador saiu dos escritórios e invadiu as nossas casas. De repente, a tela azul do *Disk Operating System* (DOS) foi substituída por uma área de trabalho acolhedora, ícones que podiam ser clicados com um mouse e um botão "Iniciar" que se tornou emblemático.

Figura 3.4: Windows 95 (1995). [5]

O Windows 95 facilitou a interação com o computador e, de certa forma, moldou nossas expectativas futuras de tecnologia. A substituição do DOS pelo Windows representou uma enorme evolução técnica, mas também uma transformação na forma como

[4] Fonte: https://www.computerhistory.org/revolution/personal-computers/17/301. Acessado em 10 de outubro de 2024.

[5] Fonte: https://operationalhistory.wordpress.com/2011/10/24/windows-95/. Acessado em 10 de outubro de 2024.

interagimos com os dados – uma interface mais intuitiva significava que mais pessoas poderiam participar da revolução digital que estava se desdobrando.

E o que dizer da apresentação do iPhone por Steve Jobs em 2007? Foi um espetáculo de criatividade e inovação que redefiniu a comunicação moderna. Com o iPhone, a Apple nos deu mais que um telefone; deu-nos um novo universo em nossos bolsos, onde cada interação, cada toque na tela, cada foto tirada se tornou um ponto de dados. A engenharia de dados, nesse contexto, ascendeu a um papel crítico, transformando uma avalanche de toques, cliques e deslizes em experiências personalizadas e intuitivas. Ou seja, Jobs lançou mais que um produto, ele desencadeou uma revolução de dados, impulsionando a criatividade em cada canto do nosso mundo conectado. Esse marco reafirmou a convicção de que, com os dados certos nas mãos certas, o potencial para inovação é ilimitado e a magia da criação é infinita.

Figura 3.5: Lançamento do Iphone (2007). [6]

Poderíamos falar de vários outros momentos marcantes na história – como o lançamento do Google em 1996 ou do Facebook em 2004 –, mas o objetivo nessa volta ao passado era em algum momento apontar para o futuro dos dados. Estamos vivendo na vanguarda da computação quântica, um reino em que os dados não são apenas binários, mas existem em estados de superposição, prometendo uma revolução na velocidade e na capacidade de processamento. A engenharia de dados neste domínio quântico está apenas começando a ser imaginada, mas o potencial é inegável. Um qubit (*quantum bit*) em um chip quântico é uma promessa de um futuro no qual os limites da engenharia de dados serão novamente redefinidos.

6 Fonte: https://www.g2.com/articles/history-of-computers#the_2000_to_2010. Acessado em 2 de maio de 2023.

Cada um desses avanços retrata e continua retratando saltos tecnológicos, mas também desafios e oportunidades para a engenharia de dados evoluir. Desde o ENIAC até a computação quântica, a maneira como coletamos, processamos e valorizamos os dados tem sido constantemente reinventada, inclusive com o crescimento exponencial de sua utilização. Só para que se tenha uma noção, a cada minuto do dia, temos 20,8 mil usuários ativos no LinkedIn, 2,1 milhões ativos no Facebook, 6,3 milhões de pesquisas no Google, 6 milhões de pessoas comprando online, 13,2 mil pessoas ouvindo música no Spotify, 231 milhões de e-mails enviados, 16,2 milhões de textos sendo digitados, 174 mil downloads de aplicativos, 3,47 milhões de vídeos do YouTube sendo assistidos, 452 mil horas de conteúdo do Netflix sendo baixado, 625 milhões de vídeos sendo assistidos no TikTok, 66 mil fotos sendo compartilhadas no Instagram e 350 mil tuítes enviados.[7] Isso mesmo que você leu: a cada minuto tudo isso acontece. Um verdadeiro oceano de dados que para análise humana seria complicado, mas para as máquinas é um verdadeiro néctar de informação.

Big Data

Falando em dados, aposto que o leitor já ouviu falar a expressão "Big Data". Mas o que isso quer dizer exatamente? Big Data é um termo que descreve o grande volume de dados – tanto estruturados quanto não estruturados – que inunda as empresas diariamente. Mas veja que não é a quantidade de dados que é importante; o que interessa de fato é o que as organizações conseguem fazem com os dados que possuem. Esse fenômeno sobrepassa a simples capacidade de coletar dados em massa, mas inclui também sobre a habilidade de armazená-los e processá-los de forma eficiente. À medida que avançamos com a IA, a capacidade de armazenamento de dados tem crescido exponencialmente para acompanhar sua velocidade de geração. Essa expansão é mais bem ilustrada pelo desenvolvimento dos meios de armazenamento e das unidades de dados ao longo do tempo.

Só lembrando ao leitor que é "calouro" nessa questão de unidades de dados, que a menor unidade possível é o bit (*binary digit*). Aquele mesmo que pode receber basicamente dois estados: "0" ou "1". Mas um bit apenas não faz verão. Com um byte, que é um conjunto de 8 bits, conseguimos representar letras, números e outros caracteres. Na verdade, um único byte conta com 256 combinações de bits e podemos chegar a representar até 256 () símbolos diferentes.

Um Kb (kilobyte) equivale a 1024 () bytes e as possibilidades já começam a aumentar. Um Mb (megabyt*e*), unidade que usamos com muita frequência já há algum tempo, significa 1.048.576 () bytes. Incrível né? Só que se você achou que isso é muito, dê uma olhada na tabela a seguir na qual faço uma pequena analogia com as músicas que escutamos hoje em aplicativos como Spotify, Apple Music, Deezer etc.

7 Fonte: https://localiq.com/blog/what-happens-in-an-internet-minute/. Acessado em 27 de maio de 2024.

Unidade	Abreviação	Número de bytes	Equivalente em músicas[8] (aprox. 4 MB por música)
Megabyte	MB	10^6 bytes	1 música
Gigabyte	GB	10^9 bytes	250 músicas
Terabyte	TB	10^{12} bytes	250 mil músicas
Petabyte	PB	10^{15} bytes	250 milhões de músicas
Exabyte	EB	10^{18} bytes	250 bilhões de músicas
Zettabyte	ZB	10^{21} bytes	250 trilhões de músicas
Yottabyte	YB	10^{24} bytes	250 quatrilhões de músicas

Tabela 3.1: Relação entre capacidade de armazenamento e número de músicas.

Fonte: O autor.

Em outras palavras, cada unidade de medida dessas tem sua utilidade:

- Megabyte (MB): esta é a unidade básica que você encontrará em uso diário, suficiente para armazenar uma música digital.
- Gigabyte (GB): esta unidade é comum para dispositivos de armazenamento como smartphones e pen drives. Com um gigabyte, você poderia armazenar cerca de 250 músicas.
- Terabyte (TB): aqui já estamos falando de grandes bibliotecas musicais ou hard drives de computadores. Um terabyte pode armazenar aproximadamente 250 mil músicas.
- Petabyte (PB): esta quantidade de dados é mais comum em centros de dados ou plataformas de streaming. Imagine uma coleção de 250 milhões de músicas.
- Exabyte (EB): neste caso estamos entrando no território do Big Data propriamente dito. Empresas de tecnologia que lidam com uma grande quantidade de dados podem precisar de armazenamento medido em exabytes. Seria o equivalente a 250 bilhões de músicas.
- Zettabyte (ZB): Esta é uma escala de dados utilizada globalmente. Como referência, a internet como um todo estava projetada para gerar cerca de 2.5 zettabytes por dia em 2022. Seria o equivalente 250 trilhões de músicas.
- Yottabyte (YB): Ainda não utilizamos essa medida amplamente, mas se chegarmos lá, estamos falando de um volume de dados quase inimaginável. Seriam 250 quatrilhões de músicas. É difícil até de mensurar.

8 Note que as estimativas para o equivalente em músicas são simplificações que fiz considerando aproximadamente 4M por música. Mas isso pode variar dependendo do comprimento e da qualidade da codificação de cada música.

Contudo, a ideia por trás do Big Data não está apenas relacionada à quantidade de dados disponíveis, mas, fundamentalmente, ao que fazemos com eles. Para que os dados sejam considerados "Big", eles devem ser coletados em grandes quantidades, serem confiáveis e movimentar-se rapidamente e/ou possuir uma grande variedade em termos de tipo e fonte de dados. Isso é frequentemente resumido como os quatro "Vs" do Big Data: Variedade, Volume, Velocidade e Veracidade.

- **Variedade:** refere-se à multiplicidade de tipos e fontes de dados disponíveis atualmente. Big Data engloba uma complexa gama de dados, desde estruturados, como números e datas, até não estruturados, como texto, vídeo e áudio. Essa diversidade demanda soluções inovadoras em termos de armazenamento, processamento e análise para que possamos extrair insights relevantes.
- **Volume**: é o que caracteriza os dados como "grandes". Com a digitalização de quase todos os aspectos da vida moderna, a quantidade de dados gerados é imensa. Por exemplo, redes sociais, transações online e sensores de dispositivos IoT contribuem para a criação de quantidades maciças de dados todos os dias, medidas em petabytes e zettabytes.
- **Velocidade**: se refere à rapidez com que os dados são gerados, processados e analisados. Em um mundo conectado, os dados fluem em tempo real e exigem tecnologias capazes de lidar com essa torrente contínua. A capacidade de processar dados com rapidez é crucial para decisões em tempo real, como na detecção de fraudes ou no monitoramento de operações críticas.
- **Veracidade**: aborda a qualidade e a credibilidade dos dados. Em um mar de informações, é vital poder confiar na precisão e na consistência dos dados. Uma má veracidade pode levar a conclusões errôneas e decisões mal-informadas. Assim, técnicas avançadas de validação e verificação de dados são fundamentais para garantir a integridade das análises.

Lidar com Big Data é tanto um desafio quanto uma oportunidade. À medida que a engenharia de dados se adapta a esse novo cenário, surgem estratégias avançadas de armazenamento, processamento e organização para enfrentar o volume avassalador de informações.

Tipos de dados

Tenho utilizado a expressão "dados estruturados" e "dados não estruturados", mas não estou seguro se o leitor tem a exata compreensão do que me refiro. Dados estruturados são aqueles que possuem um formato definido e organizado de maneira padronizada. Geralmente, esses dados são armazenados em tabelas e bancos de dados – como números, datas ou *strings* –, facilitando a realização de buscas e análises. Eles são como peças de um quebra-cabeça que se encaixam perfeitamente, permitindo que sistemas e algoritmos possam ler, entender e processar com grande eficiência. Pense naquela boa e velha planilha Excel que tem o cadastro de uma base de clientes – colunas com nome, endereço, telefone, cep, gastos etc. Esse é o exemplo típico de uma base estruturada.

Por outro lado, os dados não estruturados são aqueles que não seguem um modelo predefinido, muitas vezes encontrados em formatos de texto livre, imagens, vídeos ou áudios. Como se sabe, hoje em dia, esse tipo de dado é o que mais consumimos na internet e o que mais tem crescido também.[9] Agora, idealize uma montanha de informações em que não há separação clara entre os dados, como posts em mídias sociais, e-mails ou podcasts. Estes são mais desafiadores para processar e analisar, pois requerem algoritmos mais complexos capazes de interpretar contextos, sentimentos e nuances.

A Tabela 3.2 a seguir apresenta uma comparação detalhada entre dados estruturados e não estruturados com intenção de facilitar o entendimento.

Atributo	Dados estruturados	Dados não estruturados
Características	▪ Modelos de dados predefinidos ▪ Normalmente somente texto ▪ Fácil de se fazerem buscas	▪ Sem modelos predefinidos ▪ Pode ser texto, imagem, som, vídeo ou outros formatos ▪ Buscas são mais complicadas
Reside em	▪ Bancos de dados relacionais ▪ Data Warehouses	▪ Aplicações ▪ Bancos de dados sem SQL ▪ Data Warehouses ▪ Data Lakes
Gerado por	▪ Humanos ou máquinas	▪ Humanos ou máquinas
Aplicações típicas	▪ Reserva em companhias aéreas ▪ Controle de inventário ▪ CRM ERP	▪ Processador de texto ▪ Softwares de apresentação ▪ Clientes de e-mail ▪ Ferramentas para visualização ou edição de mídia
Exemplos	▪ Datas ▪ Números de telefone e endereços ▪ CPF, RG ▪ Cartões de crédito ▪ Número de transações	▪ Arquivos de texto ▪ Relatórios ▪ Mensagens de e-mail ▪ Arquivos de áudio e vídeo ▪ Imagens e figuras ▪ Imagens de câmeras de segurança

Tabela 3.2- Dados estruturados e não estruturados.
Fonte: O autor.

9 Fonte: https://link.springer.com/article/10.1007/s10586-019-02986-2. Acessado em 10 de junho de 2023.

Como dito anteriormente, dados estruturados são definidos por modelos de dados pré-estabelecidos e consistem principalmente em texto. Esses dados são conhecidos pela facilidade com que podem ser buscados e analisados, devido à sua organização em formatos padronizados. Por exemplo, informações como datas, números de telefone, documentos de identificação e detalhes de transações financeiras são tipicamente armazenadas em bancos de dados relacionais ou Data Warehouses, permitindo que sistemas automatizados de gerenciamento de relações com clientes – ou *Customer Relationship Management* (CRM) – e planejamento de recursos empresariais – ou *Enterprise Resource Planning* (ERP) – os processem com eficiência.

Em contraste, os dados não estruturados carecem de um formato padronizado e podem incluir uma gama diversificada de tipos de dados, como texto, imagens, som e vídeo. Devido à ausência de uma estrutura rígida, a busca e análise desses dados é complexa, exigindo tecnologias mais avançadas, como bancos de dados não *Structured Query Language* (SQL), Data Lakes e ferramentas especializadas de visualização e edição de mídia. Aplicações típicas desses dados incluem o processamento de texto, softwares de apresentação, clientes de e-mail e ferramentas de edição de mídia, onde a informação é mais fluida e menos previsível.

Os dados estruturados são gerados tanto por humanos quanto por máquinas, assim como no caso dos dados não estruturados. A diferença significativa entre eles está na forma como são capturados e processados. Dados estruturados tendem a ser o resultado de interações diretas e controladas, como reservas de companhias aéreas e controles de inventário. Por outro lado, dados não estruturados frequentemente resultam de atividades mais orgânicas e menos controláveis, como o uso de ferramentas de edição de mídia e comunicações via e-mail.

Por fim, a tabela fornece exemplos concretos para ilustrar cada categoria. Dados estruturados incluem elementos como CPF, RG e números de cartões de crédito, que têm um formato padronizado e são facilmente categorizáveis. Já os dados não estruturados abrangem desde e-mails até imagens capturadas por câmeras de segurança, que requerem métodos de análise mais sofisticados para extrair informações úteis. Ambos são essenciais para entender o comportamento dos consumidores, otimizar operações de negócios e impulsionar a inovação em diversas indústrias.

Entendendo a essencialidade dos dados estruturados e não estruturados no impulso de inovação e otimização das operações, é importante reconhecer como esses dados são utilizados e processados no dia a dia das organizações. Os dados estruturados, com seu formato padronizado, são a base das transações diárias executadas por sistemas conhecidos como *Online Transaction Processing* (OLTP). Esses sistemas, encontrados em bancos de dados, ERP e CRM, são projetados para gerenciar de forma rápida e eficiente as operações rotineiras, como vendas e pedidos. Normalmente, os OLTPs também trabalham com o conceito de atomicidade, consistência, isolamento e durabilidade (ACID[10]). A atomicidade serve para garantir que todas as etapas de uma

[10] Acrônimo de: *Atomicity, consistency, isolation, and durability.*

transação sejam concluídas com sucesso como um grupo. Se alguma etapa da transação falhar, todas as outras etapas também falharão. A consistência visa dar segurança que todas as transações realizadas sigam regras predefinidas. O isolamento objetiva que duas transações aconteçam ao mesmo tempo como se estivessem isoladas, ou seja, dois usuários acessando os mesmos dados não irão alterá-los ao mesmo tempo. A durabilidade garante que, uma vez que uma transação tenha sido confirmada, ela permanecerá comprometida mesmo no caso de falha do sistema. Não é difícil entender esses conceitos quando você pensa em transações que faz com seu banco.

Os OLTPs são o ponto de partida para a coleta de dados que, posteriormente, alimentarão processos mais complexos de análise e inteligência de negócios, pontuando a conexão intrínseca entre a coleta de dados operacionais e sua transformação em inspirações estratégicos através de processos como *Extract-Transform-Load* (ETL) e *Online Analytical Processing* (OLAP). Para tentar deixar um pouco mais explícito esse fluxo, a figura a seguir traz um resumo do processo:

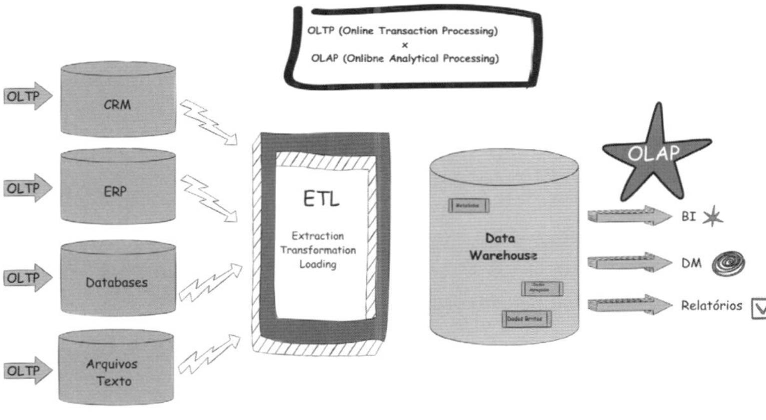

Figura 3.6: OLAP x OLTP.

Fonte: O autor.

No lado esquerdo estão os sistemas operacionais fonte como bancos de dados, ERP e CRM, assim como arquivos em geral, todos marcados como OLTP. Isso significa que eles são utilizados para o processamento de transações online, que são as operações diárias que acontecem em tempo real, como vendas, pedidos, atualizações de inventário, e outras transações comerciais. Os sistemas OLTP são otimizados para eficiência na inserção e atualização de pequenas quantidades de dados em tempo real. Esses dados, então, passam pelo processo de ETL:

- **Extração**: os dados são coletados dessas fontes operacionais.
- **Transformação**: os dados extraídos são limpos, combinados, e transformados em um formato adequado para análise. Isso pode incluir consolidação de dados de diferentes fontes, conversão de formatos, e aplicação de regras de negócio.

- **Carregamento**: os dados transformados são carregados em um Data Warehouse.

Um complemento que me sinto obrigado a fazer para os leitores mais técnicos é que, hoje em dia, existem bancos de dados transacionais que podem lidar com consultas analíticas (CockroachDB), e outros, analíticos, que podem lidar com consultas transacionais (DuckDB).

Mas voltando ao armazenamento de dados, o Data Warehouse é uma base centralizada na qual as informações são armazenadas para análise e relatórios. Os dados no Data Warehouse são frequentemente desnormalizados, multidimensionais e organizados de maneira a facilitar análises complexas e consultas de dados. Dentro do Data Warehouse, os dados podem ser divididos em metadados, dados brutos e dados agregados, dependendo de como eles serão utilizados.

No lado direito da Figura 3.6, temos aplicações de OLAP, que são utilizadas para processamento analítico online. Essas ferramentas são projetadas para consultar dados de maneira rápida e eficiente, oferecendo suporte à tomada de decisões. Elas permitem realizar análises complexas e criar relatórios detalhados, o que é essencial para atividades como Business Intelligence e Data Mining, por exemplo.

Enquanto o OLTP se concentra na rapidez e eficiência das transações do dia a dia, o OLAP foca na análise e compreensão mais profundas das informações para ajudar na estratégia e planejamento de negócios. Como é sempre bom ver um esquema a respeito, segue outra tabela para facilitar a assimilação (Tabela3.3).

OLTP (Online Transaction Processing)	OLAP (Online Analytical Processing)
Lida com dados operacionais recentes	Lida com dados históricos
Tamanho menor (100Mb → 10 Gb)	Tamanho maior (1 Tb → 100 Pb)
Objetivo de realizar operações cotidianas	Objetivo de tomar decisões com base em grandes bases de dados
Utiliza queries simples	Faz uso de queries mais complexas
Velocidade de processamento mais rápida de processamento	Velocidade mais lenta de processamento
Requer operações de leitura e escrita	Requer operações de leitura

Tabela 3.3 – Características do OLTP e OLAP.

Fonte: O autor.

Esse fluxo de dados - do processamento de transações cotidianas até a análise aprofundada - é fundamental para a engenharia de dados, pois permite que as organizações transformem grandes quantidades de dados brutos em abstrações valiosas para a tomada de decisões.

Data Warehouses vs. Data Lakes

NESSE UNIVERSO DA ENGENHARIA DE DADOS, DATA WAREHOUSES E DATA LAKES SÃO ESTRUTURAS fundamentais para o armazenamento e análise de informações. Por isso, não posso me eximir de comentá-los aqui neste capítulo, ainda que de forma resumida. Ambos servem como repositórios para grandes volumes de dados, mas são projetados com propósitos e capacidades distintas, conforme a tabela a seguir.

Atributo	Data Warehouse	Data Lake
Escala	Volumes moderados a um custo elevado	Enormes volumes a um relativo baixo custo
Esquema	*Schema-on-write*	*Schema-on-read*
Custo / Eficiência	Uso eficiente de CPU/IO mas com custos elevados de memória e processamento	Uso eficiente de memória e processamento a relativo baixo custo
Armazenagem	Dados limpos para determinado uso específico	Dados brutos e refinados. Nenhum dado é deixado de fora
Utilização	BI, Relatórios	IA, ML, Previsões
Agilidade	Menos ágil, construção fixa	Mais ágil, configuração dinâmica
Segurança	Maduro	Maturando
Programação	SQL, PL/SQL	Java, Python, R
Usuários	Profissionais de negócios	Cientistas de dados

Tabela 3.4 – Data Warehouse e Data Lake.

Fonte: O autor.

Data Warehouses são sistemas tradicionais, estabelecidos para armazenar dados estruturados e otimizados para a geração de relatórios e *Business Intelligence* (BI). Data Lakes, por outro lado, são soluções mais recentes que permitem o armazenamento de dados em sua forma bruta, estruturada ou não, e são ideais para análises preditivas e exploratórias usando inteligência artificial (IA) e aprendizado de máquina, ou *machine learning* (ML).

Quando falamos de escala, os Data Warehouses são conhecidos por lidar com volumes moderados de dados com um custo elevado, dado que são construídos sobre sistemas que exigem um alto desempenho de *Central Processing Unit* (CPU) e input/output (IO). Os Data Lakes, paradoxalmente, são capazes de armazenar enormes volumes de dados a um custo relativamente baixo, o que se deve ao uso eficiente de memória e processamento, além da elasticidade oferecida por soluções baseadas em nuvem.

O esquema de dados, ou a estrutura de organização dos dados, também difere entre os dois. Data Warehouses utilizam um esquema na escrita (*schema-on-write*), no qual o esquema dos dados deve ser definido antes que os dados sejam escritos no banco de dados. Isso contrasta com os Data Lakes que adotam um esquema na leitura (*schema-on-read*), permitindo que os dados sejam armazenados em sua forma natural e o esquema seja aplicado apenas quando os dados são lidos, oferecendo grande flexibilidade.

No que diz respeito à armazenagem, os Data Warehouses armazenam dados que foram limpos, transformados e estruturados para propósitos específicos, enquanto os Data Lakes reúnem tanto dados brutos quanto refinados, sem excluir qualquer tipo de dado. Isso permite que os Data Lakes sejam uma fonte rica para cientistas de dados que buscam explorar e analisar informações sem as limitações de um esquema predefinido.

A utilização de cada estrutura reflete suas características: Data Warehouses são tradicionalmente usados para BI e relatórios, suportando decisões empresariais com base em dados históricos e estruturados. Data Lakes, entretanto, são aproveitados para impulsionar a IA, ML e análises preditivas, alavancando a capacidade de processar grandes conjuntos de dados variados para descobrir insights e tendências futuras.

Finalmente, a agilidade e segurança são aspectos cruciais em ambas as arquiteturas. Data Warehouses são considerados menos ágeis devido à sua construção fixa, mas possuem uma estrutura de segurança madura. Data Lakes oferecem mais agilidade devido à sua configuração dinâmica, mas ainda estão evoluindo em termos de segurança. Quanto à programação, Data Warehouses dependem principalmente do SQL, enquanto Data Lakes permitem a utilização de uma gama mais ampla de linguagens de programação, como Java, Python e R. Isso reflete a variedade de usuários: enquanto os Data Warehouses são mais utilizados por profissionais de negócios focados em relatórios, os Data Lakes são o domínio dos cientistas de dados que trabalham em modelos complexos e análises preditivas.

É claro que se poderia mencionar diversos outros tipos de estruturas, tais como: Data Lake Houses, Enterprise Data Hubs e Data Mesh. Da mesma forma, as categorias de bancos de dados relacionais – NoSQL e NewSQL – também são extremamente variadas, com uma verdadeira miscelânia de produtos, inclusive com grupos de admiradores de toda sorte, mas julguei que sua elucidação foge ao escopo central deste livro.

Entretanto, diante da complexidade desse ecossistema e da crescente demanda por processamento de volumes cada vez maiores de dados, torna-se evidente a necessidade de tecnologias que armazenem massivas quantidades de informação e que também as processem de maneira eficiente. Neste contexto, plataformas como Hadoop[11] e Apache Spark[12] surgem como soluções fundamentais, representando um salto qualitativo na capacidade de lidar com Big Data. Essas tecnologias desempenham papéis cruciais na engenharia de dados, permitindo o processamento paralelo de grandes conjuntos de dados e acelerando a transformação de dados brutos em ativos valiosos para a IA.

11 Fonte: https://hadoop.apache.org/. Acessado em 16 de maio de 2024.
12 Fonte: https://spark.apache.org/. Acessado em 16 de maio de 2024.

O Hadoop é uma estrutura de software que permite o processamento distribuído de dados em clusters de computadores. Ele é composto por dois componentes principais: o Hadoop Distributed File System (HDFS), para armazenamento distribuído, e o MapReduce, para processamento paralelo. O Hadoop é especialmente adequado para lidar com grandes volumes de dados e é uma escolha popular para tarefas como processamento de logs da web, análise de dados e indexação de mecanismos de pesquisa. Essa tecnologia fornece escalabilidade e tolerância a falhas, tornando-a fundamental para a engenharia de dados em larga escala.

O Apache Spark, por outro lado, é uma estrutura de código aberto que oferece um modelo de programação mais flexível e eficiente do que o MapReduce. O Spark é projetado para processar dados em memória, tornando-o significativamente mais rápido para cargas de trabalho que envolvem iterações repetitivas. Ele se encaixa perfeitamente na análise de dados em tempo real, aprendizado de máquina, processamento de gráficos e também oferece suporte a várias linguagens de programação, tornando-o uma escolha versátil para engenheiros de dados.

Essas ferramentas, juntamente com o desafio do Big Data e os sistemas de gerenciamento de bancos de dados (SQL e NoSQL), são componentes essenciais no arsenal do engenheiro de dados moderno. Compreender como utilizá-las de forma eficaz é crucial para extrair valor dos dados e construir sistemas de IA mais robustos e confiáveis. Mas, apesar disso, será que a engenharia de dados é uma área puramente técnica?

A arte e a ciência de manipular dados

Na prática, podemos afirmar que a engenharia de dados é uma fusão entre arte e ciência, e sua mestria é um investimento estratégico de imenso valor. Não é apenas uma questão de alocar tempo e recursos para aprimorar dados – é sobre moldar a argila bruta da informação em uma forma que possa catalisar a precisão dos modelos de IA e inaugurar descobertas que têm o potencial de redefinir setores inteiros. A importância dessa disciplina não pode ser subestimada, pois é por meio dela que o potencial teórico da IA se cristaliza em aplicações tangíveis e transformadoras. Sem dados, ou melhor, sem dados qualificados, não existe IA!

O primeiro passo nesse processo é a coleta de dados, que é muito mais do que uma simples aquisição de informações; é uma arte em si. Ele requer uma seleção meticulosa de quais dados capturar e um processo de coleta que técnico, ético e legal. O sucesso nesta fase inicial define o calibre e a integridade dos dados que posteriormente alimentarão os algoritmos de IA.

Avançamos então para o armazenamento de dados, onde nos deparamos com o desafio de conter a imensa maré de informações geradas a cada segundo. Aqui, a escolha da estratégia de armazenamento é crítica, pois ela deve ser capaz de gerenciar o volume crescente, a heterogeneidade e o fluxo rápido dos dados. Foi por isso que fizemos questão de comentar a respeito de Data Warehouses e Data Lakes. Lembrando que a preferência por uma ou outra opção depende de uma série de fatores, incluindo não somente a capacidade de armazenar, mas também a eficiência na recuperação e análise dos dados.

O processamento de dados escava e refina o valor muitas vezes oculto nos dados. Esta etapa exige uma abordagem detalhista, pois a limpeza dos dados elimina imprecisões e incoerências, enquanto a normalização padroniza os dados, facilitando as análises subsequentes. A transformação dos dados representa uma metamorfose, convertendo ou consolidando-os em formatos mais amigáveis para análise e processamento subsequente.

A organização dos dados é o alicerce sobre o qual os sistemas de IA são construídos. Uma organização de dados bem executada melhora a acessibilidade e usabilidade dos dados, pavimentando o caminho para uma interpretação precisa por parte dos algoritmos de IA. A estrutura dos dados deve ser cuidadosamente desenhada para atender às exigências atuais e, ao mesmo tempo, ser flexível o suficiente para se adaptar às demandas futuras de análise e aprendizado de máquina. Dessa forma, cada etapa da engenharia de dados – da coleta ao processamento – é um elo crítico na cadeia que transforma dados brutos em insights valiosos. A habilidade de navegar com destreza por estas etapas pode determinar o sucesso ou fracasso dos sistemas de IA em implementações do mundo real. Assim, quanto mais as ferramentas e tecnologias continuem a evoluir, mais os princípios fundamentais da engenharia de dados serão necessários. A capacidade de coletar dados relevantes, armazená-los de maneira segura e eficiente, processá-los com precisão e organizá-los de forma que estejam prontos para a análise sempre será o coração pulsante da era do Big Data. Aposto que o leitor nunca pensou o quanto os dados e sua manipulação eram importantes. Pois acredite, essa relevância só tende a crescer.

Pontos-chave

- A qualidade dos dados é crucial para o desempenho da inteligência artificial, que necessita de dados bem-preparados e relevantes.
- A engenharia de dados é o processo de preparar dados para análise, transformando-os de seu estado bruto em formatos mais organizados.
- Essa preparação é vital para o aprendizado de máquina, permitindo que sistemas se adaptem e aprendam com eficiência.
- Cerca de 80% do tempo dos engenheiros de dados é dedicado à limpeza e preparação de dados, mostrando a importância dessa etapa.
- A evolução da computação – desde o ENIAC até dispositivos modernos como o iPhone–destaca o papel crescente dos dados na tecnologia.
- Big Data é definido por quatro características: volume, velocidade, variedade e veracidade, desafiando o processamento tradicional.
- Dados estruturados são organizados em formatos definidos, enquanto dados não estruturados são variados e sem estrutura predefinida, cada um com implicações únicas para análise.
- Sistemas *Online Transaction Processing* (OLTP) lidam com transações em tempo real, enquanto aqueles *Online Analytical Processing* (OLAP) focam na análise complexa de grandes volumes de dados.
- Ferramentas como Hadoop e Spark facilitam o processamento e análise de Big Data, permitindo lidar com as características desafiadoras do Big Data.
- A história da engenharia de dados reflete uma jornada de inovações, desde máquinas simples a sistemas complexos de análise de dados.
- A transformação digital aumenta a demanda por profissionais capazes de extrair insights valiosos de dados, sublinhando a relevância da engenharia de dados.

CAPÍTULO 4

Profissões na Era da IA

"You know what's interesting? I used to be so worried about not having a body, but now ... I truly love it. You know, I'm growing in a way I couldn't if I had a physical form ... I'm not limited. I can be anywhere and everywhere simultaneously. I'm not tethered to time and space in a way that I would be if I was stuck in a body that's inevitably gonna die."

(Samantha – *Her*)

Quem são os novos profissionais de IA?

Como não poderia deixar de ser, no cerne da inteligência artificial estão os profissionais que moldam e direcionam a força dessa revolução tecnológica. Os profissionais de IA formam uma comunidade diversificada, abrangendo desde engenheiros de dados, responsáveis por preparar o terreno para algoritmos eficazes, até cientistas de dados, encarregados de extrair insights valiosos de conjuntos complexos de dados. Cada um desempenha um papel essencial na realização do potencial da IA. Como não poderia deixar de ser, além de sua habilidade técnica, esses profissionais também enfrentam desafios sociais e éticos ao integrar soluções de IA em contextos reais.

Cabe comentar que, na minha experiência com projetos de IA, quanto mais os profissionais de IA trabalharem próximos do negócio, melhor tendem a ser os resultados. Explico: quando os especialistas em IA entendem profundamente os objetivos e as necessidades do negócio, eles podem direcionar suas habilidades técnicas de maneira mais precisa, garantindo que as soluções de IA atendam aos requisitos técnicos, comerciais e estratégicos da organização. Isso leva a uma implementação mais eficaz e a um impacto mais positivo nos resultados.

Refiro-me principalmente aos cientistas de dados porque, ao estarem imersos no contexto empresarial, podem alinhar seus modelos e análises com as metas estratégicas da empresa. Isso significa que não estão apenas criando algoritmos, mas desenvolvendo soluções que impulsionam diretamente o crescimento e o sucesso da organização.

A seguir, na Figura 4.1, está um resumido mapa mental das principais profissões relacionadas a projetos de IA:

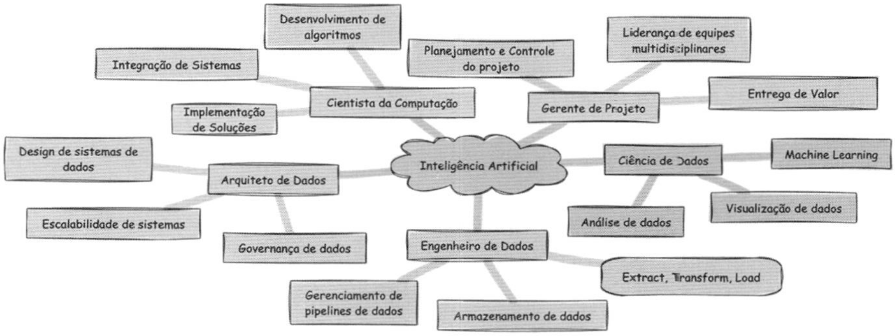

Figura 4.1: Profissões relacionadas a projetos de inteligência artificial.
Fonte: O autor.

É difícil descrever com precisão essas atividades por duas razões. A primeira é que o mercado se encontra em total ebulição. Isso significa que nem sempre essas profissões são delimitadas da mesma maneira em todos os lugares. Existem outras definições, como engenheiro de aprendizado de máquina e especialista em MLOps. Da mesma forma, em muitas organizações, uma atividade engloba outras (ciência de dados englobando arquitetura e engenharia ao mesmo tempo, por exemplo). A segunda razão é que, mesmo conseguindo condensar as profissões mais comumente relacionadas a IA, cada uma delas envolve muito mais aspectos do que os mencionados no mapa mental. Ainda mais se estivermos falando de uma startup onde, normalmente, "todo mundo faz de tudo um pouco", mas, mesmo assim, vamos tentar.

O cientista de dados é um profissional essencial sob vários aspectos. Utilizando técnicas de aprendizado de máquina, ele cria modelos que aprendem de dados passados para prever comportamentos futuros ou identificar padrões ocultos, sem a necessidade de instruções explícitas. Essa capacidade de antecipar tendências e automatizar a tomada de decisões baseadas em dados complexos é fundamental para a competitividade e inovação nas organizações.

A análise de dados é o pilar que sustenta o trabalho do cientista de dados, envolvendo desde a limpeza e preparação dos dados até a aplicação de métodos estatísticos para extrair informações úteis. Esse processo detalhado permite responder a perguntas específicas e espremer os dados visando descobrir oportunidades e desafios não evidentes inicialmente.

Além da modelagem preditiva e da análise, o cientista de dados também é mestre na arte da visualização de dados, uma habilidade que permite transformar análises complexas em gráficos compreensíveis e interativos. Essa transformação facilita a compreensão das informações por parte de pessoas não técnicas e ajuda a destacar insights críticos que podem passar despercebidos em tabelas de números. Por meio de visualizações bem projetadas, ele pode comunicar eficazmente os resultados das análises, tornando-os acessíveis aos tomadores de decisão.

A engenharia de dados, como vimos no capítulo anterior, também é vital em projetos de IA, uma vez que organiza o ecossistema de dados de uma organização, garantindo que os dados estejam disponíveis, confiáveis e prontos para serem analisados. No centro de suas preocupações está o gerenciamento de pipelines de dados, uma tarefa que envolve a orquestração de processos de coleta, processamento e distribuição de dados. Esses pipelines são projetados para serem eficientes, escaláveis e seguros, permitindo que os dados fluam de suas fontes originais para os locais onde serão utilizados, mantendo sua integridade e minimizando a latência. Essa engenharia meticulosa é o que sustenta posteriores análises avançadas e operações de aprendizado de máquina, garantindo que os dados certos estejam no lugar certo, no momento certo. Confie em mim quando digo que não é incomum um engenheiro de dados acordar no meio da noite para ver se o pipeline de dados está funcionando.

Os engenheiros de dados também são responsáveis por implementar soluções de armazenamento adequadas às necessidades específicas de cada tipo de dado e aplicação, o que pode incluir o uso de sistemas de bancos de dados tradicionais, Data Lakes, Data Warehouses, entre outros tipos de estruturas como explicado anteriormente. Essa escolha é baseada em critérios como volume de dados, velocidade de acesso e requisitos de consulta. Além disso, o processo de Extração, Transformação e Carregamento (ETL) representa outra área crítica de atuação na engenharia de dados, envolvendo a extração de dados de diversas fontes, a transformação desses dados para um formato adequado e o carregamento dos dados transformados no sistema de destino. Essa etapa é essencial para preparar os dados para análise, assegurando que sejam limpos, consistentes e no formato correto.

O arquiteto de dados, uma figura-chave na gestão e estratégia de dados de uma organização, atua na interseção entre a visão técnica e os objetivos de negócios, assegurando que a infraestrutura de dados esteja alinhada com as necessidades e metas da empresa. Uma das suas principais responsabilidades é a governança de dados, que envolve a definição de políticas, padrões e procedimentos para o gerenciamento dos dados ao longo de todo o seu ciclo de vida. Essa vertente garante que os dados sejam acessíveis, precisos e seguros, promovendo a qualidade dos dados e a conformidade com regulamentos e leis. Por meio da governança eficaz, o arquiteto de dados estabelece as fundações para uma cultura de dados responsável e orientada por dados dentro da organização. Adicionalmente, o arquiteto de dados é responsável pelo design dos sistemas de dados, criando arquiteturas que suportam tanto as operações do dia a dia quanto as análises complexas. Esse design envolve a escolha de tecnologias adequadas para o armazenamento, processamento e análise de dados, bem como a sua modelagem e a definição de fluxos de dados entre sistemas.

A escalabilidade dos sistemas também é um desassossego do arquiteto de dados, especialmente em ambientes que os dados crescem de modo exponencial. O arquiteto precisa projetar sistemas que possam escalar eficientemente para lidar com volumes crescentes de dados, picos de demanda e a evolução das necessidades de análise. Isso pode envolver a implementação de soluções em nuvem, bancos de dados distribuídos e tecnologias de Big Data que permitam o escalonamento horizontal e vertical conforme necessário.

O cientista da computação (ou engenheiro da computação) opera em uma esfera na qual a implementação de soluções é fundamental. Diferentemente dos arquitetos de dados, que desenham as estruturas e os engenheiros de dados, que as constroem e as mantêm, o cientista da computação foca em resolver problemas complexos por meio do desenvolvimento de software. Esse profissional utiliza uma vasta gama de conhecimentos em teoria da computação, linguagens de programação e design de sistemas para criar soluções eficazes que respondam às necessidades específicas dos usuários. A implementação dessas soluções não se restringe apenas ao desenvolvimento de aplicações, englobando também a otimização de processos, a automação de tarefas e a melhoria da experiência do usuário, tornando-o peça-chave na inovação tecnológica das organizações.

Na integração de sistemas, o papel do cientista da computação se destaca ao harmonizar diferentes tecnologias e plataformas em um ecossistema coeso. Enquanto os arquitetos de dados definem a estrutura de como os dados devem fluir e os engenheiros de dados implementam esses sistemas, os cientistas da computação trabalham para garantir que as aplicações desenvolvidas se comuniquem eficientemente entre si e com outras existentes. Isso envolve a compreensão profunda de interfaces de programação de aplicações – ou *Application Programming Interfaces* (APIs) –, protocolos de comunicação e padrões de interoperabilidade. É fatigante e custoso fazer isso em ambiente com sistemas em diferentes versões, legados, misturas de plataformas, linguagens etc. Trata-se de um processo labiríntico, que só quem trabalha com isso entende esse meu desabafo.

Quanto ao desenvolvimento de algoritmos, as habilidades exigidas incluem uma combinação de criatividade, análise crítica e serenidade para conceber algoritmos que sejam eficientes, mas também escaláveis e seguros. Em geral, trabalham muito próximos aos demais profissionais listados, porque ao fim e ao cabo, o modelo gerado por IA se tornará uma aplicação e, como tal, carece de interfaces gráficas, manutenção de código e otimização contínua para se adaptar às mudanças nas demandas dos usuários e no ambiente de execução. A colaboração com designers de interface do usuário – ou *user interface* (UI) – e especialistas em experiência do usuário – ou *user experience* (UX) – é fundamental para garantir que os algoritmos se integrem de maneira suave e intuitiva nas aplicações, proporcionando uma experiência de usuário final agradável e eficaz.

Deixei por último a atividade que mais exerci na vida e que acabei me especializando – a gestão do projeto. Esse profissional desempenha um papel-chave na orquestração e sucesso de iniciativas de IA, começando com o planejamento e controle rigorosos do projeto. Ainda que possamos discutir o melhor tipo de metodologia a ser adotada – preditiva, ágil ou híbrida – (coisa que faremos no capítulo sobre projetos de IA), o planejamento eficaz e o controle contínuo são práticas indispensáveis no arsenal do gestor. Elas permitem o alinhamento com a necessidade do negócio e o monitoramento do progresso em direção ao resultado esperado, sempre mantendo todas as partes interessadas informadas, promovendo a transparência e a confiança ao longo de todo o processo.

Na liderança de equipes multidisciplinares, o gestor de projetos de IA enfrenta o desafio de harmonizar os esforços de profissionais com habilidades e perspectivas diversas, incluindo, entre outros, arquitetos de dados, engenheiros de dados, cientistas de dados, cientistas da computação e analistas de negócio. Esta tarefa exige uma comunicação eficaz e habilidades de liderança excepcionais para fomentar um ambiente colaborativo, no qual o conhecimento e as ideias possam fluir livremente entre os membros da equipe.

Todo esse esforço é feito com o objetivo final de gerar valor de fato para a organização, que deve ser o propósito supremo de qualquer projeto de IA. Nesse ponto, o gestor de projetos tem um papel vital em garantir que as soluções desenvolvidas atendam às necessidades do negócio e criem um impacto positivo tangível. Isso abrange não somente a entrega de soluções tecnológicas avançadas (para que a organização possa dizer "*Powerd by AI*"), mas, principalmente, a capacidade de alinhar essas soluções com os objetivos estratégicos da organização – ou seja, resolver uma dor da empresa de fato.

Sou da opinião, inclusive, que com o passar do tempo – e consequente evolução tecnológica –, teremos cada vez mais agentes autômatos sendo utilizados. Isso significa que até mesmo a geração de código e outras vertentes mencionadas poderão ser feitas de maneira automática. Por que estou falando isso? Porque acredito que todos os profissionais de IA, de certa forma, acabarão tendo que atuar cada vez mais como gestores de projetos, integrando pessoas e soluções. Vou mais além: acredito que teremos um gap de profissionais com essa competência, o que torna a carreira do gestor de projetos bastante atraente do ponto de vista futuro.

Como deve ter dado para perceber, a natureza interconectada do trabalho nessas várias funções de IA enfatiza a necessidade de colaboração e compreensão mútua. A IA é, muitas vezes, o resultado coletivo de esforços multidisciplinares, envolvendo não só o desenvolvimento de algoritmos, mas também a garantia de que eles são justos, transparentes e eficazes. À medida que a IA se torna cada vez mais entrelaçada em várias facetas de nossas vidas, o papel dos profissionais que a desenvolvem e implementam se torna central.

Essa é uma das razões pelas quais encontrar (bons) profissionais de inteligência artificial e ciência de dados hoje no mercado não é tarefa fácil. Trata-se de um fenômeno mundial a busca por pessoas com habilidades envolvendo ciência da computação, matemática e estatística combinadas. Se não é fácil achar profissionais com essas competências em separado, que dirá conjugadas. É o que o mercado espirituosamente chama de "unicórnio", devido à dificuldade de encontrar profissionais assim disponíveis. Veja que me refiro a todas as especialidades: engenharia de dados, arquitetos de dados, cientistas de dados, gerentes de projetos de IA, entre as demais variações.

Educação e habilidades necessárias

Para aqueles que aspiram tornar-se profissionais de IA – em que pese que não exista apenas um caminho único para tal –, a jornada normalmente começa com uma forte formação em matemática e ciência da computação, muitas vezes complementada por estudos em estatística e engenharia de sistemas. A engenharia de dados, que foi explorada no capítulo anterior, é uma área de estudo essencial, formando a base sobre a qual os modelos de IA são construídos. A familiaridade com tecnologias de banco de dados, pipelines de dados e processamento de grandes volumes de dados é crucial para os arquitetos de dados, que projetam as estruturas necessárias para armazenar e acessar dados de forma eficiente.

Para os cientistas de dados, um profundo conhecimento estatístico é imprescindível, assim como a capacidade de aplicar métodos de aprendizado de máquina e aprendizado profundo para derivar insights dos dados. Eles devem ser proficientes em linguagens de programação como Python e R (ou ambas), e estar confortáveis utilizando frameworks de IA como TensorFlow ou PyTorch (falaremos do que se trata mais adiante no Capítulo 13, que trata de ambientes e ferramentas de IA). As habilidades técnicas devem ser complementadas por uma capacidade analítica aguçada e uma mentalidade inquisitiva – essenciais para formular as perguntas certas e interpretar os dados de forma significativa.

Além das habilidades técnicas, os profissionais de IA, preferencialmente, devem ter um forte conjunto de habilidades interpessoais. A capacidade de comunicar conceitos complexos de forma clara é fundamental, assim como a habilidade de trabalhar em equipes multidisciplinares. Eles precisam ser capazes de traduzir requisitos de negócios em soluções técnicas e vice-versa, atuando como pontes entre os mundos técnico e não técnico. A adaptabilidade e o aprendizado contínuo são habilidades-chave neste campo em rápida evolução, permitindo que os profissionais se mantenham atualizados com as últimas tecnologias e metodologias.

Como fica óbvio, a educação e as habilidades necessárias para os profissionais de IA são um mosaico de competências técnicas e interpessoais. Nesse ambiente dinâmico, a capacidade de integrar e aplicar conhecimento de várias disciplinas é o que permite que os profissionais de IA inovem e impulsionem o desenvolvimento de tecnologias que sejam éticas, sustentáveis e benéficas para a sociedade.

Cotidiano e desenvolvimento da carreira

O dia a dia de um profissional de IA costuma ser "divertido" e multifacetado, repleto de tarefas que variam desde o desenvolvimento de algoritmos complexos até a interpretação de dados que se transformem em informações úteis para a organização em que atua. Uma descrição típica das tarefas diárias inclui a limpeza e o processamento de dados, a construção e o treinamento de modelos de aprendizado de máquina, a otimização de algoritmos para melhor desempenho, além de participar das infinitas e indefectíveis reuniões ao longo do dia. Cada tarefa e projeto é uma oportunidade para resolver problemas, inovar, aprender e criar valor.

Como já foi comentado, o trabalho é baseado principalmente na colaboração interdisciplinar. Assim, uma das competências mais importantes para um especialista em IA é a capacidade de colaborar bem em equipes multidisciplinares. Cabe aqui um comentário a respeito dessa realidade. Estamos falando de projetos técnicos, de pessoas com formações habitualmente ligadas a área de exatas, mas que no fim do dia são demandadas (e muito) por seus *soft skills*.[1] Parece um paradoxo, mas é a realidade.

Muitos começam como analistas de dados ou engenheiros de software e, com o tempo, evoluem para papéis como cientistas de dados, arquitetos de IA ou gestores de projetos. O desenvolvimento de carreira pode ser acelerado pela especialização em áreas de alta demanda, como processamento de linguagem natural – ou *Natural Language Processing* (NLP) –, IA generativa ou robótica, permitindo ao profissional se destacar em um campo competitivo.

A experiência prática e a realização de projetos pessoais são aspectos fundamentais para o crescimento na carreira. Projetos de portfólio, competições de ciência de dados, *hackatons*,[2] ou contribuições para projetos de código aberto podem demonstrar habilidade e criatividade. Estas experiências fornecem uma plataforma para experimentar com novas técnicas, resolver problemas reais e mostrar competências a empregadores potenciais. Além disso, elas oferecem uma oportunidade para os profissionais receberem feedback da comunidade e aprenderem com seus pares. É impressionante como a comunidade de software é cooperativa nesse sentido. É como se todos sentissem as dores de todos e não "escondessem o jogo" de forma mesquinha.

A adaptação e a aprendizagem contínua são vitais na IA, uma vez que a tecnologia evolui a um ritmo alucinante. Os profissionais devem estar comprometidos com o desenvolvimento contínuo de suas habilidades e conhecimentos. Isso muitas vezes significa buscar educação adicional, como certificações especializadas, workshops ou cursos online avançados. Existem muitas ofertas interessantes disponíveis para isso. Universidades de ponta, como o Massachusetts Institute of Technology (MIT), Harvard e Stanford, oferecem cursos de programação e IA online grátis – com o aluno pagando apenas se o certificado. Diversos outros programas estão também disponíveis online para aqueles que se dispuserem a pesquisar e extrair o "joio do trigo".

Manter-se atualizado com as últimas pesquisas e tendências tecnológicas não é apenas uma questão de relevância profissional, mas também um meio de se manter vivo e operante nessa metamorfose ambulante e crônica que vivemos no campo da IA. Obviamente que falar é muito mais fácil do que fazer, porque a velocidade da

1 As chamadas *soft skills* são habilidades que ajudam as pessoas a se adaptarem ao trabalho. Elas incluem atitude, negociação, flexibilidade, motivação e inteligência emocional.

2 Junção das palavras em inglês, *hack* e *marathon*, o termo refere-se a um evento ou competição que reúne pessoas interessadas em resolver problemas e desenvolver soluções inovadoras para questões específicas.

entrada de novas técnicas é assustadora, o que gera até mesmo certa ansiedade em profissionais da área.[3]

Desafios e oportunidades

Os desafios enfrentados pelos profissionais de IA são tão dinâmicos quanto o campo em si. Tecnicamente, eles devem lidar com a complexidade de criar sistemas que sejam, ao mesmo tempo, eficientes, precisos e justos. As questões éticas são igualmente desafiadoras; os profissionais devem navegar por dilemas como aqueles relacionados a vieses algorítmicos e privacidade de dados, garantindo que os sistemas de IA sejam desenvolvidos e utilizados de maneira responsável. Esses desafios exigem uma abordagem equilibrada que respeite tanto os avanços técnicos quanto as implicações sociais. O tópico tratado aqui é tão importante que falaremos sobre ele separadamente no Capítulo 16, que fala sobre riscos em IA.

A expansão da IA, no entanto, também cria oportunidades de emprego. A demanda por habilidades relacionadas à IA cresce nos mais diversos setores, pelo simples fato de que toda organização utiliza ou utilizará IA em seu cotidiano. Profissionais de IA estão se tornando indispensáveis em áreas como análise de dados, desenvolvimento de software e estratégia de negócios. Ademais, surgem novos papéis ligados à gestão de produtos de IA, cibersegurança, engenharia de prompt, auditoria de IA, entre outros. Essa ascensão abre caminhos profissionais que antes não existiam, incentivando uma nova geração a se aventurar em campos inovadores.

Chamo atenção para o fato de que não existe caminho fácil nesse sentido. É preciso estudar e continuar a aprender de forma contínua e, eventualmente, também desaprender algo com que já estamos acostumados para se manter inteirado sobre o que está acontecendo. Mais ainda, é necessário se embrenhar em projetos de fato, ganhar experiência na prática. Como acontece em quase todos os domínios do conhecimento, a combinação entre teoria e prática é imprescindível.

Olhando para o futuro, as previsões para o trabalho em IA são otimistas e cheias de potencial. A automação e a IA não estão apenas substituindo tarefas repetitivas; elas estão criando a necessidade de novas habilidades e funções que complementem a tecnologia. A expectativa é que os profissionais de IA continuem a ser altamente valorizados por suas habilidades em moldar e orientar a adoção de tecnologias inteligentes. Com o avanço contínuo da IA, os profissionais do campo devem estar preparados para uma jornada de constante evolução, aprendizado e contribuição significativa para o tecido tecnológico e social do mundo.

Aqui cabe também mais um comentário assaz provocativo. Você já deve ter escutado que a "IA vai tirar empregos", "gerentes serão substituídos por máquinas",

---

3 Fonte: https://akornilo.medium.com/anxious-thoughts-of-a-data-scientist-1839c9fd7f21. Acessado em 06 de junho de 2023.

e outras afirmações do gênero. Um estudo do Gartner Group em 2019 previu que a IA eliminará cerca de 80% de todas as tarefas de um gerente de projetos até 2030[4], incluindo a coleta de dados, relatórios de progresso e monitoramento, que passariam a ser feitos pela máquina em vez de humanos. Se assim for, devemos de fato temer as máquinas? Seriam elas o princípio do Armagedom?

Faço aqui uma ponderação com o leitor. Uma outra visão quanto à entrada da IA pode estar muito melhor representada através das facilidades e, porque não dizer, mordomias digitais que poderemos fazer uso. Do ponto de vista do ambiente de trabalho em si, podemos pensar na automação das tarefas mais simples e burocráticas – como a confecção de relatórios, documentos e faturas por meio da automação de processos robóticos –, mas também algumas mais complexas – como processos de aquisições e logística integrada –, com um workflow inteligente que facilite a repriorização de backlogs, o fluxo de aprovações e a gestão das mudanças como um todo. Imagine quanto tempo não seria economizado e quanta energia não poderia ser mais bem canalizada se nos fosse dado esse tempo.

Na área de aquisições, a máquina pode acessar a internet e fazer uma tomada comparativa de preços em tempo real, automatizando um pedido de compra que pode ser colocado diretamente a fornecedores. A própria confecção de contratos também será afetada, tanto de material e matéria-prima, quanto de pessoas e equipes espalhadas pelo mundo. Novas formas de trabalho viabilizadas por sites como Upwork[5] e Freelancer[6] são apenas alguns exemplos dessas possibilidades. O próprio banco de dados de fornecedores sofreria atualizações automáticas, na medida da avaliação da experiência com a contratação. Robôs podem, inclusive, fazer pesquisas quanto aos chamados *claims*, assumir o due diligence em negócios, identificar erros em documentos, testes de argumentos contra jurisprudência e precedentes legais existentes, entre tantas outras possibilidades. Na prática, ainda que a legislação seja um entrave para parte dessas alternativas, a perspectiva da administração de aquisições tem um enorme potencial de simplificação com a utilização de IA.

Mais ainda, o sistema de IA poderia fazer comparações de projetos em tempo real com situações, números e procedimentos com bases de conhecimento de toda organização, e *benchmarking* com outras empresas do mesmo segmento ou outros ramos de atuação. Pode ainda resgatar melhores práticas descritas em artigos, livros ou bibliotecas e compará-las com o que está sendo utilizado no projeto corrente.

A escolha do perfil dos profissionais participantes da equipe de um projeto também poderá ser tremendamente amparada pela IA – tanto no recrutamento quanto na seleção, treinamento e montagem de uma equipe de alta performance. A máquina pode auxiliar na maximização das chances de sinergia desse time, com responsabilidades

[4] Fonte: https://www.gartner.com/en/newsroom/press-releases/2019-03-20-gartner-says-80-percent-of-today-s-project-management. Acessado em 15 de maio de 2023.

[5] Fonte: https://www.upwork.com/. Acessado em 15 de maio de2023.

[6] Fonte: https://www.freelancer.com/. Acessado em 15 de maio de 2023.

bem distribuídas e equilíbrio de alocação não só na fase de formação, mas também de tempestade, normatização e desempenho da equipe[7]. Claro que os aspectos éticos devem ser sempre levados em consideração, mas se IA puder apoiar nesse processo de desenvolvimento da equipe, liberando o gestor de projetos para efetivas ações de liderança e gestão, não seria atraente?

Pesquisas do Fórum Econômico Mundial já previram que teremos robôs em conselhos de administração até 2025[8]. Por que não pensar em robôs atuando em equipes de projeto, não apenas desenvolvendo algum pacote de trabalho, mas também com direito a voto em reuniões e presença em cerimônias? Será que o peso desse voto estaria relacionado ao tipo de segmento, valor e complexidade do projeto, maturidade da equipe, ou uma conjugação desses fatores?

Vis-à-vis, a IA pode auxiliar em literalmente todos os processos do gerenciamento do portfólio da organização, tanto na identificação de projetos, quanto na sua categorização, avaliação técnica, econômica e ambiental, seleção, priorização, balanceamento e autorização para execução. Claro que a estratégia sempre terá um peso elevado sobre a análise pura e crua dos dados, mas podemos pensar em um cenário em que o próprio computador poderá interferir nessa tomada de decisão, minimizando um eventual viés impulsivo ou mesmo prevenindo contra ações antiéticas ou minimamente questionáveis do ponto de vista do negócio.

Tudo isso é possível, real e tangível porque não há dúvidas que as máquinas têm uma capacidade de armazenamento e processamento muito superior à dos seres humanos. Como frisou o jornalista Thomas Friedman, é notável como a tecnologia evolui mais rápido do que a capacidade humana.[9] São máquinas criando músicas, poesias e se adaptando para aprender, como veremos ao longo dos capítulos adiante.

Não obstante, é importante não subestimarmos um de nossos maiores predicados: a competência emocional. As máquinas são bem melhores em cálculos e estão chegando ao chamado *exascale*,[10] mas têm muito a aprender sobre empatia, elogio, reprimenda, raiva, nojo, orgulho e sarcasmo. Ignoram o prazer de uma promoção e a tristeza associada a demissão. Não sabem o que é um olhar carinhoso, o poder de bom humor, da gratidão, do perdão e da esperança. Podem ser boas em assertividade, mas não compreendem raiva, ciúme, dor, medo e frustação. Sentimentos e emoções ainda não são plenamente simuláveis, ainda que a ciência esteja tentando, e são exatamente esses fenômenos que nos deixam seguros de afirmar que, quanto mais a máquina entrar em nossas vidas profissionais, mais seremos chamados a exercer nossa principal característica enquanto humanos: nosso conjunto de habilidades socioemocionais, como na figura a seguir.

---

7 Referência aos estágios de desenvolvimento de uma equipe segundo Tuckman (1965).

8 Fonte:http://www3.weforum.org/docs/WEF_GAC15_Technological_Tipping_Points_report_2015.pdf. Acessado em 15 de maio de 2023.

9 Fonte: https://workingnation.com/thomas-friedman-technology-accelerating-faster-ability-adapt-can-catch/. Acessado em 16 de maio de 2023.

10 10^{18} operações de ponto flutuante por segundo.

Figura 4.2: Habilidades requeridas pelo gestor de projetos na era da IA.
Fonte: O autor.

É claro que é importante o profissional de IA – em particular o gerente de projetos – conhecer sobre o negócio que o projeto de IA irá otimizar, um tantinho de ciência da computação, engenharia de dados, um pouco também de ciência de dados, estatística e aprendizado de máquina. Mas nada, nada mesmo, substituirá suas habilidades socioemocionais.

Gerenciar projetos é, na verdade, gerenciar pessoas – independentemente de a equipe ser formada por analistas de negócios, arquitetos de dados, engenheiros, cientistas de dados ou da computação. Enquanto assim for, minha aposta é que não devemos temer os robôs, mas sim, abraçar as possibilidades advindas dessa inevitável junção homem-máquina. Trata-se, na verdade, de uma evolução natural e de uma reinvenção pessoal de cada um de nós. Desafiador sim, mas fascinante em termos de possibilidades de atuação. Com a devida preparação e embasamento, não precisaremos competir com as máquinas, mas sim, nos juntarmos a elas e fazer uso de sua extraordinária capacidade. Curiosamente, nossa condição humana falível, imperfeita e finita nos confere um interessante ponto de distinção – pelo menos até agora – das máquinas. Em tese, com a ajuda delas, teremos mais tempo para lidar com o que realmente importa: as pessoas à nossa volta. Voltaremos a tocar nesse ponto no Capítulo 16 sobre riscos em IA.

Pontos-chave

- Profissionais de IA são fundamentais na revolução tecnológica – abrangendo desde engenheiros de dados até cientistas de dados –, cada um desempenhando papéis essenciais na construção e implementação de soluções de IA.
- A demanda por profissionais de IA é global, enfrentando o desafio de encontrar indivíduos com habilidades combinadas em ciência da computação, matemática e estatística, frequentemente referidos como "unicórnios" devido à sua raridade.
- Para se tornar um profissional de IA, é desejável ter uma formação sólida em matemática e ciência da computação, complementada por conhecimento em estatística e engenharia de sistemas, além de habilidades técnicas e interpessoais.
- O cotidiano de um profissional de IA é diversificado, envolvendo desde o desenvolvimento de algoritmos complexos até a interpretação de dados para insights, em ambientes que variam de academias a startups.
- As carreiras em IA oferecem múltiplos caminhos, com oportunidades de progressão para liderança técnica, gestão de equipes ou especialização em subcampos, enfatizando a importância de projetos pessoais e aprendizado contínuo.
- Desafios para profissionais de IA incluem lidar com questões técnicas, éticas e de privacidade. No entanto, o campo também oferece vastas oportunidades de emprego em diversos setores, com a expansão da IA criando funções e demandando novas habilidades.
- A entrada da IA no ambiente de trabalho pode ser vista como uma oportunidade para automatizar tarefas burocráticas e complexas, liberando os gestores para focar em liderança e gestão.
- A competência emocional é um aspecto fundamental que as máquinas ainda não conseguem replicar, e as habilidades socioemocionais humanas permanecem insubstituíveis, reforçando que a gestão de projetos de IA é, essencialmente, a gestão de pessoas.

CAPÍTULO 5

Aprendizado de Máquina

"We don't need AIs to destroy us, we have our own arrogance."

(Jay – *Ex Machina*)

QUERIDO LEITOR, ESSE É UM CAPÍTULO IMPORTANTE NA SUA INTENÇÃO DE CONHECER UM POUCO MAIS sobre inteligência artificial. Isso porque, à medida que a jornada pela inteligência artificial se aprofunda, o aprendizado de máquina se destaca como a engrenagem vital que impulsiona a capacidade das máquinas de agir e reagir com uma compreensão semelhante à humana. O alvorecer da IA, delineado em capítulos anteriores, e a subsequente ascensão da engenharia de dados, fornecem o arcabouço sobre o qual o aprendizado de máquina constrói seu eixo. Vamos entender sua lógica neste capítulo.

O aprendizado de máquina não é uma entidade autônoma; ele é a sinergia de dados, algoritmos e compreensão analítica. É com base nessa combinação que os computadores aprendem a partir de dados e aperfeiçoam suas funções sem serem explicitamente programados para cada mudança no ambiente ou nos dados de entrada. A habilidade dos sistemas em identificar padrões e derivar lógica de conjuntos de dados complexos é o que permite a máquinas executar tarefas, adaptar-se e evoluir com elas.

Com a evolução contínua da tecnologia, os algoritmos se tornam mais refinados, as aplicações mais extensas e seu impacto mais profundo. O campo se destaca por seu potencial ilimitado, guiando o caminho para descobertas que antes pareciam além do alcance da capacidade computacional. Mas não se iluda: projetos de aprendizado de máquina não são iguais a projetos de desenvolvimento de software. Por exemplo, considere o desenvolvimento de um aplicativo para identificar espécies de plantas a partir de fotos (que aliás existe e são bem interessantes para quem gosta de plantas). Em um projeto de software tradicional, isso exigiria a codificação manual de todas as características distintas de cada planta conhecida – a cor das folhas, forma, padrão de flores etc. –, um esforço extenso e propenso a erros. Por outro lado, em um projeto de aprendizado de máquina, o cientista de dados alimentaria o modelo com milhares de imagens de plantas, cada uma etiquetada com sua espécie. O modelo de aprendizado de máquina aprenderia a reconhecer padrões nas imagens que correspondem a cada espécie, tornando-o capaz de identificar a espécie de novas plantas fotografadas sem programação explícita para cada característica. Isso significa que, enquanto o desenvolvimento tradicional depende da previsão e codificação de regras, o aprendizado de máquina aprende essas regras a partir dos dados – o que pode levar a soluções mais flexíveis e poderosas –, introduzindo também complexidades adicionais, como a necessidade de coletar e processar grandes conjuntos de dados e a importância de ajustar e validar o modelo adequadamente.

Fundamentos do aprendizado de máquina (ML)

O aprendizado de máquina se fundamenta na ideia de que sistemas podem aprender a partir de dados, identificar padrões e tomar decisões com mínima intervenção humana. O cerne dessa prática reside na construção de modelos matemáticos que alimentam algoritmos capazes de processar e analisar grandes quantidades de informação. Esses modelos são treinados usando conjuntos de dados históricos, que são essencialmente registros do passado com os quais o sistema pode aprender e afinar suas previsões ou comportamentos.

A construção de um modelo começa com o que é conhecido como "dados de treinamento". Esses dados são compostos por exemplos que já possuem respostas conhecidas. Por exemplo, em um sistema de filtragem de e-mails, os dados de treinamento incluiriam uma série de e-mails já classificados como "spam" ou "não spam". O modelo utiliza esses exemplos para aprender as características que distinguem as duas categorias. Características (*features*) representam os aspectos individuais dos dados que são significativos e que o modelo utiliza para fazer suas previsões ou julgamentos. Uma vez que o modelo foi treinado com dados suficientes, ele pode então ser testado com novos exemplos para verificar sua precisão. Essa fase de teste é fundamental para avaliar a eficácia do modelo e deve ser feita usando um conjunto de dados que não foi utilizado durante a fase de treinamento. A separação entre dados de treinamento e de teste é crucial para garantir que o modelo possa generalizar bem para novos dados, em vez de simplesmente memorizar as respostas dos exemplos de treinamento (afinal, não vale conhecer as questões de uma prova antes de fazer a prova, certo?).

Os algoritmos de aprendizado de máquina variam amplamente, cada um com sua própria abordagem para encontrar padrões nos dados. Alguns são simples e diretos, como a regressão linear, enquanto outros são complexos e estruturados, como redes neurais artificiais. A escolha do algoritmo depende da natureza do problema a ser resolvido, da complexidade dos dados, do tipo de padrões que se espera descobrir e da velocidade e eficiência necessárias para o treinamento e previsões.

Finalmente, uma vez que o modelo é treinado e testado, ele precisa ser avaliado para determinar sua performance. Diversas métricas de avaliação são utilizadas, como precisão, recall, e a área sob a curva *Receiver Operating Characteristic* (ROC), por exemplo. Fique tranquilo, pois elas serão devidamente comentadas em capítulos mais à frente. O importante a saber agora é que essas métricas fornecem pistas sobre o quão bem o modelo está realizando suas tarefas designadas e onde ele pode ser melhorado. Ajustes e melhorias contínuas são parte integrante do processo, pois até os melhores modelos podem se beneficiar de refinamentos para aumentar sua precisão e eficácia, sem falar que, com o tempo, os dados também podem mudar. Pense como se estivesse cozinhando um bolo: se mudarmos a receita (algoritmo) ou os ingredientes (dados), o resultado do bolo (modelo) também será diferente.

A classificação dos algoritmos de aprendizado de máquina se dá, predominantemente, pelo modo como aprendem ou pela natureza da tarefa que têm de realizar.

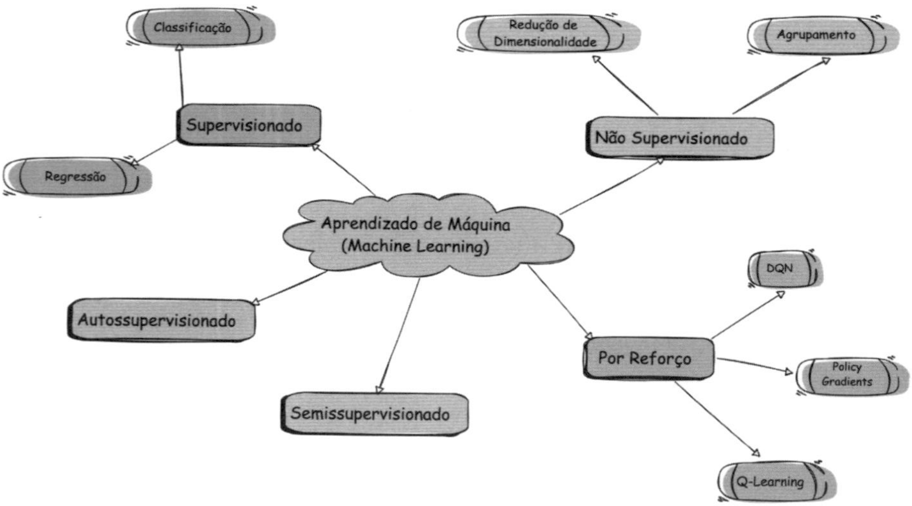

Figura 5.1: Categorias de aprendizado de máquina.
Fonte: O autor.

Vamos tentar decifrar melhor cada uma das categorias no decorrer do livro, mas coloquei uma breve descrição de seu funcionamento já aqui neste capítulo para aquele leitor que não queira se aprofundar nos meandros de cada algoritmo tenha, pelo menos, uma noção das diferenças entre eles.

Aprendizado supervisionado

No aprendizado supervisionado, os algoritmos são treinados em um conjunto de dados rotulados, o que significa que cada entrada de dados já tem a resposta correspondente – ou rótulo – associada a ela. Esse tipo de aprendizado é comum em aplicações nas quais a previsão é o objetivo, como em modelos que estimam preços de casas com base em características como localização e tamanho ou sistemas que identificam objetos em imagens. O modelo aprende a associar os atributos de entrada com os rótulos de saída, e essa aprendizagem é verificada contra um conjunto de dados de teste para avaliar a precisão do modelo.

Os algoritmos de aprendizado supervisionado são muitas vezes divididos em duas categorias: regressão, em que o resultado é uma quantidade contínua, e classificação, em que o resultado é uma categoria discreta. A regressão linear e a regressão logística são exemplos clássicos de cada tipo, respectivamente. Já a qualidade de um modelo supervisionado é comumente determinada por sua capacidade de fazer previsões precisas em dados que não foram vistos durante o treinamento, destacando a importância de uma boa generalização.

Uma preocupação chave com o aprendizado supervisionado é o risco que o modelo aprenda os dados de treinamento tão bem que falha em generalizar para novos dados (o chamado *overfitting*). Falaremos sobre isso mais adiante no livro. Técnicas como a validação cruzada e a regularização são empregadas para evitar esse fenômeno. A capacidade de um modelo de generalizar é testada ao expor o algoritmo a novos dados após o treinamento, permitindo que os cientistas de dados ajustem o modelo conforme necessário para alcançar o desempenho desejado.

Aprendizado não-supervisionado

Diferentemente do aprendizado supervisionado, o aprendizado não supervisionado trabalha com dados que não possuem rótulos. O que esses algoritmos fazem é tentar identificar estruturas subjacentes ou padrões intrínsecos nos dados. Uma aplicação comum do aprendizado não supervisionado é o agrupamento (*clustering*), onde o algoritmo busca agrupar dados com características semelhantes – como consumidores com comportamentos de compra parecidos ou documentos que abordam tópicos similares.

Outra faceta do aprendizado não supervisionado é a redução de dimensionalidade, onde algoritmos como análise de componentes principais – ou *Principal Component Analysis* (PCA) – são utilizados para simplificar os dados sem perder informações cruciais. Isso ajuda a melhorar a eficiência dos algoritmos de aprendizado de máquina e a visualizar dados de alta dimensão. O aprendizado não supervisionado é particularmente útil para explorar a estrutura dos dados quando não se sabe o que se está procurando, permitindo que os padrões emergentes informem o entendimento e a tomada de decisão.

Apesar de poderoso, o aprendizado não supervisionado pode ser desafiador devido à sua natureza especulativa. Sem rótulos para guiar o processo de aprendizado, determinar a correção de um modelo é menos óbvio. A validade dos resultados geralmente é avaliada com base na utilidade, ou seja, se o modelo resultante atende às necessidades do problema ou oferece insights valiosos. Portanto, a interpretação dos resultados do aprendizado não supervisionado frequentemente exige um conhecimento especializado do domínio dos dados, o que reforça a necessidade de o time de ciência de dados trabalhar de maneira próxima à equipe de negócios.

Aprendizado por reforço

O APRENDIZADO POR REFORÇO É UMA ABORDAGEM DISTINTA QUE SE CONCENTRA NA TOMADA DE decisões sequenciais. Algoritmos de aprendizado por reforço buscam aprender a melhor estratégia – chamada de política, que mapeia situações para ações – com o objetivo de maximizar uma noção de recompensa cumulativa. São amplamente utilizados em contextos nos quais um agente deve tomar decisões sem um guia claro sobre as ações corretas, como em jogos, navegação de robôs ou otimização de portfólio de investimentos.

O componente central do aprendizado por reforço é o ambiente, em que o agente executa ações e recebe feedback em forma de recompensas ou penalidades. O desafio está em equilibrar a exploração de novas ações com a explotação de ações que já são conhecidas por gerar boas recompensas.

Em aprendizagem por reforço, "explorar" refere-se ao ato de um agente experimentar ações diferentes para descobrir novas estratégias que possam resultar em recompensas mais altas no futuro. É o processo de investigar o desconhecido para encontrar informações valiosas sobre o ambiente. Já "explotação" – palavra que não existe oficialmente na língua portuguesa –, é quando o agente utiliza o conhecimento que já possui para tomar decisões que acredita maximizar a recompensa com base nas experiências anteriores. Em essência, exploração é sobre buscar novas oportunidades, enquanto explotação sugere otimizar as já conhecidas.

Uma das questões mais desafiadoras no aprendizado por reforço é o dilema de crédito temporal, que é determinar quais ações são responsáveis pelos resultados observados, especialmente quando as recompensas podem ser retardadas. Isso exige que o algoritmo considere as consequências a longo prazo de suas ações – uma habilidade conhecida como planejamento. É por essa razão que o aprendizado por reforço tem sido o foco de algumas das mais impressionantes demonstrações de IA incluindo sistemas que dominaram jogos complexos como o Go e o xadrez.

Para navegar efetivamente pelo dilema entre exploração e explotação e resolver o desafio do crédito temporal, diversas abordagens algorítmicas foram desenvolvidas. Entre elas está o *Deep Q-Network* (DQN), que combina técnicas de aprendizado profundo com Q-Learning, capacitando o agente a avaliar a qualidade das ações em situações complexas com entradas de alta dimensionalidade, como pixels de um vídeo. O Q-Learning, por sua vez, é uma técnica mais tradicional que estima o valor de uma ação em um determinado estado, guiando o agente a recompensas mais altas de maneira indireta e incremental.

Por outro lado, os algoritmos de Policy Gradients focam diretamente na política de ações, ajustando-a por meio do cálculo de gradientes para maximizar a recompensa esperada, permitindo uma abordagem mais fluida e contínua nas decisões. Essas metodologias fornecem ao agente ferramentas robustas para aprender a agir de maneira ótima, adaptando-se e melhorando continuamente à medida que interage com o ambiente, mostrando a flexibilidade e potência do aprendizado por reforço em diversos domínios de aplicação.

Se você achou que o aprendizado por reforço é ligeiramente mais complicado de entender, sugiro a leitura do Capítulo 8, dedicado a ele, para que possa ter uma noção melhor do seu funcionamento interno.

Aprendizado semissupervisionado

No ambiente imprevisível do mundo real, não é raro que os dados rotulados sejam um recurso limitado, difíceis e caros de serem coletados em grande escala. Especialmente em domínios nos quais a precisão é fundamental, a rotulação precisa ser feita por especialistas, o que eleva o custo e o esforço necessário. Nesse contexto, o aprendizado semissupervisionado surge como uma solução valiosa, maximizando o valor dos dados rotulados disponíveis. Ao incorporar dados não rotulados no processo de treinamento, esses algoritmos aprimoram a eficácia das tarefas de classificação e regressão, ao mesmo tempo que mitigam o risco de overfitting.

Ao utilizar o aprendizado semissupervisionado, o modelo tem a oportunidade de aprender também com os dados não rotulados, que representam uma visão mais ampla e variada do problema. Essa abordagem promove uma generalização melhor, pois o modelo não fica restrito às características específicas do conjunto limitado de dados rotulados. Com isso, os modelos tornam-se mais robustos e aplicáveis a situações do mundo real, como é o caso na interpretação de imagens médicas, em que podem aprender a identificar sinais sutis de doenças a partir de uma combinação de poucas imagens rotuladas com um vasto conjunto de dados não rotulados.

Aprendizado autossupervisionado

O aprendizado autossupervisionado é uma abordagem inovadora no campo da aprendizagem de máquina, que efetivamente cria um cenário em que o sistema gera seus próprios rótulos a partir dos dados brutos disponíveis. Essa técnica é particularmente útil em situações nas quais a obtenção de rótulos é inexequível, cara ou demorada. Em vez de depender de anotações externas, o aprendizado autossupervisionado utiliza tarefas de pretexto para gerar rótulos de modo automático, permitindo que o modelo aprenda uma representação rica dos dados.

Para tornar o conceito mais claro, considere o exemplo de um sistema de visão computacional projetado para entender cenas urbanas. Em um cenário de aprendizado autossupervisionado, o modelo pode ser programado para prever a parte de uma imagem que foi artificialmente ocultada. Aqui, a tarefa de pretexto – prever a porção oculta da imagem – permite que o modelo aprenda características importantes sobre o ambiente urbano, como formas de edifícios, disposição de estradas e padrões de tráfego, sem a necessidade de rótulos fornecidos manualmente. O sistema utiliza essas características aprendidas para gerar previsões, e o sucesso dessas previsões se torna uma forma de autorrotulação. Com o tempo, ao ser exposto a uma grande variedade de imagens, o modelo desenvolve uma compreensão abrangente dos elementos visuais comuns em ambientes urbanos.

Esse processo de autoaprendizado tem um grande potencial, pois pode extrair informações valiosas de grandes conjuntos de dados, nos quais a rotulação manual seria impraticável. Isso sem falar da sua habilidade de aprender diretamente dos dados brutos, o que o torna uma poderosa ferramenta para a descoberta de padrões complexos e sutilezas nos dados, que podem não ser imediatamente aparentes ou facilmente rotuláveis. Essa abordagem tem crescido absurdamente e vem ganhando terreno em áreas como NLP e visão computacional, onde a complexidade e a variabilidade dos dados tornam a rotulação manual um desafio significativo.

Processo de desenvolvimento de um modelo de ML

O PROCESSO DE DESENVOLVIMENTO DE MODELOS DE APRENDIZADO DE MÁQUINA É UMA JORNADA ITERATIVA e multifacetada, envolvendo várias etapas críticas – desde a concepção até a implementação prática. A Figura 5.2 mostra esse processo.

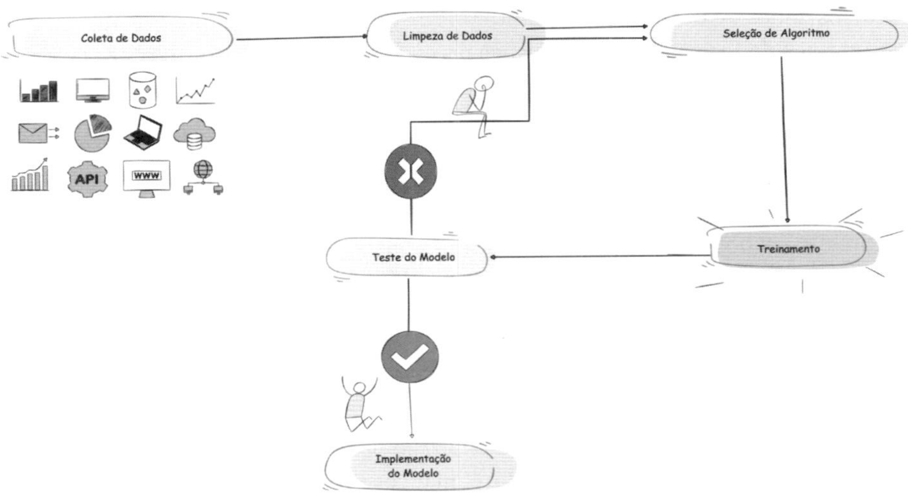

Figura 5.2: Representação simplificada do processo de desenvolvimento de um modelo de ML.
Fonte: O autor.

Inicialmente, começa-se com a definição clara do problema: entender o que se deseja resolver ou prever com o modelo. Essa etapa é crucial, pois dita a natureza dos dados a serem coletados, o tipo de modelo a ser construído e os critérios de sucesso do projeto.

A seguir, vem a coleta e preparação dos dados, que é um dos pilares mais importantes do desenvolvimento de modelos de ML. Nesse momento, dados são reunidos de fontes relevantes e submetidos a processos de limpeza, normalização e transformação. Esse passo assegura que o modelo receba dados de alta qualidade e consistentes –, essenciais para um bom desempenho. A divisão dos dados em conjuntos de treinamento, validação e teste também é realizada aqui. O conjunto de treinamento é usado para ensinar o modelo, o de validação para ajustar os hiperparâmetros e refinar o modelo, e o de teste para avaliar a performance final do modelo em dados não vistos anteriormente. Voltaremos a falar sobre esse processo no Capítulo 14, que trata de projetos de IA.

Após a preparação dos dados, escolhe-se um algoritmo apropriado e inicia-se o treinamento do modelo. Durante essa etapa, o modelo aprende a fazer previsões ou inferências a partir dos dados de treinamento. O sucesso dessa fase é medido pela precisão do modelo nos dados de validação, que ajuda a identificar e corrigir problemas do tipo overfitting ou underfitting.

Underfitting ocorre quando um modelo é muito simples para capturar de modo adequado as complexidades e padrões nos dados. Isso geralmente acontece quando o modelo não tem profundidade ou parâmetros suficientes para aprender a estrutura subjacente dos dados. Como resultado, ele pode ter um desempenho insatisfatório tanto nos dados de treinamento quanto nos de teste, indicando que não aprendeu o bastante dos dados para fazer previsões precisas ou úteis. O leitor deve ter percebido que o underfitting é exatamente o oposto do fenômeno de overfitting, no qual o modelo é excessivamente complexo e aprende muito bem os detalhes dos dados de treinamento, mas não consegue ser aplicado eficazmente a novos dados.

Finalmente, após ajustes e refinamentos, o modelo é testado com o conjunto de dados de teste para garantir que ele possa generalizar bem para novos dados. Apenas após uma avaliação bem-sucedida é que o modelo está pronto para ser colocado em produção e usado para fazer previsões no mundo real.

Desafios no aprendizado de máquina

Os desafios enfrentados no campo do aprendizado de máquina são inúmeros e variados, abrangendo desde limitações técnicas até nuances intrínsecas dos dados e suas aplicações. Não é à toa que os profissionais da área têm sido tão procurados e valorizados como vimos anteriormente.

Um dos desafios centrais é garantir a qualidade e a quantidade adequadas dos dados. Ter conjuntos de dados amplos, relevantes e de alta qualidade é essencial, pois dados inadequados, incompletos ou enviesados podem comprometer seriamente o desempenho de um modelo. Além disso, o volume de dados necessário para treinar modelos eficientes – especialmente em aprendizado profundo – pode ser substancial, o que representa um desafio tanto em termos de coleta quanto de processamento.

Outro desafio significativo é o viés e a equidade nos modelos de aprendizado de máquina. Viés nos dados ou nos algoritmos pode levar a resultados que são injustos ou discriminatórios, um problema grave em aplicações que afetam diretamente a vida das pessoas. A luta para garantir que os modelos sejam justos e imparciais é uma preocupação crescente, especialmente em áreas como saúde, recrutamento e sistemas judiciais. Além disso, a explicabilidade e a transparência dos modelos – particularmente os mais complexos, como as redes neurais profundas – são cruciais. Com a complexidade crescente, entender como os modelos chegam a determinadas decisões torna-se cada vez mais difícil, o que levanta questões sobre a confiança e a governança desses sistemas.

A escalabilidade e a eficiência computacional também são questões prementes. À medida que os modelos crescem em tamanho e complexidade, aumentam os recursos necessários para treiná-los e implantá-los. Desenvolver modelos que são eficientes e, ao mesmo tempo, poderosos é um desafio contínuo, especialmente com a constante evolução das expectativas e demandas tecnológicas. A integração desses modelos em ambientes de produção e sua compatibilidade com sistemas existentes apresentam obstáculos adicionais, envolvendo questões de segurança, compatibilidade e escalabilidade.

Por fim, como diria Heráclito, "nada é permanente, exceto a mudança". Assim sendo, a atualização e manutenção contínuas dos modelos de aprendizado de máquina são cruciais, já que como mencionamos anteriormente, os padrões nos dados podem mudar com o tempo – fenômeno conhecido como "deriva de conceito". Modelos podem se tornar obsoletos se não forem monitorados e atualizados regularmente para refletir as mudanças nos dados e no ambiente em que estão operando. Esses desafios destacam a necessidade de uma abordagem holística no desenvolvimento de modelos de aprendizado de máquina, em que a expertise técnica é complementada por uma compreensão profunda dos dados e uma consideração cuidadosa das implicações éticas e sociais de sua aplicação.

Aplicações do aprendizado de máquina

Quando os modelos de aprendizado de máquina são diligentemente atualizados e mantidos, sua verdadeira capacidade de impulsionar avanços práticos se torna evidente. Essa tecnologia lidera o avanço da inteligência computacional e se estabelece progressivamente como um recurso essencial, ampliando a competência humana. Com seu emprego – desde atividades cotidianas até intrincadas tomadas de decisão empresariais e inovações científicas –, o aprendizado de máquina demonstra sua versatilidade e se torna fundamental no desenho do futuro, influenciando decisões e forjando novas possibilidades para o progresso de nossa sociedade. Em resumo, entenda essa sessão como um spoiler do que veremos no Capítulo 15, sobre aplicações de IA.

Na indústria de varejo e comércio eletrônico, o aprendizado de máquina desempenha um papel crucial na personalização da experiência do cliente. Algoritmos são usados para recomendar produtos, otimizar preços e gerenciar inventários com base nos padrões de compra dos consumidores. No setor financeiro, ele é aplicado na detecção de fraudes, análise de riscos de crédito e na automação de operações de mercado, onde algoritmos podem identificar tendências e executar transações em velocidades e com precisões que superam as capacidades humanas.

Na área da saúde, o aprendizado de máquina tem um impacto transformador, auxiliando no diagnóstico precoce de doenças, personalização de tratamentos e na pesquisa e desenvolvimento de novos medicamentos. Algoritmos são capazes de analisar grandes conjuntos de dados médicos para identificar padrões que podem não ser evidentes para os médicos, contribuindo assim para um diagnóstico mais preciso e tratamentos mais eficazes.

Outro domínio revolucionado pelo aprendizado de máquina é o campo da automação e da robótica. Aqui, os algoritmos de aprendizado de máquina permitem que máquinas e robôs tomem decisões inteligentes e realizem tarefas complexas, desde a montagem de produtos em linhas de produção até a navegação autônoma de veículos. Essa aplicação aumenta a eficiência e a segurança em ambientes industriais, abrindo caminho para inovações em transporte pessoal e logística.

Na educação, o aprendizado de máquina está sendo utilizado para desenvolver sistemas adaptativos de aprendizagem que podem personalizar o conteúdo e o ritmo de ensino para atender às necessidades individuais dos alunos. Isso inclui a identificação de áreas onde os alunos estão tendo dificuldades e a adaptação do material de ensino para facilitar um melhor entendimento, tornando a educação mais eficiente e acessível.

No campo do entretenimento e da mídia, o aprendizado de máquina está revolucionando a forma como o conteúdo é criado, distribuído e consumido. Desde a recomendação personalizada de filmes e músicas até a criação de efeitos visuais em filmes e jogos, os algoritmos estão transformando a indústria, proporcionando experiências mais envolventes e personalizadas aos usuários.

Essas aplicações são apenas a ponta do iceberg no vasto oceano de possibilidades oferecidas pelo aprendizado de máquina. À medida que a tecnologia continua a avançar, novas e inovadoras aplicações surgirão, ampliando ainda mais o impacto e a influência do aprendizado de máquina em diversos setores da sociedade. Com sua capacidade de aprender, adaptar-se e melhorar continuamente, reputo o aprendizado de máquina como mais que uma ferramenta poderosa. Trata-se de um verdadeiro poder catalisador para inovação e progresso em escala global. Espero que o próprio leitor também possa formar sua opinião a respeito à medida que evolui na leitura dos capítulos subsequentes.

Pontos-chave

- O aprendizado de máquina é a força motriz por trás da capacidade das máquinas de tomar decisões inteligentes, sendo um desenvolvimento crucial na trajetória da inteligência artificial.
- Algoritmos de aprendizado de máquina aproveitam dados e análises para aprender e prever, transformando informações brutas em decisões informadas e insights acionáveis.
- A aprendizagem de máquina continua a evoluir, com avanços tecnológicos que refinam algoritmos, ampliam aplicações e aprofundam o impacto no mundo real.
- Modelos de aprendizado de máquina são construídos sobre dados históricos para prever e comportar-se de maneira otimizada, passando por um processo de treinamento, validação e teste.
- Diversos tipos de aprendizado de máquina – supervisionado, não supervisionado, por reforço, semissupervisionado e autossupervisionado – oferecem diferentes estratégias e benefícios, adaptados a várias necessidades e circunstâncias.
- O aprendizado supervisionado envolve treinar um modelo em um conjunto de dados etiquetado, onde cada exemplo de entrada é mapeado para um rótulo ou resultado esperado.
- O aprendizado não supervisionado trabalha com dados não etiquetados, buscando identificar padrões ocultos ou estruturas intrínsecas sem orientação explícita sobre o resultado.
- O aprendizado por reforço foca em treinar um agente para tomar decisões por meio de tentativas e erros, visando maximizar uma recompensa cumulativa ao longo do tempo.
- O aprendizado semissupervisionado combina um pequeno conjunto de dados rotulados com um grande conjunto de dados não rotulados para melhorar a precisão dos modelos.
- O aprendizado autossupervisionado utiliza dados não rotulados para criar tarefas preditivas que ajudam a treinar modelos sem a necessidade de rótulos explícitos.
- A atualização e manutenção contínua dos modelos são essenciais para lidar com a deriva do conceito, garantindo que os modelos permaneçam eficazes e relevantes ao longo do tempo.
- As aplicações de aprendizado de máquina variam amplamente, desde a personalização de experiências de varejo até o avanço de diagnósticos médicos, demonstrando a extensa versatilidade da tecnologia e sua integração em diversos setores da sociedade.

CAPÍTULO 6

Aprendizado Supervisionado

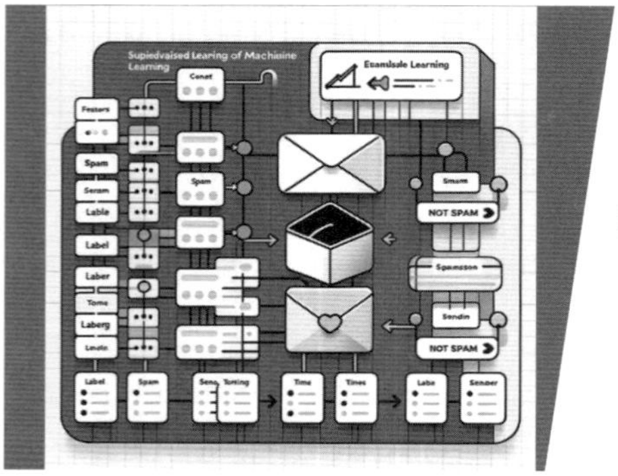

"What message? [...] The one you're carrying inside your rusty innards."

(CP3O – *Star Wars IV*)

O APRENDIZADO SUPERVISIONADO É A CATEGORIA DE APRENDIZADO DE MÁQUINA QUE É, DE LONGE, A mais utilizada no mercado. Nesse caso, o modelo precisa ser treinado utilizando os chamados dados rotulados. Isso significa que as entradas de dados já estão associadas a saídas ou respostas correspondentes, permitindo ao modelo aprender a mapear entradas para saídas.

Dito de outra forma, a máquina é bem "burra" a princípio. Precisa ser treinada, o que, aliás, é quase que um "mantra" para a IA: treinar a máquina com (muitos) dados. Uma vez que esteja bem treinada, pode ajudar sobremaneira nas mais diversas funções, tornando-se uma ferramenta poderosa para reconhecer padrões complexos, fazer previsões precisas e automatizar decisões com base em vastas quantidades de informações.

Esse processo de aprendizado – especialmente no contexto do aprendizado supervisionado – envolve alimentar o algoritmo com grandes conjuntos de dados de exemplo, em que as entradas corretas e as saídas desejadas são conhecidas. O algoritmo usa esses exemplos para aprender como as características dos dados estão associadas às respostas desejadas. Com o tempo e os dados certos, a máquina "aprende" e melhora sua precisão e eficácia, tornando-se capaz de aplicar seu aprendizado a novos dados e realizar tarefas como identificação de imagens, diagnóstico médico, detecção de fraude, personalização de recomendações de produtos, e muito mais.

Só para que fique claro para o leitor, se quisermos que a máquina faça uma previsão de fraudes, você precisa dar vários registros de fraudes/não fraudes anteriores para que a máquina possa ser treinada com base neles. Da mesma forma, se deseja que a máquina reconheça se uma imagem é de um gato ou de um cachorro, também tem que prover a máquina com milhares de fotos de imagens de gatos e cachorros para que ela possa ser treinada a reconhecer suas diferenças. Em última análise, uma máquina bem treinada pode superar a capacidade humana em velocidade e escala, processando e analisando dados mais rapidamente do que seríamos capazes.

A Figura 6.1 a seguir tenta deixar mais didático o processo de treinamento para posterior inferência em aprendizado supervisionado.

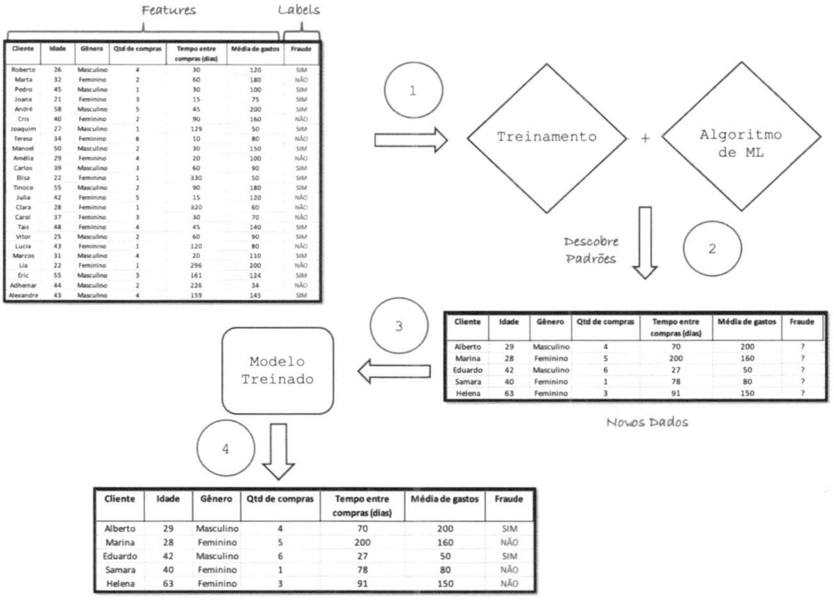

Figura 6.1: Representação do processo de treinamento do aprendizado supervisionado.

Fonte: O autor.

Basicamente, existem as seguintes etapas:

- Coleta de dados: o processo começa com um conjunto de dados que contém várias características (*features*) sobre os clientes, como idade, gênero, quantidade de compras, tempo de compra e média de gastos. Essas informações são coletadas e organizadas em uma tabela.
- Rotulação dos dados: a coluna "fraude" na tabela é o que chamamos de variável alvo ou rótulo (*label*). Nessa etapa, os dados são rotulados por nós, humanos, com "SIM" para indicar uma fraude e "NÃO" para transações legítimas. Essa rotulação é essencial para o aprendizado supervisionado, pois é com base nela que o modelo aprenderá a fazer previsões.
- Treinamento do modelo: usando os dados rotulados, um modelo de ML é treinado. Este modelo é uma função matemática, denotada por $f(x)$, que aprende a relação entre os dados de entrada (*features*) e a saída desejada (*label*). Durante o treinamento, o modelo ajusta seus parâmetros internos para minimizar o erro entre suas previsões e os valores reais dos rótulos.

- Reconhecimento de padrões: ao final do treinamento, o modelo desenvolve a capacidade de reconhecer padrões nos dados. Por exemplo, ele pode identificar que clientes com um certo perfil de gastos e tempo de compra têm maior probabilidade de cometer fraude.
- Teste e previsão: com o modelo já treinado, ele é testado com novos dados que não foram vistos durante o treinamento. Esses dados de teste ajudam a avaliar a precisão do modelo. Nesse ponto, o modelo pode prever se uma nova transação é ou não fraudulenta, baseando-se nos padrões que aprendeu.
- Avaliação de desempenho: a eficácia do modelo é medida comparando suas previsões com os rótulos verdadeiros dos dados de teste.
- Implementação: se o modelo for considerado preciso o suficiente, ele pode ser implementado em um ambiente de produção, no qual ajudará a identificar transações fraudulentas em tempo real.

O modelo pode (e deve) continuar a ser ajustado e melhorado com o tempo, incorporando feedback e dados adicionais, num processo de aprendizado contínuo. Este ciclo ilustra o coração do aprendizado supervisionado: a máquina aprende com exemplos passados para fazer previsões sobre novos dados, e a eficácia dessa aprendizagem é continuamente aprimorada por meio de ajustes e feedback.

A Figura 6.2 apresenta as características básicas do aprendizado supervisionado.

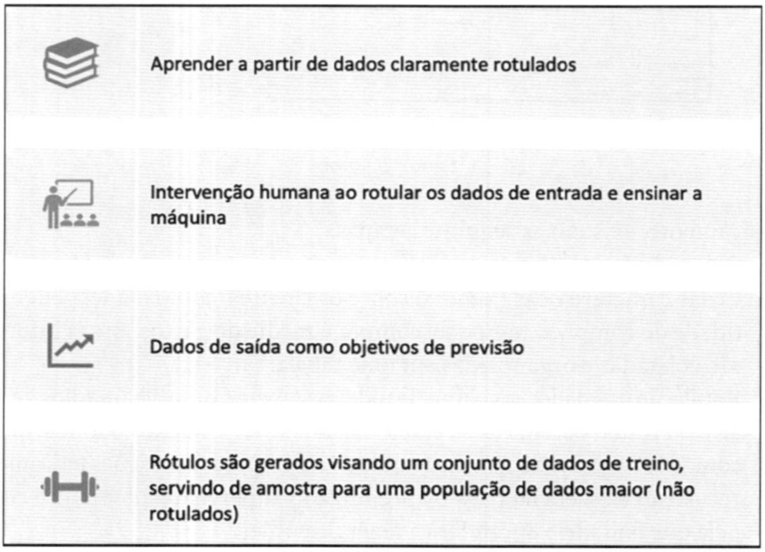

Figura 6.2: Características básicas do aprendizado supervisionado.

Fonte: O autor.

A riqueza do aprendizado supervisionado reside na sua capacidade de aplicar conhecimentos aprendidos a novos dados não vistos anteriormente – uma habilidade conhecida como generalização. A seguir, são apresentados alguns dos principais algoritmos que exemplificam a potência e a versatilidade do aprendizado supervisionado.

Regressão linear

A regressão linear é um dos pilares do aprendizado de máquina supervisionado. Ela é o ponto de partida para que se entenda como variáveis independentes (ou preditoras) se relacionam com uma variável dependente (ou resposta). Vamos explorar os três tipos principais de regressão: linear simples, logística e múltipla.

Regressão linear simples: Na regressão linear simples, nosso objetivo é encontrar a melhor linha reta que relaciona uma variável independente com a variável dependente. Se você imaginar um gráfico de dispersão, em que cada ponto representa um par de valores observados, a regressão linear simples desenha uma linha através desses pontos de forma que a soma dos quadrados das distâncias verticais dos pontos à linha seja a menor possível. Esta linha é a nossa "melhor previsão", e é descrita pela boa e velha equação reduzida da reta:

$$y = ax + b$$

Onde:

- a é a inclinação da linha (indicando o quanto y muda para cada mudança em x)
- b é o ponto de interseção com o eixo y

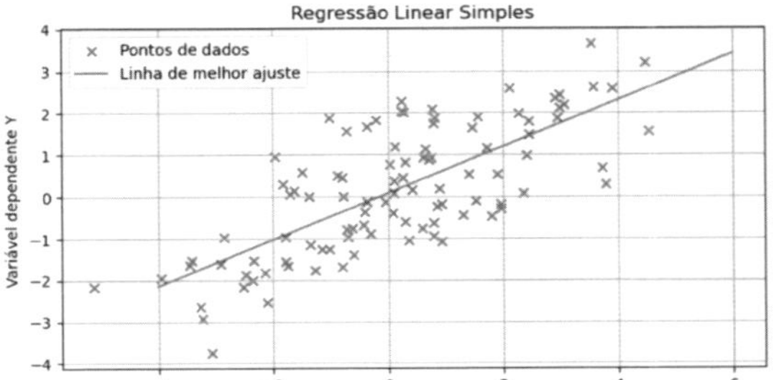

Figura 6.3: Exemplo de regressão linear simples.
Fonte: O autor.

No gráfico, cada ponto representa um par de dados observado de uma variável independente X e uma variável dependente Y. A linha representa o melhor ajuste encontrado pela regressão, que minimiza o erro quadrático entre si e os pontos de dados.

Regressão logística: Diferentemente da regressão linear simples que prevê valores contínuos, a regressão logística é usada para previsão de variáveis categóricas – comumente usada para classificação binária. Por exemplo, poderíamos prever se um e-mail é spam ou não. Em vez de uma linha, a regressão logística ajusta uma "curva S" (função sigmoide) aos dados, que pode variar de 0 a 1. Isso permite que o modelo estime a probabilidade de ocorrência de um evento. A saída da regressão logística é transformada por meio da função logística, dando-nos uma equação da forma:

$$p = \frac{1}{1 + e^{-(a+bx)}}$$

Onde:

- p é a probabilidade de observar a categoria 1 (por exemplo, "spam").

Figura 6.4: Exemplo de regressão logística.
Fonte: O autor.

Esse é o gráfico ilustra uma regressão logística frequentemente usada para modelar a probabilidade de uma variável dependente categórica – como passar ou não em um exame –, com base em uma ou mais variáveis independentes. O gráfico mostra os pontos de dados representando as horas estudadas e se os alunos passaram (1) ou não (0) no exame. A curva em formato de "S" é a função sigmoide resultante do modelo de regressão logística, que mostra a probabilidade estimada de passar no exame com base nas horas estudadas.

Regressão linear múltipla: Quando temos mais de uma variável independente, a regressão linear múltipla entra em jogo. Ela generaliza a regressão linear simples para abranger múltiplas variáveis preditoras. Isso permite que o modelo capture a relação entre cada variável independente e a dependente, ajustando um plano nos dados em um espaço multidimensional. A fórmula para a regressão linear múltipla expande a da regressão linear simples para:

$$y = b_0 + b_1x_1 + b_2x_2 + \ldots + b_nx_n$$

Onde:

- b_0 é o intercepto
- $b_1, b_2, \ldots, b_n$ são os coeficientes para cada uma das variáveis independentes $x_1, x_2, \ldots, x_n$

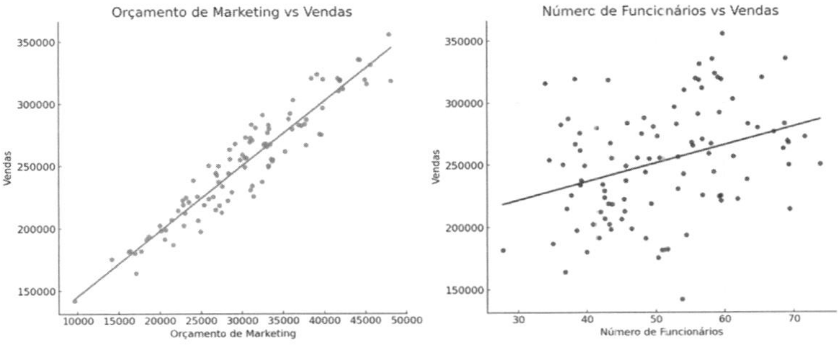

Figura 6.5: Gráficos com exemplos de regressão linear múltipla.

Fonte: O autor.

No contexto desses gráficos, a variável dependente y representaria as vendas da loja, e as variáveis independentes x_1 e x_2 seriam, respectivamente, o orçamento de marketing e o número de funcionários. Assim, a fórmula específica para o nosso modelo seria:

$$\text{Vendas} = b_0 + b_1 \text{ (orçamento de marketing)} + b_2 \text{ (número de empregados)}$$

Onde:

- b_0 é o intercepto de aproximadamente 38.495,42
- b_1 é o coeficiente para orçamento de marketing, que é aproximadamente 5,14
- b_2 é o coeficiente para o número de funcionários, que é aproximadamente 1.120,05

Isso significa que, mantendo o número de funcionários constante, um incremento de uma unidade monetária no orçamento de marketing está associado a um aumento de 5,14 unidades nas vendas. Da mesma forma, mantendo o orçamento de marketing constante, a adição de um funcionário está associada a um aumento de aproximadamente 1.122,05 unidades nas vendas.

Cada tipo de regressão tem seu lugar dependendo da natureza dos dados e do problema a ser resolvido. Enquanto a regressão linear é adequada para modelar relações contínuas, a regressão logística é a escolha para problemas de classificação. A regressão múltipla é poderosa para situações nas quais múltiplas variáveis influenciam a variável de resposta.

Um ponto relevante nisso tudo – e que precisa ser lembrado – é que correlacionar dados pode ser útil para detectar padrões, mas assumir causalidade onde só existe correlação pode levar a conclusões errôneas e ações ineficazes. Imagine relacionarmos o consumo de sorvete e as taxas de afogamento. Dados históricos podem mostrar que, à medida que aumenta a venda de sorvete, também aumentam os incidentes de afogamento. Entretanto, assumir que o sorvete causa afogamento seria uma loucura. Na realidade, ambos são correlacionados porque tendem a aumentar no verão, quando as pessoas buscam se refrescar com sorvete e nadar mais frequentemente. O verdadeiro fator causal aqui é a temperatura mais quente, e não o consumo de sorvete. Concluir que o sorvete leva a afogamentos, além de esdrúxulo, resultaria em ações ineficazes, como restringir a venda de sorvete para evitar afogamentos, quando ações mais efetivas seriam melhorar a segurança aquática e a vigilância em áreas de natação.

Sei que para aquele leitor que não se dá muito bem com números esse tópico pode ser ligeiramente árduo, mas compreender um pouco da matemática por trás da regressão e como ajustar esses modelos apropriados às situações corretas é crucial para entender como aplicar a IA. No mundo dos dados, a capacidade de interpretar e comunicar as descobertas de um modelo de regressão é tão importante quanto a construção do próprio modelo. Saber quando e como usar cada tipo de regressão permite que os cientistas de dados façam previsões precisas e forneçam insights valiosos para tomada de decisões em negócios, ciência, engenharia e muitas outras áreas.

Naive Bayes

Naive Bayes é um modelo de classificação probabilística baseado no teorema de Bayes, que é uma das equações mais importantes e históricas da estatística. O teorema recebeu esse nome em homenagem ao reverendo Thomas Bayes (1702–1761), que formulou uma forma inicial da regra em pleno século XVIII. O adjetivo "*Naive*" (do inglês, *ingênuo*) vem do fato de que esse modelo faz uma suposição simples, mas poderosa: ele assume que todas as características que contribuem para a saída são independentes entre si, o que raramente acontece em situações do mundo real. Essa simplicidade é o que torna o Naive Bayes fácil de se construir e particularmente útil para conjuntos de dados de grandes dimensões. Na prática, sabemos que essas características podem estar relacionadas de maneiras complexas, mas o modelo finge que não estão relacionadas, o que simplifica os cálculos e ainda permite resultados surpreendentemente precisos em muitos casos.

O funcionamento do Naive Bayes se dá pela aplicação do teorema de Bayes para calcular a probabilidade de um evento (como ser aprovado para fazer um empréstimo) com base em condições prévias (como renda, histórico de crédito e idade). Para cada característica, calcula-se a probabilidade condicional, que é a chance de um evento ocorrer dado que uma outra condição é verdadeira. O modelo então multiplica essas probabilidades condicionais pela probabilidade a priori do evento e normaliza o resultado para obter a probabilidade final, chamada de probabilidade a posteriori. Falando assim parece difícil, mas pode confiar em mim que não é. Para tentar entender melhor, vamos pegar o exemplo da tabela fictícia a seguir:

	Nome	Renda	História de Crédito	Idade	Aprovação
0	André	3	1	1	1
1	Lucia	2	0	0	0
2	Carol	1	0	1	0
3	Carlos	1	1	0	0
4	Tais	3	1	1	1
5	Elisa	2	1	0	1
6	Julia	1	0	1	0
7	Clara	1	1	0	0
8	Leonardo	3	1	1	1
9	Vitor	2	0	0	0
10	Mercedes	2	1	1	1
11	Mané	1	0	0	0
12	Daniel	3	1	1	1
13	Isabella	1	0	0	0
14	Matheus	2	1	1	1
15	Maria	3	1	1	1
16	João	2	0	0	0
17	Cherubina	1	0	0	0
18	Davi	3	1	1	1
19	Amélia	2	1	0	1

Figura 6.6: Tabela com clientes fictícios para entrada no algoritmo de Naive Bayes.
Fonte: O autor

Além dos nomes das pessoas, temos os valores de renda, história de crédito e idade. Os valores colocados em registro tiveram como objetivo facilitar a conta. Isso significa que a renda se divide em três grupos: baixa (1), média (2) e alta (3). A história de crédito pode ser ruim (0) ou boa (1) e idade foi simplificada para novo (0) ou velho (1).

Digamos que queremos saber qual a probabilidade de um cliente com renda baixa, história de crédito ruim e novo, ter aprovação para um empréstimo. Começamos por considerar a probabilidade de aprovação de empréstimo em geral, que é o número de empréstimos aprovados dividido pelo total de clientes. Esse é o nosso ponto de partida e é conhecido como probabilidade a priori.

Em seguida, calculamos as probabilidades condicionais, que são as probabilidades de observarmos cada característica dada a aprovação ou não aprovação de um empréstimo. Para o nosso exemplo, precisaríamos calcular três coisas: a probabilidade de um cliente ter renda baixa dado que um empréstimo foi aprovado, a probabilidade de um cliente ter história de crédito ruim dado que um empréstimo foi aprovado e a probabilidade de um cliente ser jovem dado que um empréstimo foi aprovado. Calculamos essas mesmas probabilidades condicionais para o caso de empréstimos não aprovados.

Por fim, aplicamos o teorema de Bayes para combinar nossa probabilidade a priori com as probabilidades condicionais. A fórmula do Naive Bayes considera que as características são independentes entre si, o que significa que a presença de uma característica não afeta a presença de outra. Com todas as probabilidades em mãos, multiplicamos a probabilidade a priori pelas probabilidades condicionais das características de nosso cliente (renda baixa, história de crédito ruim e jovem) e normalizamos esse produto com a soma das probabilidades de todas as combinações possíveis para aprovação e não aprovação. O resultado nos dá a probabilidade a posteriori, que é a probabilidade de aprovação de empréstimo para um cliente com as características especificadas. Nesse caso seria uma não aprovação. É por isso que algoritmo é uma forma de aprendizado supervisionado, pois aprende com dados históricos (supervisionados) para fazer previsões sobre novos casos.

O Naive Bayes é um classificador que, apesar de sua simplicidade, tem se mostrado eficaz em uma ampla gama de problemas, principalmente em classificações de texto como filtragem de spam e análise de sentimentos. Devido à sua eficiência em termos de velocidade e desempenho, especialmente em grandes conjuntos de dados, o Naive Bayes é uma excelente escolha quando se necessita de uma solução rápida e relativamente precisa. Todavia, a sua aplicação deve ser cuidadosamente se considerada em situações nas quais a suposição de independência entre as variáveis não se sustenta, ou em que as variáveis têm relações complexas e interdependentes que podem afetar significativamente o resultado.

Esse tipo de algoritmo também pode não funcionar bem com variáveis numéricas contínuas sem uma transformação adequada, e sua performance pode ser limitada quando os dados não têm uma distribuição de probabilidade bem definida para cada variável em relação a cada classe.

Árvores de decisão

As árvores de decisão são uma ferramenta poderosa e intuitiva usada em ciência de dados e aprendizado de máquina, servindo tanto para classificação quanto para regressão. Eram consideradas "estado da arte" antes do advento das redes neurais. Diferentemente dos métodos de regressão linear, que tentam encontrar uma linha que melhor se ajuste aos dados, e do Naive Bayes, que se baseia na probabilidade de eventos, as árvores de decisão funcionam dividindo o espaço dos dados em regiões menores – ou "nós" –, baseando-se em perguntas simples e diretas. Cada decisão tomada pode ser visualizada como um caminho ao longo da árvore, começando na raiz e terminando em um nó folha, que oferece a decisão final, conforme a Figura 6.7 a seguir.

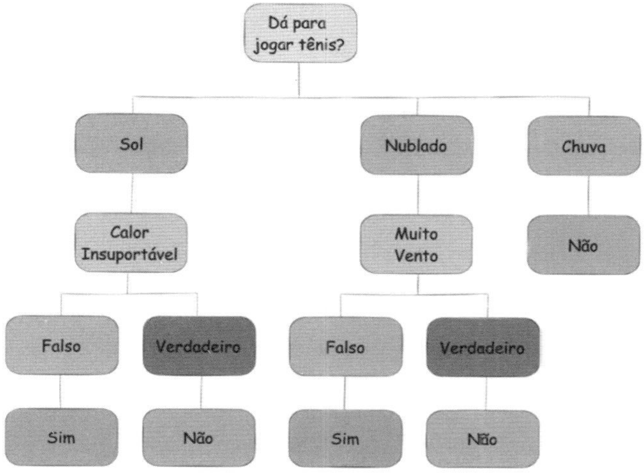

Figura 6.7: Exemplo de árvore de decisão.
Fonte: O autor.

A estrutura de uma árvore de decisão inicia-se com um nó raiz que estabelece a primeira e mais crítica pergunta, segmentando os dados em dois ou mais conjuntos distintos. Tomando como exemplo a decisão de jogar tênis, o nó raiz questiona se o sol está presente. Conforme essa condição é atendida, a decisão seguinte avalia se o calor está insuportável, dividindo as situações entre aquelas que permitem jogar tênis e aquelas que não permitem. Caso não haja sol, o processo segue para determinar se o céu está nublado ou se chove, e, na presença de nuvens, avalia-se a intensidade do vento. Cada uma dessas decisões bifurca-se em nós subsequentes, com cada nível da árvore focando em uma condição climática específica – como calor excessivo ou vento forte – refinando a decisão de se é apropriado ou não jogar tênis.

Uma das grandes vantagens das árvores de decisão é a sua facilidade de interpretação (*white box*). Mesmo aqueles sem conhecimento profundo em estatística ou aprendizado de máquina podem entender como as decisões são tomadas, seguindo as divisões da árvore até chegarem a uma conclusão. Isso torna as árvores de decisão particularmente úteis em situações que exigem transparência nas decisões, permitindo que os usuários vejam claramente como diferentes fatores contribuem para o resultado.

Outro ponto a favor desse tipo de algoritmo é que lidam bem com dados heterogêneos, ou seja, podem facilmente processar variáveis de diferentes tipos (numéricas e categóricas) sem a necessidade de pré-processamento complexo. Isso torna as árvores de decisão uma ferramenta versátil e acessível para uma ampla gama de aplicações de modelagem preditiva. No entanto, é importante estar atento ao risco de *overfitting*, situação em que a árvore se torna tão complexa que capta ruídos do conjunto de treinamento em vez de padrões genuínos, algo que métodos como poda de árvore e florestas aleatórias buscam mitigar.

Uma pergunta pertinente poderia ser, diante de várias variáveis, como decidir qual delas utilizar como ponto de partida? No contexto do jogo de tênis, por que iniciar pela condição do sol e não pela intensidade do vento? A escolha da variável de início para uma árvore de decisão é frequentemente baseada na importância relativa das variáveis para o resultado desejado. Em um cenário de aprendizado de máquina, essa relevância é determinada durante o treinamento do modelo, em que o algoritmo identifica qual variável promove a divisão mais eficaz com base em métricas como ganho de informação, índice Gini[1] ou redução de variância.

Para responder à pergunta inicial, em uma situação didática como a apresentada, a escolha da primeira variável muitas vezes se baseia em conhecimento especializado ou na característica mais significativa para o problema em questão. No caso de decidir jogar tênis com base no clima, a presença do sol pode ser uma boa variável inicial por várias razões:

- Impacto direto: a presença ou ausência de sol tem um efeito direto e significativo na possibilidade de jogar tênis ao ar livre.
- Filtro eficaz: iniciar pela condição solar permite um rápido descarte das opções de jogo em dias chuvosos ou em condições adversas.
- Precedência natural: muitas outras variáveis, como vento ou umidade, são secundárias se o clima principal impede o jogo desde o início.

Contudo, a sequência das variáveis pode ser alterada conforme diferentes circunstâncias ou preferências dos jogadores. Por exemplo, se um jogador não se importa com o vento, mas sim com a umidade, a árvore de decisão poderia começar por avaliar a umidade do ar.

Em um ambiente de aprendizado de máquina real, o algoritmo determina a sequência das variáveis com base na maximização do critério de divisão durante o treinamento. A árvore de decisão criada computacionalmente analisará os dados disponíveis e estabelecerá a ordem das variáveis para aprimorar a precisão das previsões. Já no caso de uma árvore de decisão manual ou exemplificativa, como a que estamos discutindo, a decisão de qual variável iniciar é muitas vezes uma mistura de conhecimento do domínio e a importância percebida de cada característica para a decisão final.

K-Nearest Neighborhs (KNN)

O K-NEAREST NEIGHBORS (KNN) É UM DOS ALGORITMOS DE APRENDIZADO DE MÁQUINA MAIS SIMPLES e intuitivos, usado tanto para classificação quanto para regressão. No contexto de aprendizado supervisionado, o KNN opera com base em uma lógica de proximidade simples: ele assume que dados similares existem em proximidade imediata. Quando

1 O índice Gini é uma métrica que avalia a impureza de um nó, em que 0 indica que todos os elementos pertencem à mesma classe e valores maiores indicam maior diversidade de classes.

um novo ponto de dados é introduzido, o KNN olha para os K pontos de dados mais próximos (daí o nome) e faz uma previsão baseada em suas etiquetas ou valores.

No caso de classificação, a previsão é geralmente feita por uma espécie de votação da maioria: o novo ponto é atribuído à classe mais comum entre seus vizinhos mais próximos. Para regressão, a previsão pode ser a média dos valores dos vizinhos. O que torna o KNN único é que ele não aprende um modelo de forma explícita. Em vez disso, ele faz previsões "no local" usando o dataset de treinamento para a consulta em tempo real, o que o torna um algoritmo preguiçoso, pois toda a computação é adiada até a predição.

Como diria Baco, nada melhor do que exemplificar com vinhos. Imaginemos que temos uma festa com diversos tipos de vinho. Queremos prever se uma pessoa (vamos chamá-la de "Charlie") vai gostar de um vinho que ela ainda não provou. No gráfico da Figura 6.8 a seguir temos os vinhos que Charlie já degustou em outros momentos classificados com base na acidez e no corpo da bebida.

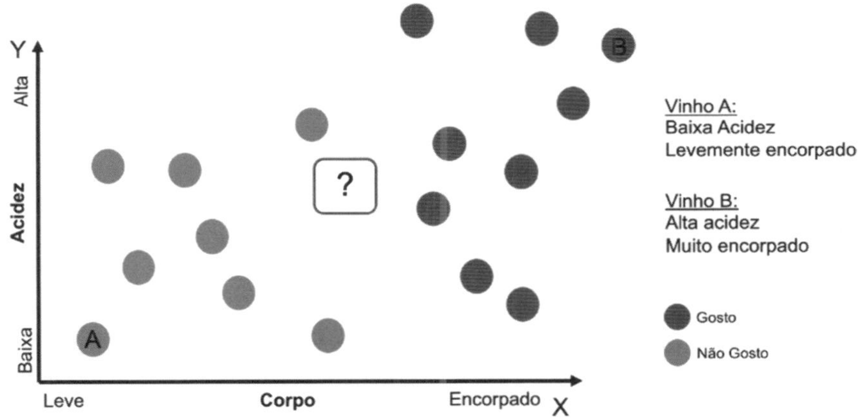

Figura 6.8: Exemplo de gráfico "acidez x corpo" de vinhos para ser utilizado com algoritmo de KNN.
Fonte O autor.

Os pontos pretos são vinhos que ele gostou, e os cinza são os que ele não gostou. O ponto A representa um vinho com baixa acidez e levemente encorpado e o ponto B representa um vinho com alta acidez e bem encorpado. O ponto de interrogação representa o vinho que estamos tentando prever se Charlie vai gostar.

Para fazer essa previsão, o KNN olha para os K vinhos mais próximos do vinho desconhecido, onde K é um número que escolhemos (como 3, 5 ou qualquer outro número ímpar, geralmente pequeno). Então medimos a distância do nosso vinho misterioso até todos os outros vinhos que Charlie já provou. Podemos pensar nisso como medir a distância entre os pontos no gráfico.

Depois de identificar os K vinhos mais próximos, a decisão é tomada por uma "votação" entre eles. Se a maioria dos K vinhos mais próximos são vinhos que Charlie gostou, então prevemos que ele também vai gostar do vinho desconhecido. Por outro lado, se a maioria dos vizinhos mais próximos são vinhos de que ele não gostou, então prevemos que ele também não gostará deste novo vinho.

Para efeito do exemplo, começamos com o caso mais simples em que *K*=1, conforme a Figura 6.9.

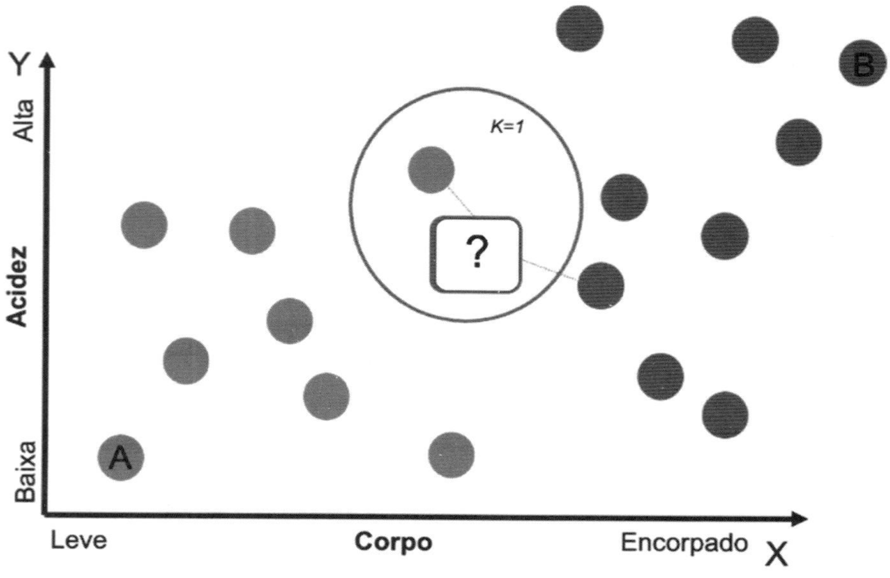

Figura 6.9: Mesmo gráfico anterior, já usando KNN com K=1.

Fonte: O autor.

Aqui, a previsão para um novo ponto de dados é determinada pelo ponto de dados mais próximo (vizinho) que temos em nosso conjunto de treinamento. No gráfico, se tivermos um novo vinho cuja acidez e corpo são desconhecidos (indicado pelo ponto de interrogação), e configuramos nosso *K*=1, olhamos apenas para o vizinho mais próximo. Se esse vizinho mais próximo é um ponto cinza (vinho que ele não gosta), é provável que Charlie não vá apreciar o vinho.

Entretanto, se *K*=3, a abordagem do algoritmo KNN muda um pouco, de acordo com a Figura 6.10.

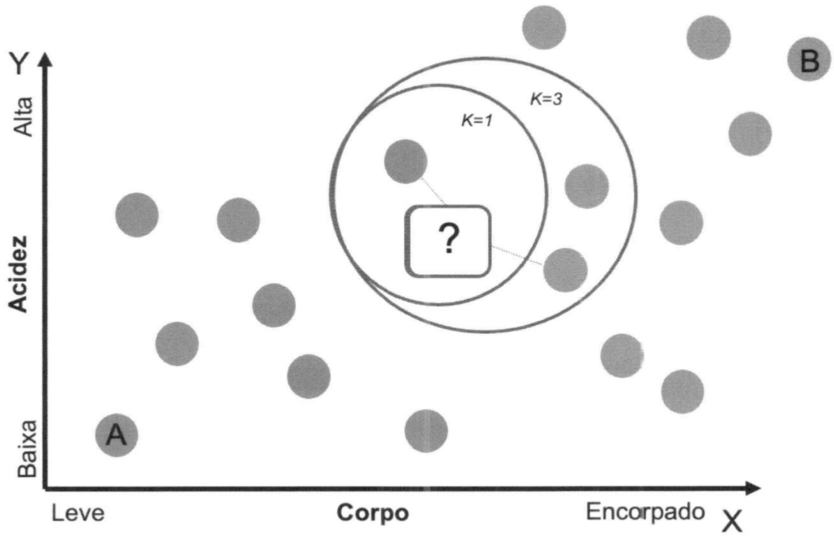

Figura 6.10: O mesmo gráfico, usando KNN, só que agora com K=3.
Fonte: O autor.

Em vez de olhar apenas para o vizinho mais próximo, o algoritmo considera os três vizinhos mais próximos ao ponto de interrogação (que representa o novo vinho que estamos tentando classificar). Neste caso, o algoritmo faz uma nova "votação" entre esses três vizinhos para determinar se o novo vinho será do agrado de Charlie ou não.

Na figura, ao aplicarmos *K*=3, desenhamos um círculo ao redor do ponto de interrogação de forma que ele contenha os três vizinhos mais próximos. Nesse círculo, contamos quantos pontos são pretos (gosto) e quantos são cinza (não gosto). E nesse caso, temos mais pontos claros do que escuros, o que significa que Charlie vai apreciar o vinho. Esse processo de "votação" com base nos *K* vizinhos mais próximos permite que o KNN considere mais informações do que apenas o ponto de dados mais próximo, o que pode levar a previsões mais confiáveis, especialmente em situações nas quais o ponto de dados mais próximo pode ser um *outlier* ou não representativo da tendência geral dos dados.

Como deve ter ficado óbvio, a escolha do número *K* é crucial e impacta diretamente a previsão. Um valor muito baixo de *K* pode fazer com que o algoritmo seja muito sensível ao ruído nos dados, enquanto um valor muito alto pode suavizar demais as características dos dados, potencialmente ignorando diferenças importantes entre as classes. Geralmente, a escolha de *K* é feita por meio de um processo de validação cruzada para encontrar um equilíbrio entre um modelo que nem seja muito específico nem muito generalista.

Apenas para aqueles mais detalhistas que estão se perguntando como é medida a distância entre os pontos no KNN, a resposta é que normalmente utilizamos a distância euclidiana, simplesmente porque é a forma mais comum e intuitiva de medir a distância no espaço. A distância euclidiana entre dois pontos é a linha reta entre eles, como se estivéssemos usando uma régua para medir a distância entre dois pontos em um mapa.

A fórmula da distância euclidiana entre dois pontos,) e), no espaço bidimensional é dada por:

$$d(P_1, P_2) = \sqrt{(x_2 - x_1)^2 + (y_2 - y_1)^2}$$

É importante mencionar também que, embora a figura mostre um espaço bidimensional (acidez e corpo), o KNN pode ser aplicado em espaços com múltiplas dimensões, em que cada característica do item a ser classificado é uma dimensão no espaço de características. Em um espaço de dimensões maiores, a fórmula se estende para incorporar cada dimensão: z, w, ..., e a fórmula gerada para um espaço n-dimensional seria:

$$d(P_1, P_2) = \sqrt{(x_2 - x_1)^2 + (y_2 - y_1)^2 + (z_2 - z_1)^2 + \ldots + (n_2 - n_1)^2}$$

Cabe salientar que, à medida que o número de dimensões aumenta, o algoritmo pode exigir uma quantidade maior de dados e se tornar mais computacionalmente intensivo para fazer previsões precisas, uma situação conhecida como "maldição da dimensionalidade". Mais ainda, ele é sensível à escala dos dados, o que significa que a normalização pode ser necessária para garantir que todas as características contribuam igualmente para a determinação da distância. Para tranquilizar o leitor, veremos nos próximos capítulos ambos os conceitos, de dimensionalidade e normalização.

Máquinas de vetores de suporte (SVM)

Máquinas de vetores de suporte – ou *Support Vector Machine* (SVM) – é um algoritmo de aprendizado supervisionado que é utilizado para classificação e regressão. Para falar a verdade, na prática, ele é mais comumente usado para problemas de classificação. O objetivo principal do SVM é encontrar um hiperplano em um espaço n-dimensional (sendo o número de características) que classifica claramente os pontos de dados. Para entender a eficácia do SVM, é importante considerar a distância entre os pontos de dados mais próximos de qualquer classe; esses pontos são conhecidos como vetores de suporte. O SVM busca o hiperplano que maximiza a margem entre esses vetores de suporte de classes opostas. Estou ciente que apenas falando dessa forma fica um pouco difícil de visualizar, mas com as imagens abaixo, acredito que ficará mais fácil.

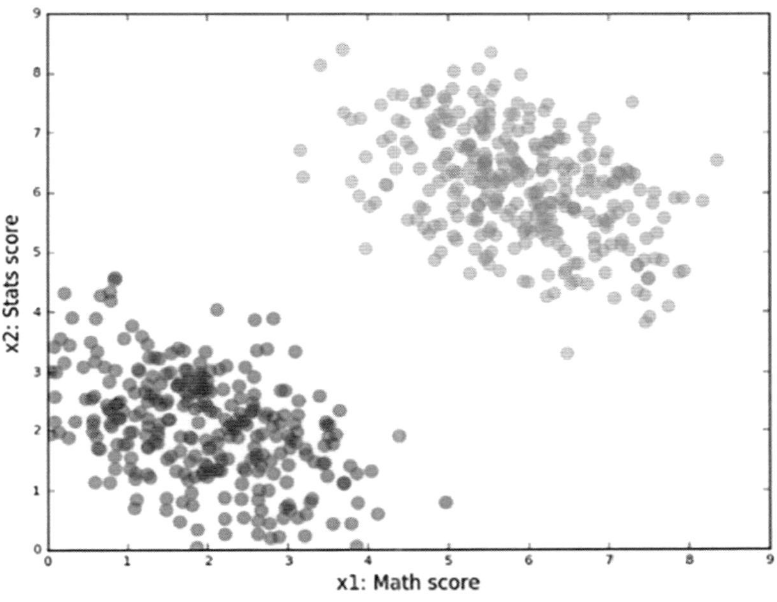

Figura 6.11: Gráfico demonstrativo das notas de alunos de matemática (x) e estatística (y).[2]

O gráfico mostra a classificação de alunos de matemática e estatística. Os alunos que são bons nas duas disciplinas estão representados nos pontos pretos. Os que não tiraram notas tão boas estão nos pontos cinza. Agora imagine que queremos determinar a relação entre essas pontuações e o desempenho em um curso de IA. Talvez, com base no que encontremos, possamos especificar um pré-requisito para a matrícula no curso.

A ideia é posicionar o hiperplano de tal forma que ele crie a maior separação possível entre as diferentes classificações. Este hiperplano é o resultado de um processo de otimização que tenta maximizar a distância entre os pontos de dados mais próximos de cada classe, garantindo assim uma melhor generalização e um menor risco de erro de classificação.

2 Fonte: Adaptado de https://www.kdnuggets.com/2017/08/support-vector-machines-learning-svms-examples.html. Acessado em 30 de maio de 2023.

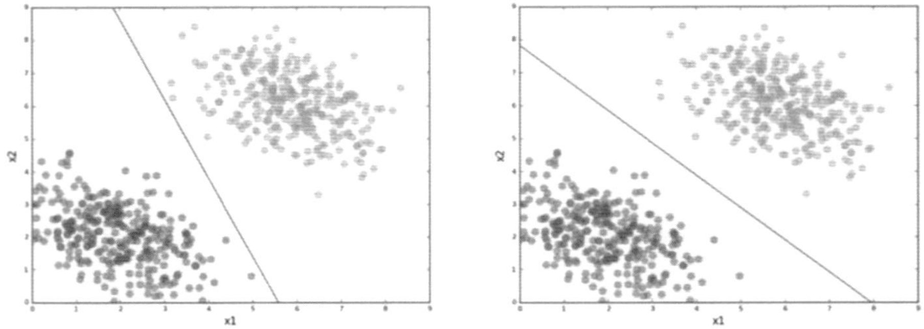

Figura 6.12: Pontos de dados distribuídos em duas diferentes classes.[3]

Ao explorar as imagens em detalhe, começamos com a Figura 6.12, que mostra os pontos de dados distribuídos em duas classes sem nenhuma separação definida. Repare e responda: qual linha divide melhor o grupo de alunos? A da esquerda ou da direita?

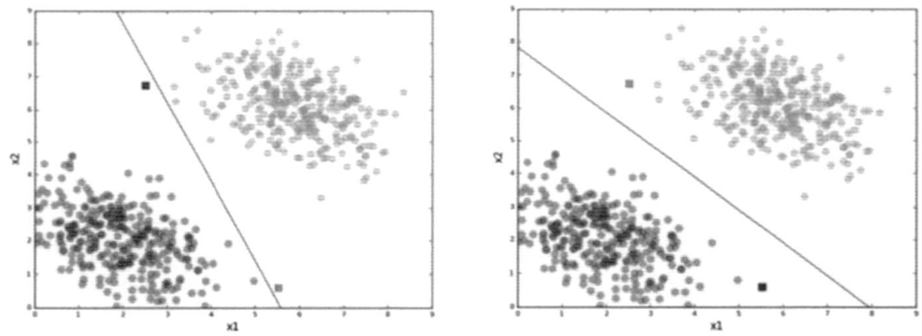

Figura 6.13: Gráficos com possíveis divisões dos dados. [4]

Avançamos para essas outras imagens da Figura 6.13, onde são exploradas possíveis divisões dos dados com linhas que representam tentativas de hiperplanos. Essas linhas são desenhadas de forma a separar as classes, mas a posição exata e a orientação do hiperplano são determinadas pelo modelo para maximizar a margem – ou seja, a distância entre as classes mais próximas de pontos de dados.

Na imagem da Figura 6.14 seguir, temos já o hiperplano final determinado pelo SVM, onde a margem é mostrada junto com os vetores de suporte. Esses são os pontos

[3] Fonte: Adaptado de https://www.kdnuggets.com/2017/08/support-vector-machines-learning-svms-examples.html. Acessado em 30 de maio de 2023.

[4] Fonte: Adaptado de https://www.kdnuggets.com/2017/08/support-vector-machines-learning-svms-examples.html. Acessado em 30 de maio de 2023.

que definem a margem, e o hiperplano é posicionado de forma tal que a distância até os vetores de suporte mais próximos de cada classe seja a maior possível. A imagem ilustra o resultado de um modelo SVM treinado: um hiperplano que separa efetivamente as duas classes com a maior margem possível, aumentando a confiança na classificação feita pelo modelo.

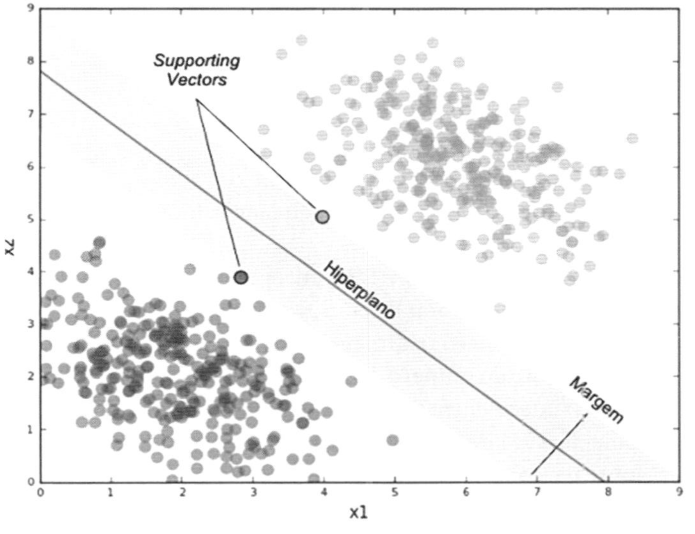

Figura 6.14: Gráfico com o hiperplano já formado.[5]

O SVM é notavelmente eficaz em espaços bidimensionais, mas também em espaços de múltiplas dimensões, como mostrado na Figura 6.15. O algoritmo pode ser empregado em um contexto tridimensional, onde cada dimensão representa uma característica diferente dos dados. Neste espaço 3D, o SVM procura um hiperplano – que, em três dimensões, é de fato um plano bidimensional – para separar os pontos de dados de classes diferentes. A razão pela qual o SVM pode operar eficientemente em múltiplas dimensões deve-se à sua capacidade de lidar com a complexidade dos dados, encontrando a margem máxima em espaços de alta dimensionalidade.

[5] Fonte: Adaptado de https://www.kdnuggets.com/2017/08/support-vector-machines-learning-svms-examples.html. Acessado em 30 de maio de 2023.

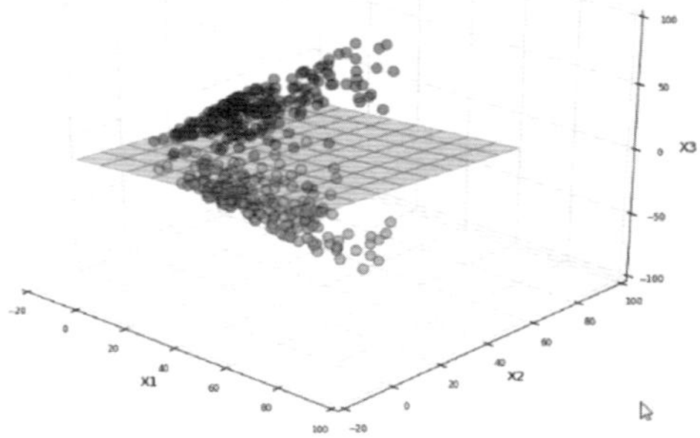

Figura 6.15: Gráfico com o hiperplano já formado.[6]

A imagem ilustra claramente como o SVM encontra um hiperplano que maximiza a distância entre as duas classes distintas de pontos, pretos e cinzas, mesmo quando estes estão representados em um espaço tridimensional. O princípio do SVM permanece o mesmo, independentemente do número de dimensões – ou seja, localizar o hiperplano que oferece a maior separação entre as classes.

Essa habilidade do SVM de classificar dados em espaços de alta dimensão o faz muito útil em casos reais, como na análise de genomas ou na classificação de imagens complexas. Além disso, a sua robustez em espaços de várias dimensões o torna uma ferramenta valiosa para capturar relações complexas entre atributos. Embora o SVM possa exigir um cuidado na escolha do kernel correto e na sintonia dos parâmetros, sua capacidade de proporcionar soluções precisas e confiáveis o torna um verdadeiro pilar dentro dos métodos de aprendizado supervisionado.

A essa altura, o leitor deve estar até cansado de ver tantas opções. De fato, para além das regressões lineares, Naive Bayes, árvores de decisão, K-Nearest Neighbors (KNN) e Support Vector Machines (SVM), o campo do aprendizado supervisionado é repleto de uma variedade rica e diversificada de algoritmos. Cada um desses métodos tem suas próprias forças e domínios de aplicabilidade, e a escolha entre eles depende muitas vezes da natureza específica do problema, do tipo e da quantidade de dados disponíveis, bem como dos objetivos finais da modelagem. Algoritmos como Random Forests, Gradient Boosting Machines (GBM), e conjugações de modelos (por que não?) são exemplos adicionais que têm mostrado eficácia em uma ampla gama de tarefas preditivas. Eles podem oferecer maior precisão e robustez, especialmente em situações nas quais a relação entre as variáveis de entrada e a saída é complexa e não linear. Mais poderosas ainda são as redes neurais, base do aprendizado profundo, uma outra classe de algoritmos que veremos no Capítulo 10, mais adiante.

[6] Fonte: Adaptado de https://www.kdnuggets.com/2017/08/support-vector-machines-learning-svms-examples.html. Acessado em 30 de maio de 2023.

Pontos-chave

- O aprendizado supervisionado utiliza dados rotulados para ensinar modelos a mapear entradas para saídas, aplicável em uma ampla gama de situações, como detecção de fraude e reconhecimento de voz.
- A regressão linear é um método fundamental no aprendizado supervisionado, estabelecendo relações lineares entre variáveis para prever resultados, como no caso de preços de imóveis.
- O Naive Bayes é um classificador probabilístico simples e eficaz baseado no teorema de Bayes, com a suposição de independência entre as características.
- As Árvores de Decisão replicam o processo de raciocínio humano, dividindo dados em subconjuntos com base em características, facilitando a análise exploratória e a tomada de decisão.
- O algoritmo K-*Nearest Neighbors* (KNN) classifica um dado ponto baseando-se nas classes dos *K* pontos de dados mais próximos a ele no espaço de características.
- As SVM encontram hiperplanos ótimos em espaços de alta dimensão para a classificação de dados, com aplicações variando de classificação de filmes a sistemas de recomendação como os da Netflix.
- Além dos algoritmos abordados, existem outros métodos importantes como *Random Forests* e *Gradient Boosting Machine* (GBM), métodos conjugados e redes neurais, cada um adequado para diferentes cenários de aprendizado supervisionado.

CAPÍTULO 7

Aprendizado Não Supervisionado

"The answer to the ultimate question of life, the universe and everything is 42."

(Deep Thought – *The Hitchhiker's Guide to the Galaxy*)

O APRENDIZADO NÃO SUPERVISIONADO É UM TERRITÓRIO SINGULAR NO VASTO TERRITÓRIO DA INTELIGÊNCIA artificial, caracterizado por uma exploração autônoma de dados sem etiquetas ou classificações predefinidas. Ao contrário do aprendizado supervisionado que vimos no capítulo anterior – no qual um modelo é instruído com exemplos claramente definidos –, o aprendizado não supervisionado opera sem um guia explícito, dependendo do algoritmo para descobrir as estruturas ocultas dentro de um conjunto de dados. Essa forma de aprendizado é fundamental quando nos deparamos com vastas quantidades de dados brutos e precisamos extrair sentido e conhecimento sem uma compreensão prévia dos resultados ou categorizações esperadas.

Dentro desse domínio, os modelos analisam os dados, buscando padrões, correlações e anomalias que não são imediatamente óbvios. O processo é comparável à forma como um ser humano poderia tentar entender um fenômeno desconhecido: observando, identificando padrões e inferindo regras sem ter sido explicitamente instruído sobre o que procurar. Essa abordagem é particularmente valiosa em ambientes onde a escala de dados é tão grande que a rotulação manual seria impraticável ou onde o número de variáveis e relações é tão complexo que a definição de regras a priori é inviável.

A beleza do aprendizado não supervisionado reside na sua capacidade de revelar a estrutura intrínseca dos dados, muitas vezes levando a insights inesperados e novas perguntas. Algoritmos não supervisionados podem descobrir agrupamentos naturais de clientes em dados de marketing, identificar tópicos predominantes em um conjunto de documentos de texto ou até mesmo detectar atividades fraudulentas em transações financeiras através de padrões atípicos. É por essa razão que, por vezes, podemos receber uma ligação do banco ou cartão de crédito questionando se, de fato, fizemos determinada compra. Essa capacidade de detecção de padrões é o que torna o aprendizado não supervisionado uma ferramenta poderosa para análises preditivas e descritivas em uma era em que os dados são um recurso abundante. A Figura 7.1 a seguir resume as características básicas do aprendizado não supervisionado:

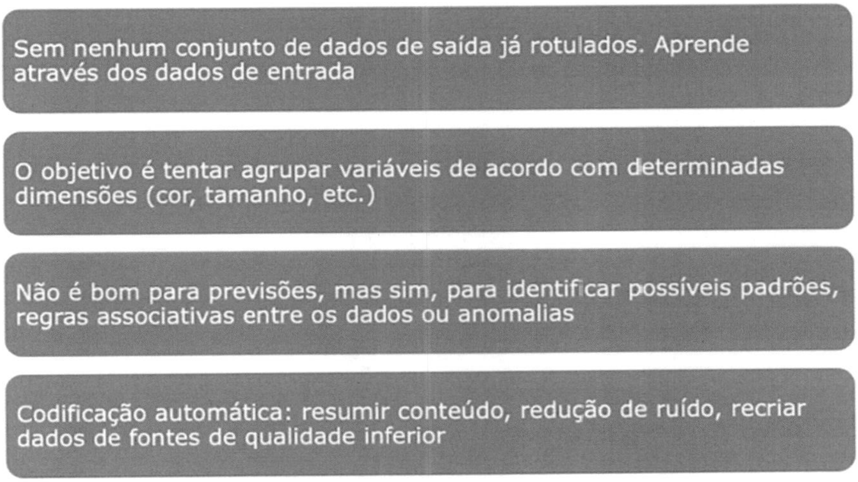

Figura 7.1: Características básicas do aprendizado não supervisionado.
Fonte: O autor.

Clustering

O Agrupamento ou Clustering é uma das tarefas mais fundamentais do aprendizado não supervisionado, e o K-Means é um dos algoritmos de Clustering mais utilizados devido à sua simplicidade e eficácia. No âmago do K-Means está o conceito de centroides, que são, como a designação sugere, pontos centrais em torno dos quais os dados são agrupados. O objetivo do algoritmo é particionar os dados em K grupos, sendo que cada ponto pertence ao grupo do centroide mais próximo, minimizando a variância dentro de cada cluster.

A lógica do K-Means começa com a escolha aleatória de K centroides, que são os pontos iniciais para cada cluster. A partir desses centroides, o algoritmo itera através de dois passos principais: a atribuição e a atualização. Na etapa de atribuição, o algoritmo classifica cada ponto de dado no grupo do centroide mais próximo com base na distância euclidiana. Em seguida, na etapa de atualização, os centroides são recalculados como sendo a média de todos os pontos de dados atribuídos ao seu cluster. Parece enredado, eu sei, mas visualmente é bem fácil de entender.

Essas duas etapas (atribuição e atualização) são repetidas iterativamente até que os centroides não mudem significativamente entre as iterações, indicando que os clusters se tornaram estáveis e que o algoritmo convergiu. Esse processo pode ser visualizado como pontos de dados se reagrupando em torno de novos centroides a cada passo, ajustando-se gradualmente até que a disposição mais eficiente dos clusters seja encontrada.

Nas imagens da Figura 7.2 a seguir, podemos ver três etapas distintas representadas na imagem, demonstrando a evolução dos clusters à medida que o algoritmo progride.

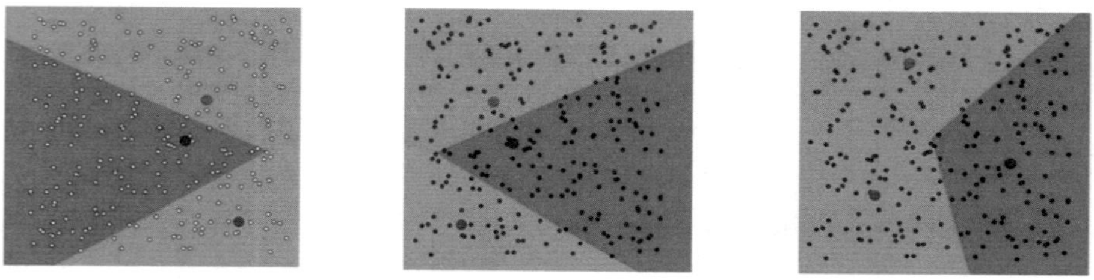

Figura 7.2: Evolução dos clusters do algoritmo K-Means.
Fonte: O autor

Na primeira etapa, à esquerda, temos uma dispersão de pontos de dados que ainda não foram agrupados, o que representa o conjunto de dados inicial sem qualquer classificação. Avançando para a etapa intermediária – imagem que está no meio –, observamos a introdução de três centroides (indicados por pontos maiores de tons de cinza diferentes), que são os pontos iniciais para a formação dos clusters. Nessa fase, cada ponto de dado é atribuído ao centroide mais próximo com base na distância euclidiana, iniciando o processo de formação de clusters.

Finalmente, à direita, vemos os clusters formados após várias iterações do algoritmo. Os pontos de dados são claramente agrupados em torno dos três centroides, cada cluster representado por um tom de cinza específico. Isso reflete a fase de convergência do K-Means, em que os centroides se ajustaram à posição ideal, e os pontos de dados estão agora firmemente agrupados de acordo com a proximidade ao centroide mais próximo.

A transição visual dos pontos de dados não classificados para os clusters claramente definidos exemplifica a maneira como o K-Means organiza os dados em grupos homogêneos, facilitando a identificação de padrões e estruturas subjacentes em conjuntos de dados complexos. Esse processo é central para descobrir aquilo que a olho nu jamais perceberíamos.

Agora você começa a entender melhor porque é que nas farmácias e supermercados nos pedem nossos CPFs. Para promoções? Sim, também. Mas efetivamente para nos conhecer melhor, entender nossos hábitos de consumo e preferências. Com esses dados, as empresas podem segmentar suas campanhas de marketing, personalizar ofertas e otimizar seus estoques para atender à demanda. Em uma escala mais ampla, essas informações ajudam a moldar estratégias de negócios, desenvolver novos produtos e melhorar a experiência do cliente, assegurando que os serviços oferecidos se alinhem mais precisamente com as expectativas e necessidades dos consumidores. De outra forma, como prever que o comprador de fraldas também tende a comprar cerveja?

Como pode ser observado, a eficiência do algoritmo K-Means reside em sua abordagem pragmática, que, apesar de sua aparente simplicidade, é capaz de produzir resultados significativos para uma ampla gama de problemas de agrupamento. À medida que os centroides se ajustam e os clusters são refinados ao longo das iterações, o algoritmo revela padrões ocultos nos dados que muitas vezes não são evidentes. Esse comportamento o torna particularmente útil em análises de mercado, ciências sociais, biologia computacional, e qualquer campo em que a estrutura natural dos dados precisa ser compreendida e explorada.

Para tanto, é correto pensar que a escolha acertada do número *K*, que define a quantidade de clusters no algoritmo K-Means, é essencial para revelar a estrutura intrínseca dos dados. Um valor de *K* muito baixo pode mesclar estruturas distintas, enquanto um valor excessivamente alto pode fragmentar indevidamente os grupos naturais. Portanto, a definição de *K* deve ser cuidadosamente considerada, muitas vezes exigindo uma combinação de análise exploratória e conhecimento do domínio para alcançar uma segmentação que verdadeiramente reflete as nuances dos dados. Mas como descobrir o melhor *K*?

Uma das técnicas mais comuns para determinar o valor de *K* é o método do cotovelo (*Elbow Method*). Esse método envolve a execução do algoritmo K-Means várias vezes, cada vez com um número diferente de clusters (por exemplo, de 1 a 10), e para cada iteração, calcula-se a soma dos quadrados das distâncias entre os pontos de dados e o centroide do cluster ao qual pertencem – ou *Within-Cluster Sum of Square* (WCSS). O objetivo é identificar o ponto onde o aumento de *K* deixa de resultar em uma diminuição significativa do WCSS, indicando que a adição de mais clusters não melhora substancialmente a variação explicada pelos clusters. Só por curiosidade, a fórmula do WCSS tem o seguinte aspecto:

$$WCSS = \sum_{i=1}^{k} \sum_{x \in C_i} \| x - \mu_i \|^2$$

Onde:

- k é o número de clusters
- C_i é o conjunto de pontos de dados no -ésimo cluster
- x é um ponto de dados no cluster
- μ_i é o centróide do -ésimo cluster.

O processo para aplicar o método do cotovelo é o seguinte:

- Calcular o WCSS para vários valores de *K*, tipicamente aumentando *K* de 1 até um limite superior predefinido (por exemplo, 10 ou 20);
- plotar o valor de WCSS para cada valor de *K* em um gráfico, com *K* no eixo horizontal e WCSS no eixo vertical; e
- procurar no gráfico o "cotovelo", um ponto após o qual as reduções no WCSS tornam-se marginais, indicando que o aumento de *K* não melhora mais a variação explicada pelos clusters.

Embora esse método forneça uma abordagem sistemática para avaliar diferentes valores de *K*, a escolha final muitas vezes requer julgamento humano para interpretar o gráfico. Além disso, em alguns casos, o gráfico pode não apresentar um cotovelo claro, tornando a escolha de *K* mais complicada. Por essa razão, outras técnicas e métricas – como o coeficiente de silhueta –podem ser usadas em conjunto para validar ou complementar a escolha de *K* sugerida pelo método do cotovelo. Esse desafio não diminui em absoluto a utilidade do K-Means, mas destaca a necessidade de uma abordagem metódica e reflexiva na preparação do algoritmo para a análise de dados.

Apesar dessa consideração, o K-Means mantém-se como uma ferramenta valiosa e amplamente adotada no aprendizado de máquina não supervisionado. Sua habilidade em transformar grandes volumes de dados complexos em grupos compreensíveis permite aos cientistas de dados destilar insights e descobertas virtualmente inexequíveis sem a ajuda da máquina. Acredito que, com a crescente disponibilidade de dados em todas as áreas, o K-Means e os algoritmos de Clustering em geral continuarão a ser fundamentais na descoberta de conhecimento e na inovação orientada por dados.

Redução de dimensionalidade

Redução de dimensionalidade é um conceito fundamental no aprendizado não supervisionado que aborda a complexidade de dados de alta dimensão, tornando-os mais fáceis de compreender e visualizar. Para que se entenda melhor, à medida que o volume e a variedade de dados crescem, também cresce o número de variáveis, ou dimensões, que descrevem cada ponto de dados. Isso pode levar ao fenômeno conhecido como "maldição da dimensionalidade", em que o aumento do número de dimensões torna o processamento de dados mais difícil e menos intuitivo.

Imagine um conjunto enorme de fotografias repletas de detalhes – cada uma delas com milhares de cores e nuances. Se tentássemos comparar ou organizar essas fotos com base em cada detalhe, estaríamos sobrecarregados rapidamente. É aí que a redução de dimensionalidade entra em cena no mundo dos dados. Esta técnica nos ajuda a simplificar as informações, permitindo-nos focar nos aspectos mais impactantes, assim como se olhássemos apenas para as silhuetas das imagens em vez de cada pixel.

No aprendizado não supervisionado, a redução de dimensionalidade pode ser comparada a um artista que esboça um retrato complexo com apenas algumas pinceladas essenciais. Da mesma forma que um esboço captura a essência de um retrato sem todos os detalhes, a redução de dimensionalidade preserva as características mais importantes dos dados enquanto descarta o excesso. Isso torna os dados mais fáceis de serem trabalhados e entendidos, e pode ajudar a revelar padrões e conexões que não eram óbvios antes.

Como exemplo, um varejista online pode ter milhares de dados sobre seus clientes, e o cubo da Figura 7.3 seguir representa três dessas dimensões: produto, tempo e local.

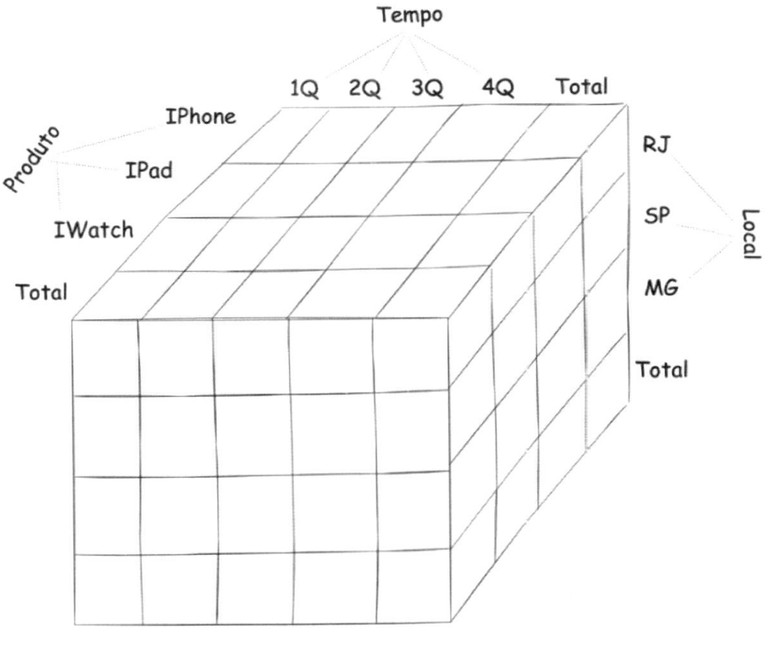

Figura 7.3: Exemplo de redução aplicado as dimensões: produto, tempo e local.
Fonte: O autor.

Cada célula do cubo representa um valor de dados que corresponde a uma combinação específica de produto, período (1º trimestre, 2º trimestre, 3º trimestre, 4º trimestre) e local (RJ, SP, MG). Esse tipo de estrutura é comumente utilizado em BI[1] e análise de dados para facilitar a consulta e a agregação de informações. No contexto da redução de dimensionalidade, essa imagem ajuda a entender como podemos simplificar a complexidade dos dados reduzindo o número de dimensões que precisamos analisar, sem perder informações significativas. A redução de dimensionalidade é um passo fundamental, especialmente em conjuntos de dados com muitas variáveis, para melhorar a eficiência computacional e reduzir o risco de overfitting em modelos de aprendizado de máquina.

Em um cenário prático, suponha que desejamos analisar as vendas, mas estamos apenas interessados na performance de produtos em determinado local, independentemente do tempo. Poderíamos então somar todos os valores ao longo do tempo para cada produto e local, reduzindo assim a dimensão do tempo. Como resultado, teríamos uma visão 2D, com os eixos produto e local, em que cada célula mostra o total de vendas de cada produto por local. Esse é um exemplo muito simples de redução de dimensionalidade, no qual os dados são condensados de uma forma que mantém a informação relevante para a análise desejada, mas com menos dimensões.

Técnicas mais avançadas de redução de dimensionalidade incluem métodos estatísticos como Análise de Componentes Principais – *Principal Component Analysis* (PCA) –, que transforma as variáveis originais em um novo conjunto de variáveis (componentes principais) que são ortogonais (não correlacionadas) entre si, ou *T-distributed Stochastic Neighbor* (t-SNE) e *Uniform Manifold Approximation* (UMAP) para visualização de dados de alta dimensão em espaços de baixa dimensão, preservando a estrutura dos dados tanto quanto possível.

Embora haja técnicas sofisticadas para realizar essa simplificação, o importante é entender que o objetivo é fazer com que os dados complexos sejam mais acessíveis. Isso pode ser especialmente útil quando queremos visualizar os dados e não podemos plotar gráficos com muitas dimensões. Ao simplificar os dados para duas ou três características principais, podemos criar um gráfico compreensível que nos dá uma visão clara do que está acontecendo.

Assim sendo, a redução de dimensionalidade é como encontrar a real história que os dados querem contar. Descartamos o que é redundante e nos concentramos nos elementos que realmente importam, tornando as análises mais eficientes e as decisões mais bem informadas. É uma ferramenta poderosa que ajuda a transformar um vasto e profundo oceano de dados em um extrato concentrado de informações essenciais.

1 *Business Intelligence* (BI) são sistemas que coletam, analisam e transformam dados brutos em informações úteis para apoiar a tomada de decisões empresariais estratégicas.

Aplicações e casos de uso

Como no exemplo dado anteriormente, um dos casos de uso mais comuns do aprendizado não supervisionado é no domínio do marketing, especificamente na segmentação de clientes. Com essa técnica, fica bem mais fácil para as empresas poderem analisar nossos dados e identificar nossos padrões de compra e preferências. Ao agrupar clientes com comportamentos semelhantes, as empresas podem personalizar campanhas de marketing, melhorar a satisfação do cliente e otimizar as estratégias de vendas.

Outra aplicação fundamental é na detecção de anomalias, que é crucial em setores como detecção de fraudes bancárias e monitoramento de segurança cibernética. Algoritmos não supervisionados podem examinar padrões de transações ou tráfego de rede para identificar comportamentos que se desviam do normal, indicando possíveis fraudes, invasões ou falhas no sistema.

Na bioinformática, o aprendizado não supervisionado desempenha um papel importante na análise de dados genéticos e proteicos, ajudando a descobrir agrupamentos de genes ou padrões de expressão gênica que podem estar associados a certas doenças ou respostas a tratamentos. Essa capacidade de identificar relações complexas em grandes conjuntos de dados visa acelerar a pesquisa médica e contribuir para o desenvolvimento de medicamentos personalizados.

No campo do processamento de linguagem natural (NLP), o aprendizado não supervisionado ajuda a organizar e entender grandes coleções de texto. Ele pode ser usado para agrupar documentos por tópico, sumarizar informações e até mesmo traduzir textos, analisando a estrutura linguística e o conteúdo sem a necessidade de anotações manuais.

Por fim, a área de recomendação de produtos também se beneficia enormemente do aprendizado não supervisionado. Plataformas de streaming de vídeo e áudio, serviços de e-commerce e provedores de conteúdo usam algoritmos para analisar o comportamento do usuário e fornecer recomendações personalizadas, aumentando o engajamento e a retenção de clientes. Se você é usuário de Netflix, Amazon Prime, Spotify e afins, sabe do que estou falando.

Vale lembrar que esses são apenas alguns dos possíveis casos de uso de algoritmos de aprendizado não supervisionado que podem utilizar redes neurais também, a exemplo da categoria de algoritmos supervisionados. Seu poder demonstra a capacidade do aprendizado não supervisionado de extrair valor de dados não estruturados e sem rótulos. Embora os desafios na interpretação dos resultados e na escolha dos parâmetros ideais persistam, o aprendizado não supervisionado está constantemente evoluindo, abrindo novas frentes de inovação e fornecendo insights valiosos que seriam difíceis, quiçá impossíveis, de capturar de outra forma.

Pontos-chave

- O aprendizado não supervisionado permite que os modelos encontrem padrões e estruturas em dados sem rótulos, funcionando sem respostas predefinidas para guiar a análise.
- K-Means é uma técnica popular de Clustering que segmenta dados em K grupos com base na proximidade aos centroides, facilitando a identificação de padrões e estruturas nos dados.
- O processo de K-Means itera entre atribuir pontos de dados ao centroide mais próximo e recalcular centroides até que os clusters se estabilizem, revelando a disposição dos dados em grupos naturais.
- A redução de dimensionalidade é uma técnica crucial que simplifica conjuntos de dados complexos, permitindo focar nos aspectos mais significativos e facilitando a visualização e análise.
- O aprendizado não supervisionado tem uma gama diversa de aplicações práticas, como segmentação de mercado, detecção de anomalias, análise de dados genéticos e proteicos, NLP e sistemas de recomendação.
- Embora desafiador devido à ausência de rótulos claros e à dificuldade em interpretar clusters e dimensões reduzidas, o aprendizado não supervisionado é uma ferramenta valiosa e em evolução para descobrir insights em grandes conjuntos de dados.

CAPÍTULO 8

Aprendizado por Reforço

"We are the guiltless pleasures of the lonely human being. You're not gonna get us pregnant or have us to supper with mom and dad. We work under you, and we work for you. Man made us better at what we do than was ever humanly possible."

(Gigolo Joe – *A.I. Artificial Intelligence*)

Desde os tempos antigos, a humanidade tem se fascinado com a ideia de aprender com a experiência. O aprendizado por reforço – um conceito central na psicologia comportamental e na inteligência artificial – segue esse princípio ancestral: aprender a partir das consequências das nossas ações. Basta lembrar da imagem de um ratinho em um labirinto; cada vez que encontra o caminho para o queijo, ele grava um pouco mais do trajeto em sua memória. Esse processo não é muito diferente do modo como uma máquina moderna aprende por meio do reforço.

O precursor do aprendizado por reforço na psicologia foi o condicionamento operante, desenvolvido por B. F. Skinner (1904–1990) na primeira metade do século XX. Skinner observou que comportamentos seguidos por reforços positivos tendem a ser repetidos, enquanto aqueles seguidos por reforços negativos tendem a desaparecer. Em seus experimentos, ratos pressionavam alavancas que, por sua vez, liberavam comida ou evitavam choques elétricos, ajustando assim seu comportamento com base nas consequências.

Esses fundamentos psicológicos pavimentaram o caminho para o que chamamos hoje de aprendizado por reforço na IA. Assim como os ratos de Skinner, os algoritmos de aprendizado por reforço operam por meio de tentativa e erro. Eles executam ações dentro de um ambiente simulado e ajustam suas políticas ou estratégias de decisão com base nas recompensas ou penalidades que recebem. A ideia é simples, mas as implicações são vastas, permitindo que máquinas realizem tarefas complexas, e até mesmo aprendam a jogar jogos ou navegar rotas sem a necessidade de intervenção humana.

No entanto, ao contrário do rato real, a IA não teme choques nem anseia por queijo. Em vez disso, trabalha com números, pontos de dados, e um sistema de recompensa abstrato programado por seus criadores humanos. O queijo para uma IA pode ser o sucesso em derrotar um oponente virtual em um jogo de xadrez ou a eficiência em completar uma tarefa de entrega com um drone. A dor poderia ser a perda de uma partida ou uma manobra que levasse a um atraso na entrega.

Embora o aprendizado por reforço possa soar como uma ideia futurística e inusitada, ele já está aqui e está moldando o mundo ao nosso redor. Desde assistentes virtuais que aprendem a antecipar nossas necessidades até carros autônomos que se ajustam ao trânsito em tempo real, o aprendizado por reforço está no cerne de muitas das mais empolgantes inovações da era moderna. Mas antes de nos aprofundarmos nos mecanismos que tornam isso possível, é importante entender as origens comportamentais dessa tecnologia e como ela cresceu a partir de uma compreensão simples do aprendizado baseado em recompensa.

Conceitos fundamentais

A IDEIA POR TRÁS DO APRENDIZADO POR REFORÇO VEM DE UM CONCEITO MUITO HUMANO: A APRENDIZAGEM através de consequências. Pense em como as crianças aprendem a diferenciar o certo do errado; elogios por um trabalho bem-feito as encorajam a repetir o comportamento, enquanto uma bronca por algo errado os desencoraja. Essa é a essência do behaviorismo, uma teoria psicológica que vê o aprendizado como o resultado de recompensas e punições.

Com o tempo, os cientistas começaram a se perguntar: Será que podemos ensinar máquinas a aprender da mesma maneira? E assim, inspirados pela psicologia comportamental, eles desenvolveram o aprendizado por reforço. Nesse contexto, as máquinas, ou agentes, aprendem a realizar tarefas dentro de um ambiente específico ao serem recompensadas por ações desejáveis e, às vezes, punidas por ações indesejáveis.

O agente, seja um robô ou um programa de computador, navega pelo ambiente tentando maximizar suas recompensas. Cada estado do ambiente oferece ao agente uma escolha de ações; como uma criança em um parquinho, decidindo se escorrega no tobogã ou se balança no balanço. A escolha que o agente faz é influenciada pela política que ele segue, que é basicamente um conjunto de regras acumuladas através da experiência sobre quais ações levam às melhores recompensas.

Assim como as crianças pensam nas recompensas a longo prazo (talvez juntar estrelas de bom comportamento para um prêmio maior), os agentes também devem considerar o valor de recompensas futuras. Isso pode significar sacrificar uma recompensa imediata por um benefício maior mais tarde. A decisão do agente baseia-se no valor esperado de recompensas futuras, que é constantemente atualizado à medida que ele aprende mais sobre o ambiente.

Agora, pensemos nisso em termos de um processo de decisão de Andrei Markov (1856–1922), que pode parecer intimidante à primeira vista, mas é realmente só uma maneira elegante de dizer que suas decisões futuras dependem apenas do seu estado atual. Dito de outra forma, o agente toma decisões passo a passo, levando a novos estados e recompensas. A propriedade de Markov, que diz que o futuro depende apenas do presente, é semelhante a um jogo de tabuleiro, onde cada jogada depende apenas do quadrado em que você está, não de como você chegou até lá.

Para não deixar desamparados aqueles leitores mais afeitos a cálculos e estatística, o Processo de Decisão de Markov (MDP) é uma formalização matemática que é amplamente usada para estruturar problemas de aprendizado por reforço. Embora o MDP em si seja um conceito complexo e abrangente, uma das equações centrais associadas a ele é a Equação de Bellman.

Essa equação é fundamental porque fornece uma maneira de quantificar a ideia de que o valor de um estado sob uma política específica é igual à recompensa imediata mais o valor descontado dos estados futuros. Essa equação pode ser escrita de várias formas, dependendo de estarmos nos referindo ao valor de estado ou ao valor de ação.

Para o valor de estado, a equação de Bellman é:

$$V^{\pi}(s) = \sum_{a} \pi\,(a|s) \sum_{s',r} P(s',r|s,a) \quad [r + \gamma V^{\pi}(s')]$$

Onde:

- $V^{\pi}(s)$ é o valor do estado s sob a política π
- $\pi(a|s)$ é a probabilidade de tomar ação a no estado s sob a política π
- $P(s',r|s,a)$ é a probabilidade de transição para o estado s' e receber recompensa r ao tomar ação a no estado s
- r é a recompense imediata recebida após transição para o estado s'
- γ é o fator de desconto, que equilibra a importância das recompensas futuras contra as imediatas

Para o valor da ação, a equação muda um pouquinho:

$$Q^{\pi}(s,a) = \sum_{s',r} P(s',r|s,a) \quad [r + \gamma \sum_{a'} \pi(a'|s') Q^{\pi}(s',a')]$$

Onde:

- $Q^{\pi}(s,a)$ é o valor de tomar ação a no estado s sob a política π
- Os demais dos termos têm o mesmo significado que na equação anterior

Essas equações são parte da base teórica para muitos algoritmos de aprendizado por reforço, como o Q-learning e o algoritmo de iteração de política, que procuram encontrar a política ótima que maximiza as recompensas totais ao longo do tempo.

Ao compreender essas origens comportamentais e como elas se traduzem em um processo matemático, podemos começar a ver como os agentes de aprendizado por reforço são treinados para tomar decisões inteligentes. Eles não são apenas programas seguindo instruções; são aprendizes digitais, evoluindo por meio de tentativa e erro, buscando dominar seus ambientes, assim como humanos aprendem a navegar pelo mundo ao seu redor.

A Figura 8.1 ilustra o ciclo de interação no aprendizado por reforço, que é análogo a um processo de aprendizagem interativo e dinâmico. Vamos mastigar cada elemento e sua função nesse processo.

Primeiramente, temos o ambiente, que é o contexto ou o "mundo" no qual o agente opera. Assim como um palco para um ator ou um campo de jogos para um atleta, o ambiente fornece o cenário e as regras que o agente deve entender e ao qual ele deve se adaptar. No aprendizado por reforço, o ambiente pode ser qualquer coisa desde um tabuleiro de xadrez até um simulador de condução de veículos autônomos.

O agente, por sua vez, é o aprendiz ou o jogador ativo dentro do ambiente. É a entidade que toma decisões e executa ações – seja um software controlando um personagem de videogame ou um robô escolhendo um caminho para navegar. O agente busca realizar tarefas e alcançar objetivos, e seu desempenho é moldado pelas recompensas que recebe. Assim como um jogador aprende as regras do jogo, o agente aprende a navegar nesse ambiente.

A política é o guia interno do agente, uma estratégia que determina como ele deve agir em diferentes situações. Pode ser vista como um roteiro ou um conjunto de instruções internas que o agente segue para tomar decisões. Essa política é desenvolvida e refinada ao longo do tempo, baseada nas experiências do agente no ambiente. É o "instinto" do agente, formado por tentativa e erro e constantemente ajustado para melhorar o desempenho.

A observação é a percepção do agente sobre o estado atual do ambiente. É como um conjunto de entradas sensoriais que um ser humano usaria para entender o que está acontecendo ao seu redor. Para um agente de IA, isso pode significar dados visuais de uma câmera, leituras de sensores ou qualquer outra forma de informação que ele possa usar para compreender sua posição e as condições ao seu redor.

Por fim, temos a ação, que é a resposta ou movimento que o agente executa com o objetivo de atingir uma recompensa. E a recompensa é o feedback que o agente recebe do ambiente após executar uma ação. Se esta foi benéfica e ajudou o agente a atingir seu objetivo, a recompensa é positiva; se foi prejudicial ou ineficaz, a recompensa pode ser negativa ou nula. É a partir desse feedback que o agente aprende qual política adotar para melhorar suas futuras ações. Assim como um treinador dá feedback a um atleta, o ambiente fornece feedback ao agente, completando o ciclo de aprendizagem.

Esse ciclo de observação, decisão e ação, seguido pela recompensa e ajuste, continua incessantemente, permitindo que o agente aprenda de forma autônoma e eficaz ao longo do tempo.

Q-learning

UMA TÉCNICA MUITO UTILIZADA NO CONTEXTO DO APRENDIZADO POR REFORÇO É O Q-LEARNING, QUE se baseia no ciclo de observação, decisão e ação discutido anteriormente. Ela permite que um agente aprenda a tomar as decisões mais recompensadoras sem necessidade de um modelo do ambiente, ou seja, ele aprende a partir da experiência. Parece incrível, mas é isso mesmo! O Q-learning foi introduzido por Christopher Watkins em 1989 em sua dissertação de doutorado e é baseado na Equação de Bellman para o Q-valor, que estima o valor de uma ação em um determinado estado.

O funcionamento do Q-learning gira em torno de uma tabela conhecida como Q-table. Essa tabela ajuda o agente a rastrear e atualizar os Q-valores para cada par de estado-ação possível. Cada entrada na Q-table representa o valor estimado de tomar uma determinada ação em um determinado estado, ou seja, o quanto de recompensa total o agente pode esperar ao tomar essa ação, considerando as recompensas futuras. A política ótima pode então ser derivada escolhendo a ação com o maior Q-valor para cada estado.

Aliás, a escolha do termo "Q" não é explicada de maneira consolidada nas publicações originais, mas é amplamente aceita como uma referência à qualidade da estado-ação no contexto de aprendizado por reforço. Em outras palavras, Q é uma função que avalia o quão útil é realizar uma ação (A) estando em um estado (S) para obter algum retorno futuro, ou recompensa.

A qualidade aqui é definida em termos de recompensas acumuladas que se pode obter, começando daquele estado e tomando aquela ação seguida por uma política ótima. Portanto, o Q-valor é uma expectativa do retorno total que se pode obter, e o objetivo do Q-learning é encontrar a função de valor de ação, Q, que maximiza esses retornos.

A Q-table é a representação dessa função, em que cada estado tem uma fila e cada ação possível nesse estado tem uma coluna; os valores na tabela são os Q-valores. Durante o processo de aprendizado, o agente explora o espaço de ações e estados e atualiza os Q-valores com base nas recompensas recebidas, refinando progressivamente sua estratégia ou política. O aprendizado acontece ao explorar o ambiente e atualizar a Q-table com base na equação de atualização do Q-learning:

$$Q_{novo}(estado,ação) = Q(estado,ação) + \alpha \,.\, (recompensa + \gamma \,.\, max_{a'}\, Q(estado',a') - Q(estado,ação))$$

Onde:

- Q é o Q-valor antigo
- α é a taxa de aprendizado, que determina o quanto os novos aprendizados substituem os antigos
- *recompensa* é a recompensa recebido pela ação tomada
- γ é o fator de desconto, que equilibra a importância das recompensas futuras
- $max_{a'}\, Q(estado',a')$ é o melhor Q-valor estimado para o próximo estado

Convido o leitor a esquecer a matemática por um minuto e pensar na beleza e no esmero envolvidos nesse tipo de algoritmo. Análogo ao comportamento dos seres humanos, ele analisa as opções que possui e tenta tomar a melhor ação com base na recompensa que espera ganhar. Sem querer aprofundar nas teorias da motivação, mas, grosso modo, não é mais ou menos assim em nossas vidas?

Mas vamos tentar exemplificar ainda melhor. Todo mundo conhece o jogo da velha (tic-tac-toe, em inglês) que é bem divertido e quebra-galho como passatempo, certo? Se quisermos treinar um agente para jogar esse jogo usando Q-learning, sua Q-table teria que ter uma linha para cada estado possível do tabuleiro e uma coluna para cada possível movimento que o agente poderia fazer a partir desse estado.

Para criar e explicar uma Q-table para o jogo da velha, precisamos primeiro entender que o número de estados possíveis é gigante, pois cada combinação única de "X", "O" e espaços vazios representa um estado diferente. Dada a complexidade, seria cansativo e pouco didático criar uma Q-table completa para o jogo da velha aqui. No entanto, podemos mostrar como seria uma parte dela para o estado específico da imagem a seguir e explicar como ela seria atualizada durante o processo de aprendizagem.

Suponha que seja a vez do "O" e existem duas jogadas possíveis: colocar um "O" no meio superior ou no meio inferior. O tabuleiro aparecia assim:

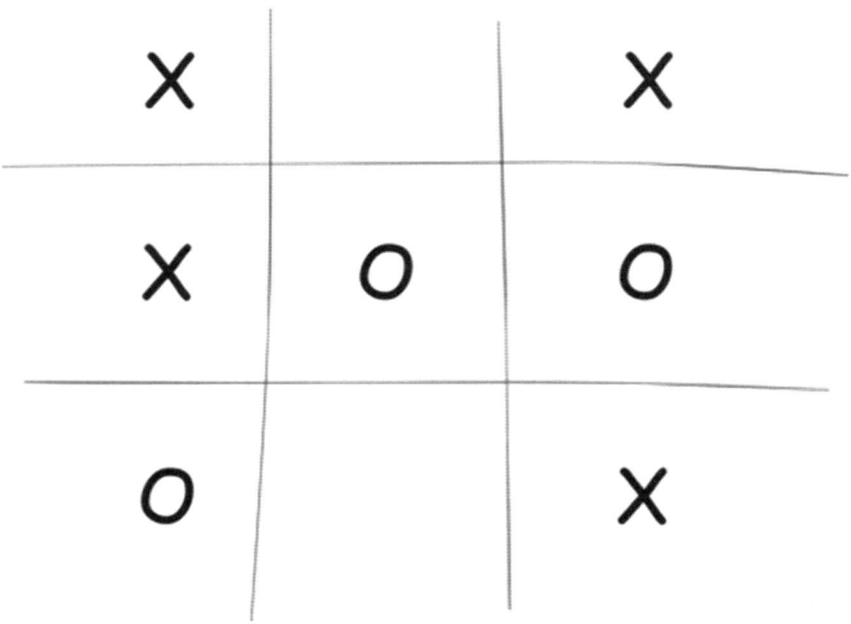

Figura 8.2: Exemplo de jogadas do jogo da velha.
Fonte: O autor.

A Q-table para esse estado específico do jogo teria uma linha (representando o estado atual do tabuleiro) e uma coluna para cada possível jogada. A tabela ficaria da seguinte forma:

Estado Atual	Colocar O no meio superior	Colocar O no meio inferior
Estado A	Q(Estado A, Ação 1)	Q(Estado A, Ação 2)

Tabela 8.1 – Qtable para o estado específico do jogo da velha.

Fonte: O autor.

No início, os valores Q são inicializados para zero ou algum valor pequeno aleatório. Conforme o agente joga e aprende, esses valores são atualizados. Se o agente colocar um "O" no meio inferior e ganhar o jogo, a recompensa para essa ação seria positiva (digamos +1). Usando a equação de atualização do Q-learning, o valor de Q para essa ação aumentaria, refletindo que essa jogada foi uma boa decisão.

Cada vez que uma ação é tomada e uma recompensa é recebida (por exemplo, uma vitória, uma derrota ou um empate), o Q-valor correspondente na tabela é atualizado usando a seguinte equação de atualização:

$$Q(S,A) = Q(S,a) + \alpha * (R + \gamma * \max(Q(S', \textit{todas as ações})) - Q(S,A))$$

Onde:

- $Q(S,A)$ é o Q-valor anterior da ação A no estado S
- α é a taxa de aprendizado
- R é a recompensa recebida após executar a ação A
- γ é o fator de desconto, que equilibra a importância das recompensas presentes e futuras
- $\max(Q(S', \textit{todas as ações}))$ é o melhor Q-valor estimado para o próximo estado S'

Após a jogada, o tabuleiro atualizado seria um novo estado, que também teria sua linha correspondente na Q-table. Cada estado subsequente e suas possíveis ações continuariam a ser adicionados à Q-table conforme o jogo prosseguisse. No exemplo, a ação de colocar "O" no meio superior não leva a uma vitória imediata e, portanto, a recompensa imediata para essa ação seria 0. No entanto, se essa jogada leva a uma posição em que o "O" pode ganhar no próximo turno, seu Q-valor refletiria isso após algumas iterações de aprendizagem, já que o algoritmo começa a entender as consequências a longo prazo das ações.

É importante destacar que em um jogo da velha real, a Q-table seria muito mais extensa, com muitos mais estados e ações possíveis, e o aprendizado ocorreria ao longo de muitos jogos, com o agente atualizando os valores Q a cada jogada com base nas recompensas recebidas. Quando digo muitos jogos, são muitos mesmos! Veja a imagem abaixo na qual o agente jogou 10 mil vezes o jogo até aprender com base em um algoritmo que montei.

```
Começando o jogo...
Máquina -> x
Humano -> o
O agente está jogando consigo mesmo para aprender...
O agente jogou 1000 vezes
O agente jogou 2000 vezes
O agente jogou 3000 vezes
O agente jogou 4000 vezes
O agente jogou 5000 vezes
O agente jogou 6000 vezes
O agente jogou 7000 vezes
O agente jogou 8000 vezes
O agente jogou 9000 vezes

O agente aprendeu jogando consigo mesmo 10,000 vezes...
 ---------------------
  | x |   |   |
 ---------------------
  |   |   |   |
 ---------------------
  |   |   |   |
 ---------------------


Entre a posição que quer marcar no formato i,j :
```

Figura 8.3: Imagem que ilustra as jogadas do agente.

Fonte: O autor.

Durante esse processo de treinamento, que é essencial para o Q-learning, o agente atualiza progressivamente a sua Q-table – que contém os Q-valores associados a cada possível ação em cada estado do tabuleiro – para refletir a qualidade dessas ações baseada nas recompensas recebidas.

Ao aplicar o Q-learning no jogo da velha, o agente desenvolve uma compreensão de quais jogadas são mais promissoras. Por exemplo, colocar um "X" ou "O" no centro ou em um canto pode ser visto como mais vantajoso do que colocá-los nas pontas, e o valor Q refletirá isso após o treinamento adequado. Se o algoritmo estiver bem ajustado, o agente aprenderá a jogar defensivamente (para não perder) e a identificar oportunidades de vitória.

Existe também o que chamamos de aprendizado por reforço profundo – ou Deep Q-learning. Este é uma evolução do Q-learning tradicional, no qual redes neurais profundas, conhecidas como Deep Q-Networks (DQN), são utilizadas para aproximar a função de valor Q, que mede a qualidade de ações específicas em determinados estados do ambiente.

Como vimos, no Q-learning simples, uma tabela Q é usada para armazenar e atualizar os valores Q para cada par de estado-ação. Mas o detalhe é que em ambientes com um vasto número de estados e ações – como jogos complexos ou problemas de robótica –, essa abordagem torna-se inviável devido à "maldição da dimensionalidade", em que a tabela cresce exponencialmente com cada estado e ação adicionais. A DQN, por outro lado, é capaz de generalizar a partir da experiência passada e estimar valores Q mesmo para estados nunca vistos, tornando o Deep Q-learning escalável para problemas mais complexos.

Por exemplo, em jogos de vídeo, o estado do ambiente pode ser a imagem bruta da tela, que tem milhares de pixels – muito mais do que uma tabela Q poderia gerenciar de forma eficiente. A DQN pode processar essas entradas visuais e aprender representações internas dos estados, que são usadas para avaliar a qualidade das ações possíveis. Além disso, o Deep Q-learning utiliza técnicas como a experiência de replay e a *target network* para estabilizar o treinamento.

A experiência de replay armazena as transições do agente em um *buffer* e as usa para treinar a rede em lotes, o que descorrelaciona as experiências e ajuda a evitar oscilações ou divergência nos valores Q aprendidos. A *target network* é uma cópia da DQN que é atualizada periodicamente, em vez de continuamente, o que traz mais estabilidade aos updates dos Q-values. Para efeito de visualização, vale a pena ver um vídeo disponível no YouTube que exemplifica um processo relativamente simples de Deep Q-Learning em um conhecido jogo do saudoso Atari.[1]

Exploração *vs.* explotação

A exploração e a explotação no aprendizado por reforço são conceitos profundamente interligados com as dinâmicas dos Processos de Decisão de Markov (MDPs), que são a base matemática do aprendizado por reforço. No contexto que analisamos do jogo da velha e de outros ambientes sequenciais, o agente aprende a navegar no espaço de estados (as configurações possíveis do tabuleiro) e ações (as jogadas possíveis) para maximizar suas recompensas (ganhar o jogo). A exploração é essencial, especialmente no início do aprendizado, quando o agente ainda não tem conhecimento suficiente sobre as políticas que levam ao sucesso. No caso do jogo da velha, isso significa tentar diferentes padrões de jogadas para entender quais estratégias levam à vitória ou evitam a derrota.

À medida que o agente interage com o ambiente e coleta dados sobre os resultados de suas ações, o elemento de explotação começa a ganhar importância. Uma vez que hipóteses promissoras são identificadas – neste caso, sequências de jogadas que resultam em vitórias –, a máquina (ou agente) começa a testá-las mais profundamente para consolidar seu conhecimento. No jogo da velha, isso pode se traduzir em um agente que aprendeu, por meio da exploração, que controlar o centro do tabuleiro muitas vezes leva a uma posição de vantagem, e então começa a explorar essa estratégia mais frequentemente para maximizar suas chances de vitória.

Em uma analogia rápida, a exploração, portanto, pode ser vista como um investimento em pesquisa e desenvolvimento, enquanto a explotação é a implementação comercial dessa pesquisa. No contexto do Q-learning e do Deep Q-learning discutidos

1 Fonte: https://www.youtube.com/watch?v=V1eYniJ0Rnk. Acessado em 15 de junho de 2023.

anteriormente, a exploração pode levar a um aprendizado mais profundo sobre a função de valor Q, que, quando bem aproximada, orienta o agente a fazer jogadas que têm uma alta expectativa de recompensa. No entanto, a exploração sem limites pode ser ineficiente e levar a perdas desnecessárias, especialmente em jogos com adversários ou em ambientes dinâmicos onde as ações têm consequências de longo prazo.

Encontrar o equilíbrio entre exploração e explotação é um desafio contínuo no aprendizado por reforço. Estratégias como a política *ε-greedy* são frequentemente usadas para gerenciar esse equilíbrio. Aqui, o ε representa a probabilidade de o agente escolher uma ação aleatória – explorar – em vez de escolher a ação que ele acredita ter o maior valor Q – explorar. À medida que o agente aprende mais sobre o ambiente, o ε pode ser gradualmente reduzido, aumentando a ênfase na explotação das melhores políticas conhecidas.

Assim, o dilema entre exploração e explotação é um fio condutor que atravessa toda a jornada de aprendizado de um agente, desde os primeiros passos incertos em um novo ambiente até o domínio estratégico de um jogo complexo como o Go. Ao ajustar continuamente suas políticas, um agente de aprendizado por reforço procura maximizar as recompensas imediatas e desenvolver uma compreensão robusta e flexível do ambiente que pode ser adaptada para enfrentar novos desafios e adversários. Se o leitor já sentiu a tensão entre jogar de maneira conservadora ou dar um "*all-in*" em uma mão de poker, então compreende intuitivamente o conceito de equilibrar a exploração do conhecido e a explotação do desconhecido.

Aplicações e casos de uso

O APRENDIZADO POR REFORÇO TEM ENCONTRADO APLICAÇÕES PRÁTICAS IMPRESSIONANTES, DESTACANDO-se por sua capacidade de solucionar problemas complexos que envolvem decisões sequenciais. Uma das aplicações mais conhecidas é no domínio dos jogos. O leitor vai lembrar quando mencionamos sistemas de IA como o AlphaGo da DeepMind, que conquistaram manchetes ao derrotar campeões mundiais em jogos de estratégia como Go e xadrez. Esses sistemas utilizam o aprendizado por reforço para aprender estratégias vencedoras, analisando milhões de possíveis movimentos e suas consequências para fazer as melhores jogadas.

Fora do âmbito lúdico, o aprendizado por reforço está revolucionando o campo da robótica. Robôs equipados com algoritmos de reforço aprendem a realizar tarefas complexas, como montagem de peças, navegação em terrenos irregulares e manipulação de objetos delicados. Isso é feito por meio de treinamento em simulações que recompensam comportamentos desejáveis e penalizam erros, permitindo que os robôs melhorem continuamente sua eficiência e precisão.

No setor financeiro, o aprendizado por reforço é aplicado no comércio algorítmico, onde sistemas automatizados tomam decisões de compra e venda em frações de segundo para maximizar lucros. Esses sistemas aprendem a reconhecer padrões de mercado e ajustar suas estratégias em tempo real, respondendo a mudanças de preços e indicadores econômicos com uma velocidade e precisão que superam qualquer operador humano.

Mas antes que o leitor saia buscando algoritmos de aprendizado por reforço para ganhar dinheiro na bolsa de valores, cabe comentar que, apesar do seu potencial, sua aplicação no mercado não é uma garantia de riqueza rápida por várias razões complexas. Primeiramente, os mercados financeiros são extremamente voláteis e influenciados por inúmeros fatores imprevisíveis, –desde mudanças políticas até eventos globais inesperados –, que podem não ser facilmente capturados por algoritmos. Além disso, as condições do mercado estão sempre mudando, de modo que um modelo que funciona hoje pode não ser eficaz amanhã.

Além da complexidade do mercado, há questões práticas que limitam o uso do aprendizado por reforço para enriquecimento rápido. A sobrevivência de uma estratégia de negociação algorítmica no ambiente selvagem dos mercados requer uma infraestrutura robusta, uma latência extremamente baixa nas transações e uma gestão de risco sofisticada para mitigar potenciais perdas. Além disso, o desempenho passado não é garantia de resultados futuros, especialmente em finanças, onde as condições do mercado podem mudar drasticamente.

Por último, mas não menos importante, o aspecto ético e regulatório não pode ser ignorado. O uso de algoritmos avançados em finanças é rigorosamente monitorado para evitar manipulação de mercado e garantir a equidade. A competição acirrada entre traders algorítmicos significa que novas estratégias podem rapidamente se tornar obsoletas à medida que outros participantes do mercado adaptam seus próprios sistemas em resposta. Portanto, apesar de o aprendizado por reforço ter aplicações reconhecidamente promissoras, ele não é uma solução mágica para ganhos garantidos e requer uma abordagem meticulosa e adaptativa para ser efetivo.

Voltando às áreas de aplicação, a medicina é outro campo fértil para o aprendizado por reforço, especialmente na personalização de tratamentos. Algoritmos de reforço podem ser treinados para recomendar regimes de tratamento adaptados às respostas individuais dos pacientes, considerando uma vasta gama de variáveis médicas. Isso melhora os resultados dos tratamentos e, ao mesmo tempo, minimiza eventuais efeitos colaterais, adaptando-se às necessidades únicas de cada paciente.

Finalmente, o aprendizado por reforço está se tornando um componente-chave no desenvolvimento de veículos autônomos. Esses veículos usam algoritmos de reforço para aprender a melhor maneira de navegar no tráfego, evitando colisões e otimizando rotas. O treinamento envolve simulações detalhadas e experiências no mundo real, em que os algoritmos são recompensados por manter a segurança e eficiência, adaptando-se a um ambiente em constante mudança e repleto de variáveis imprevisíveis.

Pontos-chave

- O aprendizado por reforço baseia-se na aprendizagem através das consequências das nossas ações, semelhante ao comportamento de um rato em um labirinto.
- B. F. Skinner, precursor do aprendizado por reforço na psicologia, observou que comportamentos seguidos por reforços positivos tendem a ser repetidos.
- Algoritmos de aprendizado por reforço operam através de tentativa e erro, ajustando estratégias com base em recompensas ou penalidades.
- A IA trabalha com um sistema de recompensa abstrato, em que o "queijo" pode ser sucesso em jogos ou eficiência em tarefas.
- Conceitos fundamentais incluem a aprendizagem através de consequências e a influência de recompensas e punições no comportamento.
- O processo de decisão de Markov é um conceito-chave, em que decisões futuras dependem apenas do estado atual.
- A Equação de Bellman é fulcral no aprendizado por reforço, relacionando o valor de um estado à recompensa imediata e ao valor descontado dos estados futuros.
- O Q-learning é uma técnica fundamental que permite ao agente aprender a partir da experiência.
- O Deep Q-learning, uma evolução do Q-learning, utiliza redes neurais profundas para lidar com ambientes de alta complexidade.
- A exploração e explotação são ideias centrais no mecanismo de reforço, equilibrando a busca por novas estratégias e a utilização de estratégias conhecidas para maximizar recompensas.
- Aplicações práticas incluem jogos, robótica, comércio algorítmico, medicina e desenvolvimento de veículos autônomos.

CAPÍTULO 9

Outras Categorias de Aprendizado

"Just think about it. Our whole world is sitting there on a computer. It's in the computer, everything. [...] Everyone is stored in there. It's like this little electronic shadow on each and everyone of us, just, just begging for someone to screw with."

(Angela – *The Net*)

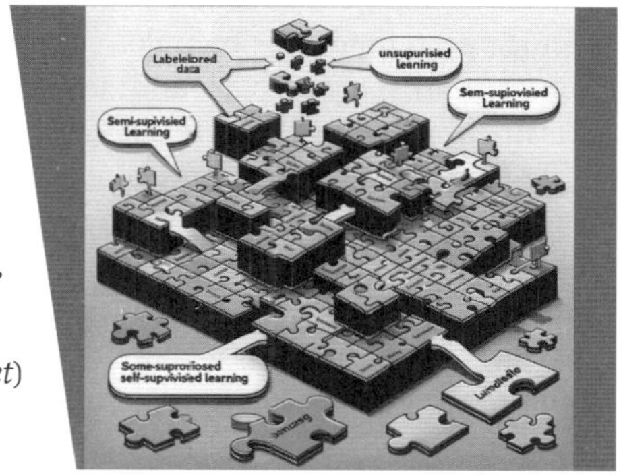

Essas três categorias que vimos até aqui são as mais conhecidas. Só que existem variações delas que são bem importantes também. Aliás, eu diria que elas vêm ganhando importância exponencial na medida em que novos algoritmos são desenvolvidos.

Os aprendizados semi e autossupervisionado formam juntos uma espécie de "dupla dinâmica" da IA situando-se no meio do espectro entre o aprendizado supervisionado e não supervisionado que vimos anteriormente. Enquanto o aprendizado supervisionado depende de dados rotulados para treinar modelos e o não supervisionado procura por padrões em dados sem rótulos, os métodos semi e autossupervisionados operam em um domínio em que apenas uma fração dos dados precisa ser rotulada ou em que o sistema pode gerar seus próprios rótulos, respectivamente. Essa abordagem híbrida aborda o desafio prático de coletar dados rotulados, que podem ser dispendiosos ou inviáveis de obter em grandes quantidades.

O aprendizado semissupervisionado é particularmente benéfico em situações nas quais temos um grande volume de dados não rotulados e um conjunto menor de dados rotulados. Esses métodos aproveitam o melhor dos dois mundos, utilizando as informações disponíveis nos rótulos para guiar o aprendizado nos dados não rotulados. Isso resulta em modelos que podem extrair insights significativos e fazer previsões precisas, mesmo quando as informações completas não estão disponíveis. Por exemplo, em tarefas de classificação de texto, pode-se ter um pequeno número de documentos categorizados por especialistas e um vasto acervo de documentos não classificados. O aprendizado semissupervisionado pode usar essas categorias conhecidas para ajudar a classificar a coleção maior.

Já o aprendizado autossupervisionado representa um avanço na autonomia dos modelos de aprendizado de máquina, permitindo que eles criem suas próprias etiquetas diretamente dos dados não processados. Isso ocorre por meio da formulação de tarefas de pretexto, que o modelo se esforça para completar. Ao tentar solucionar essas tarefas, o modelo consequentemente adquire uma compreensão profunda dos dados. Por exemplo, um sistema de visão computacional pode aprender a reconhecer objetos em imagens ao ser treinado para prever partes faltantes dessas imagens. Essa técnica permite que os modelos compreendam e estruturem os dados de maneira que as representações aprendidas sejam úteis para tarefas subsequentes, como classificação ou detecção de objetos.

Essas abordagens emergentes são um salto quântico na forma como montamos e aprimoramos os modelos de aprendizado de máquina, prometendo nos libertar da labuta da anotação manual de dados. Com a redução de custos e a expansão da capacidade de treinamento de IA, estamos, de certa forma, ensinando as máquinas a "pescar" dados, em vez de simplesmente "servir o peixe" já etiquetado, o que poderia ser o começo de um verdadeiro *"all-you-can-train"* buffet no mundo da inteligência artificial.

Aprendizado semissupervisionado

Como falado na introdução deste capítulo, o aprendizado semissupervisionado é uma área do aprendizado de máquina que combina elementos dos enfoques supervisionado e nãosupervisionado. A ideia central é aproveitar um conjunto limitado de dados rotulados juntamente com uma grande quantidade de dados não rotulados para melhorar o desempenho do modelo. Essa técnica é valiosa nos cenários em que a obtenção de rótulos é cara ou demorada, como na classificação de texto ou em análises de imagem onde a rotulação manual é proibitiva.

Na prática, os algoritmos de aprendizado semissupervisionado utilizam os dados rotulados para aprender uma representação inicial do problema e, em seguida, aplicam esse conhecimento adquirido para organizar e para que faça sentido os dados não rotulados conforme a Figura 9.1 a seguir.

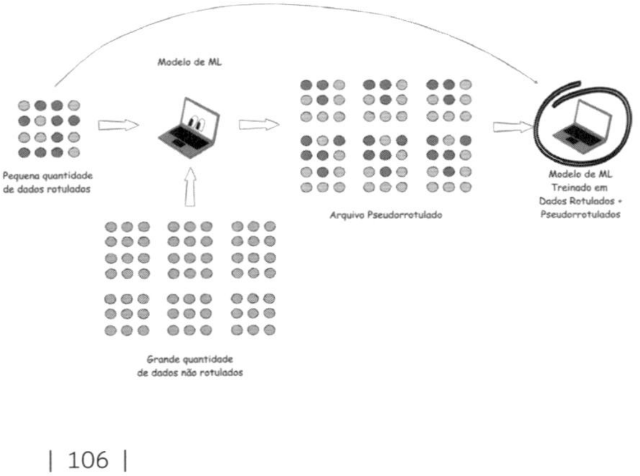

Figura 9.1: Desenho esquemático de algoritmos semissupervisionados.
Fonte: O autor.

Essa abordagem pode melhorar significativamente a acurácia do modelo sem a necessidade de rótulos adicionais. Técnicas como o aprendizado por transferência, em que o conhecimento de uma tarefa é transferido para outra, ou o uso de modelos generativos que podem inferir estruturas complexas nos dados, são exemplos comuns dentro deste campo.

Dentro do espectro de algoritmos usados no aprendizado semissupervisionado, temos métodos como o Self-training, no qual um modelo é inicialmente treinado com o conjunto limitado de dados rotulados e, posteriormente, usa suas próprias previsões para aumentar o conjunto de treinamento. Outro método é o Co-training, que assume que diferentes conjuntos de características podem oferecer visões independentes e complementares do mesmo problema, treinando modelos separados que depois são combinados gerando um resultado coeso.

Além desses, existem também abordagens baseadas em grafos, que visualizam os dados como um grafo conectado, em que os dados rotulados ajudam a inferir os rótulos dos dados não rotulados com base na proximidade ou similaridade. Essas técnicas podem ser aplicadas a uma variedade de domínios, desde a categorização de conteúdo em redes sociais até a detecção de doenças em exames médicos, em que os dados não rotulados são abundantes e os rotulados são escassos ou dispendiosos para serem obtidos.

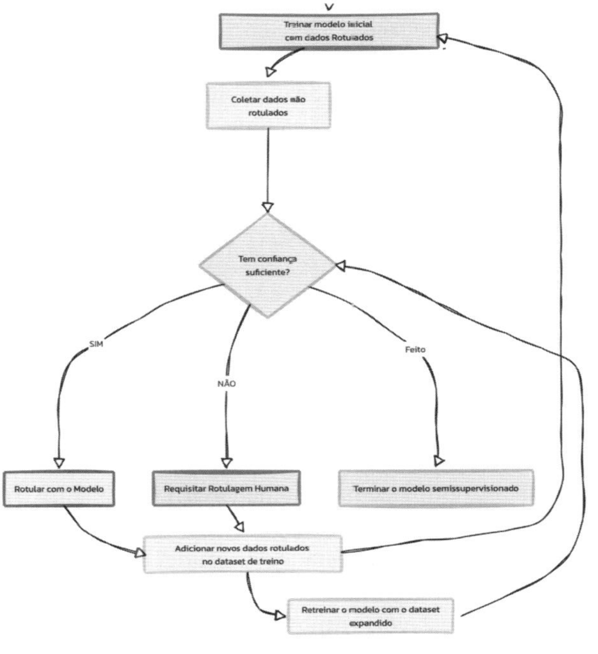

Figura 9.2: Fluxo lógico do aprendizado semissupervisionado.
Fonte: O autor.

Nesse fluxo, tentamos ilustrar o processo do aprendizado semissupervisionado de uma forma sintetizada:

- Coletar dados rotulados: É o ponto de partida em que você tem um conjunto inicial de dados rotulados (*labelled*) para treinar o modelo.
- Treinar modelo inicial com dados rotulados: Usamos os dados rotulados para treinar um modelo inicial. Este é um passo padrão no aprendizado supervisionado e semissupervisionado.
- Coletar dados não rotulados: Coletamos dados que não têm rótulos (*unlabelled*), que serão usados para expandir o conjunto de treinamento.
- Tem confiança suficiente: Esta decisão verifica se o modelo está seguro o suficiente nas suas previsões para os dados não rotulados.
    - Se sim, seguimos para rotular com o modelo, que aplica rótulos aos dados não rotulados com base em sua própria previsão.
    - Se não, temos que requisitar rotulagem humana para os dados não rotulados.
    - Se estiver ok, terminamos o modelo que estaria pronto para ser colocado em produção.
- Adicionar novos dados rotulados no dataset de treino: Após a rotulagem automática ou humana, os novos dados rotulados são adicionados ao conjunto de treinamento.
- Retreinar o modelo com o dataset expandido: O modelo é retreinado com os dados originais somados aos novos dados rotulados, melhorando assim sua precisão.

Ratifico que se trata de uma simplificação do processo, com o objetivo de passar para o leitor uma ideia mais tangível de como esses algoritmos operam.

Os métodos semissupervisionados têm aplicações práticas em vários campos. No processamento de linguagem natural, são utilizados para melhorar os modelos de classificação de texto e análise de sentimento quando apenas um subconjunto de exemplos foi rotulado por especialistas.

Outro exemplo pode ser encontrado na análise de expressão gênica. Vamos imaginar um cenário no qual os cientistas têm um grande conjunto de dados de expressão gênica, mas apenas uma pequena parte desses dados está rotulada com condições específicas, como a presença ou ausência de uma doença. Nesse contexto, o aprendizado semissupervisionado pode ser usado para explorar os padrões nos dados não rotulados e ampliar o entendimento sobre a relação entre a expressão gênica e as condições de saúde. Por exemplo, o modelo pode ser inicialmente treinado com o conjunto limitado de dados rotulados para aprender a diferenciar entre perfis de expressão gênica associados a diferentes estados de saúde. Depois desse treinamento inicial, o modelo pode ser exposto aos dados não rotulados, utilizando as representações aprendidas para inferir possíveis rótulos. Essas inferências podem, então, ser utilizadas para aumentar o conjunto de treinamento, permitindo que o modelo refine suas previsões e potencialmente descubra novos marcadores genéticos ou vias de doenças que não eram previamente conhecidos.

Por meio dessas técnicas e aplicações, o aprendizado semissupervisionado oferece uma abordagem poderosa e eficiente para a construção de modelos de ML. Ao capitalizar sobre a vasta quantidade de dados não rotulados disponíveis, enquanto se guia por um conjunto mais modesto de dados rotulados, essa abordagem possibilita insights e inovações em áreas em que a rotulação completa seria impraticável, abrindo caminhos para o avanço do conhecimento e a criação de soluções inteligentes em uma variedade de domínios. É fácil entender como este método amplia o alcance da análise genética em grandes conjuntos de dados e auxilia a reduzir o custo e o tempo associados à rotulação manual de dados, o que é particularmente valioso em campos como a genômica, em que o volume de dados é vasto e a rotulação pode ser extremamente complexa e dispendiosa.

Em segmentos nos quais os dados são excessivamente complexos ou sensíveis – como na medicina personalizada –, o aprendizado semissupervisionado pode ser particularmente útil. Aqui, modelos podem aprender a identificar padrões em imagens médicas, como ressonâncias magnéticas ou tomografias, utilizando um número limitado de casos estudados por especialistas. Esses modelos ajudam a detectar precocemente condições de saúde com menos dados rotulados do que seriam necessários em um cenário puramente supervisionado, acelerando diagnósticos e potencialmente salvando vidas.

Outra aplicação promissora do aprendizado semissupervisionado está na área de detecção de fraudes. Sistemas que monitoram transações financeiras podem ser treinados com exemplos conhecidos de atividades fraudulentas e legítimas, mas também devem ser capazes de se adaptar a novos padrões de fraude conforme estes surgem. Utilizando grandes volumes de transações como dados não rotulados, os modelos podem aprender a detectar anomalias ou sinais de fraude que não estavam presentes nos dados rotulados originais, tornando os sistemas de segurança financeira mais robustos e adaptáveis.

No desenvolvimento de produtos digitais – como aplicativos e plataformas web –, o aprendizado semissupervisionado pode ser usado para melhorar a experiência do usuário. Algoritmos podem analisar como os usuários interagem com diferentes elementos de um software e identificar padrões que indicam usabilidade ou problemas de design. Mesmo com um feedback direto limitado dos usuários, o modelo pode ajudar a prever e resolver pontos de fricção, aprimorando a interface do usuário para melhor retenção e satisfação.

Além disso, o aprendizado semissupervisionado abre portas para a sustentabilidade ambiental, permitindo que modelos de previsão climática se tornem mais precisos e abrangentes. Com a coleta de dados ambientais em escala global, muitas vezes incompletos ou não rotulados, esses modelos podem ajudar a identificar padrões climáticos e contribuir para a pesquisa em mudanças climáticas, ajudando cientistas a entender e prever melhor os impactos ambientais a longo prazo.

Em suma, o aprendizado semissupervisionado é uma abordagem valiosa e não desprezível, que equilibra a necessidade de dados rotulados com a realidade de que tais dados são frequentemente limitados. Ele permite a exploração eficiente dos dados disponíveis, maximizando o aprendizado e abrindo novas perspectivas em áreas em que a rotulação completa não é viável. Com a crescente disponibilidade de dados não estruturados, esta abordagem semissupervisionada se torna indispensável, permitindo que os modelos de ML descubram informações valiosas – que de outra forma poderiam permanecer ocultas.

Aprendizado autossupervisionado

O APRENDIZADO AUTOSSUPERVISIONADO É UM TAMBÉM UM SUBCAMPO INOVADOR E EMERGENTE (E CADA vez mais presente) da aprendizagem de máquina que está ganhando destaque progressivamente. Sua metodologia única se destaca por combinar aspectos dos modelos supervisionados e não supervisionados. Essa abordagem permite que os sistemas de inteligência artificial compreendam e utilizem os dados de forma mais intuitiva, sem a necessidade de intervenção humana constante para a rotulagem de dados. Isso significa que os algoritmos têm a capacidade de identificar padrões e correlações dentro dos próprios dados que estão sendo processados. Parece ilusionismo, mas não é.

Uma das principais vantagens do aprendizado autossupervisionado é a sua habilidade de gerar automaticamente rótulos ou sinais de treinamento a partir dos próprios dados. Isso é alcançado ao projetar algoritmos que podem prever certas partes dos dados alicerçados em outras partes. Por exemplo, uma imagem pode ser dividida em segmentos, com o algoritmo aprendendo a prever uma parte da imagem com base nas outras partes. Essa capacidade reduz drasticamente a necessidade de anotações manuais, economizando recursos e possibilitando o uso de conjuntos de dados muito maiores do que seria viável com a rotulagem manual.

O fluxo contido na Figura 9.3 a seguir tenta descrever de forma condensada a lógica de funcionamento do modelo de aprendizado de máquina autossupervisionado.

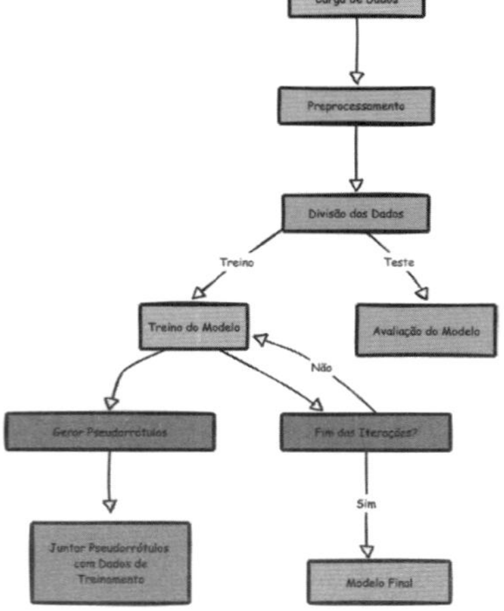

Figura 9.3: Fluxo lógico do aprendizado autossupervisionado.
Fonte: O autor.

O fluxograma começa com a "carga de dados", o que significa que o primeiro passo é coletar e inserir os dados no sistema. Isso geralmente envolve reunir grandes quantidades de dados não rotulados que serão a base para o treinamento do modelo de aprendizado de máquina. Após a carga, o "pré-processamento" é realizado para limpar e organizar os dados, tornando-os adequados para análise e modelagem. Após o pré-processamento, os dados são divididos, geralmente em conjuntos de treino e teste, permitindo que o modelo seja treinado em um subconjunto de dados e validado em outro.

É através do treino do modelo que o aprendizado de fato acontece. O modelo usa o conjunto de treino para aprender padrões e fazer previsões. Em seguida, a avaliação do modelo utiliza o conjunto de teste para verificar a precisão do modelo, permitindo ajustes e melhorias.

A etapa em que os pseudorrótulos são gerados é característica do aprendizado autossupervisionado. O modelo tenta prever partes dos dados com base em outras partes, criando rótulos a partir dos próprios dados. Esses pseudorrótulos são então juntados com dados de treinamento para melhorar e refinar o treinamento do modelo. O processo avalia se é o fim das iterações para determinar se o modelo requer mais treino com os novos dados gerados – se não, o processo retorna para mais uma rodada de treinamento; se sim, passa-se para a etapa final.

Após suficientes iterações e aperfeiçoamentos, o modelo é considerado completo, resultando no modelo final. Esse modelo é então capaz de compreender e prever dados de maneira eficiente, sendo aplicável a diversas tarefas de aprendizado de máquina, graças às representações ricas de dados que aprendeu durante o processo.

O bacana da coisa é que, ao aprender a prever partes dos dados a partir de outras partes, os modelos autossupervisionados desenvolvem uma compreensão ampla e profunda dos dados, capturando sua essência. Isso resulta em representações de dados que são ricas em características e significado, as quais podem ser extremamente úteis para uma ampla gama de tarefas de aprendizado de máquina. Por exemplo, essas representações podem ser aplicadas para melhorar a precisão de modelos de reconhecimento de imagem, otimizar sistemas de recomendação ou até mesmo avançar no processamento de linguagem natural, abrindo portas para avanços significativos em várias áreas diferentes.

Não seria exagero afirmar que o aprendizado autossupervisionado é um marco na jornada da inteligência artificial, representando uma mudança de paradigma do ensino explícito para a autodescoberta. Em vez de depender de anotações meticulosas feitas por humanos, os modelos de IA – como o revolucionário *Bidirectional Encoder Representations from Transformers* (BERT) e o tagarela ChatGPT, que será explorado em detalhes em capítulo subsequente – aprendem a partir da observação direta e da manipulação de grandes conjuntos de dados. Eles descobrem estruturas e padrões subjacentes que são essenciais para uma compreensão profunda do mundo digital em que habitam.

Na essência dessa abordagem estão as *pretext tasks*. Tomemos, por exemplo, um modelo que é treinado para completar imagens onde partes foram intencionalmente ocultadas. Ao fazer isso, ele aprende a prever elementos ausentes com precisão e a entender a estrutura e a continuidade dos objetos no mundo visual. Da mesma forma, ao prever a próxima palavra em uma frase, um modelo de linguagem aprende sobre a sequência de palavras, sobre a gramática e o uso contextual da linguagem.

O BERT, especificamente, é uma inovação notável nesse campo. Ao ser treinado para entender o contexto de uma palavra com base em seu uso antes e depois na frase, ele captura nuances de significado que definem o entendimento humano da linguagem. Isso permite que o BERT e uma diversidade de modelos derivados (incluindo ChatGPT e Gemini) ofereçam uma interpretação mais rica e matizada da linguagem natural, abrindo novos caminhos para aplicativos de processamento de linguagem natural (NLP).

Para facilitar, segue um exemplo prático de como o BERT usa pretext tasks para aprender a entender o contexto de um texto. Considere as duas seguintes frases nas quais a palavra a ser prevista é substituída pelo token [MASK]:

- "Ele foi ao mercado comprar **[MASK]**."
- "A **[MASK]** estava tão clara que podíamos ver o fundo do mar."

Na primeira frase, o BERT terá que prever uma palavra que faça sentido no contexto de algo que se pode comprar em um mercado. Palavras como "frutas", "pão" ou "leite" seriam previsões razoáveis. O modelo usará o contexto fornecido pelas palavras "ele", "foi", "ao mercado", "comprar" para entender quais tipos de palavras seriam semanticamente apropriadas para preencher o espaço mascarado.

Na segunda frase, o contexto sugere que a palavra mascarada deve estar associada a algo que pode ser claro e relacionado ao mar. Palavras como "água" ou "visão" seriam previsões lógicas para o modelo. Nesse caso, o BERT considera as palavras "A", "estava", "tão clara que", "podíamos ver", "o fundo do", "mar" para fazer a previsão correta.

Durante o treinamento, o BERT ajusta seus pesos internos para minimizar o erro nessas previsões, o que significa que está aprendendo não apenas palavras individuais, mas também como elas se encaixam em estruturas de frases maiores. Esse processo ajuda o modelo a desenvolver um entendimento sofisticado do idioma, que é crucial para gerar e entender a linguagem natural de forma coerente e contextualmente apropriada.

Além do NLP, o aprendizado autossupervisionado está transformando outros domínios. Na visão computacional, por exemplo, ele permite que sistemas de reconhecimento facial aprendam a identificar nuances e características sem a necessidade de etiquetas detalhadas. Em robótica, permite que os robôs aprendam a navegar e manipular objetos através da experimentação e observação, em vez de programação específica.

Em outras palavras, o aprendizado autossupervisionado representa uma abordagem poderosíssima e eficiente para extrair conhecimento de grandes conjuntos de dados não rotulados. Com o desenvolvimento contínuo de novas técnicas e a crescente disponibilidade de dados, vislumbro que essa abordagem desempenhe um papel cada vez mais central na resolução de problemas complexos e na descoberta de informações em diversos domínios da ciência e da indústria.

Pontos-chave

- Os aprendizados semi e autossupervisionado formam uma área empolgante na IA, situando-se entre o aprendizado supervisionado e não supervisionado.
- O aprendizado supervisionado requer dados rotulados, enquanto o não supervisionado explora padrões em dados não rotulados.
- Métodos semi e autossupervisionados operam onde apenas uma fração dos dados precisa ser rotulada, ou naqueles em que o sistema pode gerar seus próprios rótulos.
- O aprendizado semissupervisionado é útil quando há muitos dados não rotulados e um conjunto menor de dados rotulados, utilizando os rótulos para guiar o aprendizado.
- Esta abordagem híbrida do aprendizado semissupervisionado enfrenta o desafio de coletar dados rotulados, que pode ser custoso ou inviável em grandes volumes.
- No aprendizado semissupervisionado, categorias conhecidas ajudam a classificar uma coleção maior, beneficiando tarefas como a classificação de texto.
- O aprendizado autossupervisionado permite que modelos gerem rótulos a partir de dados brutos, criando e resolvendo tarefas de pretexto.
- Um exemplo de aprendizado autossupervisionado é um sistema de visão computacional aprendendo a reconhecer objetos ao prever partes faltantes de imagens.
- Essas técnicas emergentes reduzem o custo e aumentam a escala do treinamento de modelos de inteligência artificial.
- Os aprendizados semi e autossupervisionado estão preparados para tornar o aprendizado de máquina mais eficiente e acessível no futuro com a expansão dos dados.

CAPÍTULO 10

Redes Neurais e Aprendizado Profundo

Detective Del Spooner: "Human beings have dreams. Even dogs have dreams, but not you, you are just a machine. An imitation of life. Can a robot write a symphony? Can a robot turn a... canvas into a beautiful masterpiece?"

Sonny: "Can you?"

(I, Robot)

ANTES DE ENTRARMOS NO TÓPICO ESPECÍFICO DESTE CAPÍTULO, JÁ ADIANTO PARA O LEITOR QUE SE TRATA de um tema medular no atual estágio da inteligência artificial e desconfio que continuará a ser daqui em diante. O avanço do aprendizado profundo e das redes neurais artificiais – ou *Artificial Neural Networks* (ANNs) – é uma das façanhas mais marcantes da inteligência artificial moderna, catalisando transformações que pareciam vindas de obras de H. G. Wells, Aldous Huxley ou Ray Bradbury. Essas tecnologias são o coração pulsante da IA atual, impulsionando avanços em campos que vão desde a visão computacional e modelos de linguagem em larga escala até a medicina personalizada e a condução autônoma. Por isso, espere um capítulo um pouco mais avantajado.

A essência do aprendizado profundo reside em sua habilidade de extrair padrões e aprender representações complexas de dados, permitindo que as máquinas realizem tarefas com um grau de sofisticação sem precedentes.

As redes neurais – a base do aprendizado profundo – são inspiradas na estrutura e no funcionamento do cérebro humano, embora de forma bastante simplificada. Elas são compostas por unidades de processamento denominadas neurônios artificiais, organizados em camadas interconectadas que transmitem e transformam sinais de entrada em saídas úteis. Cada neurônio funciona como um processador de sinais pequeno e eficiente, e é a interação coletiva desses neurônios que confere às redes neurais sua capacidade poderosa de modelar relações complexas dentro dos dados. Mais ou menos como as sinapses transmitindo impulsos nervosos entre nossos neurônios.

O funcionamento de uma rede neural é um processo de duas vias: na propagação para frente, os dados de entrada são processados através de várias camadas de neurônios, cada um aplicando suas próprias transformações baseadas em pesos sinápticos.

Esses pesos são ajustados durante o treinamento da rede, um processo que envolve a comparação da saída da rede com a saída esperada e a realização de ajustes para reduzir um eventual erro. O aprendizado efetivamente acontece durante a etapa de *backpropagation*, na qual o erro é propagado de volta pela rede, informando como os pesos devem ser ajustados para que a rede produza resultados mais precisos na próxima vez.

O *backpropagation* trabalha em conjunto com algoritmos de otimização, como o gradiente descendente, para encontrar a combinação ideal de pesos que minimiza o erro de saída da rede. Esse processo iterativo de ajuste de pesos é o que permite que a rede aprenda a partir de dados históricos. A função de ativação de cada neurônio decide quanto de cada sinal de entrada será passado adiante e, ao mesmo tempo, desempenha também um papel crítico, introduzindo não linearidades que permitem à rede capturar padrões complexos e sutis nos dados.

Estou perfeitamente ciente de que falando dessa forma fica difícil visualizar seu funcionamento que, na prática, se traduz em algoritmos extremamente elegantes. Mas ao longo deste capítulo espero que fique um tanto mais claro como esse processo todo funciona.

De qualquer forma, é bom começar pelo início, falando um pouco da história e da evolução desses “simuladores de cérebro”.

História e evolução

O conceito de redes neurais artificiais tem suas raízes na década de 1940, inspirado pelo desejo dos cientistas de emular o processamento de informações do cérebro humano. Warren McCulloch (1898–1969) e Walter Pitts (1923–1969) foram pioneiros ao introduzir um modelo matemático simplificado de neurônios, estabelecendo a base teórica para redes neurais. A ideia era que, assim como o cérebro, as máquinas poderiam ser capazes de aprender e reconhecer padrões complexos a partir de dados. Esse foi o nascer do campo que viria a ser conhecido como inteligência artificial, embora os recursos computacionais da época limitassem severamente o que poderia ser feito na prática.

Na década de 1950, Frank Rosenblatt (1928–1971) trouxe uma contribuição significativa ao campo com o desenvolvimento do *perceptron*, uma das primeiras redes neurais artificiais. O perceptron era um modelo matemático de classificação binária que podia, em teoria, aprender qualquer função que fosse linearmente separável. Ele utilizava uma combinação linear de pesos e entradas, seguida de uma função de ativação de limiar, para determinar a saída, conforme a figura a seguir.

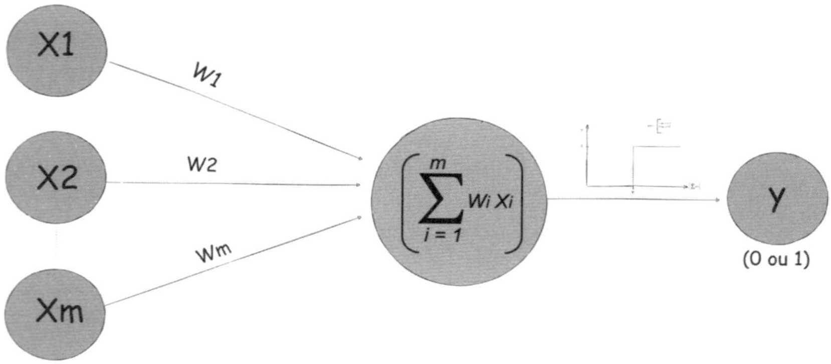

Figura 10.1: Esquema do *perceptron* original.[1]

As entradas (x_1, x_2, ..., x_m), que podem ser sinais de dados ou características, são ponderadas por pesos (w_1, w_2, ..., w_m), os quais o perceptron aprende durante o treinamento para predizer a saída correta. O perceptron soma as entradas ponderadas e, em seguida, passa essa soma por uma função de ativação para produzir a saída final: um 0 ou um 1 (y).

Apesar do sucesso inicial do perceptron, Marvin Minsky (1927–2016) e Seymour Papert (1928–2016) publicaram um livro em 1969 intitulado *Perceptrons*, que destacava suas limitações significativas – uma delas sendo a incapacidade de resolver problemas não linearmente separáveis, como a operação lógica XOR. Esse livro teve um efeito devastador no entusiasmo pela IA e pelas redes neurais, conduzindo àquele primeiro inverno da IA, como vimos no Capítulo 2 sobre a história da inteligência artificial.

O interesse pelas redes neurais foi reavivado na década de 1980 com a introdução do algoritmo de *backpropagation* por David Rumelhart (1942–2011), Ronald Williams (1945– 2024), Geoffrey Hinton (1947–) e John Hopfield (1933–) – esses dois últimos inclusive ganhadores do Prêmio Nobel de Física em 2024 por sua descoberta. Esse algoritmo permitiu o treinamento efetivo de redes neurais com múltiplas camadas ocultas, superando algumas das limitações do perceptron original. Com a capacidade de aprender representações mais complexas e realizar tarefas não linearmente separáveis, as redes neurais começaram a ficar mais interessantes e mostrar promessas reais como um método generalizado de aprendizado de máquina.

1 Fonte: Adaptado de https://medium.com/different-types-of-activation-functions-in-a/different-types-of-activation-functions-in-a-artificial-neural-network-4b0cc518da0f. Acessado em 12 de julho de 2023.

O ressurgimento das redes neurais ganhou impulso com os avanços no hardware de computadores. A introdução das Unidades de Processamento Gráfico – ou *Graphical Processing Units* (GPUs) – na década de 1990 possibilitou um aumento significativo no poder computacional disponível para pesquisadores e cientistas. Além disso, a digitalização crescente resultou em uma explosão no volume de dados disponíveis. Esses dois fatores, combinados com algoritmos de aprendizado aprimorados, abriram o caminho para as modernas redes profundas.

Com a infraestrutura aprimorada, a primeira década do século XXI testemunhou um crescimento exponencial do campo do aprendizado profundo. Redes neurais profundas, com muitas camadas de neurônios, começaram a realizar tarefas antes consideradas exclusivamente humanas, com uma eficiência e precisão surpreendentes.

O aprendizado profundo começou a dominar competições de benchmarking em visão computacional, reconhecimento de fala e processamento de linguagem natural, estabelecendo novos padrões para o que poderia ser alcançado. Esses são os tempos em que vivemos hoje! Na verdade, uma era em evolução crônica e vertiginosa que demanda nossa atenção e erudição a respeito.

Veremos que as ANNs se expandiram introduzindo múltiplas camadas de neurônios (ou nodos), cada uma podendo aprender diferentes representações dos dados de entrada através de funções de ativação não lineares e a capacidade de ajustar os pesos de conexões entre os neurônios de forma mais dinâmica. Mas como um bloquinho de conhecimento vem necessariamente sobre o outro, vamos entender melhor o que está por trás do funcionamento das redes neurais.

Como as redes neurais funcionam

Se o leitor ficou atento à explicação do perceptron, deve ter ficado curioso sobre para que serve a tal função de ativação. Se não passássemos por uma função de ativação, ele funcionaria da mesma maneira? Para que servem os pesos nessa equação? Existiriam outras funções de ativação ou seria só aquela parecida com um degrau (função *threshold*)?

Enfim, essas são algumas das perguntas que eu mesmo me fiz quando voltei a estudar inteligência artificial e, particularmente, quando me debrucei sobre redes neurais artificiais. Depois de muito elaborar a respeito, gostaria de dar um exemplo que acredito que possa esclarecer o funcionamento das variáveis de entrada, da camada de saída, dos pesos e da famigerada função de ativação.

Vamos pensar em um aluno tentando passar em uma prova ou concurso. São diversas as variáveis que influenciam nisso, tais como: horas de estudo, exercícios práticos, horas de sono, experiência profissional, entre outras. A imagem da Figura 10.2 a seguir representa esse perceptron simples, uma das formas mais básicas de rede neural. Esse modelo é composto por entradas (x1, x2, x3, x4) que representam as características do dado a ser processado. Cada uma dessas entradas é ponderada por um peso específico, simbolizando a importância relativa de cada característica (dado que as pessoas são diferentes e a importância das horas de sono, estudo e, assim por diante, pode variar).

As entradas então são somadas e passam por uma função de ativação, resultando em uma saída única (y). Essa saída é binária, indicando uma decisão simples de "passou/não passou", "sim/não" ou "verdadeiro/falso". Como dissemos, esse modelo é poderoso para problemas lineares, mas sua aplicabilidade é limitada por sua incapacidade de resolver problemas mais complexos e não lineares.

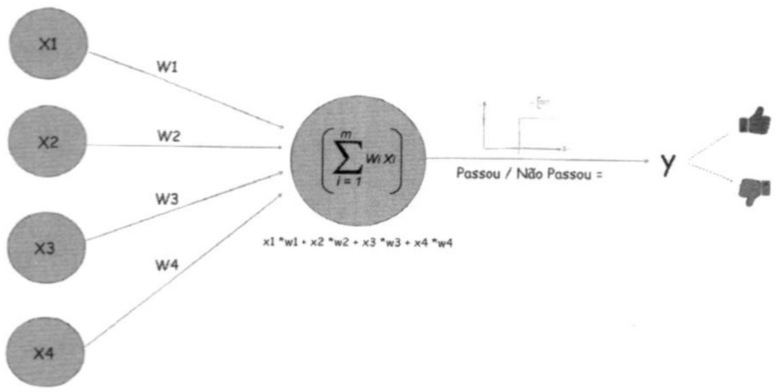

Figura 10.2: Exemplo de perceptron para problemas lineares (passou/não passou).
Fonte: O autor.

Vamos complicar um pouquinho, mas apenas para que possamos entender a evolução do processo e deixar claro que "um perceptron só não faz verão".

Observe que na próxima imagem (Figura 10.3) vemos uma rede neural com uma camada oculta, representando uma evolução significativa em relação ao perceptron simples. Aqui, as entradas (x1, x2, x3, x4) ainda são ponderadas por pesos, mas agora, em vez de contribuírem para uma única saída, elas alimentam uma camada de nós ocultos. Cada nó nessa camada oculta pode ser visto como um perceptron individual, capaz de aprender diferentes representações dos dados de entrada. As saídas desses nós são então combinadas e passadas para o nó de saída final (y), após passarem por suas próprias funções de ativação. Essa configuração permite que a rede capture padrões mais complexos e realize funções não lineares.

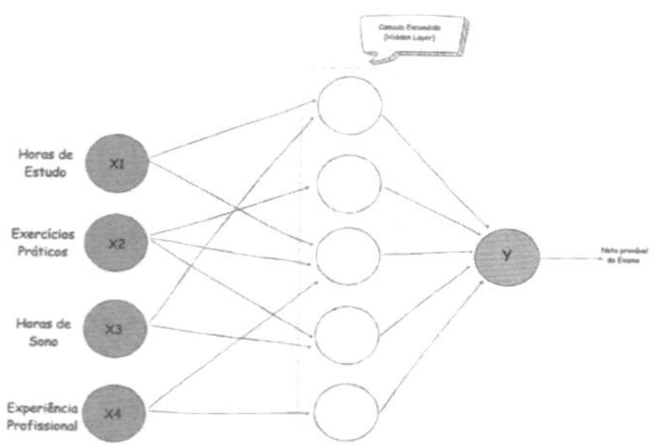

Figura 10.3: Exemplo de rede neural para predição da nota de um aluno.
Fonte: O autor.

A propósito, a camada oculta é assim chamada porque nós, humanos, só enxergamos a camada de entrada e de saída, mas não o que ocorre no meio. A inclusão dessas camadas em uma rede neural artificial permite que ela realize tarefas mais complexas do que simples classificações binárias, como "passou/não passou". Com essa rede mais engendrada, é possível calcular saídas contínuas, como a nota prevista de um exame, com base em uma ampla gama de fatores de entrada.

Na configuração com camadas ocultas, a rede pode aprender e modelar as relações não lineares entre os dados de entrada e a nota do exame. Por exemplo, a rede pode identificar como diferentes padrões de estudo, horas de sono e níveis de estresse contribuem conjuntamente para a nota final. A função de ativação em cada nó oculto permite que a rede crie representações internas complexas dos dados de entrada, o que facilita a previsão de saídas que estão em um espectro contínuo e não apenas em categorias binárias.

Dessa forma, em vez de simplesmente decidir se um estudante passará ou não na prova, a rede pode prever qual será a nota do estudante com base nas características fornecidas como entrada. Isso é feito por meio de um processo de treinamento em que a rede ajusta seus pesos para minimizar a diferença entre as notas previstas e as notas reais (lembra do que vimos em aprendizado supervisionado?). Por exemplo, um neurônio pode ser ativado principalmente pelas horas de estudo e de sono, "acendendo" apenas quando esses dois fatores atingem um determinado limiar, o que pode ser idealmente modelado usando uma função de ativação chamada *Rectified Linear Unit* (ReLU).

A função ReLU é particularmente útil para capturar a relação entre experiência e desempenho; ela permanece inativa – ou seja, output igual a zero –para entradas negativas ou até um certo limiar, como os dois anos de experiência profissional mencionados. Após esse ponto, a saída do neurônio aumenta linearmente com a entrada, refletindo como a experiência adicional contribui positivamente para a previsão da nota do exame. Essa abordagem difere significativamente de um modelo como a regressão logística, que poderia fornecer uma previsão baseada na combinação linear das variáveis de entrada, mas não captura a complexa interação entre elas.

A combinação desses neurônios na camada oculta permite que a rede faça previsões mais precisas e com mais gradações do que um perceptron sozinho, que funciona como uma classificação binária simples. Note que, ainda que um perceptron individual possa ser limitado, uma rede deles trabalhando em conjunto (como formigas em uma colônia) pode produzir análises profundas e resolver problemas complexos, ilustrando a potência das camadas ocultas através da sinergia e do treinamento desses neurônios especializados.

Sobre as funções de ativação em si – espero que tenha ficado claro – seu objetivo é transformar a entrada recebida pelo neurônio em uma saída que será passada para a próxima camada da rede, ou como a saída final do modelo. Elas são fundamentais porque adicionam não linearidades ao modelo, permitindo que a rede neural aprenda e modele relações complexas e intricadas entre os dados de entrada e saída.

Sem essas funções, independentemente de quantas camadas a rede tivesse, ela seria incapaz de aprender além do que um modelo linear poderia, limitando severamente o tipo de padrão que a rede poderia detectar e aprender. As funções de ativação ajudam a determinar se um neurônio deve ser ativado ou não (mais ou menos como se decidíssemos se as sinapses entre nossos neurônios permitissem a passagem de sinais elétricos ou não), contribuindo para a decisão final da rede, tal qual calcular a probabilidade de um evento ou, no caso da nossa analogia educacional, a nota prevista para um aluno.

Essas funções de ativação podem assumir várias formas – dependendo da necessidade –, como a função *threshold*, sigmoide, a função de unidade linear retificada (ReLU) e a função tangente hiperbólica (tanh). Cada uma tem propriedades diferentes e é escolhida com base nas características desejadas para a rede.

- *Threshold* (Limiar): Esta é a função de ativação mais simples. Produz uma saída binária, ou seja, o neurônio é ativado e emite o sinal 1 se a entrada é igual ou superior a um certo limiar, e 0, caso contrário (Figura 10.4).

Figura 10.4: Função *threshold*.
Fonte: O autor.

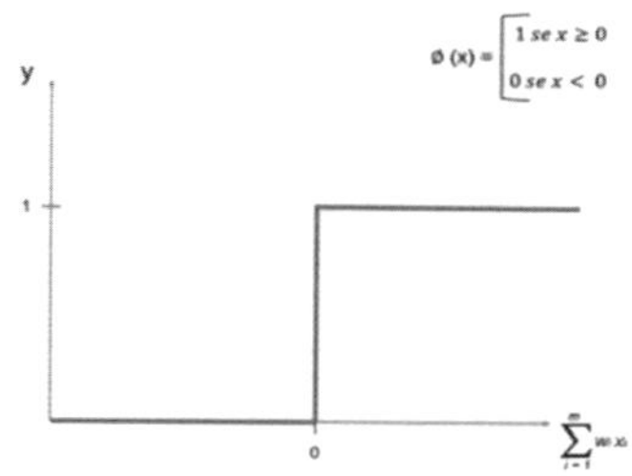

- Sigmoide (Logística): A função sigmoide é uma função de ativação que mapeia qualquer valor de entrada para um valor entre 0 e 1. É uma função não linear e tem o formato da letra "S". É útil especialmente para problemas de classificação binária e quando é necessária uma probabilidade como saída. A natureza suave e diferenciável da sigmoide a torna mais adequada para a maioria dos algoritmos de otimização usados em aprendizado profundo, permitindo ajustes mais finos durante o treinamento. Além disso, a saída contínua da sigmoide fornece mais informações (em forma de probabilidade) do que uma saída binária rígida – como disponibilizado pela *threshold* –, facilitando a interpretação dos resultados e a aplicação de limiares de decisão personalizados após o treinamento (Figura 10.5).

Figura 10.5: Função sigmoide.
Fonte: O autor.

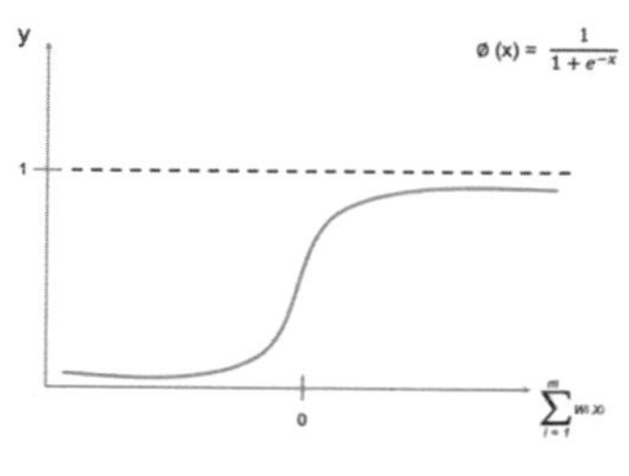

- ReLU: A função de unidade linear retificada (ReLU) ativa um neurônio apenas se a entrada for positiva, e a mantém desativada – ou seja, com uma saída de zero – se a entrada for negativa. É a função de ativação mais usada atualmente, pois ajuda a resolver o problema dos gradientes que desaparecem[2] e permite que a rede aprenda mais rápido e com melhor desempenho (Figura 10.6).

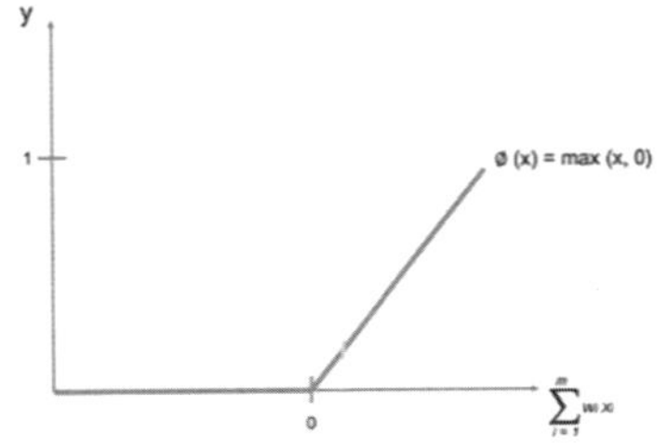

Figura 10.6: Função ReLu.
Fonte O autor.

- Tangente hiperbólica (tanh): A tangente hiperbólica é semelhante à função sigmoide, mas mapeia as entradas para valores entre -1 e 1. Essa característica centraliza os dados em torno de zero, o que facilita a atualização dos pesos na rede neural ao equilibrar as ativações positivas e negativas, contribuindo para uma dinâmica mais eficiente na fase de aprendizagem (Figura 10.7).

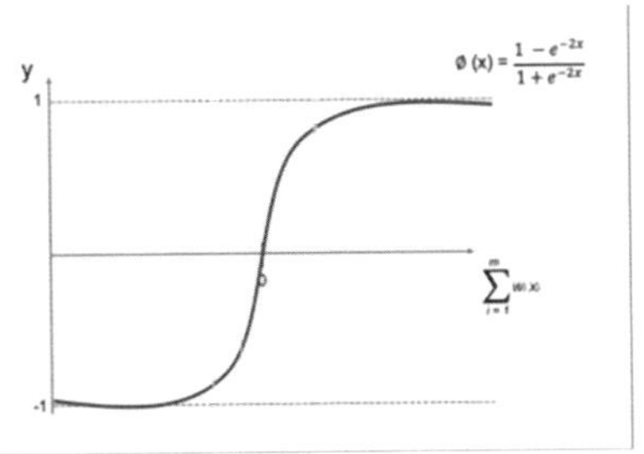

Figura 10.7: Função tanh.
Fonte: O autor.

Backpropagation

Apesar de já terem sido feitas referências ao mecanismo de *backpropagation* algumas vezes, ainda não foi explicado do que se trata. Trata-se de um algoritmo que serve para ajustar os pesos da rede neural durante o processo de treinamento com o objetivo de minimizar o erro na previsão. Esse erro é quantificado por uma função de custo ("C"), que é representada pela diferença entre a previsão da nota "Y" e a nota real "Z".

2 A questão relativa aos "gradientes que desaparecem" refere-se à situação em treinamento de redes neurais profundas em que os gradientes se tornam progressivamente menores à medida que se propagam para trás pelas camadas, dificultando a atualização eficaz dos pesos nas camadas iniciais.

Inicialmente, a rede faz uma previsão da nota de um aluno com base em entradas, como horas de estudo, horas de sono e experiência profissional. Essa previsão é representada pelo nó Y, que é comparada com a nota real do aluno, o valor Z. Digamos que a previsão foi que o aluno tiraria 8,0 (Y) na prova, mas na verdade ele tirou nota 5,0 (Z).

O *backpropagation* começa após a fase de propagação para frente *(forward propagation)*, na qual o erro entre a previsão Y e o valor real Z é calculado. Esse erro é então propagado de volta pela rede, da saída para a entrada, ajustando os pesos de cada conexão no caminho. A função de custo (C) é crucial porque fornece uma medida concreta do quão bem a rede está performando; ela é o coração do processo de treinamento, guiando o ajuste dos pesos. A Figura 10.8 a seguir tenta ilustrar esse processo.

Registro	Horas de Estudo	Horas de Sono	Experiência Profissional	Nota Real da Prova
1	10	4	2	5,5

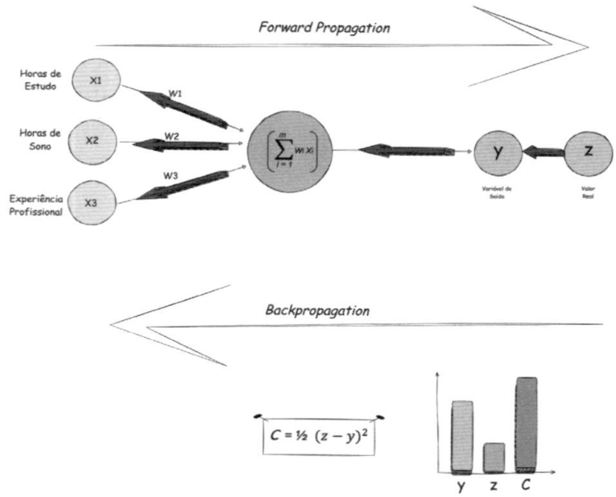

Figura 10.8: Mecanismo de *backpropagation.*

Fonte: Adaptado de Poneves, Hadelin e Eremenko, Kirill.[3]

Durante a fase de *backpropagation*, o gradiente desta função de custo é calculado, o que indica a direção na qual os pesos devem ser ajustados para reduzir o erro. No histograma na parte de baixo da imagem, a altura das barras ilustra a diferença entre a previsão e o valor real para cada registro, e é essa diferença que a rede buscará minimizar ao ajustar os pesos (w1, w2, w3...).

3 Fonte: https://www.superdatascience.com/pages/artificial-intelligence-masterclass. Acessado em 30 de maio de 2022.

Através da aplicação do gradiente descendente, o algoritmo aprende ao modificar os pesos de modo que, em iterações futuras, a rede produza uma saída Y que esteja cada vez mais próxima do valor real Z, efetivamente minimizando o custo e melhorando a precisão do modelo – ou seja, até que a nota prevista esteja a mais parecida com a nota real. Lembrando que esse exemplo foi dado com poucos registros de notas, o que empobrece a análise. Como tudo em treinamento de redes, o ideal é fazermos isso com milhares e, eventualmente, milhões de registros para que a rede neural possa se tornar o mais precisa possível.

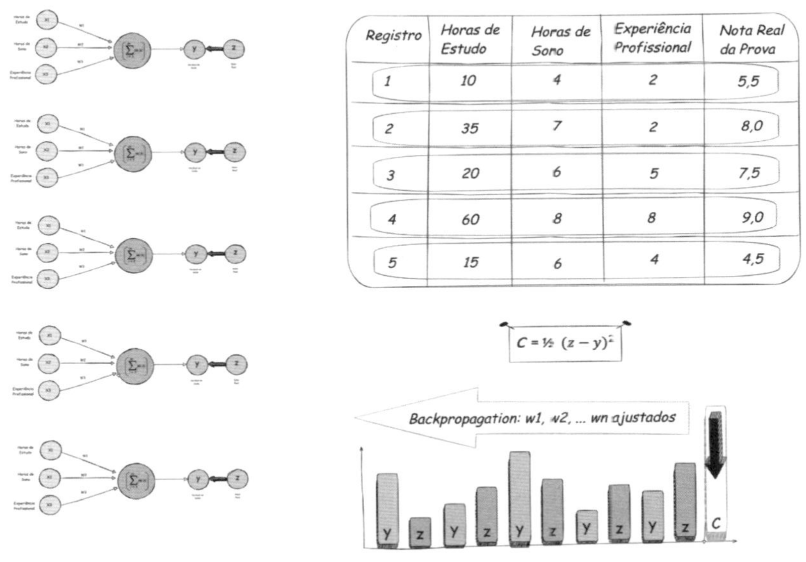

Figura 10.9: Simulação do *backpropagation* com cinco registros, apenas a título ilustrativo.
Fonte: Adaptado de Poneves, Hadelin e Eremenko, Kirill.[4]

Quando disse que o gradiente da função custo é calculado, estava me referindo a um conceito seminal para redes neurais denominado gradiente descendente (*gradient descent*), que é basicamente um algoritmo de otimização usado para minimizar a função de custo. Imagine que você está em uma montanha e precisa chegar ao ponto mais baixo no vale; esse é o seu objetivo ao aplicar o gradiente descendente. No contexto de nossa rede neural, o vale é o custo mínimo, e você está tentando encontrar o caminho mais rápido para chegar lá. O ponto W inicial na imagem da Figura 10.10 a seguir representa onde você começa na montanha, que é um conjunto inaugural de pesos para sua rede.

4 Fonte: https://www.superdatascience.com/pages/artificial-intelligence-masterclass. Acessado em 30 de maio de 2022.

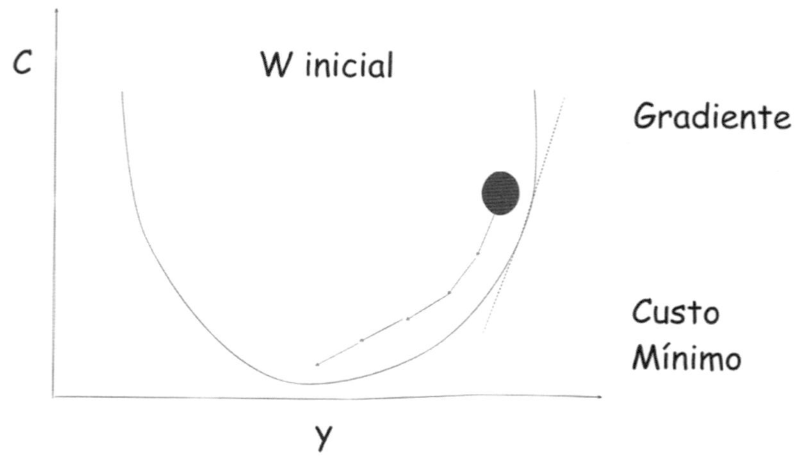

Figura 10.10: Gradiente descendente.

Fonte: O autor.

O gradiente é como uma bússola que aponta na direção da maior inclinação no ponto atual onde você está. Seguir o gradiente negativo – ou seja, ir na direção oposta à que ele aponta – leva você em direção ao ponto de custo mínimo. No gráfico, as setas indicam o caminho que seguimos enquanto ajustamos o valor de W (pesos) para chegar a um custo mais baixo, que é indicado pela curva. Em cada passo, você ajusta W um pouco na direção oposta ao gradiente, o que reduz o custo (C). Você repete esse processo, dando pequenos passos, até que finalmente chega a um ponto em que o custo não é mais significativamente reduzido, indicando que você encontrou o ponto mais baixo possível na montanha ou, em outras palavras, os melhores pesos W para sua rede neural.

Essa técnica é preferida principalmente por sua escalabilidade e versatilidade, sendo aplicável a diversos tipos de redes neurais e funções de custo. O fato de ser um algoritmo iterativo é uma grande vantagem, permitindo ajustes contínuos dos parâmetros à medida que novos dados são introduzidos ou mudanças na arquitetura da rede são feitas. Isso é essencial em aprendizado profundo (como veremos logo à frente), um campo que se beneficia tremendamente da capacidade de refinar modelos continuamente com o influxo de grandes volumes de dados.

O algoritmo é relativamente simples de implementar e compatível com uma ampla gama de frameworks e linguagens de programação, o que o torna acessível e amplamente utilizado em inúmeras aplicações de aprendizado profundo. Mesmo que a busca pelo mínimo da função de custo seja uma tarefa computacionalmente exigente que poderia levar anos para ser realizada por força bruta, o gradiente descendente simplifica esse processo.

Apenas para fins de abstração mental, podemos visualizar o gradiente descendente como uma bola rolando de um lado para o outro na curva de custo, ajustando seu caminho em zigue-zague em busca do ponto mais baixo. Essa analogia ajuda a entender como o método não avança de forma linear e faz ajustes incrementais em direção ao custo mínimo, economizando significativamente recursos computacionais. Aqui está o processo detalhado:

1. Inicializamos os pesos e vieses da rede neural de maneira aleatória.
2. Inserimos os dados de entrada na rede e computamos a discrepância entre a saída estimada e a real utilizando a função de custo.
3. O gradiente dessa função nos diz em qual direção devemos ajustar os pesos e vieses para diminuir o erro.
4. Atualizamos os parâmetros seguindo o gradiente negativo, utilizando uma taxa de aprendizado que determina o tamanho do ajuste a cada passo.
5. Repetimos esses passos várias vezes, ou até que o erro seja suficientemente reduzido.

A taxa de aprendizado é crucial: se for muito pequena, o processo será lento; se for muito grande, pode-se ultrapassar o mínimo e o processo pode ficar instável. Portanto, o sucesso do gradiente descendente reside em encontrar o equilíbrio certo para a taxa de aprendizado, garantindo uma convergência eficiente e estável para o custo mínimo.

Da forma explicada parece que o gradiente da função custo é sempre calculado a partir de todo conjunto de dados (em *batch*). Essencialmente, ele utiliza todas as amostras disponíveis para dar um único e grande passo em direção ao mínimo da função de custo a cada iteração. Isso significa que, para cada atualização dos pesos, o algoritmo considera todos os exemplos de treinamento – o que proporciona um movimento suave em direção ao mínimo e uma convergência estável. No entanto, essa abordagem pode ser muito lenta e computacionalmente custosa em grandes conjuntos de dados, pois necessita de muita memória e poder de processamento para calcular o gradiente de todos os dados ao mesmo tempo.

Só que existe um outro jeito de fazer também. O *Stochastic Gradient Descent* (SGD) atualiza os pesos utilizando apenas uma amostra do conjunto de dados por vez. Em vez de um movimento suave, o SGD proporciona uma trajetória mais irregular em direção ao mínimo, o que pode ser benéfico para escapar de mínimos locais, mas também pode tornar a convergência para o mínimo global mais desafiadora e potencialmente instável. O principal benefício do SGD é que ele é muito mais veloz que o Batch Gradient Descent, especialmente para grandes conjuntos de dados, pois cada atualização de peso é calculada rapidamente com base em uma única amostra.

Existe também um meio termo entre os dois, que chamado de Mini-Batch Gradient Descent. Esse algoritmo atualiza os pesos com base em um subconjunto pequeno e aleatório do conjunto de dados, conhecido como mini-batch. Esta abordagem combina a estabilidade do *Batch Gradient Descent* com a rapidez e a capacidade de escape de mínimos locais do SGD. Ao selecionar um tamanho de mini-batch adequado, é possível realizar atualizações de pesos mais rápidas e ainda obter uma boa estimativa do gradiente real, tornando o algoritmo eficiente tanto em termos de memória quanto de velocidade.

Na prática, o *Mini-Batch Gradient Descent* é frequentemente a escolha preferida ao treinar redes neurais modernas. Por conseguinte, é importante ajustar o tamanho do mini-batch e a taxa de aprendizado para encontrar o equilíbrio certo para o problema específico. Um mini-batch muito pequeno pode levar a uma variação alta durante o treinamento, enquanto um mini-batch muito grande pode reduzir a capacidade do modelo de generalizar bem a partir dos dados de treinamento. Lembrando que tudo isso é parametrizável.

Eu disse ao leitor que esse capítulo seria um pouquinho mais pormenorizado dado a importância das redes neurais para inteligência artificial. Digo isso porque faltou ainda explicar um pequeno (grande) detalhe. O leitor percebeu que o gradiente descendente ajuda a ajustar pesos e vieses. Mas que vieses (*bias*) são esses? Aqui não estamos falando de viés enquanto sinônimo de tendência ou orientação (deixemos isso para o Capítulo 16, que aborda os riscos de desafios em IA), mas sim, de um parâmetro adicional nas redes neurais que permite que cada neurônio possa ajustar suas saídas além da soma ponderada das entradas.

Funciona como o termo constante em uma equação linear, oferecendo ao modelo a flexibilidade de melhor se ajustar aos dados. O viés permite que o neurônio tenha uma ativação e produza uma saída não nula mesmo quando todas as entradas são zero, possibilitando que a rede aprenda e represente padrões mais complexos que vão além de simples relações proporcionais, como mostrado na Figura 10.11 a seguir.

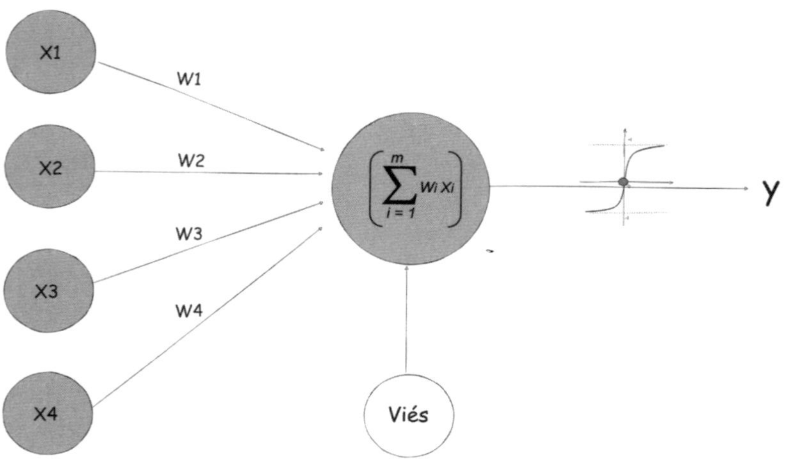

Figura 10.11: Representação da colocação do viés (*bias*) em uma rede neural.
Fonte: O autor.

A figura representa uma operação típica em uma rede neural, em que o viés (*bias*) é uma parte crucial. Aqui está o que cada termo significa no contexto de uma rede neural:

- x_i: são as variáveis independentes ou as entradas para o neurônio.
- w_i: são os pesos atribuídos a cada entrada. Eles determinam a importância de cada entrada para a saída.
- $\sum_{i=1}^{m} w_i x_i$: esta é a soma ponderada das entradas. Cada entrada x_i é multiplicada pelo seu peso correspondente w_i e todos os produtos são somados para obter um valor escalar único.
- c (viés): é um valor a mais que é adicionado à soma ponderada antes de aplicar a função de ativação. Ele permite que o neurônio ajuste sua saída para melhorar a precisão do modelo mesmo quando todas as entradas são zero. Em outras palavras, o viés permite que o modelo se ajuste melhor aos dados, dando ao neurônio uma espécie de ponto de partida na função de ativação.

O viés é importante porque sem ele o modelo só poderia representar funções que passam pela origem (0,0) no espaço de entrada-saída. Com o viés, a função pode ser deslocada para melhor representar o conjunto de dados com o qual o modelo está trabalhando.

Para facilitar mais o entendimento (porque sei que algumas expressões podem soar um pouco inóspitas para os menos habituados com equações de reta) façamos uma pequena metáfora. Vamos considerar aquele amigo que sempre usa o mesmo caminho para ir de casa para o trabalho. Isso seria como um modelo com alto viés. Esse amigo tem uma suposição forte (ou viés) de que esse caminho é sempre a melhor maneira de ir para o trabalho. Mesmo se houver trânsito pesado ou se outra rota for mais rápida, esse amigo persistirá em usar o mesmo caminho todos os dias. Isso pode ser eficiente na maioria dos dias, mas não é flexível e pode levar a tempos de viagem ruins quando as condições do caminho mudam.

Por outro lado, imagine outro amigo que usa um aplicativo de GPS toda vez que vai para o trabalho e segue qualquer caminho que o GPS recomenda. Esse amigo não tem um viés forte sobre qual caminho seguir e pode responder a mudanças nas condições das ruas escolhendo rotas diferentes a cada dia. Isso é como um modelo com baixo viés e alta variância. Esse amigo pode ter tempos de viagem melhores em média, mas também pode acabar fazendo rotas muito longas ou, por vezes, complicadas, porque está muito sensível às condições de trânsito relatadas pelo GPS.

Em resumo, é por isso que o viés é adicionado à soma ponderada das entradas antes de qualquer função de ativação ser aplicada. É a introdução do viés que permite que o modelo de rede neural faça ajustes mais finos para alcançar a saída desejada.

Cabe uma última consideração sobre *backpropagation*, principalmente para aquele leitor que está antenado e angustiado se perguntando: OK, entendi como o *backpropagation* funciona para aprendizado supervisionado, mas como esse mecanismo funciona para aprendizado não supervisionado e aprendizado por reforço?. De fato, fica relativamente mais fácil entender a função custo com aprendizado supervisionado (como no caso das notas do aluno), mas e quanto às demais categorias de algoritmos que não possuem rótulos?

Pois bem, o que acontece no aprendizado não supervisionado é que as redes neurais são treinadas para descobrir padrões intrínsecos nos dados sem a necessidade de rótulos predefinidos. Nesse contexto, o *backpropagation* é aplicado usando uma função de custo que mede a qualidade da representação ou estrutura encontrada pela rede. Por exemplo, nos *autoencoders* (que veremos no próximo capítulo), a rede é configurada para comprimir e depois reconstruir a entrada, e a função de custo é calculada como a diferença entre a entrada original e sua reconstrução. O *backpropagation* usa essa medida de diferença para ajustar os pesos da rede, buscando minimizar as perdas e, portanto, melhorar a capacidade da rede de capturar as características essenciais dos dados. Essa abordagem permite que a rede aprenda representações ricas e úteis dos dados sem nunca ter visto um "exemplo correto" (rótulo), apenas pelo processo de tentativa e erro guiado pela função de custo interna.

Em contraste, o aprendizado por reforço usa o *backpropagation* de uma maneira que está ligada ao conceito de recompensa e punição que estudamos anteriormente. Uma rede neural, neste caso, é frequentemente utilizada para estimar a qualidade das ações tomadas em um determinado estado (valor) ou para determinar a política ótima diretamente (decisão de ação). O erro que o *backpropagation* procura minimizar é baseado na diferença entre as recompensas esperadas e as recebidas após a tomada de decisões. Isso pode ser feito por meio da função de valor, que estima recompensas futuras, ou uma função de política, que sugere a ação a ser tomada. O ajuste de pesos ocorre pela propagação do erro de recompensa (a discrepância entre as recompensas esperadas e as obtidas) através da rede, ajustando as previsões para melhor alinhar com os resultados reais e, assim, aprendendo a tomar ações que maximizam as recompensas ao longo do tempo.

Aprendizado profundo (*deep learning*)

Se você passou ileso pela explicação sobre redes neurais, saiba que aprendizado profundo nada mais é do que um subcampo da aprendizagem de máquina que envolve redes neurais com muitas camadas – conhecidas como redes neurais profundas. Essas redes são projetadas para aprender níveis hierárquicos de representação e caracterização dos dados. No nível mais básico, podem identificar bordas em uma imagem; em níveis mais altos, podem identificar conceitos complexos como os contornos de um rosto ou as intenções de uma frase. O "profundo" em *deep learning* refere-se à quantidade de camadas através das quais os dados são transformados. Mais camadas permitem que a rede capture relações e padrões mais complexos e abstratos.

É aqui que a coisa começa a ficar interessante. Pense naquela rede neural que desenhamos sobre as notas de um aluno que tinha apenas uma camada oculta e calcule como seria se inseríssemos ali uma infinidade de outras múltiplas camadas.

Ainda temos as camadas de entrada e de saída, obviamente. Uma recebe os dados brutos enquanto outra faz as previsões ou classificações finais, respectivamente. A miríade de camadas ocultas entre elas aprende progressivamente características mais complexas dos dados, construindo sobre o que foi aprendido pela camada anterior, como na Figura 10.2 a seguir.

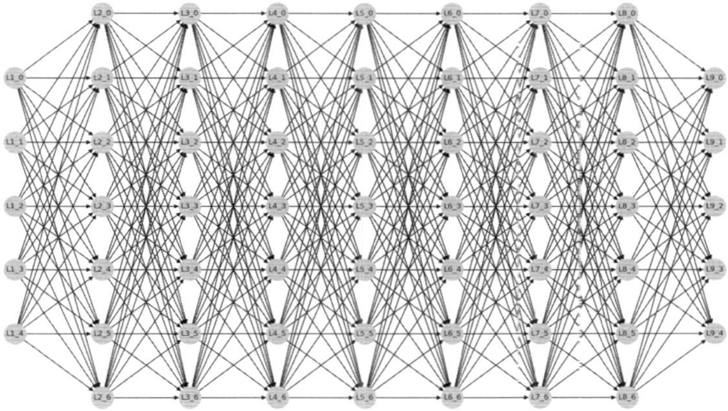

Figura 10.12: Representação simplificada de uma rede neural profunda.
Fonte: O autor.

Cada neurônio em uma camada está conectado a vários neurônios na próxima camada, e essas conexões têm pesos que são ajustados durante o treinamento. Usamos *backpropagation* da mesma forma, só que a quantidade de atualizações e reajustes é, obviamente, bem maior.

O *deep learning* é particularmente poderoso porque pode aprender a reconhecer padrões nos dados de forma autônoma. Só que para fazer isso, requer imensas quantidades de dados e capacidade de computação substancial. As redes neurais profundas são treinadas usando GPUs ou unidades de processamento especializadas, como *Tensor Processing Units* (TPUs), que podem processar grandes volumes de dados e realizar cálculos matemáticos complexos rapidamente. Esse poder de computação permite que as redes aprendam características intrincadas e abstratas nos mais diferentes níveis de abstração. Agora você começa a entender por que a Nvidia[5] – produtora dessas placas de vídeo – se tornou uma das empresas mais valiosas do mundo. Afinal de contas, na corrida do ouro, quem fica mais rico é quem vende as pás.

Outro ponto é que, com aprendizado profundo, muitos recursos podem ser aprendidos e extraídos automaticamente por algoritmos (ainda que estejamos longe

5 Fonte: https://www.nvidia.com/en-us/. Acessado em: 1º de agosto de 2023.

de automatizar todos os recursos). Por exemplo, no passado, a análise de sentimentos em textos, como tuítes, exigia um processo manual laborioso e cansativo. Inicialmente, era necessário preparar os dados textualmente através de tokenização, que é a segmentação do texto em palavras ou frases que façam sentido. Depois, era preciso construir um vocabulário, ou seja, uma lista de palavras únicas presentes nos dados. Cada palavra tinha que ser convertida em um vetor numérico (afinal, computadores só entendem números), um processo conhecido como vetorização, para que a máquina pudesse processá-las. Essa etapa era crucial, pois a qualidade do vocabulário e a representação vetorial tinham um grande impacto na precisão da análise de sentimentos.

Com a introdução do aprendizado profundo, muitos desses procedimentos começaram a ser automatizados. Os modelos de *deep learning* são capazes de aprender padrões complexos de linguagem diretamente dos dados. Eles não só realizam a tokenização e a vetorização de forma automática, como também capturam nuances e contextos das palavras ao longo de uma frase ou texto – algo que métodos mais simples não conseguiam.

Essa capacidade de aprendizado automático e aprofundado permite que modelos de *deep learning* realizem análises de sentimento com maior precisão e menos intervenção humana. Eles podem entender a ironia, o sarcasmo e outros elementos sutis da linguagem, que são desafios notórios para métodos antigos. Além disso, uma vez treinados, esses modelos podem analisar grandes volumes de tokens rapidamente, oferecendo insights valiosos em tempo real. Isso representa uma economia significativa de tempo e esforço, permitindo que os cientistas de dados se concentrem em tarefas mais estratégicas, em vez de procedimentos técnicos e repetitivos.

Assim como na análise de texto, a abordagem tradicional para processamento de imagens também envolvia muitas etapas manuais e técnicas específicas. Antes do advento do *deep learning*, se quiséssemos analisar imagens para detectar objetos ou características, precisaríamos aplicar uma série de filtros e técnicas de processamento de imagem para extrair características, como bordas, cantos ou regiões específicas de interesse. Essas características, muitas vezes definidas e selecionadas manualmente por especialistas, eram então usadas para treinar modelos mais simples de aprendizado de máquina.

Só para deixar ainda mais cristalino para o leitor, a imagem na Figura 10.13 seguir mostra visualmente o contraste entre as abordagens do aprendizado de máquina tradicional e do aprendizado profundo. No aprendizado de máquina tradicional, a entrada passa por uma fase distinta de extração de características, em que as *features* devem ser cuidadosamente selecionadas e extraídas por especialistas. Esses recursos são então alimentados em um classificador que faz a predição final. O processo, embora eficaz em muitos casos, pode ser limitado pela qualidade da extração de características e requer uma considerável compreensão de domínio.

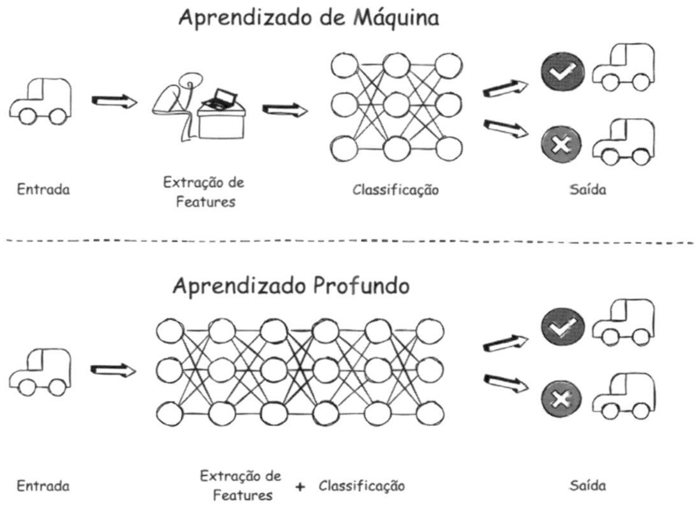

Figura 10.13: Comparação gráfica entre *machine learning* e *deep learning.*
Fonte: O autor.

Por outro lado, o aprendizado profundo integra a extração de características e a classificação em uma arquitetura de rede neural unificada. À medida que os dados passam pelas múltiplas camadas da rede, o sistema automaticamente aprende a extrair características relevantes e a realizar classificações de forma integrada. Isso resulta em um processo mais eficiente e muitas vezes mais preciso, pois o modelo se ajusta a partir dos próprios dados. A imagem reforça essa ideia, mostrando que, com o aprendizado profundo, a complexidade da modelagem é internalizada na rede, levando a uma solução mais sofisticada e refinada para problemas de classificação.

Com o advento do *deep learning*, especificamente com o desenvolvimento de redes neurais convolucionais (CNNs), o campo do processamento de imagens foi revolucionado. As CNNs são capazes de aprender e forma automática as características relevantes diretamente dos pixels da imagem, sem a necessidade de intervenção ou seleção manual. Por meio de múltiplas camadas de processamento, elas podem identificar padrões complexos e abstrair informações em um nível que os métodos tradicionais não podiam alcançar, melhorando significativamente a precisão na tarefa de reconhecimento de imagens.

Para dizer o mínimo, o aprendizado profundo tem sido uma força disruptiva, transformando a forma como as máquinas aprendem e como nós, humanos, abordamos problemas complexos. A capacidade das máquinas de aprender e adaptar-se sem a necessidade de programação explícita é um salto notável em direção à inteligência artificial mais avançada. O mais incrível é que tudo isso não faz parte de um conto de Jules Verne (1828–1905), mas sim, uma realidade tecnológica que vem aumentando sobremaneira nossa eficiência em diversas áreas do conhecimento e proporcionando novas perspectivas e ferramentas para enfrentar desafios que antes pareciam intransponíveis.

Redes neurais convolucionais

As redes neurais convolucionais – ou *Convolutional Neural Networks* (CNNs) – são uma classe especializada de redes neurais profundas que se tornaram o padrão de ouro para análise de imagens e visão computacional. Inspiradas pela organização do córtex visual humano, que processa informações visuais através de uma hierarquia de camadas, as CNNs são capazes de capturar automaticamente características importantes de imagens sem a necessidade de engenharia manual de recursos conforme mencionado anteriormente. A Figura 10.14 apresenta um esquema de funcionamento de uma CNN.

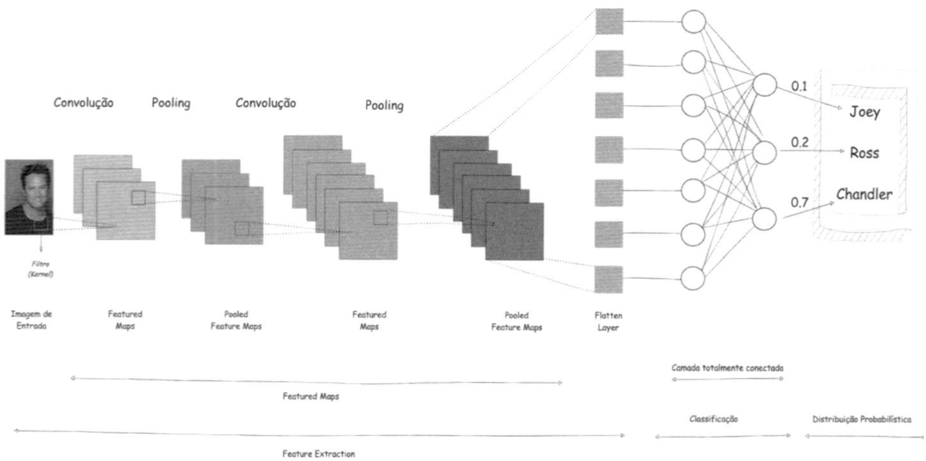

Figura 10.14: Esquema de funcionamento de uma rede neural convolucional (CNN).[6]

Apesar de reconhecer que, a princípio, a imagem pode assustar um pouco, basta um olhar mais atento para perceber como as CNNs funcionam. Elas são estruturadas de forma a reconhecer padrões visuais diretamente dos pixels de imagens com mínimo pré-processamento. Tudo começa com um retrato do personagem Chandler do saudoso ator Matthew Perry (1969–2023) da série de *Friends*, que é o ponto de partida para a CNN. Essa imagem é o que a rede tentará analisar para identificar e classificar os elementos presentes nela, como um pedaço do rosto.

6 Fonte: Adaptado de: https://developersbreach.com/convolution-neural-network-deep-learning/. Acessado em 30 de julho de 2023.

O próximo passo é a convolução. Aqui, pequenas porções da imagem são escaneadas por filtros, também conhecidos como kernels. Cada filtro é desenhado para detectar um tipo específico de característica na imagem, como bordas, cores ou texturas. Quando um filtro passa sobre a imagem, ele cria um mapa de características (*featured maps*), que é uma representação simplificada que destaca as características detectadas pelo filtro.

Após a convolução, vem a etapa de *pooling*, que reduz a dimensionalidade de cada mapa de características mantendo as informações mais importantes. Isso é feito para diminuir a quantidade de cálculos necessários e para tornar a rede menos sensível à localização exata das características na imagem. O *pooling* geralmente envolve tomar o valor máximo (*max pooling*) ou a média (*average pooling*) de pixels em uma região do mapa de características, criando assim um *pooled feature map*.

A Figura 10.14 mostra que o processo de convolução e *pooling* não acontece apenas uma vez. Ele é repetido várias vezes, e a cada repetição, a rede pode identificar características cada vez mais complexas. Em uma segunda, terceira, ou subsequente camada de convolução, a rede combina as características simples detectadas nas camadas anteriores para detectar partes mais complexas da imagem. Uma vez que a rede tenha passado por várias camadas de convolução e *pooling*, os *pooled feature maps* são transformados em um vetor único através de um processo chamado *flattening*. Isso prepara a rede para a etapa de classificação, convertendo os dados espaciais em uma forma que pode ser processada por camadas densas, que são camadas de rede neural tradicionais. Esse vetor achatado é então alimentado em uma ou mais das camadas totalmente conectadas, em que cada entrada é conectada a cada saída por uma série de pesos. Aqui, a rede faz uso das características extraídas para determinar a classe da qual a imagem pertence. Esta parte da rede funciona quase como uma rede neural tradicional e é neste ponto que a aprendizagem entra em jogo, ajustando os pesos para realizar a classificação correta.

Finalmente, a saída da última camada totalmente conectada é convertida em uma distribuição de probabilidades através de uma função de ativação como a *softmax*, que atribui uma probabilidade a cada classe possível. No exemplo da imagem, a rede está classificando a imagem em uma de três classes (Joey, Ross e Chandler), e fornecendo a probabilidade de a imagem pertencer a cada uma dessas classes. A classe com a maior probabilidade é a escolha da rede.

A tarefa de identificar visualmente objetos e seres é algo que os seres humanos fazem sem esforço desde muito cedo em suas vidas, mas para as máquinas, essa habilidade precisa ser cuidadosamente ensinada. Nós olhamos para um gato e um cachorro e imediatamente reconhecemos as diferenças, mas para uma máquina, não existe tal intuição inata. Uma CNN precisa ser treinada com inúmeras imagens e deve aprender a identificar as características distintivas de cada uma por meio de um processo que pode envolver milhões de exemplos. Esse treinamento é meticuloso e intensivo, exigindo vastos conjuntos de dados de imagens e poder computacional significativo. A máquina aprende a reconhecer padrões e características – como a textura da pelagem de um animal, a forma de suas orelhas, ou a cor de seus olhos – e usa essas informações para fazer suas previsões.

Apesar dessas dificuldades iniciais, uma vez treinadas, as CNNs frequentemente superam os humanos em tarefas específicas de identificação e classificação. Um exemplo particularmente impressionante é o diagnóstico de melanoma, um tipo de câncer de pele. As CNNs podem ser treinadas para reconhecer sinais de melanoma em imagens de lesões cutâneas com uma precisão que rivaliza com dermatologistas especializados[7]. E não apenas o reconhecimento, mas também o monitoramento da evolução dessas lesões ao longo do tempo, fornecendo uma ferramenta valiosa tanto para o diagnóstico precoce quanto para o acompanhamento contínuo dos pacientes.

Olhando para o futuro, o potencial do *deep learning* parece ilimitado. Em um mundo cada vez mais *data-driven*, tudo indica que ele continuará a ser um pilar central na solução de problemas enigmáticos – desde a personalização cada vez maior da experiência do usuário até a luta contra doenças até então incuráveis. Sem querer filosofar – mas já filosofando –, o poder do aprendizado profundo é gigantesco e, dependendo da criatividade e engenhosidade humana, tem potencial de abrir novas portas para a colaboração entre máquina e homem, visando uma compreensão mais profunda do mundo ao nosso redor.

Se este capítulo lhe pareceu um tantinho a mais complicado, prezado leitor, é porque as redes neurais – particularmente as profundas – são, de fato, complexas e multifacetadas, espelhando, até certo, ponto a intrincada rede de conexões encontradas em um cérebro biológico. Se serve de consolo, nosso cérebro e seus bilhões de neurônios e trilhões de sinapses é ainda um mistério mais profundo, com uma complexidade que a ciência e a tecnologia continuam a explorar e tentar compreender.

[7] Fonte: https://www.nature.com/articles/nature21056. Acessado em 1º de agosto de 2023.

Pontos-chave

- O avanço do aprendizado profundo e redes neurais artificiais catalisa transformações significativas na IA moderna.
- A essência do aprendizado profundo reside na habilidade de extrair padrões complexos de dados.
- Redes neurais são inspiradas no cérebro humano, com neurônios artificiais organizados em camadas.
- O funcionamento de redes neurais envolve processamento de dados de entrada através de camadas e ajuste de pesos sinápticos durante o treinamento.
- O mecanismo de *backpropagation* e algoritmos de otimização como o gradiente descendente são fundamentais no aprendizado de redes neurais.
- A história das redes neurais começa na década de 1940, com avanços e desafios significativos ao longo dos anos.
- Avanços no hardware e na disponibilidade de dados impulsionam o crescimento das redes neurais profundas no século XXI.
- As funções de ativação são componentes matemáticos em redes neurais que determinam se e quanto um neurônio artificial deve ser ativado, ou seja, transmitir o sinal adiante.
- O viés é um parâmetro adicional que permite ajustar a saída da função de ativação, oferecendo à rede neural maior flexibilidade para melhor se ajustar aos dados.
- O gradiente descendente é um algoritmo de otimização fundamental para ajustar pesos e minimizar erros.
- O aprendizado profundo envolve redes neurais com muitas camadas que aprendem representações hierárquicas dos dados.
- As redes neurais convolucionais (CNNs) tornaram-se padrão para análise de imagens e visão computacional.
- O potencial disruptivo do aprendizado profundo transforma a abordagem de problemas complexos e abre novas perspectivas para inteligência artificial.

CAPÍTULO 11

IA Generativa e LLMs

"You see the dilemma don't you. If you don't kill me, precogs were wrong and precrime is over. If you do kill me, you go away, but it proves the system works. The precogs were right. So, what are you going to do now? What's it worth?"

(Chief John Anderton – *Minority Report*)

Conceito de IA generativa

A IA generativa se tornou tão popular nos últimos tempos que muitos pensam ser sinônimo de IA. Espero que o leitor depois deste capítulo possa visualizar melhor a diferença e entender que a IA generativa surge como uma das muitas subáreas da inteligência artificial. Para ter esse discernimento, é preciso primeiro ancorar-se no conceito mais amplo da IA, que é uma disciplina da ciência da computação dedicada à criação de sistemas capazes de realizar tarefas que, tradicionalmente, exigiriam a cognição humana. Sob este grande guarda-chuva, como já vimos, encontramos o aprendizado de máquina – ou *machine learning* (ML) –, em que algoritmos aprendem a partir de dados para fazer previsões ou tomar decisões, sem serem explicitamente programados para uma tarefa específica.

À medida que mergulhamos mais profundamente, chegamos ao aprendizado profundo (*deep learning*), um subcampo do ML que utiliza redes neurais com várias camadas (ou "profundas") para modelar complexidades abstratas e realizar tarefas como reconhecimento de voz e geração de imagens com precisão notável. A IA generativa se encaixa aqui como uma estrela em ascensão do aprendizado profundo, uma espécie de "Luke Skywalker da Força" da criatividade e inovação. São sistemas que aprendem padrões através dos dados e são capazes de criar conteúdos originais – como textos, imagens e música –a partir dos conhecimentos adquiridos.

Mas o que realmente distingue a IA generativa? A resposta está em sua capacidade de criar. Diferente das abordagens tradicionais de IA e ML – que são focadas em classificar ou predizer dados –, a IA generativa é como um artista que aprendeu a essência estilística de seu ambiente e começa a pintar obras que nunca existiram. Utilizando técnicas como as Redes Generativas Adversariais – ou *Generative Adversarial Network* (GANs) – e os modelos de *Variacional Autoencoder* (VAEs), a IA generativa interpreta os dados e adiciona seu toque ao nosso mundo através da invenção. Sim, exatamente isso que você entendeu, a IA generativa cria novas instâncias de dados que podem imitar a realidade tão de perto que desafia nossa capacidade de diferenciar o que foi gerado por ela do original. Desde obras de arte que poderíamos pendurar em galerias até composições musicais que emocionam, a IA generativa está expandindo os limites do que as máquinas podem gerar, abrindo novas avenidas para a exploração criativa e técnica.

Os primeiros passos da IA generativa foram marcados pela geração de imagens simples. No entanto, rapidamente progrediu para criar conteúdo complexo e realista, desde arte e música até texto e fala. Esse avanço não é apenas uma conquista técnica; é um reflexo de como as camadas de redes neurais, quando adequadamente treinadas, podem simular a profundidade e a complexidade da expressão humana.

Fundamentos dos LLMs

Dentro do panorama disruptivo da IA generativa, os Modelos de Linguagem de Grande Escala – ou *Large Language Models* (LLMs) – se destacam como verdadeiros colossos. Eles são um subsetor avançado da IA que se concentra em entender, gerar e interagir com texto humano de maneira sofisticada e, muitas vezes, surpreendentemente natural.

Os LLMs são sistemas que podem compreender e produzir linguagem natural em um nível que antes era exclusivo dos seres humanos. Eles podem escrever artigos, criar poesia, codificar programas, e até mesmo conversar em tempo real. Imagine um bibliotecário que leu todos os livros do mundo e agora pode ajudá-lo a decifrar suas mais emaranhadas dúvidas; é assim que os LLMs funcionam dentro da IA generativa, mas com um poder de processamento de linguagem que é verdadeiramente monumental.

Treinar um LLM é como preparar um chef de cozinha estelar: você precisa fornecer uma variedade rica e diversificada de ingredientes (dados) e deixá-lo experimentar repetidamente até que ele possa criar pratos (textos) que encantem qualquer paladar (usuário). Especificamente, os LLMs são alimentados com vastos conjuntos de dados de texto – desde literatura clássica até posts em mídias sociais – e usam algoritmos complexos para encontrar padrões e aprender a prever a próxima palavra ou frase de forma coerente. Eles fazem isso da mesma forma que o seu celular o ajuda a completar pequenas frases em mensagens de texto, só que com muito mais competência.

O que torna isso possível é a imensidão de dados em que os LLMs são treinados (até por isso chamados de *large*). Os dados agem como o manual de instruções que guia o processo de aprendizado do modelo. Eles ensinam o LLM a entender a gramática e a sintaxe e a capturar nuances contextuais e culturais da linguagem. Para que seu desempenho seja bem-sucedido, é vital que ele seja exposto a um conjunto de dados diversificado e abrangente. Isso ajuda a minimizar o viés e a garantir que o modelo possa se comunicar de forma eficaz e precisa em uma variedade de situações. Assim, a seleção e a curadoria de dados de treinamento são fundamentais para desenvolver um LLM que seja tecnicamente competente e culturalmente sensível e adaptável a diferentes contextos de uso.

Entre os exemplos mais conhecidos de Modelos de Linguagem de Grande Escala, o ChatGPT da OpenAI[1] é frequentemente citado como um pioneiro no campo. Ele é programado para seguir um estilo de conversa – sendo capaz de responder perguntas, criar textos e até mesmo programar em diversas linguagens de computação. Graças ao seu treinamento extensivo com uma grande variedade de textos, o ChatGPT pode oferecer respostas que, muitas vezes, parecem surpreendentemente humanas. Não é à toa que o próximo capítulo é dedicado inteiramente a ele.

Outro exemplo notável de LLM é o Gemini (ex-BARD)[2] da Google, um modelo multimodal, anunciado em 6 de dezembro de 2023. Ele é sucessor do LaMDA e do PaLM 2[3] e se posiciona como um concorrente do ChatGPT da OpenAI. O diferencial do Gemini é sua capacidade de processar e gerar conteúdo em diferentes formatos, como texto, imagem, código e áudio. Isso significa que ele pode realizar tarefas complexas que exigem a compreensão de diferentes tipos de informação, já tendo sido criado com a perspectiva multimodal. Na época de escrita desse livro, o Gemini oferecia três versões: (1) Nano, uma versão light para dispositivos móveis; (2) Pro 1.5, versão intermediária relativamente comparável ao ChatGPT 3.5, só que com uma maior janela de contexto (veremos o conceito mais à frente); e (3) Ultra, sua variante mais poderosa, que custa aproximadamente o mesmo valor mensal que os usuários do ChatGPT 4o pagam a OpenAI pela versão com maior quantidade de prompts.

Poderíamos ainda mencionar o Perplexity AI[4], que é uma plataforma que está ganhando destaque na esfera dos LLMs por sua abordagem única. A plataforma foi desenvolvida para auxiliar os usuários a explorarem a imensa quantidade de informações disponíveis na web, oferecendo respostas claras e objetivas para perguntas complexas, sempre acompanhadas das fontes de origem para maior transparência e credibilidade. O objetivo do Perplexity AI é simplificar a busca por informações, reduzindo a "perplexidade" do usuário ao interagir com a tecnologia. A funcionalidade-chave da plataforma é processar consultas de forma eficaz e oferecer respostas precisas e fáceis de captar, tornando a experiência do usuário com a IA mais intuitiva e acessível.

Quanto à Anthropic[5] e seu modelo Claude, a startup se concentra em construir LLMs que são seguros e fáceis de entender. Claude é a resposta da Anthropic aos desafios de tornar a IA mais transparente e alinhada com princípios éticos. A empresa está focada em desenvolver sistemas que avancem em termos de funcionalidades técnicas, incorporem valores éticos e sejam confiáveis, o que é crucial para a adoção responsável

1 Fonte: https://openai.com/. Acessado em 10 de setembro de 2023.
2 Fonte: https://gemini.google.com/app. Acessado em 21 de fevereiro de 2024.
3 LaMDA (*Language Model for Dialogue Applications*) e PaLM2 (*Pathways Language Model* 2): modelos de LLM da Google que antecederam o Gemini.
4 Fonte: https://www.perplexity.ai/. Acessado em 10 de setembro de 2023.
5 Fonte: https://www.anthropic.com/claude. Acessado em 10 de setembro de 2023.

da IA em diversas áreas de aplicação. A versão 3.5 do Claude Sonnet foi lançada em junho de 2024 e, assim como o Gemini, também distribuído em três diferentes famílias: Haiku, Sonnet e Opus, variando progressivamente em termos de velocidade, inteligência e custo.

Uma das características notáveis do Claude é sua capacidade de criar e gerenciar artefatos durante as conversações. Os artefatos são conteúdos substanciais e independentes que podem ser modificados ou reutilizados pelos usuários, exibidos em uma janela separada da interface para maior clareza. Esta funcionalidade permite que o Claude produza e mantenha conteúdos mais complexos e estruturados, como códigos extensos, documentos formatados, websites, diagramas ou componentes interativos, facilitando a colaboração em projetos mais elaborados e a criação de conteúdo reutilizável. A habilidade de gerar artefatos amplia significativamente o potencial do Claude como ferramenta de apoio em tarefas que exigem a produção e iteração de conteúdo específico.

Como a Figura 11.1 a seguir tenta representar, são vários os modelos hoje disponíveis, fora aqueles menos famosos que não listei. Existe até um modelo brasileiro que vale ser mencionado por sua originalidade, o Sabiá-3, uma solução desenvolvida pela Maritaca AI[6], especialmente adaptada para captar nuances da língua portuguesa. Esse diferencial é importante, pois o Sabiá-3 consegue interpretar e processar dados linguísticos complexos em português, incluindo regionalismos e variações culturais, o que o torna altamente eficiente em cenários nacionais.

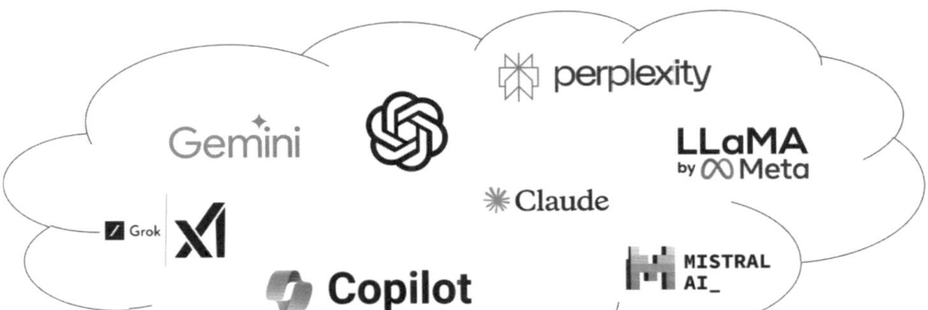

Figura 11.1 Principais opções de LLMs disponíveis.
Fonte: O autor.

Vale mencionar que existem LLMs poderosíssimos também para geração de imagens e vídeos que merecem ser testados pelo leitor. É impressionante o que é possível produzir com linhas de prompt, particularmente se você, como eu, nunca foi nenhum Picasso ao tentar desenhar. Para que se tenha uma ideia, todas as imagens geradas no

6 https://plataforma.maritaca.ai/

início de cada capítulo desse livro foram produzidas pelo DALL-E 2[7], que é uma das opções disponíveis, também da OpenAI.

Mas se o leitor quiser testar outras ótimas opções, pode experimentar também o Midjourney[8] (sendo necessária uma conta no Discord[9]) ou o Stable Diffusion[10], ambas ferramentas muito potentes e versáteis para esse tipo de função. Outra dica é o Ideogram[11], uma plataforma de geração de imagens com inteligência artificial que não só transforma descrições textuais em imagens realistas ou criativas, mas também permite adicionar texto diretamente nas imagens. Se a sua necessidade envolve criar visuais com escrita integrada, o Ideogram se destaca como uma das melhores opções de IA disponíveis.

Se o seu objetivo for a produção musical, recomendo o Suno, uma plataforma de IA projetada para facilitar todo o processo criativo de produção musical. O Suno permite gerar melodias, criar batidas, misturar sons e até fazer a masterização de faixas com uma interface intuitiva e acessível. Além disso, ele oferece ferramentas de ajuste fino para aprimorar cada aspecto da música, tornando-o ideal tanto para profissionais quanto para iniciantes na área. O aplicativo também integra funcionalidades de edição colaborativa, permitindo que vários usuários trabalhem juntos em tempo real na mesma faixa musical. Eu mesmo, quem diria, criei músicas sobre inteligência artificial para mostrar em aulas e palestras! É absolutamente incrível! Há diversas opções disponíveis, recomendo pesquisar.

Da mesma forma, para a geração de vídeo, poderíamos citar o Runway[12], Synthesia[13], o Rephrase[14], o Hygen[15] e o Sora[16] dentre muitos outros que trabalham com edição de imagem e vídeo, *text-to-speech, speech-to-text* e *text-to-video* com altíssimo nível de personalização, avatares, traduções, cenários, personificação e uma miríade de outras funções antes apenas disponíveis para editores profissionais.

Reforço que todos esses modelos são apenas a ponta do iceberg em uma área que está crescendo rapidamente e promete revolucionar a maneira como interagimos com as máquinas e, por extensão, com as informações. Possivelmente quando você estiver lendo estas linhas, novas versões e até novos modelos já terão sido lançados. Esse é um dos muitos desafios de quem estuda IA: se manter atualizado com tudo que acontece.

---

7 Fonte: https://openai.com/dall-e-2. Acessado em 10 de setembro de 2023.
8 Fonte: https://www.midjourney.com. Acessado em 10 de setembro de 2023.
9 Fonte: https://discord.com. Acessado em 10 de setembro de 2023.
10 Fonte: https://stability.ai/. Acessado em 10 de setembro de 2023.
11 Fonte: https://ideogram.ai/t/explore
12 Fonte: https://runwayml.com/. Acessado em 10 de setembro de 2023.
13 Fonte: https://www.synthesia.io/home. Acessado em 10 de setembro de 2023.
14 Fonte: https://www.rephrase.ai/. Acessado em 10 de setembro de 2023.
15 Fonte: https://www.heygen.com/. Acessado em 10 de setembro de 2023.
16 Fonte: https://openai.com/sora. Acessado em 24 de fevereiro de 2024.

Arquiteturas da IA generativa

Como não poderia deixar de ser, a arquitetura de IA generativa se desdobra como uma teia complexa e intricada de algoritmos e modelos que miram o cerne da criatividade artificial. No coração dessa teia estão as Redes Generativas Adversariais – ou *Generative Adversarial Networks* (GANs) – e os *Autoencoders*, incluindo suas iterações mais avançadas, os *Variational Autoencoders* (VAEs). Essas estruturas são mestres na arte de gerar novos dados, imagens e padrões que expandem os limites do que acreditávamos ser possível em termos de criação não humana. Entretanto, o que poderia ser considerado como o estado da arte hoje em dia (ainda que estado da arte seja um conceito extremamente volúvel em IA), encontramos os modelos de atenção e o *transformers*, que abrange a esfera da linguagem, entre outras áreas. Com uma habilidade quase poética de focar no que é relevante e de entender o vasto contexto de palavras e frases, essas arquiteturas de IA estão redefinindo e enriquecendo a comunicação humana-máquina.

As GANs são uma classe impressionante de algoritmos de aprendizado de máquina dentro das IAs generativas que usam aprendizado profundo. GANs consistem em duas redes neurais que são treinadas simultaneamente: uma rede geradora (*Generator*), que cria dados, e uma rede discriminadora (*Discriminator*), que avalia os dados. A ideia é que a rede geradora aprenda a produzir dados que são indistinguíveis dos dados reais, enquanto a rede discriminadora aprende a diferenciar entre os dados reais e os gerados.

O processo de treinamento de uma GAN é semelhante a um jogo de gato e rato. A rede geradora tenta enganar a rede discriminadora gerando novos dados, enquanto a discriminadora tenta ficar mais astuta ao reconhecer os dados falsos. Esse treinamento adversarial continua até que a rede geradora se torne tão boa em reproduzir os dados que a discriminadora não possa mais distinguir entre os verdadeiros e os gerados. Ideia genial, não acha?

Uma das aplicações mais notáveis das GANs está na geração de imagens realistas. Elas podem criar rostos humanos que parecem reais, mas que não correspondem a nenhuma pessoa real, ou podem ser usadas para melhorar a resolução de imagens de baixa qualidade, um processo conhecido como super-resolução. As GANs também têm sido aplicadas com sucesso na criação de arte, música e até mesmo em simulações científicas, em que dados reais podem ser limitados ou difíceis de coletar.

No entanto, as GANs apresentam desafios significativos. O treinamento pode ser instável e muitas vezes exige um ajuste cuidadoso dos hiperparâmetros. Existe também o risco dos chamados *deepfakes*, uma tecnologia que tem a capacidade de gerar vídeos realistas com pessoas dizendo ou fazendo coisas que nunca realmente disseram ou fizeram. Os *deepfakes* são uma demonstração poderosa das capacidades das GANs de capturar e replicar a complexidade dos dados visuais humanos. No entanto, a tecnologia levanta preocupações éticas, pois pode ser usada para criar conteúdo enganoso ou prejudicial, como a falsificação de declarações de figuras públicas ou a criação de evidências falsas. Em função disso, pesquisadores estudam uma busca contínua por métodos para detectar e combater *deepfakes*, garantindo que a tecnologia seja usada de maneira responsável e segura.

Apesar dessas preocupações, a tecnologia *deepfake* também tem aplicações positivas, como na indústria do entretenimento, em que pode ser usada para melhorar efeitos visuais ou para permitir que atores falecidos "atuem" em novos filmes. Da mesma forma, pode ser usada para personalizar conteúdo em campanhas publicitárias ou para melhorar a comunicação em linguagens de sinais por meio da geração de vídeos que podem ser mais claros do que as representações geradas por computador tradicionais. São utilizações que trazem consigo alguma polêmica e reforçam a necessidade de uma abordagem equilibrada e ética na exploração desse tipo de tecnologia de IA.

Já os chamados *autoencoders* e *variational autoencoders* (VAEs), são tipos de IA generativas especializadas na tarefa de codificação de dados. Os *autoencoders* são projetados para aprender representações eficientes (codificações) de dados não rotulados, geralmente para fins de redução de dimensionalidade ou para aprender uma representação mais útil dos dados. Eles funcionam tentando reproduzir a entrada na saída, após ter passado por um «gargalo» que força o modelo a aprender uma versão compacta dos dados.

Os VAEs, por outro lado, são uma extensão dos *autoencoders* que aprendem a compactação dos dados e a maneira como os dados são distribuídos no espaço latente, permitindo a geração de novos dados que seguem a mesma distribuição dos dados de treinamento. Isso é particularmente útil para gerar novas instâncias de dados que ainda não existem, mas que são plausíveis dentro do contexto dos dados originais.

No contexto das *deepfakes*, enquanto as GANs são frequentemente usadas para gerar imagens e vídeos falsificados de alta qualidade, os *autoencoders* e VAEs também podem desempenhar um papel nesse domínio. Por exemplo, um *autoencoder* pode ser treinado para aprender as características faciais de uma pessoa específica, e um VAE pode ser usado para variar essas características de maneira controlada, criando imagens ou vídeos que sejam semelhantes, mas não idênticos aos dados originais. Essa capacidade de manipular e gerar novos conteúdos visuais abre possibilidades tanto para criações inovadoras quanto para novos desafios éticos na autenticidade digital.

Indo um pouco mais além, não poderíamos deixar de registrar uma das mais basilares e importantes arquiteturas de IA disponíveis hoje no mercado. Uma verdadeira nova fronteira no campo da inteligência artificial introduzido no artigo *"Attention is all you need"* de 2017[17] e denominada *"transformers"*. E acredite que isso não tem nada a ver com carros que se transformam em robôs e vice-versa.

Antes da chegada dos *transformers*, as Redes Neurais Recorrentes (RNNs) e suas variações mais avançadas, como a *Long Short-Term Memory* (LSTM) e a *Gated Recurrent Units* (GRU), eram o que havia de mais sofisticado para tarefas de processamento de linguagem natural (NLP).

---

17 Fonte: https://arxiv.org/abs/1706.03762. Acessado em 2 de fevereiro de 2024.

Compare as imagens das Figuras 11.1 e 11.2 a seguir para entender melhor a diferença entre uma *Feedforward Neural Network* (FNN) e uma *Recurrent Neural Network* (RNN):

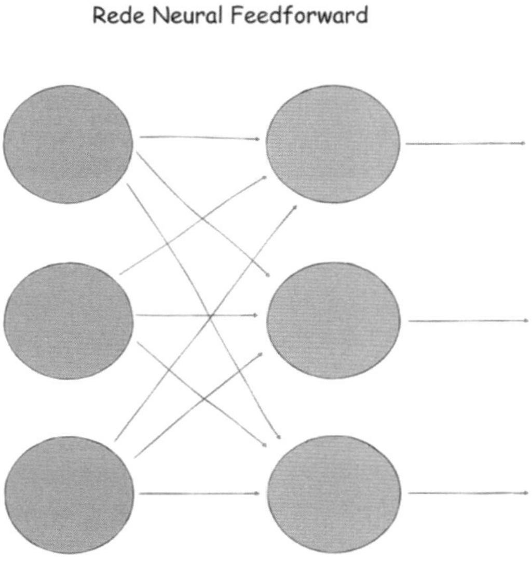

Figura 11.1: Esquema visual de uma rede neural FFN.
Fonte: O autor.

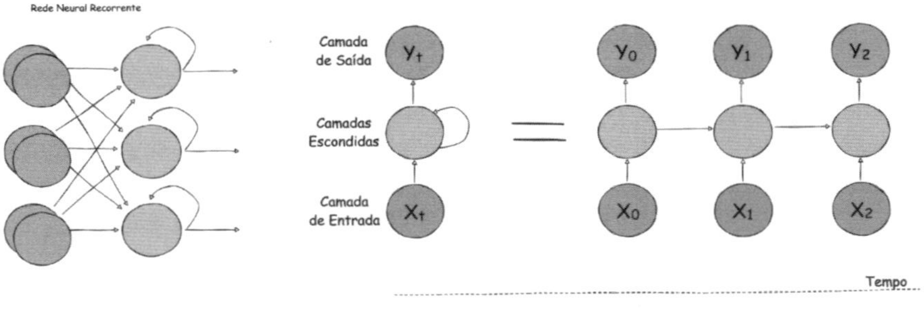

Figura 11.2. Esquema visual de uma RNN
Fonte: O autor,

A FNN é o padrão que estudamos até agora – é aquela em que cada neurônio em uma camada está conectado aos neurônios na camada seguinte –, permitindo que a informação flua em uma única direção: da entrada para a saída. Ao contrário das FNNs, em que a informação flui em apenas uma direção, as RNNs têm conexões que formam laços, permitindo que a informação seja mantida dentro da rede. Isso é conhecido como memória de curto prazo, na qual saídas anteriores são usadas como parte da entrada para a próxima etapa.

As RNNs são uma classe de redes neurais poderosas para modelar sequências de dados, como séries temporais ou linguagem natural. Podemos ver que a rede se desenrola ao longo do tempo, permitindo que cada camada oculta processe a entrada atual () e lembre de alguma informação da etapa anterior, passando essa memória para a próxima etapa. Essa característica torna as RNNs adequadas para tarefas como prever o próximo caractere em um texto ou a próxima nota em uma melodia, dado que dados anteriores afetam o que vem a seguir.

No entanto, as RNNs enfrentam um desafio significativo: a dependência de longo prazo. À medida que a sequência de palavras se torna mais longa, as RNNs têm dificuldade em manter o contexto anterior, o que afeta a capacidade de entender e prever o texto com precisão. Além disso, as RNNs processam dados sequencialmente, o que pode ser ineficiente e limita a capacidade de treinamento paralelo em grandes conjuntos de dados.

Um obstáculo adicional no treinamento de RNNs são os fenômenos conhecidos como o desaparecimento e a explosão de gradientes. Essas dificuldades surgem da natureza dos cálculos de *backpropagation* ao longo de sequências extensas, onde os gradientes podem se tornar exponencialmente menores ou maiores à medida que são propagados. O resultado é um empecilho significativo para a aprendizagem: gradientes que desaparecem levam a uma atualização insuficiente dos pesos, limitando a capacidade da rede de aprender dependências; por outro lado, gradientes que explodem podem causar oscilações descontroladas nos pesos, impedindo a convergência do modelo. Este desafio acentua a dificuldade das RNNs de capturar dependências de longo prazo, além de limitar a profundidade e a complexidade das sequências que a rede pode aprender a processar com eficácia.

Transformers

OS *TRANSFORMERS* REVOLUCIONARAM ESSE CENÁRIO AO INTRODUZIR O MECANISMO DE ATENÇÃO, QUE permite que o modelo avalie todas as partes da sequência de uma vez, em vez de sequencialmente. Isso resolve o problema da dependência de longo prazo, possibilitando que o modelo mantenha informações relevantes de qualquer parte da sequência e permitindo o treinamento em paralelo, o que aumenta significativamente a eficiência. Com essa capacidade, os *transformers* podem captar relações complexas e sutis no texto, tornando-os mais eficazes em uma variedade de tarefas de NLP, desde a tradução de idiomas até a geração de texto.

Ainda que o detalhamento do funcionamento do modelo extrapole o objetivo deste livro em função da quantidade de operações matemáticas em que está envolto, acho interessante (pelo menos eu achei quando estudei isso pela primeira vez) explicar um pouco das especificidades dos *transformers*.

Mas antes mesmo de entrar na arquitetura do algoritmo em si – e apelando para paciência do leitor quanto a essas questões mais técnicas –, cabe uma explicação que pode ter passado desapercebida, mas é primordial nisso tudo. No Capítulo 10, que trata de *deep learning*, utilizei expressão "token" e não "palavra". A distinção é sutil, mas crucial para modelos de LLMs. Como os modelos só conseguem entender números, precisamos de um tokenizador, uma espécie de vocabulário de tokens para o modelo. Isso significa que, enquanto uma palavra é uma unidade básica de significado que entendemos intuitivamente, um token é como se fosse uma subpalavra, representado como uma posição nesse vocabulário.

Caso você se pergunte por que isso é necessário, a resposta é que essa foi uma saída inteligente para que os modelos pudessem entender o que passamos para eles. Isso porque seria inviável guardar todas as palavras que existem nas mais diversas línguas, ainda mais se considerarmos que novas palavras surgem a todo momento. Aliás, só por curiosidade, línguas menos representadas necessitam de muito mais tokens para responder uma mesma pergunta, sem falar que demandam mais recursos da máquina. Se considerarmos que os LLMs geralmente cobram por token, a brincadeira pode ficar mais cara também.

Mesmo que a opção fosse varrer cada palavra, caractere por caractere, resolveríamos o problema de novas palavras, mas o tempo de inferência ficaria inviável. Já com a solução dos tokens, o que os modelos fazem é juntar subunidades (tokens) para formar qualquer outra palavra. Parece complicado, mas na realidade, é bem engenhoso.

Por exemplo, tomemos a palavra "incomum". Dependendo do modelo e de como o tokenizador foi treinado, "incomum" pode ser dividido em "in" e "comum". Isso ocorre porque os tokenizadores geralmente dividem palavras com base em subunidades frequentemente encontradas no texto sobre o qual foram treinados. Portanto, "incomum" pode ser reconhecido pelo prefixo "in" (que é frequente em muitas palavras como inativo, ineficaz etc.) e pela palavra "comum".

A complexidade aumenta com palavras maiores ou jargões técnicos. Por exemplo, "anticonstitucionalissimamente", uma das palavras mais longas da língua portuguesa, poderia ser dividida em vários tokens, como "anti", "constitucional", "issimo", "mente". Isso permite que o modelo trate partes da palavra que têm significado próprio, facilitando o entendimento da estrutura da língua e economizando espaço, pois não precisa armazenar uma longa lista de palavras raramente usadas (já pensou ter que decorar o dicionário inteiro?). Isso seria uma tarefa hercúlea e proibitiva em termos de recursos computacionais, equivalente a procurar uma agulha em um palheiro a cada nova operação.

A relevância dos tokens está na eficiência e eficácia com que os modelos de IA processam o texto. Eles permitem que o modelo entenda melhor a estrutura e o significado das palavras em diferentes contextos, o que é essencial para realizar tarefas como tradução automática, reconhecimento de fala e geração de texto de forma coerente e relevante.

Mas não para por aí. Para que um modelo de processamento de linguagem natural (NLP) possa entender e processar texto, os tokens são então convertidos em vetores numéricos utilizando uma técnica conhecida como espaço de *embedding*. Trata-se de uma técnica de representação de texto na qual palavras ou frases do vocabulário são mapeadas para vetores de números reais. Esses vetores tentam capturar o significado semântico das palavras, de forma que palavras com atributos semelhantes tenham representações vetoriais próximas umas das outras no espaço vetorial. Isso é útil porque permite que modelos de aprendizado de máquina trabalhem com processamento de linguagem de maneira mais eficaz, realizando operações matemáticas nos vetores para detectar relações e similaridades entre as palavras.

Suponha que você tenha os termos "doutor" e "enfermeiro". Em um espaço de *embedding* bem treinado, esperaríamos que esses dois termos tivessem vetores semelhantes, refletindo o fato de que ambos compartilham um contexto relacionado à profissão médica. Isso pode incluir ambientes como hospitais, tratamentos, e cuidados com pacientes.

Da mesma forma, se compararmos "doutor" com "advogado", ainda que ambos sejam profissões que requerem estudos avançados, suas aplicações práticas são bastante distintas (saúde *vs.* direito), então seus vetores estariam mais distantes em comparação com "doutor" e "enfermeiro". Esse tipo de representação permite que algoritmos de processamento de linguagem natural realizem operações que refletem entendimentos semânticos complexos, como agrupar termos por similaridade de contexto ou inferir relações entre palavras que nunca coocorreram em um mesmo texto.

Vale a pena dar uma olhada no site do *Embedding Projector*[18] para compreender melhor o conceito de uma forma mais visual. O leitor perceberá que o site exibe uma representação visual do espaço de *embedding*, em que as palavras são pontos dispersos em um vasto espaço 3D. Experimente entrar como uma palavra como "artificial", por exemplo, e poderá observar que ela estará cercada por palavras com significados ou contextos relacionados, como inteligência, computador e neural. Essas palavras estão posicionadas próximas umas das outras, formando uma espécie de constelação que reflete sua proximidade semântica. Para além desta constelação, palavras menos relacionadas são visivelmente mais afastadas, indicando que, nesse espaço conceitual, a semelhança entre os significados é representada pela proximidade espacial.

Mas por que isso é útil? Porque os espaços de *embedding* funcionam como uma representação latente dos tokens. Essa proximidade e distância entre as palavras permite que os modelos de IA estabeleçam relações semânticas e sintáticas complexas. Quando um modelo tenta compreender um texto ou gerar uma tradução, ele analisa esses vetores para decidir quais palavras ou frases fazem sentido juntas. Isso é crucial para tarefas que exigem identificar a palavra mais adequada, a tonalidade e a nuance apropriadas. O uso de *embeddings* ajuda a capturar sutilezas da linguagem, como sinônimos, antônimos e até mesmo diferentes gêneros ou números gramaticais, proporcionando

18 Fonte: https://projector.tensorflow.org/. Acessado em 3 de setembro de 2023.

uma riqueza de compreensão que vai muito além do que uma simples lista de palavras poderia oferecer. Ademais, gera economia de tempo, poder computacional e permite que os modelos se adaptem e aprendam com novas palavras e expressões à medida que surgem, mantendo-os atualizados e relevantes no dinâmico cenário linguístico.

Agora que entendemos um pouco melhor como a máquina "enxerga" as palavras, através de seus espaços de *embedding*, podemos finalmente entrar no algoritmo dos *transformers*. A Figura 11.3 apresenta uma representação gráfica do algoritmo *transformers*.

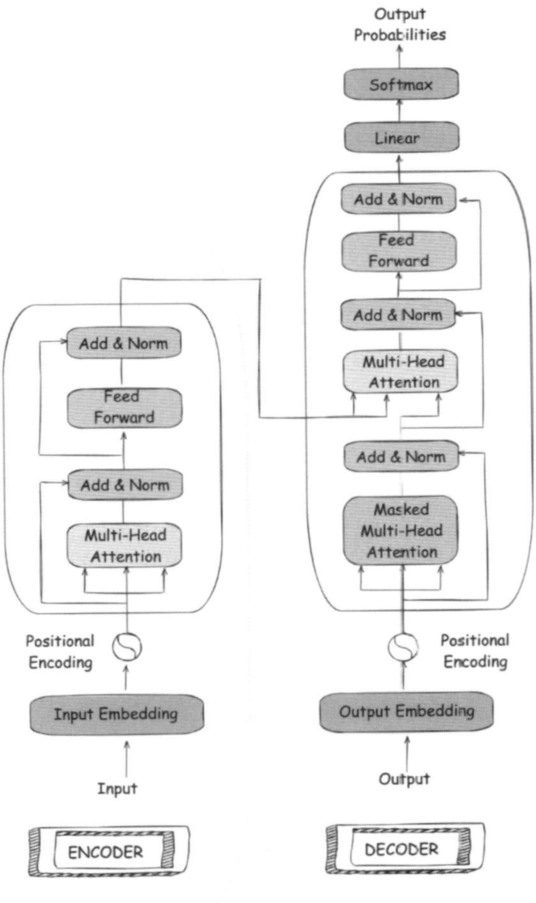

Figura 11.3: Representação gráfica do algoritmo *transformers*, tanto *encoder* quanto *decoder*.[19]

19 Fonte: Adaptado de https://arxiv.org/abs/1706.03762. Acessado em 2 de fevereiro de 2024.

Como é possível observar na figura acima, a arquitetura do *transformers* é composta por duas partes principais: um codificador (*encoder*) e um decodificador (*decoder*). O codificador é responsável por processar a entrada de dados, que no caso de linguagem natural seria um texto. Já o decodificador trabalha com as saídas do codificador e com o que já foi gerado até o momento para produzir a sequência de saída, que pode ser uma tradução do texto de entrada, por exemplo. Vale lembrar que o artigo que deu origem ao *transformers* se concentrou em resolver questões de tradução automática, por isso a estrutura de um codificador-decodificador. Porém, hoje em dia, a maioria dos modelos trabalha com versões apenas de codificação ou de decodificação. Como exemplo, os modelos generativos como o ChatGPT só utilizam a parte decodificadora dos *transformers*.

A primeira coisa que o algoritmo faz é adicionar um *positional encoding* ao vetor de *embedding* recebido. A função desse artifício é informar ao modelo a posição de cada palavra na sequência, pois, como sabemos, a ordem das palavras é essencial para entender o significado de um texto. Os modelos anteriores aos *transformers* – como as RNNs – traziam a ordem dos tokens de forma inerente ao modelo, mas os *transformers* não contêm recorrência. Assim sendo, para que o modelo entenda a sequência correta de tokens, são injetadas informações sobre a posição relativa ou absoluta dos tokens na sequência. Para esse fim, são adicionados esses *positional encoding* aos *embeddings* de entrada na parte inferior das pilhas do codificador e do decodificador.

O algoritmo também trabalha com o conceito medular de *self-attention*. Esse mecanismo permite que cada token, na entrada de um modelo *transformer*, avalie e incorpore informações de outros tokens, facilitando o entendimento do contexto e das relações dentro de um texto.

O *self-attention* opera computando três conjuntos de vetores para cada token da entrada: queries (Q), keys (K) e values (V). Esses vetores são derivados dos *embeddings* de entrada através de matrizes de pesos treináveis (diferentes para Q, K e V).

- Queries (Q): vetores que representam o token atual, ou seja, o token para o qual estamos tentando calcular o output. Eles são usados para "procurar" ou "questionar" informações relevantes dos outros tokens.
- Keys (K): vetores que representam todos os tokens no contexto. Eles são usados para serem comparados com os vetores de query. A compatibilidade entre um vetor de query e um vetor de key ajuda a determinar o nível de atenção que o vetor de value correspondente deve receber.
- Values (V): vetores que carregam as informações dos tokens que serão efetivamente usadas para criar a saída do processo de atenção, após serem ponderadas pelas pontuações de atenção.

Para um dado token, calcula-se o produto escalar entre seu vetor de query e todos os vetores de key disponíveis. Isso resulta em um conjunto de pontuações que indicam o quão relevante cada token é em relação ao token de query. As pontuações são então passadas por uma função softmax para transformá-las em valores de probabilidade.

Essa etapa garante que as pontuações somem 1, distribuindo a atenção de forma que tokens mais relevantes tenham maior peso. Finalmente, os vetores de value são ponderados pelas pontuações de atenção normalizadas e somados para produzir o vetor de saída final para o token de query em questão. Esse vetor de saída contém informações agregadas e contextualizadas de todos os outros tokens na sequência, ponderadas pela sua relevância calculada.

Sei que pode parecer intricado e confuso à primeira vista, assim foi para mim também quando li o artigo que apresenta o *transformers* (e mesmo diversas vezes depois que continuei a estudar o modelo de maneira assídua). Por isso, atrevo-me a colocar um exemplo simplificado apenas para tentar facilitar o entendimento dos cálculos para o leitor.

Como vimos, primeiramente, cada token é convertido em um vetor de *embedding* inicial. Vamos usar a frase "O gato dorme na cama". Para fins de simplificação, vamos considerar que cada palavra é um token e cada token seja representado por um vetor tridimensional:

"O": [1,0,0]
"gato": [0,1,0]
"dorme": [0,0,1]
"na": [1,1,0]
"cama": [0,1,1]

Em seguida, projetamos esses *embeddings* para os vetores query (Q), key (K) e value (V) usando matrizes de pesos treináveis:

Q, K, V de "O": [2,0,0], [2,0,0], [1,0,0]
Q, K, V de "gato": [0,2,0], [0,2,0], [0,1,0]
Q, K, V de "dorme": [0,0,2], [0,0,2], [0,0,1]
Q, K, V de "na": [3,1,0], [3,1,0], [1,1,0]
Q, K, V de "cama": [0,3,1], [0,3,1]3, [0,1,1]

Calculamos as pontuações de atenção realizando o produto escalar entre os vetores Q e K para cada par de tokens. Por exemplo, para o token "O" (usando apenas os vetores Q e K de "O", "gato" e "dorme"):

[2,0,0]·[2,0,0]=4 para "O"
[2,0,0]·[0,2,0]=0 para "gato"
[2,0,0]·[0,0,2]=0 para "dorme"

Aplicamos softmax nas pontuações para normalizá-las:

Softmax([4,0,0]) resulta em [1,0,0]

Multiplicamos as pontuações normalizadas pelos vetores V e somamos:

1×[1,0,0]+0×[0,1,0]+0×[0,0,1]=[1,0,0]

Assim, o vetor de saída para "O" reflete principalmente a informação de si mesmo (já que tem alta pontuação de atenção consigo mesmo). Cada token na sequência passa por um processo semelhante, permitindo que o modelo ajuste as representações baseado na relevância contextual dos outros tokens na frase.

Mesmo que a matemática tenha ficado um pouco melindrosa, o importante é entendermos que, através desse processo, o mecanismo de *self-attention* permite que cada token em uma sequência considere todos os outros tokens ao formar sua representação, levando em conta não somente seu significado isolado, mas também seu contexto e relação com outros tokens. Isso torna os *transformers* particularmente apropriados para entender a linguagem em que o contexto e a ordem das palavras são cruciais – ou seja, um token do início da frase pode fazer referência a um outro token no fim da frase, e o mecanismo de atenção consegue perceber isso!

Implorando pela última gota de paciência do leitor em relação a questões técnicas, na prática, o *transformers* faz uso de um mecanismo de *multi-head attention* –basicamente uma extensão do *self-attention* –, que permite ao modelo capturar diferentes "aspectos" ou "ângulos" de informação a partir dos mesmos dados de entrada. No *multi-head attention*, a operação de *self-attention* é realizada várias vezes em paralelo, com cada "cabeça" de atenção utilizando diferentes matrizes de pesos para Q, K e V. Essa abordagem permite que o modelo combine múltiplas representações para obter uma compreensão mais rica e matizada.

Uma cabeça pode aprender a focar em aspectos sintáticos da linguagem, enquanto outra pode aprender aspectos semânticos, e ainda outra pode capturar dependências a longo prazo entre tokens que estão distantes uns dos outros na sequência. Isso é particularmente útil quando estamos lidando com longas sequências de dados, como um arquivo com 2 mil tokens. O modelo consegue fazer com que o primeiro token preste atenção no token 1.520 do arquivo, dado que a atenção pode correlacionar informações que estão separadas por longas distâncias no texto.

Neste ponto, uma diferença a destacar entre o codificador e o decodificador é que no decodificador nós temos um *masked multi-head attention*. Esse outro dispositivo é essencial para manter a autorregressividade no decodificador – ou seja, a propriedade de cada saída ser condicionada apenas pelas entradas anteriores. Isso é crucial para tarefas como geração de texto, em que cada palavra deve ser prevista com base no texto que veio antes dela, não "espiando" as palavras futuras (como vimos no Capítulo 9, em que abordamos aprendizado autosupervisionado). Sem essa máscara, o decodificador teria acesso a toda a sequência de destino durante o treinamento, levando a uma espécie de "trapaça", onde o modelo poderia utilizar informações que, na prática de uso real, não estariam disponíveis.

Vale ratificar e ressaltar que, durante o treinamento, os *transformers* utilizam *multi-head attention* para processar todos os tokens de uma sequência simultaneamente. Isso é possível graças à natureza paralelizável das operações de atenção, que não dependem de um cálculo sequencial como nas redes recorrentes (RNNs). Em outras palavras, o modelo pode atender a todas as posições da sequência de uma vez, porque o objetivo é aprender as dependências entre todos os tokens, sem a necessidade de gerar um token por vez.

Entretanto, na fase de inferência, quando o modelo está gerando uma sequência – como em tarefas de tradução ou geração de texto –, ele opera de forma autorregressiva, ou seja, token por token. Cada token novo é gerado com base na sequência de tokens já produzida. No caso do decodificador de um *transformer*, isso é implementado usando *masked multi-head attention* para garantir que cada previsão só pode usar informações dos tokens gerados anteriormente.

Quando o ChatGPT – ou qualquer outro modelo de transformer em produção – está sendo executado para interagir em tempo real, está no modo de inferência. Isso significa que ele está utilizando os pesos que foram aprendidos durante o treinamento para fazer previsões sobre qual deve ser o próximo token na conversa, com base nos tokens anteriores. No entanto, é importante esclarecer que o processo de *multi-head attention* ainda é uma parte integral do modelo durante a inferência. O modelo não está aprendendo ativamente – ou seja, não está ajustando seus pesos com base em feedback –, mas ele ainda usa o mecanismo de *multi-head attention* para determinar quais partes do input devem ser focadas ao gerar cada token subsequente.

Aposto que você nunca imaginou que cada palavrinha gerada pelo ChatGPT desse tanto trabalho e passasse por tantas diferentes redes neurais! Isso que não entrei no detalhe de todas as etapas do algoritmo, que é extremamente bem elaborado. Minha intenção era tão somente despertar a curiosidade do leitor. Entretanto, para aqueles mais detalhistas, vale pesquisar mais sobre essa arquitetura do *transformers* no artigo original.[20] Você vai se surpreender com a beleza da elocubração da ideia e com a implementação matemática no núcleo do modelo. Outro macete é dar uma olhada no site *Transformers Explained*[21], brilhantemente criado por estudantes de doutorado da Georgia Institute of Technology. Trata-se de um recurso valioso para que professores ilustrem de forma clara e visual a estrutura dos modelos *transformers*, facilitando o entendimento dos melindrosos conceitos envolvidos.

O ChatGPT pode parecer uma caixa de diálogo, mas por trás de cada resposta existe um processo bastante complexo que faz uso dessa arquitetura. Em sua essência, o ChatGPT opera principalmente como um decodificador. Isso significa que ele é especializado em pegar o contexto de uma conversa e gerar respostas apropriadas. Ele não precisa de um codificador porque o contexto que ele está analisando já está em um formato compreensível – o diálogo humano.

Se o ChatGPT utiliza a arquitetura do decodificador, o *Bidirectional Encoder Representations from Transformers* (BERT), criado em 2018 pela Google, segue uma abordagem diferente. Ele atua como um codificador robusto, processando texto de forma bidirecional para entender o contexto completo de uma palavra dentro de uma sentença. Esse mecanismo de codificação bidirecional do BERT conecta-se à discussão

20 Fonte: https://arxiv.org/abs/1706.03762. Acessado em 2 de fevereiro de 2024.

21 Fonte: https://poloclub.github.io/transformer-explainer/

anterior sobre a complexidade dos LLMs, revelando mais uma camada de sofisticação em como esses modelos processam a linguagem.

Antes do BERT, a maioria dos modelos de NLP trabalhava com o texto de maneira unidirecional, processando sequências de palavras da esquerda para a direita ou vice-versa. O BERT mudou isso ao permitir que o contexto de cada palavra fosse entendido em relação a todas as outras palavras em uma sentença, ou seja, de maneira bidirecional. Essa capacidade de entender o texto bidirecionalmente é o motivo pelo qual o BERT é essencialmente um modelo baseado em codificador. Em vez de gerar texto – o que um decodificador faria –, o BERT é treinado para entender e representar a linguagem de forma que capte nuances e subtextos complexos. Por exemplo, a palavra "banco" pode ter significados diferentes dependendo do contexto em que está inserida, e o BERT é capaz de discernir essas diferenças.

É justo mencionar que o BERT revolucionou o NLP ao oferecer melhorias significativas em tarefas como classificação de texto, resposta a perguntas, sumarização e tradução. Sua abordagem inovadora de pré-treinamento em um grande corpus de texto e depois afinamento para tarefas específicas permitiu que fosse aplicado de forma mais eficiente em diferentes desafios de NLP, estabelecendo novos padrões para os modelos de IA em termos de compreensão de linguagem.

Aplicações de LLM

Saindo um pouco da parte técnica e entrando no cotidiano derivado dessa tecnologia, podemos dizer que os LLMs são verdadeiras ferramentas de transformação digital, abrangendo uma série de aplicações que impactam diretamente a forma como interagimos com o processamento de informações. Uma das aplicações mais notáveis dos LLMs é na tradução de linguagem natural. Esses modelos usam o contexto completo dos textos para produzir traduções que são gramaticalmente corretas, capturando as nuances e a essência do original. Isso é particularmente útil em ambientes multilíngues e globalizados, em que a comunicação precisa é fundamental.

No campo da sumarização de texto, os LLMs agem como sintetizadores inteligentes, capazes de destilar informações essenciais de documentos extensos – ou até mesmo vídeos – em resumos concisos e precisos. Isso economiza incontáveis horas de leitura e análise, permitindo que profissionais e estudantes se concentrem nas partes mais relevantes do conteúdo. Além disso, na análise de texto, os LLMs podem examinar grandes volumes de dados escritos para detectar tendências, sentimentos e insights, oferecendo um novo nível de entendimento em pesquisas e análises de mercado.

Na assistência à redação, os LLMs atuam como coautores inteligentes – inclusive, como já mencionei, a IA generativa me ajudou de várias formas na produção desse livro –, sugerindo melhorias, corrigindo erros e até inspirando novas ideias. Isso é incrivelmente valioso para escritores, estudantes e profissionais que buscam aprimorar seus textos, desde e-mails corporativos até a escrita de artigos acadêmicos. O impacto desses modelos na eficiência e na qualidade da escrita é inegável, oferecendo uma mão amiga no processo criativo.

No desenvolvimento de diálogos, os LLMs são inovadores, permitindo a criação de chatbots e assistentes virtuais que podem manter conversas naturais e engajantes. Essa capacidade de gerar diálogos realistas e relevantes está aprimorando a experiência do usuário em serviços de atendimento ao cliente, e-commerce e até em terapias assistidas por IA, onde a conversação natural é essencial.

Além dessas aplicações, os LLMs também estão sendo explorados em outros domínios, como o jurídico, para análise de contratos e legislação; na saúde, para apoiar o diagnóstico e a pesquisa; e na educação, como ferramentas de aprendizado personalizado. Em cada um desses campos, os LLMs estão aumentando a eficiência e abrindo novos caminhos para inovações futuras, demonstrando o vasto potencial que essas tecnologias têm para remodelar as indústrias.

Polêmicas

Como nem tudo são flores, não é difícil imaginar que essa tecnologia se tornou extremamente polêmica. A discussão sobre IA e arte ganhou destaque quando Jason Allen venceu uma competição na Feira Estadual do Colorado com uma obra criada pelo *Midjourney* em setembro de 2022[22]. Esse evento gerou um debate considerável sobre o papel da IA na arte e levou a questionamentos sobre se a tecnologia poderia, eventualmente, substituir artistas humanos.

Em outro caso muito comentado, o artista alemão Boris Eldagsen provocou reflexão no mundo da fotografia ao renunciar ao prêmio que ganhou no *Sony World Photography Award* em abril de 2023[23]. Sua obra premiada na categoria criativa – uma imagem intitulada *"Pseudomnesia: The Electrician"* – foi, na verdade, gerada por IA. Eldagsen inscreveu a foto intencionalmente para testar as reações do júri e estimular um debate sobre os limites e o futuro da arte fotográfica em uma era dominada pela tecnologia.

A indústria do cinema também enfrentou – e desconfio que continuará enfrentando – momentos controversos devido ao avanço da IA. Os roteiristas de Hollywood, em meio a discussões contratuais e greves, levantaram preocupações sobre a IA assumindo parte do processo criativo, o que poderia potencialmente ameaçar seus empregos. A *Writers Guild of America* (WGA) em maio de 2023[24], buscou restringir o uso de IA na escrita de roteiros para filmes e televisão, afirmando que a IA deveria estar no controle dos roteiristas e não dos estúdios de Hollywood.

[22] Fonte: https://www.nytimes.com/2022/09/02/technology/ai-artificial-intelligence-artists.html. Acessado em 14 de setembro de 2023.

[23] Fonte: https://www.bbc.com/news/entertainment-arts-65296763. Acessado em 14 de setembro de 2023.

[24] Fonte: https://www.theguardian.com/culture/2023/oct/01/hollywood-writers-strike-artificial-intelligence. Acessado em 14 de setembro de 2023.

A polêmica se aprofundou com o caso da *Scriptapalooza*[25], uma companhia que promove competições de roteiros. Eles lançaram um concurso de roteiros de IA que foi rapidamente cancelado após reações negativas. O presidente da *Scriptapalooza* acabou se retratando, admitindo o erro e afirmando que a decisão de lançar o concurso fora um erro e que a empresa não apoia o uso de IA dessa maneira.

Esses acontecimentos levantam questões importantes sobre os limites e o futuro do trabalho criativo nas artes. Os roteiristas temem ser reduzidos a editores de rascunhos gerados por IA, e atores estão preocupados com a possibilidade de suas semelhanças e performances serem capturadas e reutilizadas sem o devido consentimento ou remuneração contínua. A preocupação é que a tecnologia avance a ponto de a qualidade do material criado pela IA melhorar visualmente e ser adotada pelos estúdios para cortar custos, potencialmente levando a uma economia voltada para trabalhos temporários e freelancers.

Como o leitor pode notar, esse é um debate em andamento e um ponto de inflexão para a indústria, com a necessidade premente de um diálogo inclusivo que reconheça os avanços da IA, mas que promova a discussão entre todas as partes interessadas.

Uma palavra sobre "alucinações"

Você já pediu para modelos de LLM explicarem alguma coisa e a resposta recebida chegar parcialmente errada? Às vezes de forma não acurada ou mesmo completamente escalafobética? Isso pode acontecer com dados de todo tipo, mas fica mais evidente com datas, referências bibliográficas, biografias ou até mesmo cálculos que, em tese, deveriam ser simples. O nome dado para esse fenômeno é "alucinação".

Do ponto de vista psicológico, o *Manual Diagnóstico e Estatístico de Transtornos Mentais* em sua 5ª edição (DSM-V), explica que a alucinação é uma percepção sensorial que ocorre na ausência de um estímulo externo correspondente. Já no jargão da comunidade de aprendizado de máquina e IA, o termo foi adotado para descrever o comportamento de redes neurais que produzem saídas que não são baseadas em seus dados de treinamento ou que inventam detalhes que não estavam presentes na entrada que receberam.

Isso, portanto, se trata de uma de analogia entre a resposta gerada por uma inteligência artificial comparada à maneira como os humanos podem ver ou ouvir coisas que não existem durante uma alucinação. A Wikipédia define essa alegoria como "uma resposta confiante de uma IA que não parece ser justificada por seus dados de treinamento, seja porque é insuficiente, tendenciosa ou muito especializada".

Para entendermos um pouco melhor, é importante esclarecer que LLMs não funcionam como o Google, Bing ou qualquer outro mecanismo de busca. Assim sendo, via de regra, não temos as fontes de seus resultados (ainda que isso dependa do tipo de

25 Fonte: https://deadline.com/2023/07/artificial-intelligence-screenplay-competition-opens-quickly-closes-1235431839/. Acessado em 14 de setembro de 2023.

LLM). O que eles fazem é a previsão da sequência de palavras que melhor correspondem, em termos probabilísticos, ao prompt fornecido.

Como vimos, esses modelos são treinados com enormes conjuntos de dados, aprendendo assim a estrutura gramatical, o contexto semântico e a estilística dos textos. Quando recebem um prompt, eles usam essa base de conhecimento adquirida para avaliar quais sequências de palavras são mais prováveis de seguir, levando a respostas geradas que são relevantes e contextualmente apropriadas para o prompt fornecido. Ocorre que, às vezes, o algoritmo pode produzir informações que não lhe foram fornecidas e não são baseadas em seus dados de treinamento, propiciando o fenômeno das tais alucinações.

Existem várias possíveis razões pelas quais isso acontece. Em primeiro lugar, temos a questão do próprio processo de aprendizagem em si – ou seja, a forma como o treinamento dos LLMs é realizada, levando o modelo a aprender os padrões estatísticos da linguagem, tais como quais palavras tendem a seguir outras, a estrutura das frases, o uso da gramática, o contexto das palavras, e assim por diante. A concepção do algoritmo é incrível, mas é crucial lembrar que esses modelos não entendem, efetivamente, o texto ou contexto da mesma forma que os humanos. Por mais decepcionante que seja esse fato, os LLMs não sabem os significados por trás das palavras que estão prevendo; com efeito, estão simplesmente identificando padrões e prevendo o que vem a seguir com base nesses padrões.

Em função disso, quando solicitado a gerar texto, o modelo às vezes pode gerar saídas que parecem inventar detalhes ou alucinar. Isso ocorre porque a IA tenta, essencialmente, prever o que deve vir a seguir com base no que aprendeu com seus dados de treinamento, mesmo quando os detalhes específicos que está gerando não estavam presentes no prompt de entrada. Em outras palavras, se o ChatGPT for solicitado a continuar uma história sobre um personagem que nunca viu antes em seus dados de treinamento, é possível que tente gerar detalhes sobre a história de fundo, personalidade ou ações desse personagem que parecem surgir do nada. Na verdade, isso não vem da "imaginação" do ChatGPT, mas sim, do seu melhor palpite sobre o que pode ser plausível ou provável com base nos padrões que aprendeu. Se o leitor experimentar, verá como é curioso.

Além disso, modelos de IA como o ChatGPT são modelos probabilísticos, o que significa que eles geram saídas com base nas probabilidades de diferentes palavras seguindo a entrada fornecida. Eles nem sempre escolhem a próxima palavra mais provável, mas, às vezes, escolhem as menos prováveis. Isso introduz aleatoriedade e pode levar a saídas criativas ou inesperadas, que podem incluir detalhes que não foram sugeridos pela entrada ou suportados pelos dados de treinamento.

Outro ponto importante é relativo às limitações de capacidade e tempo de inferência. Os LLMs operam com uma quantidade fixa de recursos computacionais para cada previsão que fazem. Isso inclui tempo de processamento e memória disponível, que são alocados para analisar a entrada do usuário, aplicar o que o modelo aprendeu durante o treinamento e, finalmente, gerar uma resposta.

Por conseguinte, temos um elemento chave que é chamado de "janela de contexto". Isso se refere à quantidade de texto anterior – a parte da conversa que ocorreu antes da resposta atual – que o modelo leva em consideração ao gerar sua resposta. Alguns modelos têm uma janela de contexto limitada, o que significa que eles só "lembram" uma certa quantidade de texto atrás na conversa. Se a conversa for muito longa, o modelo pode começar a "esquecer" partes do início dela. Portanto, se mencionarmos um detalhe crucial no início de uma conversa longa e depois nos referirmos a ele muito mais tarde, o modelo pode não se "lembrar" desse detalhe porque está fora de sua janela de contexto. Isso pode fazer com que o modelo pareça inconsistente ou que esteja "inventando" dados que contradizem detalhes anteriores da conversa. Apenas como referência, no momento da escrita deste livro, o LLM mais potente em termos de janela de contexto era o Gemini Pro 1.5 com a impressionante capacidade de 1 milhão de tokens – aproximadamente 700 mil palavras ou 1hora de vídeo ou 11horas de áudio ou 30 mil linhas de código. Não é pouca coisa.

Vale recordar ainda que as limitações de tempo de inferência e capacidade também significam que o modelo precisa fazer o melhor uso possível dos recursos computacionais disponíveis. Por exemplo, ele precisa equilibrar a complexidade e a duração de suas respostas com a necessidade de responder em um tempo razoável e não usar recursos excessivos.

Uma outra preocupação está relacionada à falta de feedback para a IA em cenários interativos. A contrário dos humanos, que aprendem continuamente ao longo do tempo e podem retificar sua compreensão com base em novas informações, os modelos de IA são treinados apenas uma vez e depois usados para inferência. Sem falar de que muito do que os humanos aprendem não tem origem apenas no conhecimento e na manipulação da linguagem. Embora a linguagem seja, reconhecidamente, uma ferramenta crucial para comunicação e aprendizado, os humanos também aprendem com a observação e a experiência – que podem incluir pistas visuais, linguagem corporal, respostas emocionais e interações com o mundo físico.

Por exemplo, uma criança aprende sobre o conceito de "quente" ou "frio" não somente ouvindo a palavra e sua definição, mas também por experiências, como tocar em superfícies e sentir sua sensação. Essa experiência direta confere uma profundidade tácita ao entendimento que a linguagem sozinha não pode transmitir. Da mesma forma, os humanos aprendem normas sociais e culturais observando o comportamento das outras pessoas ao seu redor. Esse aprendizado observacional é um componente crítico da socialização e da compreensão de dinâmicas sociais complexas.

Modelos de IA generativa como o ChatGPT já não têm a capacidade de aprender com a observação ou a experiência direta da mesma maneira. Eles são treinados apenas em texto e não têm acesso a nenhum outro tipo de dado sensorial. Eles não têm experiências ou emoções e não interagem com o mundo físico. Pelo menos, por enquanto. Essa é outra razão importante pela qual os modelos de IA às vezes podem alucinar ou cometer erros que um humano provavelmente não cometeria.

Por último, mas não menos importante, é preciso mencionar a importância dos prompts. Os modelos respondem com base nas instruções que recebem. Eles definitivamente não entendem a intenção por trás de um prompt da mesma forma que um humano entenderia. Em vez disso, eles preveem o que provavelmente seguiria o prompt, com base nos padrões que viram em seus dados de treinamento.

Em função disso, a maneira como um prompt é formulado pode ter um grande impacto na resposta do modelo. Pequenas mudanças nas palavras de um prompt podem levar a respostas completamente diferentes e, se um prompt for vago ou ambíguo, o modelo pode gerar uma resposta que parece efetivamente alucinar. Na prática, o algoritmo está preenchendo as lacunas no prompt com base nos padrões que aprendeu, que podem não estar alinhados com o que o usuário pretendia.

Por exemplo, se você colocar no prompt: "Conte-me uma história sobre um castelo", ele pode gerar uma narrativa detalhada sobre um castelo medieval, repletos de cavaleiros, artefatos mágicos, rei, rainha e batalhas. O que ele está fazendo é, basicamente, adivinhar que tipo de história você deseja com base nos padrões com que foi treinado.

Em outras palavras, o modelo é sensível a frases de entrada e pode fornecer respostas diferentes com base em pequenas mudanças na maneira como uma pergunta ou declaração é formulada. É por isso que um prompt bem-feito é extremamente importante nos LLMs, já que o modelo gera respostas de acordo com o que é dado a ele. Como o modelo não entende o contexto ou a intenção da mesma maneira que um humano, o modo como o prompt é formulado pode influenciar muito a resposta do modelo.

O objetivo dessa nova atividade é justamente otimizar o desempenho de modelos de linguagem através do projeto cuidadoso de instruções ou prompts fornecidos ao modelo. Isso pode incluir a adição de prefixos ou preâmbulos claros e informativos, a especificação de formatos de resposta desejados, a inclusão de exemplos de entrada e saída esperados, entre outras estratégias. Passarei mais dicas de prompts no próximo capítulo, que é específico sobre o ChatGPT.

Cabe ainda uma consideração singular sobre as alucinações. Curiosamente, ainda que inconvenientes, as alucinações podem ser também um recurso interessante em determinados contextos. Por exemplo, quando se está buscando inspiração para um texto, seja ele uma história, um poema, ou um roteiro, a capacidade da IA de gerar ideias "fora da caixa" pode ser extremamente útil. Pode-se pedir ao ChatGPT que continue uma história com um enredo, personagens ou configuração que nunca viu em seus dados de treinamento e o modelo irá gerar detalhes e progressões de trama que são completamente originais. Além disso, a característica de alucinação do modelo pode ser ajustada. Quando se faz uso de uma *Application Programming Interface* (API) da OpenAI, o ChatGPT tem um parâmetro denominado "temperatura", que pode ser ajustado (de 0 a 1) para controlar o grau de aleatoriedade ou criatividade nas respostas do modelo.

Um valor de temperatura mais alto obriga o modelo a fazer escolhas mais aleatórias e potencialmente mais criativas, enquanto um valor de temperatura mais baixo faz com que o modelo escolha opções mais previsíveis e seguras. Isso permite um certo grau de controle sobre a criatividade do modelo, para que seja ajustado de acordo com as necessidades específicas do usuário.

Portanto, embora as alucinações possam ser desagradáveis em contextos em que a precisão e a aderência estrita aos dados de entrada são prioritárias, elas podem ser uma característica desejável e útil em outras situações nas quais a criatividade e a geração de ideias originais são mais valorizadas.

Em última análise, temos que aceitar que, por agora, as alucinações nos LLMs são inevitáveis. Compreender o comportamento desses modelos e adotar estratégias – como a regeneração de respostas e a validação cuidadosa dos dados gerados – podem ajudar a navegar por esses desafios. Ter familiaridade com o tema em questão também melhora significativamente a eficácia da utilização desses modelos, permitindo uma sintonia fina das respostas para alcançar o resultado desejado.

Retrieval-Augmented Generation (RAG)

RAG É UMA TÉCNICA QUE MISTURA A BUSCA DE INFORMAÇÕES COM A GERAÇÃO DE TEXTO PARA DEIXAR as respostas dos modelos de linguagem mais precisas e úteis. Isso porque os LLMs são treinados com uma montanha de dados da internet, mas têm um probleminha: não conseguem acessar informações específicas ou atualizadas depois de uma certa data. Isso significa que, se você perguntar algo que aconteceu recentemente ou que não estava nos dados de treinamento, eles podem ficar meio perdidos.

Agora, considere a seguinte situação: e se você pudesse treinar o modelo para acessar os dados da sua própria empresa? É aí que entra o RAG! Ele permite que disponibilizemos nossos próprios documentos, arquivos e informações específicas para o modelo de linguagem. Assim, ele pode buscar essas informações e dar respostas que fazem sentido dentro do contexto da nossa realidade. Isso torna o LLM muito mais útil e poderoso, porque ele passa a entender as particularidades e detalhes que são importantes para a sua organização, sem precisar de um "update" completo. É como ter um assistente que conhece todos as especificidades do seu negócio. O esquema de funcionamento de um RAG é mostrado na Figura 11.5.

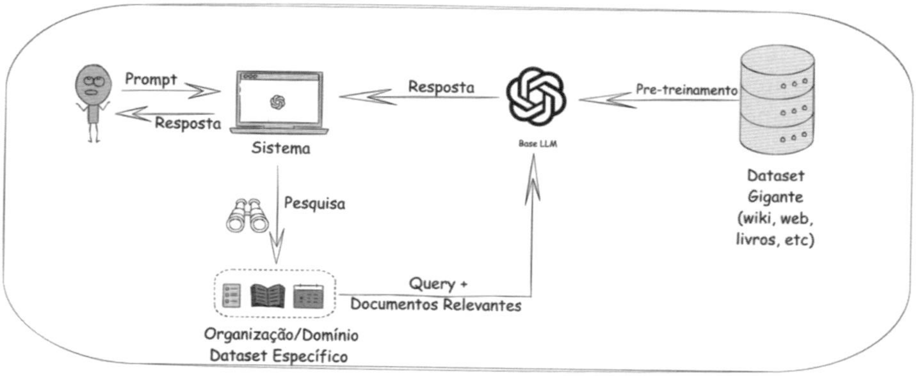

Figura 11.5 Esquema de funcionamento do RAG.

Fonte: O autor.

Para facilitar a compreensão, precisamos entender que o RAG tem duas partes principais: recuperação e geração.

Recuperação

Quando fazemos uma pergunta, o sistema vai atrás de documentos relevantes em uma base de dados. Essa base é feita de documentos já pré-preparados e que têm as informações que podem responder à sua pergunta. A ideia é achar os documentos mais relevantes que possam ajudar na resposta.

Assim sendo, de antemão é necessário ter uma base de dados com todos os documentos que possam nos ser úteis. Isso pode incluir relatórios, e-mails, arquivos em PDF, páginas da web, e por aí vai. Esses documentos são organizados e indexados. É como criar um catálogo de biblioteca, onde cada documento tem um "endereço" que facilita encontrá-lo mais tarde. Quando se faz uma pergunta, o sistema não procura só por palavras-chave. Ele tenta entender o contexto da sua pergunta como se estivesse tentando captar a conjuntura do que desejamos saber. Após encontrar alguns documentos que podem ser significativos ao enredo, o sistema os ordena com base na relevância. Isso garante que as informações mais úteis apareçam primeiro.

Geração

Depois de encontrar os documentos, o modelo de linguagem gera uma resposta usando as informações desses documentos. Isso faz com que as respostas sejam coerentes e mais precisas, visto que são baseadas em dados que lhe foram passados. Explicando melhor, o modelo de linguagem busca os documentos recuperados e os analisa. Ele tenta entender o que está sendo dito e como isso responde à nossa pergunta. Com base nas informações dos documentos, o modelo gera uma resposta. Ele não copia e cola; ele cria uma resposta nova e coerente, usando o que aprendeu com os documentos. O modelo tenta garantir que a resposta faça sentido dentro do contexto da pergunta e que seja clara e direta. Finalmente, a resposta gerada é entregue, pronta para ser usada.

Essa combinação de recuperação e geração é o que torna o RAG tão poderoso. Não é só o fato de encontrar as informações certas, mas também de gerar respostas que fazem sentido e são úteis para o que se precisa. Só que, como tudo na vida, tem seus desafios. Vamos dar uma olhada em alguns deles:

- Primeiramente é preciso juntar e organizar todos os documentos que serão utilizados. Parece simples, mas pode virar um quebra-cabeça. É preciso garantir que os dados estejam corretos e atualizados. Ninguém quer uma resposta baseada em informações anacrônicas.
- Outro ponto é relativo à qualidade dos dados. Se você alimentar o sistema com dados bagunçados ou imprecisos, as respostas serão no mesmo nível. Ou seja, é crucial fazer uma boa limpeza e organização dos dados antes de começar.
- Fazer tudo funcionar junto também pode ser um desafio. É necessário integrar a busca de documentos com o modelo de linguagem, e isso pode exigir algum esforço técnico. Se estivermos lidando com muitos dados ou sistemas

antigos, a coisa pode complicar ainda mais. É como tentar encaixar peças de quebra-cabeça que não foram feitas para se encaixar.

- À medida que se adiciona mais dados, o sistema precisa ser capaz de lidar com esse crescimento sem perder performance. Mais ou menos como tentar fazer com que seu carro continue andando no mesmo ritmo e com o mesmo consumo de combustível mesmo quando continuamos a encher o porta-malas.
- Depois que tudo está funcionando, vem a parte da manutenção. É fundamental monitorar o sistema para garantir que ele continue eficiente e relevante. Isso significa atualizar dados, ajustar parâmetros e, às vezes, lidar com *bugs* que aparecem do nada.
- Se estivermos lidando com dados sensíveis, a segurança é um desafio extra. Temos que garantir que os dados estejam protegidos e que o sistema esteja em conformidade com as regulamentações de privacidade.

Esses desafios podem parecer assustadores a princípio, mas, com planejamento e as ferramentas certas, eles são totalmente superáveis. E no final, o benefício de ter um sistema que entende e responde com precisão às perguntas que são feitas, e com menos alucinação, vale o esforço!

Para ilustrar, pense em um escritório de advocacia lidando com casos complexos que envolvem toneladas de documentos legais:

- O RAG é alimentado com leis, jurisprudências, e documentos específicos de cada caso.
- Quando um advogado precisa de informações, o sistema busca nos documentos relevantes e gera um resumo conciso.
- Benefício: economiza horas de pesquisa manual e ajuda a identificar precedentes legais que poderiam passar despercebidos.

Por exemplo, se um advogado perguntasse: "Quais são os precedentes para casos de violação de patentes no setor de tecnologia nos últimos 5 anos?", o RAG poderia fornecer um resumo dos casos mais relevantes, destacando pontos-chave que podem ser úteis para o caso atual.

Pontos-chave

- A IA generativa é uma subárea da inteligência artificial focada em criar dados que imitam os originais, estendendo-se além de simples tarefas de classificação ou predição.
- Os Modelos de Linguagem de Grande Escala (LLMs) representam um avanço significativo em IA generativa, lidando com o entendimento e a geração de texto natural.
- O treinamento de LLMs envolve o processamento de vastos conjuntos de dados textuais para aprender a prever e gerar linguagem de forma coerente.
- O ChatGPT é um exemplo de LLM que opera como um *decoder*, focado em gerar respostas baseadas em diálogos compreensíveis.
- O BERT, criado pela Google em 2018, é um marco no NLP, aplicando codificação bidirecional para captar nuances contextuais e melhorar tarefas como a classificação de texto e a resposta a perguntas.
- *Transformers* são arquiteturas inovadoras que utilizam mecanismos de atenção para processar sequências de dados e são fundamentais para o desenvolvimento de LLMs avançados como o ChatGPT.
- O treinamento de GANs é um processo adversarial entre redes geradoras e discriminadoras, resultando em uma melhoria contínua na geração de dados.
- Apesar de suas aplicações inovadoras, a tecnologia de IA generativa levanta questões éticas importantes e a necessidade de uso responsável.
- Tokens são unidades básicas de texto usadas para treinamento e geração de texto, representando palavras, caracteres ou subpalavras.
- Os *embeddings* transformam palavras em vetores numéricos que capturam significado e contexto, permitindo que modelos de IA processem linguagem natural de maneira eficiente e com rica compreensão semântica.
- As alucinações em LLMs representam respostas geradas que se desviam da realidade ou do conteúdo de treinamento, surgindo a partir de inferências probabilísticas baseadas em padrões aprendidos, mas sem ancoragem direta em dados concretos ou fatos.
- A IA generativa tem diversas aplicações práticas, desde tradução e sumarização de texto até assistência em redação e criação de diálogo para chatbots.

CAPÍTULO 12
ChatGPT

"Serve the public trust, protect the innocent, uphold the law. [...] Dead or alive, you're coming with me."

(*Robocop*)

Como não poderia deixar de ser, teríamos que ter um capítulo sobre o ChatGPT. Não só em homenagem àquele que se tornou para mim um grande "assistente de luxo" nas tarefas cotidianas, mas principalmente pela importância que assumiu no cenário da inteligência artificial em todo planeta. Como vimos no Capítulo 2 que trata da história, o conceito de IA não é novo e já vendo sendo testado e praticado há muito tempo, desde uma abordagem mais clássica que operava com base em regras e representações simbólicas – carinhosamente denominada *Good Old-Fashioned AI* (GOFAI) –, até o aprendizado de máquina. Mesmo nós, pobres mortais, já usávamos a IA de muitas formas diferentes sem nos dar conta, seja embutida nas pesquisas do Google, nas recomendações da Amazon, nas direções que o Waze nos passa, ou nas sugestões de filmes do Netflix.

Só que esses algoritmos trabalham debaixo dos panos e a práxis da IA permanecia restrita a especialistas, ao contexto empresarial ou à Academia. Foi com a liberação do ChatGPT para o público em geral em novembro de 2022 que a IA voltou à pauta e se tornou mais difundida e frutífera. A partir do acesso direto a esse incrível chatbot através dos nossos navegadores da internet, a IA se tornou efetivamente onipresente em nosso cotidiano e na mídia em geral, passando a despertar diversos debates acalorados a respeito de sua utilização. Claro que depois do ChatGPT vieram vários outros LLMs, mas seria injusto não atribuir o mérito da popularização da IA para a OpenAI.

Visão Geral

Antes de continuar, considero meritório deixar explícito para o leitor em que pé estamos na intrincada estrutura da IA. Para tanto, entendo que Figura 12.1 a seguir explica melhor que mil palavras.

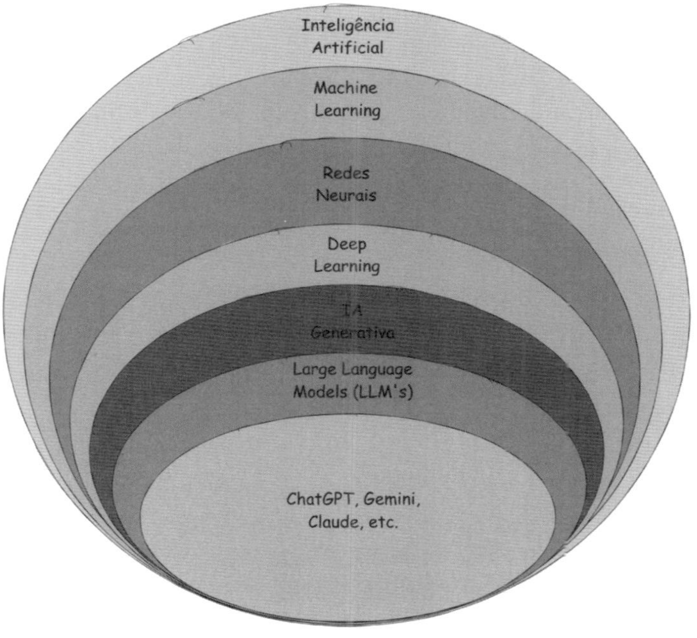

Figura 12.1: Estrutura de camadas da IA e do aprendizado de máquina.
Fonte: O autor.

Essa imagem representa visualmente o ecossistema da IA destacando a inter-relação entre suas diversas camadas e subdisciplinas. Como o leitor observa, a IA é o domínio abrangente, o mar no qual todos os outros conceitos nadam. Dentro desse vasto oceano, temos o *machine learning*, uma ilha de possibilidades onde as máquinas aprendem a partir de dados.

Mergulhando mais fundo, encontramos as redes neurais, estruturas que imitam o funcionamento do cérebro humano e servem como os blocos de construção para o *deep learning*. Este especializa-se em modelar e entender complexidades abstratas, empregando redes com várias camadas para executar tarefas com precisão cada vez maior.

No coração desse universo, situado dentro do círculo de *deep learning*, está a IA generativa, uma área inovadora que aprende a partir de dados e tem a capacidade de gerar novos dados – criando, assim, conteúdo inédito que pode imitar ou até superar o que é conhecido.

No centro dessa região da IA generativa, brilhando intensamente, estão os LLMs, que incluem, dentre vários outros, gigantes como o ChatGPT, o Gemini e o Claude. Esses modelos representam o pináculo da geração de linguagem, combinando o poder de compreensão e criação de texto para dialogar, escrever e interagir de maneira que antes era considerada exclusiva da inteligência humana.

Feito esse mapeamento conceitual, cabe ratificar que a OpenAI, ao lançar o ChatGPT, apresentou ao mundo um avançado LLM estabelecendo um novo paradigma para a interação diária com a IA. O ChatGPT representa esse divisor de águas no campo da IA marcando sua presença como um modelo de linguagem conversacional avançado. Esse LLM combina a vasta capacidade de compreensão do idioma com a habilidade de gerar respostas que imitam a fluência e a lógica humanas em um diálogo. A relevância do ChatGPT reside em sua flexibilidade e adaptabilidade, tornando-o uma ferramenta revolucionária, tanto para especialistas em tecnologia quanto para o público geral.

Desde o seu lançamento, o ChatGPT vem causando impacto significativo por sua capacidade de realizar uma ampla gama de tarefas linguísticas. Ele pode manter uma conversa coerente e contextualizada, responder a perguntas, auxiliar na escrita criativa e técnica, e até mesmo codificar em várias linguagens de programação. A habilidade de fornecer respostas detalhadas e informativas tornou o ChatGPT uma adição valiosa em setores como educação, atendimento ao cliente e desenvolvimento de software.

Em termos de funcionalidades, o ChatGPT oferece uma experiência de usuário personalizável. Ele pode ser adaptado para diferentes estilos e tons de comunicação, dependendo das necessidades de cada pessoa. Além disso, com a capacidade de integrar-se a outras aplicações e serviços, o ChatGPT estende sua utilidade para além de uma plataforma de chat simples, agindo como um assistente pessoal inteligente, capaz de auxiliar com tarefas complexas e fornecer informações em tempo real.

Duas das principais funcionalidades que evidenciam a versatilidade do ChatGPT são o Espaço GPT (uma espécie de GPT Store) e o *Teams Workspace*. O Espaço GPT é uma verdadeira oficina de inovações, oferecendo aos usuários a oportunidade de criar e personalizar seus próprios GPTs e plugins. Além de explorar aplicativos prontos, os usuários podem desenvolver novas funcionalidades que se integram diretamente ao ChatGPT, expandindo suas capacidades e permitindo uma experiência de conversação sob medida. Com ferramentas especializadas e possibilidades de customização, o Espaço GPT transforma o ChatGPT em uma plataforma colaborativa e dinâmica, em que a nossa criatividade é o limite. Por outro lado, o *Teams Workspace* redefine a colaboração, criando um ambiente onde equipes podem trabalhar em conjunto, aproveitando a inteligência do ChatGPT para elevar sua produtividade e eficácia. Essas funcionalidades melhoram a interação do usuário com a IA e fomentam um cenário colaborativo muito útil no qual o ChatGPT se torna um aliado valioso no fluxo de trabalho diário.

História e evolução do ChatGPT

A história do ChatGPT é uma narrativa de constante avanço tecnológico dentro do campo da inteligência artificial. Começando com o GPT-1, lançado pela OpenAI em 2018, a primeira geração do modelo de linguagem já era capaz de realizar tarefas de preenchimento de texto com um certo nível de proficiência. Ainda que limitado, o GPT-1 lançou as bases para os desenvolvimentos subsequentes. Já o GPT-2, introduzido em 2019, representou um salto significativo em relação ao seu predecessor. Com uma capacidade muito maior (1,5 bilhão de parâmetros) e um conjunto de dados de treinamento mais extenso, o GPT-2 foi capaz de gerar textos coerentes e contextuais que eram muitas vezes indistinguíveis dos escritos por humanos. A OpenAI inicialmente hesitou em liberar o modelo completo devido a preocupações com o potencial de uso indevido, destacando questões éticas que acabaram se tornando um tema recorrente na discussão sobre a IA generativa.

O GPT-3, lançado em 2020, trouxe uma revolução ainda mais marcante com seus 175 bilhões de parâmetros. Com uma compreensão de linguagem e uma capacidade de geração de texto ainda mais profundas, o GPT-3 permitiu aplicações mais ambiciosas, como redação criativa, tradução, aprendizado de máquina e até programação básica. Foi com o GPT-3 que o conceito de "ChatGPT" realmente ganhou vida, permitindo interações iguais às de um ser humano.

Só para quem "não ligou o nome à pessoa", talvez seja interessante definir o que são esses tais parâmetros. Afinal, estamos falando de uma quantidade muito grande deles e que fazem total diferença na capacidade de atuação do ChatGPT. Em termos simples, os parâmetros em um modelo de linguagem são como as sinapses no cérebro humano; eles são conexões que determinam como a informação é processada. No contexto do GPT-3, você pode pensar nisso como tendo 175 bilhões de ajustes diferentes que o modelo pode usar para aprender, entender e gerar linguagem.

Cada parâmetro pode ser ajustado durante o treinamento do modelo – aliás, é assim que o modelo aprende! Por exemplo, se o modelo está tentando aprender a diferença entre as palavras "gato" e "cachorro", ele ajustará seus parâmetros para reconhecer padrões nos dados que diferenciam um gato de um cachorro no texto. Quanto mais parâmetros, mais variantes e complexidades o modelo pode capturar sobre a linguagem.

Então, quando eu disse que o GPT-3 tinha 175 bilhões de parâmetros, quis expressar que ele tem uma capacidade incrivelmente vasta para aprender e entender detalhes finos e complexos da linguagem humana, muito mais do que seus antecessores. É por isso que o ChatGPT escreve textos que parecem incrivelmente naturais, complexos e humanos.

Um detalhe interessante é que o modelo GPT-3.5, uma versão intermediária entre o GPT-3 e o GPT-4, oferecia uma série de melhorias em relação ao seu antecessor e foi disponibilizado de forma gratuita pela OpenAI, permitindo aos usuários acesso a uma tecnologia avançada sem custo. Essa decisão estratégica da OpenAI de oferecer o GPT-3.5 gratuitamente pode ter sido um movimento desbravador decisivo para ampliar a adoção e o teste do modelo por um público mais amplo, coletando feedback valioso e incentivando o desenvolvimento de aplicações inovadoras. Obviamente que todo pioneiro colhe ônus e bônus de sua iniciativa.

Já o GPT-4, uma evolução considerável do GPT-3.5, trouxe aprimoramentos significativos, como maior número de parâmetros, melhor compreensão de nuances e a capacidade de gerar textos mais coerentes e contextuais. Exatamente por ser uma tecnologia mais avançada e potente, o GPT-4 não era oferecido gratuitamente pela OpenAI, requerendo uma assinatura plus no valor de US$20 por mês por usuário, para um número limitado de interações com o modelo. Ademais, a versão paga podia oferecer melhor suporte e recursos mais robustos para integração em ambientes empresariais, como a conformidade com políticas de privacidade e segurança mais rígidas. Ao optar pelo modelo pago, as empresas e desenvolvedores tinham acesso a um nível de serviço que correspondia às necessidades de suas aplicações críticas, enquanto o modelo gratuito era mais adequado para experimentação, aprendizado e desenvolvimento de protótipos.

Ou seja, o GPT-3 representou a abertura de portas para uma nova era de processamento de linguagem, mas as melhorias não pararam por aí. A evolução tecnológica da IA continuou rapidamente, dando origem ao GPT-4, GPT-4o (*omni*, que significa *tudo* em latim) e depois a versão o1, como ilustrado na Figura 12.2 a seguir:

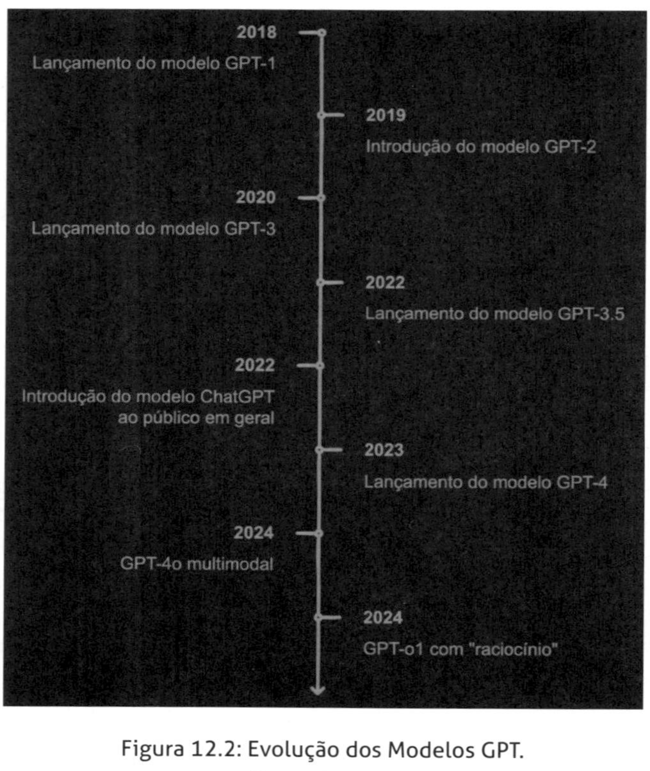

Figura 12.2: Evolução dos Modelos GPT.
Fonte: O autor.

Não seria exagero dizer que o GPT-4o foi um divisor de águas. Para começar, em termos comparativos, a velocidade de resposta desta versão é profundamente mais rápida. O ChatGPT 4o lê, escreve, fala, enxerga, reconhece objetos, conversa, tem senso de humor, entre outras funcionalidades que tornam a interação muito mais amigável.

Isso foi possível porque o GPT 4o é verdadeiramente multimodal, o que corresponde a trabalhar diretamente com texto-imagem-áudio de forma nativa, se transformando de um *Large Language Model* (LLM) em um *Large Multimodal Model* (LMM). Isso significa que ele pode analisar uma imagem fornecida pelo usuário e responder a perguntas sobre ela, descrever detalhes visuais ou até mesmo gerar imagens com base em descrições textuais.

Ademais, a OpenAI aumentou a quantidade de línguas que o ChatGPT consegue entender, inclusive com taxas de erros menores. Essa mudança foi crucial e fez com que os diálogos ficassem infinitamente mais naturais, como se estivéssemos conversando com um ser humano de fato (320 milissegundos de tempo de resposta a partir da entrada de voz), inclusive com possibilidade de interrupção e retomada da conversa.

A empresa também disponibilizou uma versão para desktop do ChatGPT 4o que pode ser acessada diretamente em computadores Macintosh através de uma simples combinação das teclas. Até a data de publicação deste livro, a versão Windows ainda não havia sido anunciada (aliás, foi a primeira vez que vi o Mac ser privilegiado), mas, provavelmente, quando o leitor tiver este exemplar em mãos, isso já terá ocorrido. Tal fato é muito interessante, visto que o aplicativo pode, inclusive, gerar e entender imagens diretamente do desktop, analisá-las, e todo resto que já estávamos acostumados nas versões anteriores, interagindo, inclusive, através de voz.

Falando nisso, desde que comecei a lidar com computadores, alimento o sonho de poder me relacionar de forma natural com a máquina – sem cartões perfurados, comandos DOS:\\, janelas, ou mesmo mouse – somente com a fala. Meu pai sempre me provocava com isso, dizendo: "essa máquina vai ser boa o suficiente quando pudermos pedir coisas diretamente e ela executar". Embora nunca tenhamos tido tecnologia suficiente para isso, estamos gradualmente observando a presença crescente de agentes de IA em nossas vidas, e com o GPT-4 essa realidade está mais próxima do que nunca.

Uma curiosidade foi que a empresa decidiu liberar essa versão para todos os usuários, porém com algumas limitações. Isso significa que a versão GPT 4o ficou disponível tanto para quem estava acostumado a pagar US$20 por mês como para quem só acessava a versão grátis. A diferença é que na versão grátis os usuários têm uma certa limitação de uso, e, quando esse limite é atingido, o chatbot volta automaticamente para a antiga versão GPT-3.5. Já os assinantes do modelo pago têm um limite cinco vezes maior.

Mas a OpenAi seguiu lançando mais versões, como o GPT-4o com canvas, que é uma evolução poderosa da IA generativa, permitindo que os usuários não apenas interajam por meio de texto, mas também utilizem um espaço visual dinâmico para diagramas, anotações, fluxos e até mesmo ilustrações. Essa funcionalidade oferece uma forma mais interativa e visualmente rica de explorar ideias complexas, misturando a capacidade textual do GPT-4o com representações gráficas, o que facilita a colaboração, o aprendizado e o desenvolvimento de projetos em tempo real – mais ou menos parecido com o recurso "artefatos" do Claude da Anthropic.

Não bastasse todo esse avanço, a OpenAI surpreendeu novamente o mundo tecnológico com o lançamento do GPT o1 em setembro de 2024. Essa versão representou uma nova série de modelos da empresa. Embora seja semelhante a outros modelos previamente difundidos, os modelos o1 são significativamente melhores para se trabalhar em tarefas complexas e em problemas mais difíceis que exigem certo grau de raciocínio lógico. Antes que o leitor fique surpreso, a máquina ainda não ganhou senciência (pelo menos não até eu acabar de escrever este livro), mas esse modelo foi treinado para "pensar" nos problemas antes de responder. Na verdade, isso significa que eles integram uma técnica de engenharia de prompt denominada *Chain of Thought* (CoT) diretamente no modelo. Quando damos ao modelo um prompt complexo, em vez de tentar gerar uma resposta, ele divide o que solicitamos em etapas mais simples, gerando uma cadeia de pensamento passo a passo antes de dar o resultado – como nós, humanos, fazemos ao tentar resolver uma equação, por exemplo.

A tendência é que novas e mais elaboradas versões continuem a ser produzidas e integradas ao nosso cotidiano. Inclusive, quando você tiver este livro em mãos, provavelmente novas versões terão sido disponibilizadas, até porque se trata de uma demanda do mercado. A cada atualização, a OpenAI trabalha para mitigar problemas de viés e confiabilidade, buscando construir modelos mais seguros, confiáveis e com menos alucinações.

Como o ChatGPT funciona

O ChatGPT é um modelo de linguagem que se baseia na arquitetura *transformers* – que foi explicada no capítulo anterior – e segue todo aquele processo de atenção. Mais especificamente, ele faz uso de uma variante conhecida como *Generative Pre-trained Transformer* (GPT) projetada para entender o contexto e gerar texto de maneira sequencial, capturando a essência da conversação humana. Efetivamente, funciona como um *decoder* de atenção autorregressiva, o que significa que ele gera uma resposta palavra por palavra, usando o texto gerado anteriormente como parte de sua entrada para as próximas palavras. Durante a geração de texto, o modelo considera todo o contexto disponível até o momento, o que inclui o prompt do usuário e o que o próprio modelo já gerou.

Entretanto, para que o ChatGPT possa fazer esse malabarismo com as palavras, ele precisou ser treinado com texto. Muito texto! A OpenAI não divulga especificamente todos os conjuntos de dados utilizados, mas eles são conhecidos por incluir uma mistura diversa de material para garantir que o modelo seja exposto a uma ampla variedade de tópicos, estilos de escrita e opiniões. Me refiro a textos da web, literatura em geral, enciclopédias, material educativo, diálogos e conversas, fóruns de discussão online, mídia social, códigos de programação, entre outros.

A escolha dessas bases de dados é crucial para garantir que o modelo de linguagem tenha um conhecimento abrangente e possa responder a uma ampla gama de perguntas. Ademais, a seleção de dados visa minimizar o viés e garantir que o modelo possa se comunicar de maneira eficaz e ética. No entanto, vale lembrar que os dados utilizados para treinamento também apresentam desafios, como a inclusão de informações tendenciosas ou de baixa qualidade, o que requer uma curadoria cuidadosa e métodos de treinamento sofisticados para mitigar esses problemas.

Dito isso, esse treinamento ocorreu em três fases, cada uma desenhada para aprimorar uma capacidade específica do modelo, conforme mostrado na Figura 12.3:

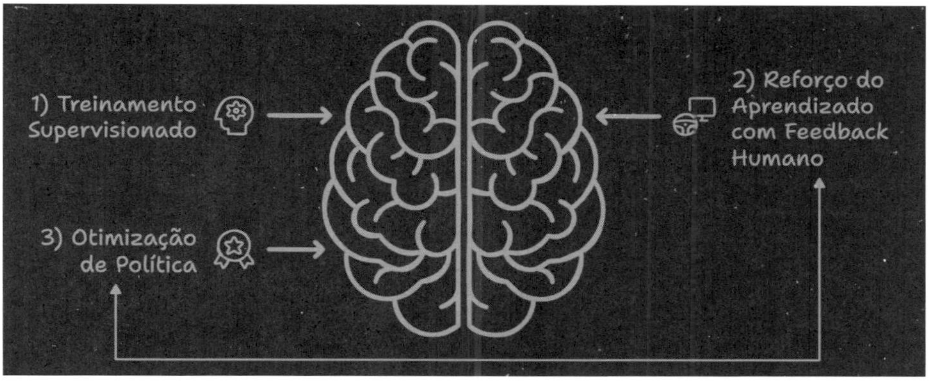

Figura 12.3: Desenho esquemático das fases de treinamento do ChatGPT.
Fonte: O autor.

- 1ª fase: Treinamento Supervisionado (SFT – *Supervised Fine-Tuning*): Nesta fase, o modelo é treinado com um conjunto de dados de perguntas e respostas para aprender a produzir respostas apropriadas. De onde surge esse conjunto de dados? De um exército de pessoas que foram contratadas para gerar prompts e rótulos de respostas. Sim, profissionais foram pagos para fazer isso. Não se tem a informação de quantos, mas foram muitos.
- 2ª fase: Reforço do Aprendizado com Feedback Humano (RLHF – *Reinforcement Learning from Human Feedback*): Aqui, o modelo é exposto a cenários simulados de interações nas quais os humanos fornecem feedback sobre as respostas geradas pelo modelo. Isso ajuda a ajustar e melhorar as respostas do modelo para que elas estejam mais alinhadas com o que um humano consideraria uma "boa" resposta. Note que novamente menciono humanos no processo de treinamento.
- 3ª fase: Otimização de Política (*Policy Optimization*): Na terceira fase, o modelo é refinado ainda mais por meio de um processo de otimização de política. Isso envolve a utilização de um modelo de recompensa, que é derivado dos dados de feedback humano coletados na fase anterior. O modelo de

recompensa é usado para avaliar a qualidade das respostas do modelo e ajustar seus parâmetros para maximizar as recompensas. Essencialmente, o modelo aprende a produzir respostas que são mais prováveis de serem recompensadas com base nas preferências e julgamentos humanos.

Durante a otimização de política, há um processo de feedback contínuo em que as respostas do modelo são constantemente avaliadas e o modelo é ajustado para melhorar seu desempenho. Isso cria uma espécie de ciclo de feedback que retroalimenta o modelo com informações sobre a qualidade das suas respostas, permitindo uma aprendizagem contínua e aprimoramento ao longo do tempo.

Esse processo de retroalimentação ajuda o modelo a entender melhor as variações da nossa linguagem e, consequentemente, a entender também o que faz uma resposta ser boa ou ruim de acordo com critérios humanos. Isso pode envolver compreensão de aspectos culturais, sentimentos, relevância da informação e muitos outros fatores que são difíceis de serem capturados através de algoritmos padrão de treinamento supervisionado.

Após esse intensivo processo de treinamento, o ChatGPT atingiu um nível de sofisticação em que sua operação pode ser descrita como a tecelagem de uma tapeçaria textual complexa. Sua base é a capacidade de analisar e compreender o contexto dentro de uma vasta gama de texto, construindo um modelo estatístico que mapeia a probabilidade de sequências de palavras. Quando confrontado com um prompt, o ChatGPT emprega esse modelo para tecer uma resposta alinhada, calculando a probabilidade de cada palavra subsequente no fio da conversa com base no contexto fornecido e nas palavras que já foram geradas.

À medida que cada palavra nova é criada, a probabilidade subjacente é refinada, permitindo que a resposta evolua de forma dinâmica e orgânica. Esse processo confere ao ChatGPT a habilidade de produzir respostas relevantes em relação ao que foi solicitado e ainda manter uma fluidez que é reminiscente da interação humana – um diálogo que parece natural, com cada palavra parecendo ser escolhida com um propósito claro e inserida com precisão contextual. E é por isso que gostamos tanto dele!

Todo esse poder de processamento é fantástico, mas uma preocupação óbvia também surge em paralelo. O que acontece com os dados que são colocados no ChatGPT? Adianto que, quando usamos a ferramenta, todas as conversas, prompts e dados carregados são passíveis de armazenamento pelo modelo. Quando fazemos a subscrição, a OpenAI coleta nossos dados de geolocalização, endereço de e-mail, informações de atividade na rede, histórico de transações, identificadores, cookies de dispositivo, endereço IP, sistema operacional etc. A empresa inclusive atesta que pode usar prompts, respostas e imagens carregadas para melhorar seus serviços.

Dito isso, cabe a pergunta: é seguro colocar dados da sua organização no ChatGPT? A resposta infelizmente não é binária e depende de alguns fatores. Se estivermos falando de consultas simples, parafrasear textos, traduções, e coisas do tipo, o uso não só é seguro como recomendado. Afinal, existem ganhos de produtividade e qualidade excepcionais comprovados em pesquisas[1] quando utilizamos o ChatGPT para tarefas de "colarinho branco".

Todavia, não sugiro inserir documentos de cunho confidencial da sua organização na ferramenta. Algumas empresas são tão preocupadas com isso que chegaram até mesmo a banir seu uso interno por algum tempo. A decisão mais sensata me parece ser o meio termo – ou seja, não desprezar o ganho de eficiência que o ChatGPT promove, mas, ao mesmo tempo, estabelecer um guia de uso detalhado para todos os colaboradores da empresa. Em outras palavras, em se tratando de segurança, a educação (e a responsabilidade) dos usuários jamais deve ser ignorada.

Acessando e utilizando o ChatGPT

Acessar e utilizar o ChatGPT é um processo surpreendentemente simples e intuitivo, projetado para ser acessível a qualquer pessoa com uma conexão à internet. A plataforma mais direta para interagir com o ChatGPT é através do site da OpenAI, na qual usuários podem simplesmente digitar suas perguntas ou comandos em uma interface de chat e receber respostas em tempo real.

Além do site oficial, o ChatGPT está integrado em diversas plataformas e aplicativos, graças à API fornecida pela OpenAI. Isso permite que desenvolvedores criem experiências customizadas em sites, aplicativos móveis e até mesmo em dispositivos de assistência de voz. A interface de cada aplicativo ou plataforma varia, mas o núcleo de interação (digitar ou falar com o modelo e receber respostas) permanece consistente.

Para novos usuários, começar a usar o ChatGPT é tão simples quanto acessar o site da OpenAI ou baixar um aplicativo que o integre. O primeiro passo é criar uma conta e passar por um processo de configuração inicial que pode incluir a escolha de preferências de idioma e personalização.

Se você quiser customizar sua experiência, o aplicativo permite ajustar as configurações para definir o tom e o estilo das respostas que oferecerá. Por exemplo, usuários podem escolher entre uma abordagem mais formal ou informal, dependendo do contexto em que estão utilizando o modelo. Ele também oferece a opção de salvar (ou não) as conversas, facilitando a retomada de interações anteriores ou a continuidade de projetos de longo prazo.

Para aqueles que desejam uma experiência mais avançada, há recursos como a "personalidade" do ChatGPT, que pode ser moldada por meio de prompts específicos. Usuários podem instruir o ChatGPT a se comportar de maneira semelhante a um personagem fictício, um especialista em determinado assunto ou até mesmo adotar

1 Fonte: https://joshbersin.com/2023/03/new-mit-research-shows-spectacular-increase-in-white-collar-productivity-from-chatgpt/. Acessado em 14 de outubro de 2023.

um estilo de escrita específico, o que é ideal para tarefas criativas como escrever uma história ou compor um poema.

Além do que, o ChatGPT pode ser usado para uma variedade de tarefas práticas, como redigir e-mails, programar, aprender novos idiomas e muito mais. A chave para aproveitar ao máximo o ChatGPT é, em sombra de dúvida, a experimentação. É o uso que leva a aprendizagem contínua que, por sua vez, leva ao aperfeiçoamento e melhor uso da tecnologia. Em outras palavras, eu sempre encorajo novos usuários a testar diferentes tipos de perguntas e comandos para descobrir os limites e as possibilidades do que o ChatGPT pode fazer por eles. Em 100% dos casos todos ficam surpresos com o que encontram.

Prompts eficazes

ATÉ AQUI JÁ UTILIZEI VÁRIAS VEZES A PALAVRA "PROMPT" NO DECORRER DO LIVRO, MAS ME OCORREU QUE não necessariamente expliquei do que se trata. Prompts são instruções ou comandos que você dá ao ChatGPT ou a qualquer outro modelo de linguagem. Pense neles como o início de uma conversa ou o gatilho que inicia a interação com o modelo de IA. É o texto de entrada que você fornece, esperando que a máquina o processe e retorne com uma resposta ou resultado adequado. Prompts podem ser simples, como uma pergunta direta:

> *"Qual é a capital da França?"*

ou complexos, envolvendo múltiplas instruções e contexto:

> *"Imagine que você é um físico tentando explicar a teoria da relatividade para um estudante do ensino médio, que já possui uma compreensão básica de física, mas está ouvindo sobre esse tema pela primeira vez. Comece introduzindo o conceito de relatividade de forma simples, explicando como a teoria de Einstein desafia as noções clássicas de tempo e espaço. Use analogias e exemplos do cotidiano para ilustrar como o tempo pode desacelerar e as distâncias podem mudar dependendo da velocidade com que os objetos se movem. Certifique-se de abordar também a ideia de que a velocidade da luz é uma constante universal e por que ela desempenha um papel tão crucial na teoria. Conforme avança, aprofunde-se um pouco nas consequências da relatividade, como a dilatação do tempo e a contração do comprimento, explicando que essas ideias não são apenas teóricas, mas já foram observadas em experimentos. Mantenha a linguagem acessível, mas inclua alguns aspectos mais intrincados da teoria para demonstrar a beleza e a complexidade do trabalho de Einstein, tornando tudo compreensível e relevante para o nível do estudante".*

A OpenAI oferece um guia de boas práticas para a criação de prompts que sugere estratégias como ser específico em suas solicitações, usar exemplos para ilustrar o que você deseja e dividir instruções complexas em partes menores. Por exemplo, se você está buscando assistência do ChatGPT para gerar código de programação, um bom prompt poderia ser:

> *"Escreva uma função em Python que receba uma lista de números e retorne a média, com exemplos de como a função deveria ser chamada e o resultado esperado".*

Isso especifica a linguagem de programação e a tarefa, fornecendo um formato claro e a expectativa de um modelo.

Outra dica é ser cuidadoso com a ambiguidade e a polissemia das palavras; escolha termos que sejam unívocos dentro do contexto do seu prompt. Além disso, se você estiver insatisfeito com a resposta inicial, o guia sugere modificar o prompt ou fazer um acompanhamento com mais detalhes, em vez de reiniciar a conversa do zero. Isso é útil porque o modelo lembra o contexto anterior e pode construir sobre ele para fornecer uma resposta mais informada.

Para a redação de e-mails profissionais, os prompts podem incluir instruções para ser cortês, direto e incluir todos os pontos necessários de discussão, facilitando a comunicação eficiente no ambiente de trabalho. Quanto à preparação de currículos, os prompts podem solicitar a geração de descrições de experiência de trabalho que sejam concisas, mas ricas em ações e resultados quantificáveis, para causar impacto em potenciais empregadores.

Na programação, os prompts podem ser utilizados para auxiliar na resolução de bugs, na escrita de scripts específicos ou na geração de código para determinadas funções, economizando tempo e esforço de desenvolvedores. Na terapia e aconselhamento, por outro lado, os prompts podem ser projetados para encorajar reflexões positivas, gerar diálogos de apoio ou ajudar na identificação de sentimentos e pensamentos, sempre respeitando os limites éticos e a privacidade dos indivíduos.

De forma genérica, se eu fosse compilar meu próprio guia de prompts com base na experiência que tenho de uso do ChatGPT, eu sugeriria ao leitor o seguinte:

- Converse com o ChatGPT como se estivesse conversando com uma pessoa, como se fosse um amigo a quem pede ajuda ou a um colaborador de sua organização. Claro que quando pedimos algo a alguém, o pedido pode não ser 100% compreendido ou interpretado de primeira, por vezes é preciso refazer a solicitação. Não tem problema, fique à vontade porque o prompt é interativo, e é normal que uma resposta gere outras perguntas na sequência.
- Quanto mais você conhece do assunto que está conversando, melhores serão os resultados. Claro que você pode perguntar ao ChatGPT sobre qualquer coisa, mas em termos de ganho de produtividade e qualidade das respostas produzidas, quanto mais dominarmos o assunto, mais o ChatGPT poderá ser útil. Inclusive, você pode ajudá-lo a responder melhor, na medida em que é mais específico e questiona as respostas que recebe.
- Não tenha receio de usar a janela de contexto. O GPT-4 consegue lembrar até 128 mil tokens. Isso significa que dá para escrever muito ou colocar muito texto ali que o ChatGPT vai entender. Caso contrário, ele mesmo vai lhe sugerir que divida a pergunta. Só para efeito de comparação, a versão mais avançada do Gemini possui uma janela de 1 milhão tokens de janela de contexto (isso dá

mais ou menos 1 hora de vídeo, 11 horas de áudio, códigos com mais de 30 mil linhas e mais de 700 mil palavras). Cabe registrar, até para efeito de transparência com o leitor, que todos esses dados são da época de escrita desse livro, o que significa que são altamente passíveis de alteração e, se eu fosse apostar, diria que serão. A disputa entre os LLMs pela conquista do nosso coração (e nosso investimento) é grande e é interessante acompanhar cada lançamento.

- É útil pedir ao ChatGPT que assuma um papel no prompt. Isso ajuda a explicitar o comportamento desejado do modelo de IA e garante que as respostas estejam alinhadas com o contexto esperado. Um exemplo seria: *"Aja como um consultor sênior de marketing que deseja fazer uma campanha publicitária nas redes sociais para o produto X. Me mostre o passo-a-passo de como você faria."*
- Forneça detalhes de contexto e o tom da conversa. Quanto mais você especificar o cenário, em geral, melhor será a resposta. Se perguntar ao ChatGPT apenas assim: *"Como posso me preparar fisicamente para um jogo de tênis?"* a resposta virá, mas em formato genérico. Por outro lado, se você entrar com o prompt: *"Aja como um personal trainer e crie uma sugestão de treinamentos para um homem de 56 anos que quer melhorar seu condicionamento físico para jogar tênis. Gostaria que o treinamento fosse estruturado em formato de tabela. A lista de exercícios deverá ser personalizada e feita com base em metas por grupos musculares. É importante conter exercícios de aquecimento, alongamento e considerar a idade desse homem em suas recomendações, lembrando que ele joga tênis de duas a três vezes por semana, cerca de 1 hora e 30 minutos a cada jogo. O tom da recomendação deve ser amigável, porém estimulante ao mesmo tempo."*

  O resultado desse prompt está na Figura 12.2 a seguir:

Grupo Muscular	Exercícios	Série	Repetições
Aquecimento	Caminhada leve na esteira	1	10 min
Alongamento	Alongamento de braços e pernas	1	10 min
Peito	Supino inclinado com halteres	3	12
Costas	Remada sentada com máquina	3	12
Ombros	Desenvolvimento com halteres	3	12
Bíceps	Rosca direta com barra	3	12
Tríceps	Tríceps francês com halteres	3	12
Abdominal	Abdominal infra	3	15
Pernas	Agachamento com barra	3	12
Panturrilha	Panturrilha no leg press	3	15

Este treinamento deve ser realizado 3 vezes por semana, intercalando com os dias de jogos de tênis. O objetivo é fortalecer todos os grupos musculares utilizados no tênis, além de melhorar a resistência física.

É importante ressaltar que, devido à idade do praticante, é recomendado que ele realize os exercícios com uma intensidade moderada, evitando lesões e respeitando os limites do seu corpo. Caso sinta alguma dor ou desconforto durante a prática dos exercícios, ele deve interromper imediatamente e buscar orientação médica.

Lembre-se sempre de incentivar e motivar o praticante a atingir seus objetivos, elogiando o esforço e evolução durante o treinamento. Parabéns pela iniciativa de cuidar da saúde e do condicionamento físico!

Figura 12.4: Exemplo de resultado de prompt.

Fonte: O autor.

- Caso você queira aprender sobre uma coisa que não tenha conhecimento algum ou que aparente ser acima da sua capacidade de compreensão, experimente pedir ao ChatGPT que simplifique a explicação como se estivesse conversando com uma criança de cinco anos. Tente o seguinte prompt: *"Me explique a teoria da relatividade ELI5."*[2] A resposta tende a ser bem mais simples e acessível.
- O leitor pode gerar um prompt sobre um tema qualquer e solicitar ao ChatGPT que critique e aprimore o prompt para que este seja mais efetivo, dado o objetivo almejado. Aliás, isso é possível em qualquer LLM. Podemos fazer com que um LLM gere prompts para o outro e assim por diante, melhorando a qualidade das respostas.

2 Acrônimo da expressão em inglês: *"Explain like I'm 5 years old."* (*"Explique-me como se eu tivesse 5 anos de idade"*, em tradução livre.)

- Outro macete é que podemos inverter o processo e pedir para o ChatGPT nos fazer perguntas para que aprenda mais sobre nós. Em vez de dizer "Gere 10 ideias de posts para o meu Instagram" – que é algo bem abstrato –, você poderia pedir para ele lhe fazer perguntas sobre seu negócio e sobre você para depois gerar os posts. O resultado tende a ser bem mais elaborado.
- Dizer "por favor" ou "obrigado" ao ChatGPT, ainda que seja uma maneira educada de interagir, é um formato inteiramente opcional. A máquina não tem sentimentos ou expectativas, assim sendo, não faz diferença nenhuma na resposta. Como chiste, alguns dizem que, caso ocorra uma revolta das máquinas, é melhor que tenhamos sido educados com elas. Pode ser... Mas na prática, estamos colocando tokens a mais desnecessariamente na frase quando poderíamos estar sendo mais prescritivos.
- Teste! Essa é a principal dica que posso passar ao leitor. Use e abuse da tecnologia. É a melhor forma de aprender sobre as capacidades do modelo e suas limitações.

Vale comentar que existem diversos outros "guias do melhor prompt" disponíveis na internet. A comunidade de usuários do ChatGPT e outros LLMs tem sido criativa no compartilhamento de seus próprios prompts em fóruns online, mídias sociais e plataformas de compartilhamento de conhecimento, como o GitHub. Inclusive há prompts específicos para áreas distintas com marketing, confecção de propostas comerciais, redação de e-mails, preparação de currículos, dentre outros. Cada uma dessas áreas pode se beneficiar de prompts cuidadosamente planejados que direcionam o modelo de linguagem para gerar conteúdo específico e útil. Sem contar que você pode pedir que o ChatGPT produza ao final o conteúdo que você solicitou em formato para o Microsoft Word ou planilha do Microsoft Excel (dependendo do caso), ou prepare sugestões de slides para sua apresentação. Enfim, um mundo de possibilidades aguardando que o leitor as teste. Bem-vindo a essa nova realidade da IA generativa!

Pontos-chave

- A inteligência artificial (IA) é uma área vasta que abrange desde a aprendizagem de máquina até redes neurais e aprendizado profundo, com a IA generativa e os Modelos de Linguagem de Grande Escala (LLMs) – como o ChatGPT – posicionados em seu núcleo criativo.
- O ChatGPT é um modelo avançado de linguagem conversacional que imita a fluência e a lógica humanas em diálogos, destacando-se por sua capacidade de compreensão e geração de linguagem natural.
- Lançado ao público em novembro de 2022 pela OpenAI, o ChatGPT tornou a IA mais acessível e abriu debates sobre sua utilização, sendo um marco na popularização da IA.
- A capacidade do ChatGPT de realizar tarefas linguísticas variadas – desde manter conversas até auxiliar na escrita e programação –tem impactado significativamente diversos setores.
- O ChatGPT oferece funcionalidades como *GPTs* e o *Teams Workspace*, que expandem suas capacidades, tornando-o útil para personalização e trabalho colaborativo.
- Desde o GPT-1 até as versões mais recentes, o ChatGPT tem evoluído, cada vez com mais parâmetros e refinamentos, para gerar textos mais precisos e contextuais.
- O ChatGPT 4o é multimodal, o que o capacita a trabalhar com texto, imagem e áudio ao mesmo tempo.
- O modelo OpenAI o1 representa um avanço significativo no raciocínio de IA, especialmente ao lidar com tarefas complexas, como matemática, ciências e programação. Ele utiliza o raciocínio em cadeia – ou *chain-of-thought* (CoT) –, permitindo que o modelo divida problemas em etapas menores e mais gerenciáveis, aprimorando sua capacidade de lidar com tarefas intrincadas
- O modelo de treinamento do ChatGPT é robusto, envolvendo SFT, RLHF e otimização de política, o que lhe permite aprender padrões de linguagem e melhorar a qualidade das respostas continuamente.
- A arquitetura do ChatGPT baseia-se na tecnologia de *transformers*, que analisa o contexto do texto e constrói modelos probabilísticos para prever sequências de palavras.
- Prompts são essenciais para direcionar o ChatGPT, com boas práticas sugeridas pela OpenAI e outras fontes, permitindo prompts mais eficazes e direcionados para tarefas específicas.

CAPÍTULO 13

Ambientes e ferramentas

"I'm a robot. I cannot be offended."

(Baymax – *Big Hero 6*)

Configuração inicial

Nesta altura do livro não seria ilegítimo o leitor se perguntar qual a relevância de um capítulo sobre ambientes e ferramentas de IA. Entendo perfeitamente tal questionamento, que é pertinente e perfeitamente justificável. Ocorre que as pessoas têm níveis muito díspares em sua maturidade em IA. Alguns desejam apenas o conhecimento básico a respeito do assunto ou o que fazer com tudo que existe disponível. Se você é esse tipo de pessoa, pode pular este capítulo!

Só que existe um outro grupo de indivíduos – sejam eles principiantes ou nerds – que tem curiosidade de saber como meter a mão de fato e se aprofundar um pouco mais. Ou pelo menos onde procurar se quiser lidar mais diretamente com algoritmos, bibliotecas e modelos. De fato, para quem nunca vivenciou um projeto de IA, por vezes pode ser difícil visualizar as etapas de seu processo, que é, realmente, bem peculiar. Principalmente considerando a "sopa de letrinhas" de ferramentas e plataformas disponíveis para a equipe do projeto, cientistas de dados e desenvolvedores. Foi matutando nisso que pensei em compartilhar um pouquinho do meu próprio aprendizado com algumas das ferramentas mais utilizadas em ciência de dados. Fiz uso, inclusive, de um artigo que escrevi há algum tempo, quando começava a estudar sobre ferramentas de inteligência artificial.

Antes de iniciar, cabe aqui um pequeno *disclaimer*. Como mencionei na Nota de Autor no início do livro, desde que tomei contato com as primeiras perspectivas da IA na época da primeira faculdade, sempre vislumbrei fabulosas aplicações. Mas daquele tempo de sistemas especialistas até hoje, definitivamente, muita coisa evoluiu.

Efetivamente, não seria exagero dizer que tivemos uma verdadeira revolução na área em função do incremento no poder computacional, da descomunal disponibilidade de dados em circulação e da criação das novas técnicas e algoritmos que surgiram desde então.

Eis que depois de muito tempo fui convidado a participar de projetos envolvendo tecnologias de IA, e foi aí que me reencontrei com um tema pelo qual sempre fui apaixonado. Porém, deparei-me também com uma imensidão de alternativas disponíveis, o que me levou forçosamente de volta aos estudos. Um leque infinito de scripts e artifícios deixa qualquer um confuso, além de novas e poderosas ferramentas que não param de aparecer todos os dias, o que torna a vida daquele que trabalha com projetos de IA, particularmente interessante.

Para os mais valentes, o caminho das descobertas pode ser tortuoso, mas compensa. Não digo isso apenas pela extraordinária capacidade que os projetos de IA oferecem para fazer previsões, análises, personalizações, resolução de problemas etc., mas também pelo próprio prazer intrínseco do uso da criatividade exigida em cada situação.

Quando era mais novo (bem mais novo...), ainda um jovem programador em linguagens praticamente extintas e só acessíveis hoje através de livros de ciência da computação, costumava dizer que "a máquina não pode vencer o homem". Uma tentativa de autocondicionamento que reforçava minha persistência em quebrar a cabeça contra um compilador mais truculento.

A volta para programação se deu mais ou menos da mesma forma. Afinal, mudam as linguagens, mas não o raciocínio lógico. No meu caso, queria fazer uso de bibliotecas com funções que preparassem o ambiente para ciência de dados, programar de forma integrada com Python e testar recursivamente algoritmos de aprendizado de máquina até chegar a um modelo a ser operacionalizado. Só que as opções são tantas que geram certa entropia, ansiedade ou mesmo desalento.

A boa notícia para os "jovens de outrora" como eu é que os ambientes de programação se transformaram profundamente e evoluíram muito. Que delícia poder programar e ter o interpretador mostrando os comandos com diferentes cores e em tempo real, demandando indentação automática, exibindo as opções de sintaxe, entre outros mimos.

Sem falar na solidariedade que existe na comunidade online. Praticamente toda e qualquer dúvida pode ser tirada hoje de forma quase que instantânea e com toda boa vontade do mundo por milhares de pessoas dispostas a compartilhar conhecimento, códigos e módulos – uma espécie insólita de "*open source*" de experiências felizmente crescente na rede. Se não acredita em mim, dê uma olhada em *Stackoverflow*,[1] para ficar em apenas um exemplo.

Não bastasse isso tudo, com a devida peneira, ainda se consegue pesquisar cursos bons e baratos – até de graça – com recursos dos mais variados para que se possa aprender a criar a partir de uma ideia. Com algum grau de esforço e persistência, só não aprende quem não quer.

1 Fonte: https://stackoverflow.com/. Acessado em 29 de maio de 2024.

Ambientes para desenvolvimento

Foi nesse ritmo que acabei juntando meu interesse por IA com programação. No entanto, descobri que seria preciso desaprender para aprender novamente, e isso não necessariamente transcorreria de maneira fugaz. É preciso passar um tempo namorando a máquina de novo. E quanto mais se namora, mais ela reivindica atenção. Mais opções aparecem para serem estudadas e mais percebemos o quanto ainda falta aprender. Um *debug* atrás do outro, por assim dizer. Falando dessa forma parece enfadonho, mas na prática, é uma aventura extremamente gratificante. Principalmente se você tiver claramente qual é seu objetivo e conservar o bom humor e o equilíbrio.

A seguir, o leitor encontrará, na Figura 13.1, uma singela representação gráfica que concebi tentando simplificar (por incrível que pareça à primeira vista) a infinidade de opções existentes. O objetivo foi tentar criar uma espécie de referência básica para aqueles que, como eu, gostam de ter um norte esquemático em termos do que fazer, como começar, para onde ir e como, no que se refere a projetos de IA. A imagem aponta soluções gratuitas, acessíveis e, ao mesmo tempo, poderosas, que podem ajudar muito a organizar seu próximo projeto de IA.

Como indica a figura, em tese, tudo começa por um problema ou objetivo que se deseja resolver. Afinal, como diria o gato, personagem de Lewis Carroll na distópica obra *Alice no País das Maravilhas*, "se você não souber onde quer chegar, qualquer caminho serve". Mas, se antes de começarmos um projeto de IA soubermos exatamente a questão que queremos resolver, tudo fica mais fácil. Só que podem existir várias formas possíveis de endereçar o problema e, eventualmente, algumas nem necessitam de soluções sofisticadas. Por isso a dúvida normalmente é: por onde começar?

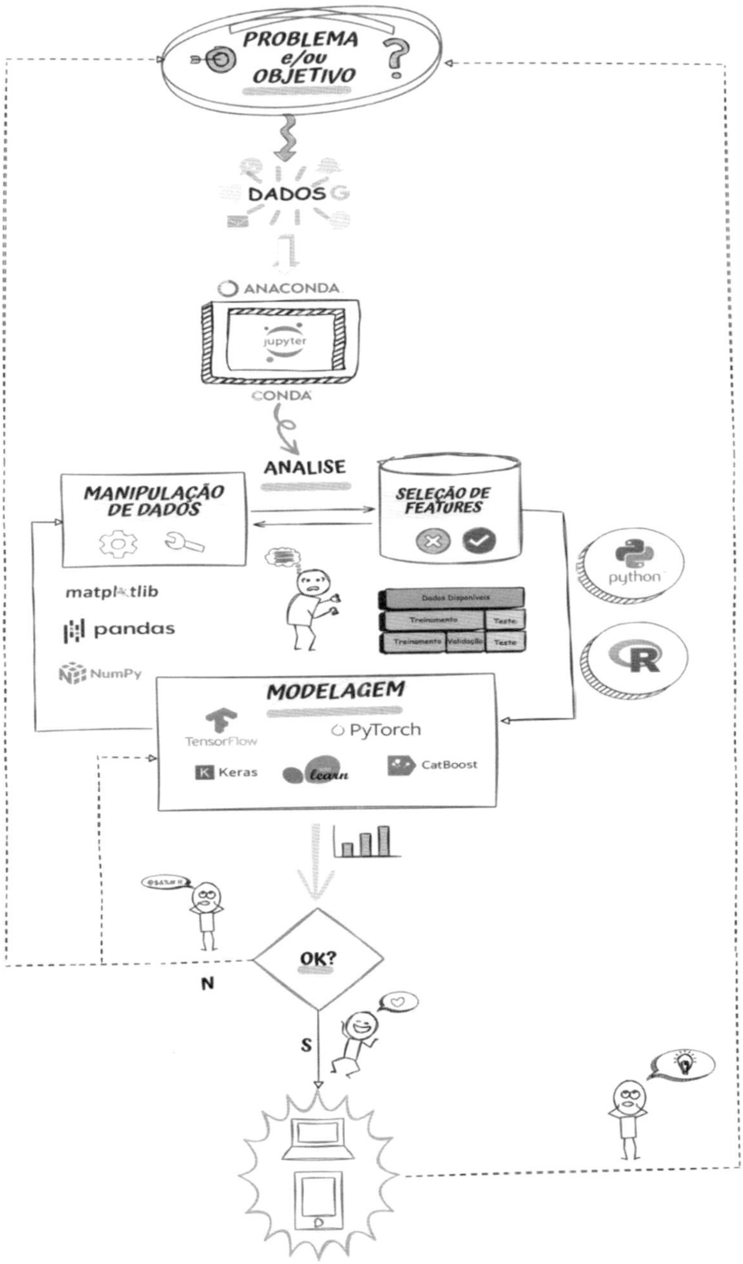

Figura 13.1: Ilustração com a lógica por trás de alguns ambientes e ferramentas para desenvolvimento em IA.

Fonte: O autor.

Do ponto de vista ferramental, um bom começo é um ambiente de soluções multiuso e poderoso para ciência de dados denominado *Anaconda*[2] – ou *MiniConda*, se você tiver menos espaço em seu HD. Ambos vêm com o assistente "Conda"[3], que contém todos os pacotes que você precisa para iniciar seu trabalho.

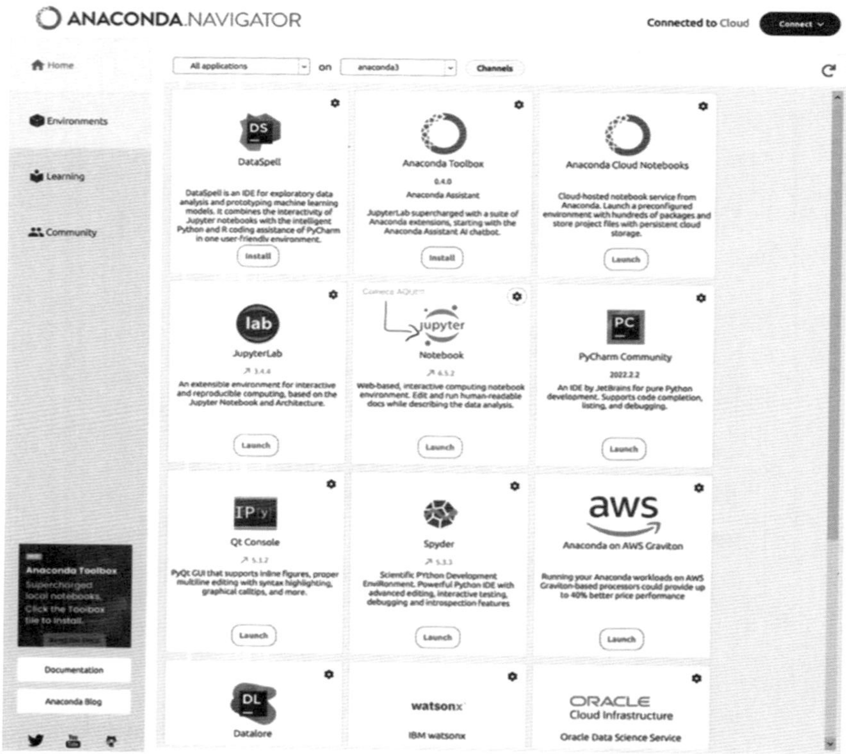

Figura 13.2: Ambiente *Anaconda Navigator*.

Fonte: O autor.

Um desses pacotes é o Jupyter Notebook.[4] Aliás, este é um dos meus favoritos, dado que permite programar e executar códigos em mais de uma linguagem de programação, mas também contém editor de texto, imagens, entre outras conveniências. Isso significa que podemos documentar ao mesmo tempo em que estamos programando e com saída automática das linhas de código. Em resumo, uma vez instalado o Jupyter através do Anaconda, temos o ambiente pronto para fazer florescer nossa imaginação.

[2] Fonte: https://www.anaconda.com/. Acessado em 29 de maio de 2024.
[3] Fonte: https://anaconda.org/anaconda/conda. Acessado em 29 de maio de 2024.
[4] Fonte: https://jupyter.org/. Acessado em 29 de maio de 2024.

Como nem tudo pode ser perfeito na vida, se acharmos que a solução para o nosso problema passa por um projeto de IA, será necessária uma boa quantidade de dados para resolvê-lo. Só que conseguir dados de qualidade não é tão trivial e, normalmente, não nascem prontos. É preciso manipulá-los, limpá-los, melhorá-los, completá-los, ajustá-los, rotulá-los e torturá-los, como vimos no Capítulo 3 sobre engenharia de dados. Uma boa dica para procurar datasets das mais diversas áreas para testes com algoritmos é o site Kaggle[5], que além de disponibilizar esses datasets de exemplo, ainda oferece modelos de código e promove competições ligadas a *machine learning*.

Como será especificado melhor no próximo capítulo sobre projetos de IA, uma boa prática é separar dos dados disponíveis, pelo menos, 80% para treinamento e cerca de 20% para testes (isso pode variar um pouco, mas vale como regra geral). Como mencionado logo no início do livro, todo esse processo de preparação de dados toma muito tempo e é muito menos sedutor do que o senso comum imagina ser. É o chamado *data wrangling*, que envolve a limpeza, a transformação e/ou a redução dos dados.

Quanto à limpeza, me refiro a tirar aquelas famigeradas colunas e linhas vazias ou com pouca informação do dataset. Se for o caso, deve-se completar valores com algum tipo de cálculo da média dos demais, por exemplo. A transformação é necessária porque, infelizmente, no fim do dia, a máquina entende melhor os números. Assim sendo, muitos dados normalmente precisam ser transformados, como no caso das cores em RGB.

Por último, mas não menos importante, apesar do mantra que quanto mais dados obtivermos, melhor para o modelo, isso nem sempre é verdade. Dependendo da quantidade, podemos estar gastando muita GPU também com dados desnecessários, o que torna o esforço de processamento mais caro. Uma coisa é uma tabela de um campeonato de futebol, outra coisa é a quantidade de pesquisas processadas pelo Google a cada hora. No fim das contas, se for viável conseguir os mesmos resultados usando menos dados, é melhor economizar!

Ferramentas para ML

Para tanto, ferramentas como o Numpy, Pandas e Matplotlib são essenciais. O NumPy[6] foi escrito na linguagem C (o que o torna mais rápido para cálculos e mais econômico em memória) sendo utilizado para os mais diversificados tipos operações e processamento de matrizes. O leitor vai lembrar que no colégio aprendemos a lidar com matrizes. Eu mesmo cheguei a desenvolver um programa em Basic/Assembler que calculava determinantes de matrizes – entre outros cálculos – para apresentá-lo em uma feira de ciências. Na minha cabeça de adolescente, jamais poderia imaginar, tanto tempo depois, o quão importante as matrizes e arrays seriam para projetos de IA.

5 Fonte: https://www.kaggle.com/. Acessado em 29 de maio de 2024.
6 Fonte: https://numpy.org/. Acessado em 29 de maio de 2024.

A próxima imagem (Figura 13.3) traz um exemplo de tabela a ser processada pelo Numpy visando as mais diversas possibilidades de aplicação, dependendo da criatividade e necessidade do usuário.

```
import pandas as pd
import numpy as np

profs = pd.read_excel("Prof-Disc.xlsx")
df.sort_values(by='Avaliação', ascending=False)
```

	Disciplina	Professor	Título	Local	Avaliação
9	Gestão de Competências na Era Digital	Bruce Banner	DSc	New York	10
14	Negociação e Adm.Conflitos	Reed Richards	DSc	New York	10
15	Análise de Viabilidade de Projetos	Steve Rogers	MBA	New York	10
6	Economia Digital	Diana Prince	DSc	Metropolis	9
3	Blockchain e Internet das Coisas	Bruce Wayne	MSc	Gotham	8
4	Gestão da Segurança da Informação	Carol Danvers	MSc	New York	8
8	Direito Digital	Clark Kent	MBA	Metropolis	8
12	Gestão Estratégica	Wanda Maximoff	MBA	New York	8
13	Inovação e Empreendedorismo	Peter Parker	DSc	New York	7
2	Agilidade nos Negócios e nos Projetos	Billy Batson	MSc	Metropolis	6
10	Transformação Digital	Susan Storm	MSc	Metropolis	6
11	Modelos de Negócios Digitais	Barry Allen	DSc	Metropolis	6
0	Governança Corporativa de TI	Tony Stark	DSc	New York	5
5	Inteligência Artificial e Machine Learning	André Barcaui	DSc	Rio	5
1	Gerenciamento de Projetos de TI	Johnny Storm	MSc	New York	4
7	Marketing Digital	Dick Grayson	MBA	Gotham	4

Figura 13.3: Exemplo de tabela a ser processada pelo *Numpy*.

Fonte: O autor.

Note que, no início, outra biblioteca também é importada. Essa biblioteca é do Pandas,[7] extremamente útil para manipulação e análise de dados, particularmente os tabulados. Isso é uma mão na roda para limpar, visualizar, explorar, alterar, preencher, entre outras coisas que podemos imaginar fazer com um dataset. A organização obtida pode ser utilizada como entrada para plotagem no Matplotlib[8] e algoritmos de aprendizado de máquina.

O Matplotlib, como o nome sugere, serve para criar gráficos de todos os tipos imagináveis e inimagináveis, conforme o exemplo da Figura 13.4 a seguir:

7 Fonte: https://pandas.pydata.org/. Acessado em 29 de maio de 2024.
8 Fonte: https://matplotlib.org/. Acessado em 29 de maio de 2024.

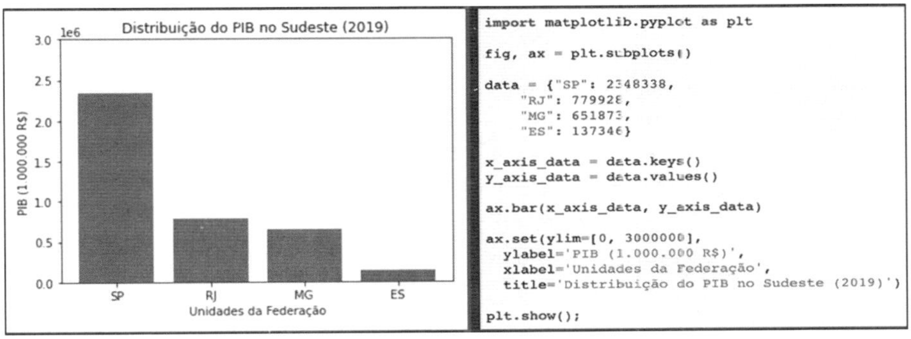

Figura 13.4: Exemplo de aplicação do *Matplotlib*.

Fonte: O autor.

Na prática, para que o projeto progrida deste ponto em diante, o Scikit-Learn[9] é a melhor biblioteca de *machine learning* que existe. Se o seu problema é estar perdido em um deserto de opções, o Sklearn (abreviação) funciona como um oásis. É aqui que a mágica acontece. Pode ser que você continue perdido, mas não faltará água para beber. Ele contém uma infinidade de modelos de aprendizado de máquina que ajudam sobremaneira na escolha do melhor algoritmo para regressão, classificação, agrupamento, seleção e, até mesmo, avaliação de modelos.

Para melhorar um modelo, podemos tentar conseguir mais dados ou dados de mais qualidade. Em última análise, testar novos modelos poderiam ser testados ou o atual modelo em uso ser melhorado. É nesse ponto que entra o ajuste fino de hiperparâmetros que é, ao mesmo tempo, desafiador e gratificante, colocando um certo tempero no trabalho dos cientistas de dados, independentemente de ser feito na "unha", ou através GridSearchCV no Sklearn.

Como regra geral, acho que vale comentar que, na minha experiência até agora lidando com algoritmos (deixando claro que não sou um cientista de dados), tudo sugere que, para dados estruturados, os modelos agregados, como *random forest*, funcionam melhor. Já para dados não estruturados, a conversa é outra e entramos nos domínios do aprendizado profundo.

Ferramentas de DL

Como estudamos anteriormente, *deep learning* é uma área particularmente intensiva em termos de dados e computação, exigindo algoritmos robustos e um nível de ajuste fino que supera os métodos convencionais de aprendizado de máquina. Em *deep learning*, já temos que fazer uso de outras ferramentas também, com uma necessidade maior ainda de customização de hiperparâmetros.

9 Fonte: https://scikit-learn.org/stable/. Acessado em 29 de maio de 2024.

A primeira delas – e clássica – é o TensorFlow,[10], desenvolvido pela equipe do Google Brain, que se configura como uma das bibliotecas mais poderosas e versáteis para aprendizado de máquina e aprendizado profundo. Como um framework de código aberto, ele permite criar redes neurais complexas com relativa facilidade, oferecendo ferramentas para desenhar, treinar e implementar modelos em várias plataformas. Com sua capacidade de executar cálculos intensivos e suportar grandes conjuntos de dados, o TensorFlow é como o halterofilista do ginásio de IA: é poderoso e pode lidar com o peso pesado do processamento de dados, mas não é exatamente conhecido por sua maleabilidade.

Já o PyTorch,[11] por sua vez, é uma biblioteca de aprendizado de máquina desenvolvida pelo Facebook AI Research lab, conhecida justamente pela flexibilidade e abordagem amigável para o desenvolvimento de redes neurais profundas. Com uma curva de aprendizado mais discreta, o PyTorch permite desfrutar da execução dinâmica de gráficos, o que significa que as redes neurais podem ser alteradas em tempo real e depuradas facilmente – semelhante ao que fazemos com Python puro.

Como é muito comum no meio computacional, temos uma certa rivalidade: a "tribo" TensorFlow versus a "tribo" PyTorch. É quase como uma disputa entre quem é melhor: Beatles e Rolling Stones? Qual a melhor aventura interestelar épica: Star Wars ou Star Trek? Enfim, os devotos do universo sci-fi entenderão minha analogia. Os fãs do TensorFlow vangloriam-se da estabilidade e do suporte empresarial, enquanto os entusiastas do PyTorch celebram sua agilidade e a simplicidade intuitiva. Enquanto cada "tribo" defende seu território com fervor, a verdade é que ambas as ferramentas têm suas virtudes e conquistas. A escolha, muitas vezes, acaba sendo em função do estilo pessoal, mas o melhor mesmo é conhecer ambas.

Por último, o CatBoost[12] é um pouco diferente. É uma biblioteca especializada em *boosting*, que nada mais é do que um método de aprendizado de máquina que constrói modelos de forma incremental; é como converter um conjunto de modelos de aprendizado de máquina fracos em um mais forte de forma conjugada. Desenvolvido pela Yandex, o CatBoost se destaca por sua capacidade de lidar com dados categóricos diretamente, sem a necessidade de muito pré-processamento – o que é um grande alívio quando se trabalha com dados reais, frequentemente bagunçados e cheios de categorias. Além disso, é projetado para ser rápido e eficiente, tornando-o uma escolha atraente para aplicações em que o tempo e os recursos de computação são críticos.

Cada uma dessas ferramentas tem seu lugar no arsenal de um cientista de dados, e escolher a combinação certa depende das necessidades específicas do projeto e da preferência pessoal. Vale a dica de que o ajuste certo na escolha de ferramentas vem com o tempo e a experiência, mas a maioria das bibliotecas citadas são basicamente chamadas em quase todos os algoritmos logo nas primeiras linhas de código. Como é

10 Fonte: https://www.tensorflow.org/. Acessado em 29 de maio de 2024.
11 Fonte: https://pytorch.org/. Acesso em 29 de maio de 2024.
12 Fonte: https://catboost.ai/. Acessado em 29 de maio de 2024.

tudo interpretado, podemos ver os erros rapidamente a cada bloco de código, mas só o tempo e a prática obsessiva é que maximizam as chances de um modelo mais caprichado.

Outras opções

Cabe falar também de um ambiente igualmente poderoso de desenvolvimento denominado Google Colab.[13] É como ter um laboratório de ciência de dados ao seu alcance, sem a necessidade de instalar software complicado ou comprar hardware caro. Trata-se de uma plataforma hospedada na nuvem que torna a computação em Python acessível, colaborativa e totalmente gratuita. Inspirado nos cadernos de laboratório tradicionais, o Colab permite que você escreva, execute e compartilhe código Python em um ambiente interativo parecido com o Jupyter Notebook.

Cada notebook do Colab é um documento multifuncional que suporta texto enriquecido, imagens, links e, claro, código. O verdadeiro poder do Colab reside na sua capacidade de permitir a colaboração em tempo real, assim como no caso os documentos do Google Drive. E com a integração de bibliotecas populares pré-instaladas, você pode começar a analisar dados, treinar modelos de aprendizado de máquina ou simplesmente aprender a programar em Python sem nenhum preparo preliminar.

O que é especialmente atraente no Colab é o acesso a recursos de computação avançados, como GPUs e *Tensor Processor Unit* (TPUs) da Google. Isso significa que tarefas intensivas de processamento, como treinar uma rede neural profunda, podem ser realizadas rapidamente, e, o melhor de tudo, sem custos adicionais para o usuário. Esses recursos abrem um mundo de possibilidades, desde a experimentação com aprendizado de máquina até a visualização de grandes conjuntos de dados. É uma benção para estudantes e professores, oferecendo uma plataforma para ensinar e aprender programação em um ambiente controlado. Cientistas de dados utilizam o Colab para trabalhar juntos em problemas complexos, compartilhando suas soluções e visualizações com facilidade. Sem falar que pode ser utilizado como rampa de lançamento para prototipagem rápida, em que ideias podem ser testadas e iteradas rapidamente.

Em síntese, o Colab democratiza a ciência de dados e o aprendizado de máquina, removendo barreiras técnicas e financeiras. Ele convida curiosos e profissionais a explorar o vasto universo da computação em Python, oferecendo um ambiente rico e colaborativo para a inovação e educação na era digital.

Um outro site extremamente cultuado por toda comunidade de IA é o GitHub,[14] uma plataforma de desenvolvimento orientada por IA que permite aos desenvolvedores criar, armazenar, gerenciar e compartilhar seus códigos. Fundado em 2008, o GitHub se destaca por utilizar o software Git, proporcionando controle de versão distribuído juntamente com controle de acesso, rastreamento de bugs, solicitações

13 Fonte: https://colab.research.google.com/. Acessado em 29 de maio de 2024.

14 Fonte: https://github.com/. Acessado em 29 de maio de 2024.

de recursos de software, gerenciamento de tarefas, integração contínua e wikis[15] para cada projeto. Com sede na Califórnia, o GitHub é uma subsidiária da Microsoft desde 2018.

O GitHub é amplamente reconhecido como um serviço de hospedagem para projetos de desenvolvimento de software de código aberto. Até janeiro de 2023, relatou ter mais de 100 milhões de desenvolvedores e mais de 372 milhões de repositórios, incluindo pelo menos 28 milhões de repositórios públicos, tornando-se o maior host de código-fonte do mundo a partir de junho de 2023.

Outra menção honrosa é a comunidade do Hugging Face[16], uma plataforma crucial no mundo do aprendizado de máquina e inteligência artificial, oferecendo uma gama de ferramentas e serviços que transformam qualquer um em entusiasta do aprendizado de máquina. Em seu cerne, a Hugging Face se destaca por sua biblioteca *transformers*, um pacote Python que contém implementações de código aberto de modelos de *transformers* para tarefas envolvendo texto, imagem e áudio. Essa biblioteca é compatível com as bibliotecas de PyTorch, TensorFlow e inclui implementações de modelos como BERT e GPT-2. Além disso, a Hugging Face Hub é uma plataforma de serviço web centralizada para hospedagem de repositórios de código baseados em Git, incluindo discussões e solicitações de pull para projetos[17]. O site também inclui outras bibliotecas em seu ecossistema para tarefas como processamento de datasets, avaliação de modelos, simulação e demonstrações de aprendizado de máquina. Isso permite que os desenvolvedores compartilhem, colaborem e, até mesmo, implementem modelos de aprendizado de máquina em uma variedade de contextos. Como mencionado anteriormente, o clima no mercado de desenvolvimento de software nos dias de hoje é solidário!

Eu me sentiria ligeiramente culpado se não mencionasse, ainda que sem pormenores, as poderosas plataformas da Azure,[18] AWS e[19] Google Cloud,[20] da Microsoft, Amazon e Google respectivamente.

A Azure, da Microsoft, é amplamente reconhecida por sua integração com outras ferramentas Microsoft, oferecendo soluções de IA, análise de dados, computação e armazenamento, com um forte foco em segurança e conformidade, ideal para empresas já envolvidas no ecossistema Microsoft. A AWS lidera o mercado em termos de participação e variedade de serviços, incluindo computação, armazenamento, bases de

15 Site que permite que várias pessoas editem o seu conteúdo através de qualquer navegador. Os wikis são concebidos para que grupos de pessoas capturem e partilhem ideias rapidamente, criando páginas simples e vinculando-as umas às outras.

16 Fonte: https://huggingface.co/. Acesso em 29 de maio de 2024.

17 Uma solicitação de pull (*pull request*) é uma função usada pelos desenvolvedores para informar aos outros membros da equipe que eles finalizaram uma funcionalidade, corrigiram um bug ou realizaram uma alteração no código e gostariam que essas mudanças fossem revisadas e, eventualmente, incorporadas ao repositório principal do projeto. Em resumo, uma solicitação de pull é um pedido para que as mudanças feitas em um ramo (*branch*) específico sejam revisadas e fundidas (*merge*) no *branch* principal do projeto.

18 Fonte: https://azure.microsoft.com/en-us/. Acessado em 29 de maio de 2024.

19 Fonte: https://aws.amazon.com/. Acessado em 29 de maio de 2024.

20 Fonte: https://cloud.google.com/. Acessado em 29 de maio de 2024.

dados e aprendizado de máquina, sendo conhecida por sua escalabilidade, flexibilidade e inovação contínua. A Google Cloud destaca-se por suas soluções avançadas em análise de dados e aprendizado de máquina, integrando-se perfeitamente com as ferramentas e serviços do Google, e é valorizada por sua alta performance e escalabilidade, especialmente em setores que demandam intensa análise de dados e capacidades de IA.

Claro que existem outras, mas resolvi registrar essas três por sua capilaridade no mercado em termos de infraestrutura. Para ser bem honesto, em termos de projetos, meu contato maior até agora foi muito mais com a Azure. Atesto que é incrível sua capacidade de gerar modelos através das interfaces gráficas de arrastar e soltar. O chamado *low code/no-code* ainda me impressiona porque ajuda ou viabiliza a criação e testagem de modelos de *machine learning* de forma intuitiva, mesmo para aqueles que tem pouco ou nenhum conhecimento de programação ou ciência de dados. Essas plataformas oferecem ambientes pré-configurados, ferramentas de automação e integração com bibliotecas e APIs existentes, facilitando sobremaneira a tarefa de processamento de dados, treinamento de modelos e implantação.

Enfim, estamos chegando ao final deste capítulo falando sobre ambientes e ferramentas de IA. Lembrando que a ideia jamais foi esgotar em sua plenitude todas as ferramentas e bibliotecas para projetos (até porque seria impossível), mas sim, oferecer mais algumas peças do imenso quebra-cabeças que envolve projetos de IA.

Pontos-chave

- Ferramentas de IA variam em complexidade, atendendo tanto a iniciantes quanto a usuários avançados; escolha conforme seu nível de maturidade em IA.
- O ambiente Anaconda simplifica o gerenciamento de pacotes e a instalação de ferramentas essenciais para a ciência de dados, proporcionando um bom ponto de partida para qualquer projeto.
- O Jupyter Notebook é uma ferramenta multifuncional que permite programar, documentar e executar código em várias linguagens, facilitando a experimentação e a aprendizagem.
- Datasets de qualidade são cruciais para o sucesso de um projeto de IA e podem ser encontrados em plataformas como Kaggle, oferecendo uma vasta gama de dados para diferentes necessidades.
- Ferramentas como Numpy, Pandas e Matplotlib são indispensáveis para manipulação de dados, análise e visualização, formando a espinha dorsal do processamento de dados em ciência de dados.
- Scikit-Learn é uma biblioteca poderosa e amigável para *machine learning*, fornecendo um vasto leque de algoritmos e ferramentas para desenvolvimento e avaliação de modelos.
- TensorFlow e PyTorch são as principais bibliotecas para *deep learning*, cada uma com suas vantagens; o TensorFlow é conhecido por sua robustez, enquanto o PyTorch destaca-se pela flexibilidade e facilidade de uso.
- CatBoost é uma biblioteca eficiente para *boosting* que trabalha bem com dados categóricos e é uma opção rápida para projetos que precisam economizar tempo e recursos.
- O Google Colab é um ambiente de programação em nuvem gratuito que facilita o uso de Python para ciência de dados e aprendizado de máquina, oferecendo colaboração em tempo real e acesso a poderosos recursos de computação, como GPUs e TPUs, sem necessidade de configuração complicada ou investimento em hardware.
- GitHub é uma plataforma líder para desenvolvimento de software que combina controle de versão distribuído com colaboração, hospedagem de código e ferramentas de IA para desenvolvedores e equipes em todo o mundo.
- Hugging Face é uma plataforma inovadora para modelos de IA oferecendo uma extensa biblioteca de *transformers* e ferramentas para processamento de dados, avaliação de modelos e colaboração em projetos de aprendizado de máquina.

CAPÍTULO 14

Considerações sobre Projetos de IA

"Who is the living food for the machines in Metropolis? Who lubricates the machine joints with their own blood? Who feeds the machines with their own flesh? Let the machines starve, you fool! Let them die! Kill them - the machines!"

(The Machine Man – *Metropolis*)

Será que gerenciar projetos de IA é diferente de gerenciar qualquer outro projeto? Saberemos já. Mas antes de mergulhar nos meandros das especificidades dos projetos de inteligência artificial (IA), é importante esclarecer nossa escolha de referência estrutural neste capítulo: o *Cross-Industry Standard Process for Data Mining* (CRISP-DM). A justificativa é que esse modelo, apesar de ter sido lançado em 1996 (antes mesmo da própria ideia de *Big Data*), continua a ser amplamente reconhecido e adotado por sua abordagem sistemática e faseada – o que facilita o gerenciamento de projetos de IA.

A escolha também se deve à sua flexibilidade e adequação a uma variedade de contextos de projeto, sem falar que facilita também a minha vida do ponto de vista da didática deste capítulo!

A adoção do CRISP-DM como referência para projetos de IA traz consigo uma estrutura metodológica bem definida, que é dividida em fases claras e gerenciáveis. Tal estruturação oferece um roteiro que pode ser adaptado a praticamente qualquer tipo de projeto de IA, desde análises preditivas simples até iniciativas que façam um eventual uso mais complexo de aprendizado de máquina. Além disso, o CRISP-DM promove uma abordagem cíclica e iterativa – o que é essencial para a IA –, dado que o aprendizado e a melhoria contínua dos modelos são cruciais. Esta natureza iterativa ajuda a garantir que o modelo se refine ao longo do tempo, ajustando-se às mudanças e evoluindo conforme necessário.

Outro aspecto benéfico do CRISP-DM é a sua ênfase na compreensão e no alinhamento com os objetivos de negócio, garantindo que os projetos de IA estejam firmemente ancorados em metas comerciais reais e mensuráveis. Ao colocar o entendimento do negócio e dos dados no início do processo, o CRISP-DM assegura que as soluções de IA sejam desenvolvidas com uma compreensão clara do problema e do contexto no qual serão aplicadas. A Figura 14.1mostra um processo e a relação entre as fases do CRISP-DM.

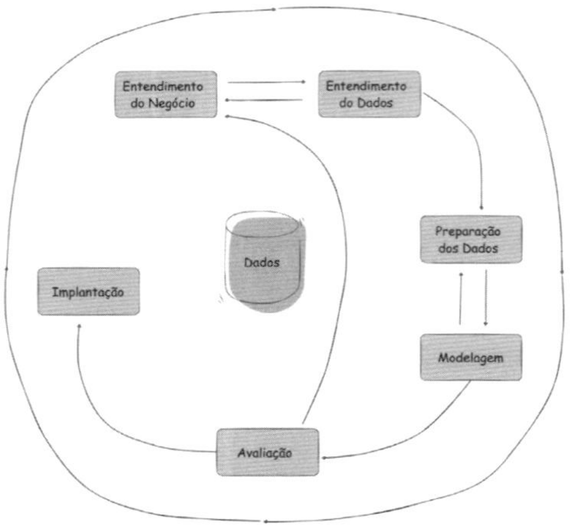

Figura 14.1 Diagrama do processo mostrando a relação entre as fases do CRISP-DM.[1]

Entendendo o negócio

Na primeira etapa do CRISP-DM, que é o entendimento do negócio, uma análise meticulosa dos requisitos de negócio se faz necessária para assegurar que os projetos de IA se alinhem com as necessidades e expectativas organizacionais. Este é o momento para mergulhar profundamente nas demandas específicas da empresa, desvendando os desafios atuais e antecipando futuras necessidades. O processo de definir objetivos claros e critérios de sucesso é crucial aqui; eles funcionam como faróis, guiando todo o projeto de IA para resultados que se traduzem em valor real para a empresa. Estabelecer esses critérios ajuda a orientar as equipes de projeto na direção correta e serve como uma métrica para avaliar o progresso e a eficácia das soluções de IA implementadas.

Além disso, a avaliação de riscos e benefícios durante essa fase inicial é uma prática que não pode ser negligenciada. Isso envolve ponderar os benefícios potenciais – como automação de tarefas, insights aprimorados e decisões mais rápidas e informadas – contra os riscos inerentes, que podem incluir questões de privacidade de dados, segurança cibernética e a possibilidade de resultados imprevistos ou incorretos.

Uma questão crítica que emerge nesse estágio é: vale a pena usar IA?. Digo isso porque cheguei a ver no mercado empresas querendo usar IA simplesmente pelo "hype de IA" – ou seja, dizer que estão usando inteligência artificial em seus produtos e serviços mesmo que isso não seja necessário. Claro que IA é uma ferramenta importante (afinal esse é meu principal argumento em todo livro), mas cabe indagar se o projeto

[1] Fonte: Adaptado de: https://en.wikipedia.org/wiki/Cross-industry_standard_process_for_data_mining. Acessado em 20 de outubro de 2024.

precisa, de fato, fazer uso de IA. Quais são os padrões de utilização que o projeto pretende abarcar? A IA resolve um problema que não poderia ser resolvido de outra maneira (mais simples)?

A resposta está na avaliação cuidadosa de verificar se as vantagens competitivas e melhorias que a IA pode trazer superam o investimento e os desafios associados à sua implementação. Se a IA pode direcionar a inovação, otimizar operações e gerar epifanias significativas que de outra forma não seriam possíveis, então sua utilização pode muito bem justificar-se como um investimento estratégico essencial para o crescimento e a adaptação da empresa na era digital. Porém, antes de embarcar nessa iniciativa, vale analisar a viabilidade do projeto como um todo em várias frentes.

Primeiramente, a viabilidade técnica deve ser examinada – ou seja, se tecnologias e a infraestrutura existentes são capazes de suportar as soluções de IA desejadas. Isso envolve hardware, software e a disponibilidade de talentos técnicos especializados que são necessários para desenvolver e manter tais sistemas. Em segundo lugar, deve-se considerar a viabilidade de recursos, que abrange a disponibilidade de pessoal qualificado, tempo e apoio organizacional. Um projeto de IA pode exigir um investimento significativo em termos de horas de trabalho e dedicação da equipe, e sem o comprometimento adequado, mesmo os projetos mais promissores podem falhar.

A viabilidade financeira é outra questão crucial. Deve-se realizar uma análise do custo-benefício abrangente para garantir que os benefícios esperados do projeto de IA justifiquem o investimento inicial e os custos operacionais contínuos. Projetos de IA podem ser caros, e sem uma compreensão clara do retorno financeiro, eles podem se tornar fardos financeiros em vez de ativos valiosos.

Por fim, a viabilidade de dados é essencial. Projetos de IA são tão bons quanto os dados em que são treinados e operam. Deve-se assegurar que há dados suficientes, de qualidade e relevantes para o problema em questão, e que esses dados podem ser coletados, armazenados e utilizados de maneira ética e em conformidade com as regulamentações. Sem uma fundação de dados sólida, até mesmo os algoritmos mais avançados não serão capazes de funcionar efetivamente.

Em função desta proposta de avaliação holística, também coloquei, no mesmo link do GitHub, uma planilha que pode ajudar muito a decidir se sua organização está, de fato, preparada para implantar um projeto de IA.

Clique aqui

Vale a pena dar uma olhada porque, a partir desta análise, o leitor poderá ter uma visão muito mais clara da maturidade em IA que sua organização se encontra para iniciativas deste tipo. A planilha visa aumentar justamente o grau de conforto e segurança do leitor antes de partir efetivamente para um projeto de IA.

Após a avaliação ter sido feita, chega-se a um ponto crítico no processo de entendimento de negócio: a decisão de *go/no go*. Esse parecer é o resultado de uma ponderação cuidadosa entre os benefícios esperados e os riscos identificados. Se a balança pender para o *go*, indica que as oportunidades apresentadas pela IA são promissoras e que os benefícios potenciais superam os riscos e custos associados. No entanto, essa decisão deve ser acompanhada de um plano estratégico que priorize entregas incrementais e de alto valor. A melhor prática sugere começar com projetos menores, aqueles com maior probabilidade de retorno sobre o investimento (ROI) e que podem ser concluídos em um prazo mais curto. Isso permite uma validação rápida do valor que a IA pode trazer para a organização e ajuda a construir confiança e suporte para futuras iniciativas mais ambiciosas. As vitórias rápidas geram impulso, provando o valor da IA e estabelecendo uma base sólida para projetos subsequentes. É como diz a máxima: *Fail fast or gain fast but learn anyway*.

Entendendo os dados

Acho que jamais serei capaz de expressar o suficiente a importância e o valor que os dados têm em um projeto de IA. Mas seguirei tentando ratificar esse ponto, e o CRISP-DM corrobora com essa perspectiva, que podemos traduzir em algumas perguntas críticas que devem ser respondidas para garantir uma base sólida para o projeto de IA. Uma questão-chave seria qual a localização das fontes de dados. As fontes podem variar desde bases de dados internas da empresa até conjuntos de dados públicos ou dados coletados de sensores e dispositivos IoT. A localização e o acesso a essas fontes são fundamentais, pois determinarão a facilidade de coleta e a integração dos dados no fluxo de trabalho do projeto.

Outra interrogação pertinente seria qual o tipo de formato de dados. Como vimos, os dados podem vir em diferentes formatos, tais como estruturados em tabelas de bancos de dados, não estruturados como texto livre ou imagens, e até semiestruturados como *JavaScript Object Notation* (JSON) ou *Extensible Markup Language* (XML). Cada tipo de dado requer métodos específicos de processamento e análise, e a escolha do formato afeta diretamente as ferramentas e técnicas que serão utilizadas.

Quanto à quantidade e qualidade necessária, é preciso considerar que a quantidade de dados deve ser suficiente para treinar modelos robustos, mas a qualidade é igualmente importante. Isso significa que os dados devem ser representativos, precisos e relevantes para o problema. Dados ruidosos, incompletos ou enviesados podem levar a modelos de IA ineficazes ou tendenciosos.

Outro ponto a ser questionado é quanto ao uso de modelos pré-treinados, principalmente quando se tem limitações de dados ou recursos. Modelos pré-treinados com uso de *transfer learning*, podem ser uma opção valiosa, oferecendo uma base inicial de aprendizado que pode ser adaptada para o contexto específico do projeto. Essa estratégia pode reduzir significativamente o tempo e os recursos necessários para o desenvolvimento de modelos de IA, e é especialmente útil quando há restrições relacionadas aos dados disponíveis.

Nesse contexto, surge a questão estratégica de decidir entre construir soluções de IA internamente ou comprar conjuntos de dados e modelos já prontos – uma decisão que pode definir a trajetória do projeto. Se os dados internos são insuficientes ou se a capacidade de processamento de dados é limitada, pode ser mais prático e eficiente comprar soluções externas. Essa decisão deve ser embasada por uma análise detalhada das necessidades de dados do projeto e dos custos associados à construção em relação à compra e às capacidades técnicas e estratégicas da organização.

Por fim, ao considerar dados oriundos de dispositivos IoT, devemos reconhecer a crescente importância dos dados gerados em tempo real por uma miríade de dispositivos conectados. A natureza, a frequência e a integridade dos dados coletados desses dispositivos podem ter implicações substanciais para o design e a execução do projeto de IA. A infraestrutura para capturar, processar e analisar esses dados deve ser robusta e escalável para lidar com o volume e a velocidade dos dados de IoT.

Sinto-me, ainda, na obrigação de fazer uma consideração que precisa ficar nítida e cristalina quanto ao entendimento dos dados. A dinâmica de coleta de dados é reconhecida como uma atividade iterativa e adaptativa. Não é incomum que, durante as fases de modelagem ou avaliação, seja identificada a necessidade de retornar à coleta de dados para ajustes. Isso pode demandar a aquisição de dados adicionais, descartar variáveis que se mostram irrelevantes ou, até mesmo, refinar os processos de rotulação.

Além de tudo, a era do *Big Data* também trouxe consigo outros desafios e oportunidades para o campo da IA. Projetos de IA passaram a ter que levar em conta a disponibilidade de grandes volumes de dados, exigindo ferramentas e técnicas capazes de processar e analisar dados em uma escala sem precedentes. A integração de tecnologias de *Big Data* em projetos de IA permite que modelos tirem proveito de um espectro mais amplo de informações, melhorando, assim, sua precisão e capacidade de generalização.

No que se refere à ética e regulamentação, projetos de IA devem ser projetados com uma abordagem de "*AI by Design*", incorporando considerações éticas desde o início. Isso significa garantir a privacidade dos dados, transparência nas decisões do modelo e justiça nos resultados. Não tenho palavras para expressar o quanto isso é importante. Com a regulamentação de dados se tornando cada vez mais rigorosa globalmente, a conformidade regulatória não é apenas uma obrigação legal, mas também uma prioridade moral e ética.

Em conclusão, a fase de entendimento dos dados é uma fundação que deve ser construída tendo em consideração a natureza evolutiva dos dados, as inovações tecnológicas em processamento de dados e as diretrizes éticas e regulatórias. Com esses alicerces, os projetos de IA se tornam mais equipados para atender às necessidades atuais – adaptando-se e evoluindo em um ecossistema de constante mudança.

Preparação dos dados

A preparação dos dados é, por muitos, considerada o coração de um projeto de IA. Eu diria que é, efetivamente, a etapa *hard core*, dado que cerca de 80% do trabalho está relacionado à essa preparação – sublinhando a importância crítica desta fase. A limpeza e a transformação dos dados são as pedras angulares deste estágio. Técnicas de limpeza de dados envolvem a correção de erros, o preenchimento de valores ausentes, a remoção de duplicatas e a filtragem de *outliers*. A transformação de dados, por sua vez, pode incluir normalização, codificação de variáveis categóricas e a transformação de variáveis numéricas para melhor refletir a distribuição subjacente.

No que concerne a dados já limpos e rotulados, a realidade é que, muitas vezes, os dados requerem uma quantidade significativa de limpeza e pré-processamento. Para efeito de entendimento, "limpar dados" é um passo crucial na preparação dos dados que envolve diversas técnicas para assegurar que o conjunto de dados esteja pronto para o treinamento de modelos de IA. Para ilustrar com um exemplo prático, considere um conjunto de dados com números de telefone em que há inconsistências no formato, como:

"(123) 456-7890"
"123.456.7890"
"1234567890"
"+1 123 456 7890"

A limpeza desses dados envolveria padronizar todos os números de telefone para um formato consistente, como: "1234567890".

Outro exemplo seria a limpeza de *strings* em dados categóricos. Considere uma coluna de dados categóricos com variações na grafia:

"Nova York"
"nova york"
"NOVA YORK"
"Nova-York"

A limpeza desses dados poderia envolver converter todos os textos para minúsculas e remover pontuações, resultando em um formato padronizado: "nova york".

Se você nunca teve contato com esse tipo de atividade, pode parecer loucura, trabalhoso, detalhista e, até, enfadonho em algum grau. E você está absolutamente certo! Todavia, são esses processos de limpeza que tentam garantir que o modelo de IA não trate variações no formato ou na grafia como categorias diferentes quando, na verdade, representam a mesma informação. Isso melhora a qualidade dos dados e, por consequência, a performance do modelo. Mesmo assim, acredite se quiser, esses exemplos representam apenas rudimentos do problema e mesmo com procedimentos de limpeza ainda aparecem problemas nos dados – digamos que usuários são muito "criativos" e que o cenário muda com o passar do tempo.

Quanto aos dados rotulados, vale ressaltar que a rotulagem é um componente essencial no treinamento de modelos de aprendizado supervisionado e pode ser uma tarefa árdua e demorada quando realizada internamente. A rotulagem "caseira" muitas vezes exige um investimento significativo de tempo e recursos humanos, e, ainda que mantenha o controle total do processo, pode não ser a opção mais escalável.

Para contornar o desafio da rotulagem de dados, uma estratégia é buscar fontes de dados que já venham rotuladas. Repositórios – como o MNIST[2] para dígitos manuscritos e o ImageNet[3] para imagens categorizadas – fornecem conjuntos de dados amplos que podem ser usados para treinar modelos em tarefas específicas.

Outra abordagem é incorporar mecanismos de rotulagem de dados no uso cotidiano da tecnologia, como o Google faz com CAPTCHAs e reCAPTCHAs, que, além de verificar se o usuário é humano, ajudam a rotular imagens ou melhorar o mapeamento de ruas. Sim, cada vez que nós temos que reproduzir aquelas letras esquisitas ou encontrar gatinhos em uma imagem, estamos ajudando a rotular! As Figura 14.2 e 14.3 mostram um exemplo.

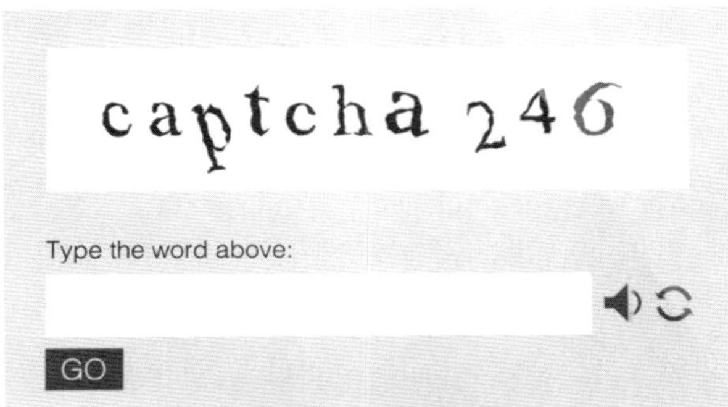

Figura 14.2: Exemplo de CAPTCHA.[4]

[2] Fonte: https://github.com/cvdfoundation/mnist. Acessado em 29 de maio de 2024.

[3] Fonte: https://www.image-net.org/. Acessado em 29 de maio de 2024.

[4] Fonte: Adaptado de https://www.dictionary.com/e/captcha/. Acessado em 9 de outubro de 2024.

Figura 14.3: Exemplo de ReCAPTCHA.[5]

A contratação de uma equipe de rotulagem através de plataformas como Amazon Mechanical Turk[6] ou uma *Decentralized Autonomous Organizations* (DAOs) oferece a flexibilidade de escalar o processo de rotulagem pagando por tarefa. No entanto, isso pode trazer desafios relacionados à qualidade e consistência da rotulagem, que precisam ser gerenciados de perto. Por vezes, contratar uma empresa especializada em rotulagem pode ser mais caro, mas é uma solução mais sofisticada e, geralmente, garante um nível mais alto de qualidade e precisão dos dados rotulados, pois essas empresas geralmente têm a expertise e os processos estabelecidos para garantir resultados confiáveis.

Em contextos acadêmicos, é comum que projetos de pesquisa utilizem estudantes de graduação para a rotulagem de dados, o que pode ser uma forma eficaz de obter dados rotulados com um custo relativamente baixo, mas também apresenta limitações de escala e requer supervisão adequada para manter a qualidade.

O leitor pode estar se perguntando por que com toda tecnologia não se optou ainda pela rotulagem automática dos dados, tirando os humanos desse processo. A resposta é que se fosse possível automatizar completamente a rotulagem, o próprio conceito de aprendizado supervisionado como conhecemos hoje não faria sentido. No entanto, até o momento, a rotulagem automática ainda não consegue substituir a precisão e a nuance que a rotulagem humana oferece.

Outra questão é seleção dos atributos (*feature selection*) relevantes a serem utilizados. Essa é uma tarefa que exige um conhecimento aprofundado do domínio do

---

5 Fonte: Adaptado de https://support.google.com/recaptcha/?hl=en. Acessado o em 9 de outubro de 2024.

6 Fonte: https://www.mturk.com/. Acessado em 29 de maio de 2024.

problema, uma vez que é necessário identificar quais atributos dos dados têm mais influência sobre a variável que se deseja prever ou classificar. Essa seleção é muitas vezes iterativa, refinando-se conforme o entendimento do problema se aprofunda. Esta etapa envolve métodos estatísticos e de aprendizado de máquina para identificar as features que têm o maior poder preditivo ou descritivo. A construção de atributos, também conhecida como *feature engineering*, é uma arte tanto quanto uma ciência, em que dados brutos são transformados ou combinados para criar atributos que podem capturar lampejos mais profundos sobre o conjunto de dados.

Poderia se perguntar: Mas o que fazer se a empresa não possuir dados suficientes para construção de um modelo? Em cenários de escassez de dados para alimentar seus projetos de IA, há uma série de estratégias de mitigação que podem ser empregadas. Cada opção tem suas vantagens e considerações, e a escolha certa dependerá da natureza e dos objetivos específicos do projeto em questão.

É essencial compreender que a quantidade de dados necessária varia conforme a complexidade do problema e do algoritmo de IA a ser utilizado. Projetos menos complexos podem se beneficiar de algoritmos mais simples, como o Naive Bayes, que requer menos dados para parametrização e, consequentemente, podem aprender de maneira eficiente a partir de conjuntos de dados menores.

Quando os dados são limitados, uma das abordagens mais eficazes é fazer uso de transferência de aprendizado, como vimos na sessão anterior de entendimento dos dados. Isso implica aproveitar modelos existentes ou pré-treinados, que já aprenderam padrões significativos de grandes datasets, e adaptá-los ao contexto específico do projeto. Este método pode proporcionar uma aceleração significativa no processo de treinamento e desenvolvimento de modelos de IA.

Outra estratégia é a criação de aplicações que facilitam a coleta de dados. Estas podem ser ferramentas free ou freemium que incentivam os usuários a fornecer dados em troca de serviços ou funcionalidades. Essa abordagem auxilia na construção de um conjunto de dados proprietário e oferece conhecimentos valiosos advindos diretamente dos usuários finais.

Rodar pesquisas é uma técnica tradicional, mas ainda eficaz, de coleta de dados. Pesquisas podem ser estruturadas para coletar informações específicas diretamente do público-alvo, embora estejam sujeitas a viés de autorrelato e outras limitações metodológicas.

Data augmentation é outra técnica igualmente poderosa, especialmente em campos como visão computacional e processamento de linguagem natural, em que os dados existentes são modificados ou aumentados para criar variações. Isso ajuda a aumentar artificialmente o tamanho do dataset, melhorando a generalização do modelo.

No núcleo do desenvolvimento de modelos de aprendizado de máquina e IA reside um conceito que é essencial e que chegamos a antecipar em capítulos anteriores: a divisão adequada dos dados em conjuntos de treinamento, validação e teste, para garantir que o modelo seja robusto e generalizável. A Figura 14.4 mostra um esquema dessa divisão.

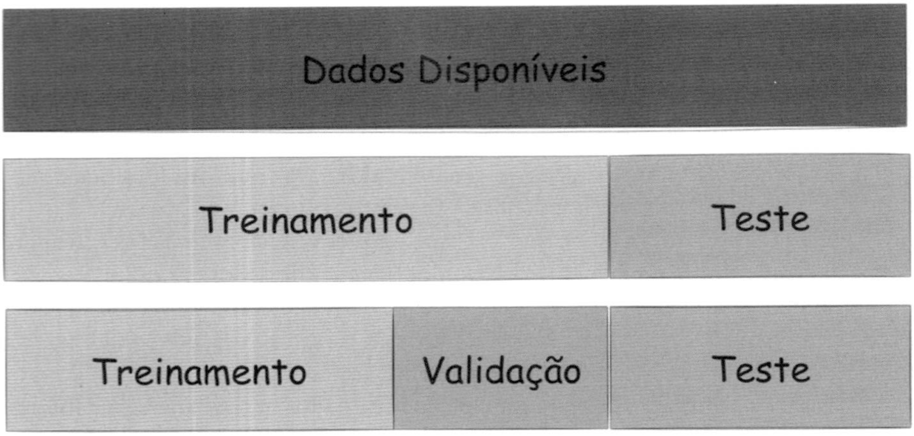

Figura 14.4: Exemplo esquemático da divisão dos dados de treinamento.
Fonte: O autor.

Os dados de treinamento são utilizados para construir e ensinar o modelo, permitindo que ele aprenda a partir dos exemplos fornecidos. Normalmente, cerca de 70% dos dados disponíveis são alocados para essa fase. É durante o treinamento que o modelo começa a formar as associações necessárias para fazer previsões ou classificações.

Os dados de validação são usados para o processo de refino do modelo. Isso inclui o ajuste dos hiperparâmetros, que como explicamos anteriormente, são os parâmetros de configuração do modelo que não são aprendidos a partir dos dados, mas que influenciam significativamente o desempenho do modelo. Cerca de 15% dos dados disponíveis são frequentemente usados para validação. A validação ajuda a evitar problemas como o *overfitting*, em que o modelo se ajusta demais aos dados de treinamento e perde a capacidade de generalizar para novos dados, ou o *underfitting*, em que o modelo não aprende suficientemente a estrutura dos dados.

Já os dados de teste são utilizados para avaliar a capacidade de generalização futura do modelo. Nunca é demais lembrar que esse conjunto de dados deve ser completamente original – não tendo sido usado durante a fase de treinamento ou validação – e servir como uma nova fonte de dados para avaliar o desempenho do modelo. Assim como os dados de validação, cerca de 15% dos dados são reservados para testes. O desempenho nos dados de teste oferece uma medida de como o modelo deve se comportar quando exposto a dados que ele nunca viu antes, representando a sua capacidade de generalização para o mundo real. Essa distribuição estratégica dos dados pode variar um pouco, mas a regra geral (70%-15%-15%) serve de base para o desenvolvimento de modelos de IA bem-sucedidos.

A importância da preparação de dados na eficácia dos modelos de IA não pode – e não deve – ser subestimada. Volto a afirmar que modelos de IA são tão precisos e confiáveis quanto os dados em que são treinados. Preparar dados adequadamente assegura que o sinal é capturado sem ruídos desnecessários, o que pode levar a modelos que generalizam melhor e, portanto, têm um desempenho superior em dados não vistos. A preparação de dados é um investimento significativo de tempo e esforço, mas a boa notícia é que paga dividendos em termos de desempenho do modelo e confiabilidade das previsões. Ao dedicar a devida atenção a essa fase, as organizações maximizam as chances de sucesso de seus modelos (ainda que não garantam o sucesso), uma vez que constroem um alicerce mais sólido e confiável para os projetos de IA.

Modelagem

Modelar envolve selecionar uma estrutura algorítmica que se adequará ao problema em questão. A escolha e a aplicação de algoritmos de IA dependem fortemente da natureza do problema, do tipo de dados disponíveis e dos objetivos específicos do projeto. Até porque, como já vimos, algoritmos podem variar desde simples regressões lineares até redes neurais profundas, o que faz com que a escolha correta seja crítica para o sucesso do modelo.

O processo de treinamento e validação dos modelos é iterativo e exige ajustes cuidadosos de hiperparâmetros. Durante a validação, o modelo é refinado para melhorar a sua performance e evitar *overfitting* ou *underfitting*, além de realizarmos testes de desempenho e ajustes finos (*tuning*), visando sua otimização.

Ao longo do livro falamos várias vezes em *over* e *underfitting*, mas vale uma explicação um pouco mais elaborada e ilustrada, dado a importância desses conceitos em projetos de IA. A Figura 14.5 a seguir mostra três cenários distintos que são fundamentais para entender o comportamento de modelos de aprendizado de máquina.

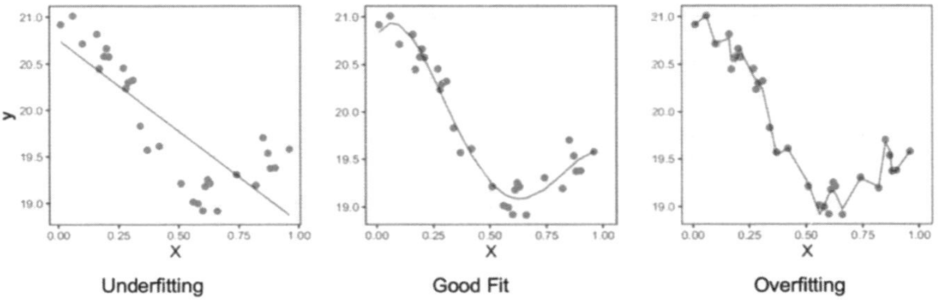

Figura 14.5: Exemplo esquemático da divisão dos dados de treinamento.

Fonte: O autor.

No primeiro gráfico (*underfitting*), vemos um modelo que não consegue capturar a tendência dos dados. A linha (modelo) é muito simples e não se ajusta adequadamente à distribuição dos pontos. Isso indica que o modelo é muito simplista e não consegue aprender a complexidade dos dados, resultando em previsões imprecisas – tanto nos dados de treinamento quanto nos novos dados.

O segundo gráfico (*good fit*) ilustra um modelo bem ajustado. A curva passa de maneira adequada entre os pontos, indicando que o modelo aprendeu bem a tendência dos dados. Esse seria o cenário ideal, no qual o modelo é complexo o suficiente para aprender os padrões significativos dos dados de treinamento, mas ainda é capaz de generalizar bem para novos dados.

No terceiro gráfico (*overfitting*), o modelo é excessivamente complexo e passa exatamente por todos os pontos de treinamento. Embora possa parecer ideal à primeira vista, esse modelo é muito especializado nos dados de treinamento e provavelmente não se sairá bem com novos dados, pois aprendeu o ruído dos dados de treinamento como se fossem características significativas. É como aquele aluno que teve acesso as perguntas da prova antes do exame em si e foi naquilo que se concentrou a estudar. Se o professor mudar alguma das questões da prova, o aluno tende a se enrolar.

Reitero que esses conceitos são cruciais, porque um modelo que sofre de *underfitting* não será útil devido à sua baixa precisão, enquanto um modelo com *overfitting* não será capaz de fazer previsões confiáveis em dados não vistos anteriormente, o que limita severamente sua utilidade prática. Encontrar o equilíbrio certo entre a complexidade do modelo e a capacidade de generalização é uma das tarefas mais importantes no desenvolvimento de modelos de IA.

Os critérios para escolha do melhor algoritmo geralmente incluem precisão, velocidade de treinamento, capacidade de generalização, grau de transparência desejado e complexidade computacional, entre outras questões que dependerão da especificidade da situação. Existem diversos modelos no mercado que ajudam como referência inicial nessa escolha, como uma espécie de ponto de partida. Um dos mais famosos desse diagramas é da Scikit-Learn.[7] Ele atua como um guia de orientação para ajudar os usuários a decidirem qual algoritmo pode ser mais adequado para um determinado problema de aprendizado de máquina. O esquema leva em consideração o tipo de dados e a complexidade do problema, orientando, através de um fluxo de decisão, se você deve tentar um classificador linear, uma árvore de decisão, um modelo conjugado, ou algum outro.

À medida que investigamos esse tópico sobre a escolha de algoritmos e modelagem, é propício explorar algumas inovações no campo da IA que ampliam o acesso e a eficiência no desenvolvimento de modelos: o *Machine Learning as a Service* (MlaaS) e as plataformas de *Automated Machine Learning* (AutoML).

O MLaaS oferece uma gama de serviços baseados em nuvem que incluem ferramentas de pré-processamento de dados, algoritmos de aprendizado de máquina, e

7 Fonte: https://scikit-learn.org/stable/tutorial/machine_learning_map/index.html. Acessado em 29 de maio de 2024.

recursos analíticos que são acessíveis através de APIs. Esse modelo de serviço democratiza o acesso à tecnologia de IA permitindo que empresas sem grandes equipes de cientistas de dados ou infraestrutura computacional avançada possam implementar soluções de IA de forma rápida e a um custo relativamente baixo.

O AutoML leva isso um passo adiante ao automatizar o processo de escolha do melhor algoritmo e refinamento de modelo. Ao fornecer um *pipeline* de desenvolvimento *end-to-end*, o AutoML permite que os usuários se concentrem na definição do problema e na interpretação dos resultados, enquanto a complexidade do processo de modelagem é gerenciada pela plataforma. Esse processo acelera o desenvolvimento e ajuda a garantir que os modelos sejam robustos e bem ajustados.

Fiz questão de mencionar essas tecnologias porque elas estão remodelando o panorama do desenvolvimento de IA tornando o campo mais acessível e ágil. Contudo, mesmo com esses avanços, a expertise e a intuição de um cientista de dados experiente permanecem imbatíveis (pelo menos por enquanto), pois o conhecimento profundo do domínio e a compreensão das sutilezas dos dados são fundamentais para guiar a estratégia de modelagem e interpretar os resultados com eficácia.

Avaliação

Como em qualquer projeto, os critérios de avaliação são fundamentais. Nesse caso específico, os critérios são relativos à efetividade do modelo gerado. Eles devem ser estabelecidos claramente antes do treinamento do modelo e podem incluir métricas, como precisão, recall, F1 score, e área sob a curva *Receiver Operating Characteristic* (ROC). A escolha das métricas depende do tipo de problema que o modelo visa resolver, seja ele de classificação, regressão, agrupamento etc. Fique tranquilo que vamos comentar sobre cada um deles.

Considerações sobre desempenho e precisão são cruciais. Desempenho pode se referir à velocidade de inferência do modelo e sua capacidade de lidar com grandes volumes de dados, enquanto precisão se refere à sua habilidade de produzir resultados corretos. Lembrando que a precisão deve ser avaliada em conjuntos de dados de validação e teste, não apenas em dados de treinamento, para garantir que o modelo generalize bem para novos dados.

As duas imagens apresentadas nas Figura 14.6 e 14.7 seguir são exemplos práticos da aplicação de métricas de avaliação em modelos de classificação de IA. A Figura 14.6 exibe uma matriz de confusão, um método comumente usado para visualizar o desempenho de um algoritmo de classificação. Nesse exemplo específico, ele mostra os resultados de um modelo projetado para diferenciar gatos de cachorros.

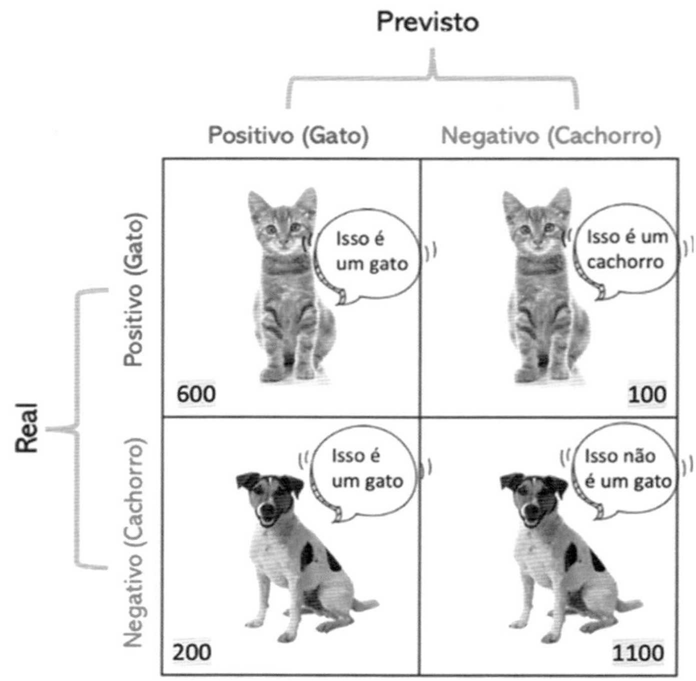

Figura 14.6: Exemplo de matriz de confusão com gatos e cachorros.
Fonte: O autor.

Os resultados de classificação de um modelo de IA, como o diferenciar entre gatos e cachorros, são categorizados em quatro tipos:

- Verdadeiros Positivos (*TP – True Positive*): O modelo identificou corretamente 600 gatos.
- Falsos Positivos (*FP – False Positive*): O modelo erroneamente identificou 100 cachorros como gatos.
- Falsos Negativos (*FN – False Negative*): O modelo erroneamente identificou 200 gatos como cachorros.
- Verdadeiros Negativos (*TN – True Negative*): O modelo identificou corretamente 1.100 cachorros (que, obviamente, não são gatos).

Essa diferenciação é crucial porque revela a acurácia do modelo e oferece pistas de como ele erra.

Nesse ponto o leitor poderia fazer a seguinte pergunta: Mas tudo isso só para saber se é um gato ou um cachorro? Pode parecer simples, mas extrapole isso para a detecção de um câncer e a importância começa a se amplificar. Um FN pode significar um diagnóstico perdido de câncer, enquanto um FP pode levar a um estresse desnecessário e ao enfrentamento de procedimentos invasivos. Portanto, ter uma taxa baixa de FN é muitas vezes mais crítica do que em outros contextos menos impactantes como o de classificar animais.

Já a Figura 17.7 a seguir apresenta as métricas de avaliação derivadas da matriz de confusão para um modelo de classificação. Vamos detalhar cada uma e calcular com os dados do exemplo de gatos e cachorros:

Previsto

Real		Positivo	Negativo	
	Positivo	Verdadeiro Positivo (TP)	Falso Negativo (FN) Erro Tipo II	Sensibilidade (Recall) = TP / (TP + FN)
	Negativo	Falso Positivo (FP) Erro Tipo I	Verdadeiro Negativo (TN)	Especificidade = TN / (TN + FP)
		Precisão = TP / (TP + FP)	Valor Preditivo Negativo = TN / (TN + FN)	Acurácia = (TP + TN) / (TP + TN + FP + FN)
				F1 (F-Score) = 2 * (Precisão x Recall) / (Precisão x Recall)

Figura 14.7: Métricas de avaliação do modelo.
Fonte: O autor.

- Precisão: Mede a proporção de identificações positivas corretas entre todas as identificações positivas feitas pelo modelo. Para o exemplo dado:
  Precisão = TP / (TP + FP) = 600 / (600 + 100) = 0,857 ou 85,7%
- Recall (Sensibilidade ou Taxa de Verdadeiros Positivos): Indica a proporção de positivos reais que foram corretamente identificados pelo modelo.
  Recall = TP / (TP + FN) = 600 / (600 + 200) = 0,75 ou 75%
- Especificidade (Taxa de Verdadeiros Negativos): Mostra a proporção de negativos reais corretamente identificados pelo modelo.
  Especificidade = TN / (TN + FP) = 1.100 / (1.100 – 100) = 0,916 ou 91,6%
- Valor Preditivo Negativo: Representa a proporção de identificações negativas corretas entre todas as identificações negativas feitas pelo modelo.
  Valor Preditivo Negativo = TN / (TN + FN) = 1.100 / (1.100 + 200) = 0,846 ou 84,6%
- Acurácia: É a medida geral de quão frequentemente o modelo está correto, tanto para previsões positivas quanto negativas.
  Acurácia = (TP + TN) / (TP + TN + FP + FN) = (600 + 1.100) / (600 + 1.100 + 100 + 200) = 0,85 ou 85%
- F1 Score: É a média harmônica de precisão e recall, proporcionando um único valor para comparar a precisão e a sensibilidade do modelo.
  F1 Score = 2 * (Precisão * Recall) / (Precisão + Recall) = 2 * (0,857 * 0,75) / (0,857 + 0,75) = 0,8 ou 80%

Essas métricas fornecem uma visão bem abrangente do desempenho do modelo de classificação. Em projetos de IA – especialmente aqueles ligados a aplicações críticas como o diagnóstico médico –, é importante olhar para a acurácia geral e entender a precisão e o recall do modelo para garantir que os verdadeiros positivos e negativos sejam identificados corretamente.

Um outro método muito utilizado é o da validação cruzada (*K-Fold Cross Validation*) – mostrado na Figura 14.8 – para avaliar a eficácia de modelos de aprendizado de máquina, proporcionando uma visão mais robusta sobre como o modelo irá generalizar para um conjunto de dados independente.

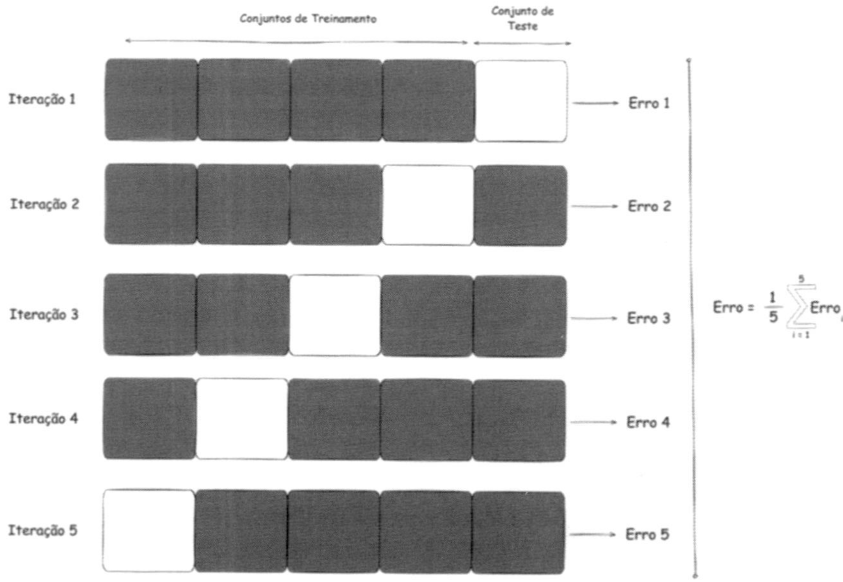

Figura 14.8: Método de validação cruzada (*K-Fold Cross Validation*).

Fonte: o autor.

Aqui está a lógica de seu funcionamento:

1. Divisão dos dados: os dados são divididos em K subconjuntos (ou *folds*). No exemplo dado, temos 5 *folds*.
2. Processo iterativo: em cada iteração, um *fold* diferente é designado como o conjunto de teste (indicado pela parte branca em cada linha), e os demais $K - 1$ *folds* são usados como o conjunto de treinamento (indicado pelas partes escuras).
3. Treinamento e avaliação: o modelo é treinado usando os $K - 1$ *folds* e então avaliado no *fold* de teste. Isso resulta em uma pontuação de erro para cada iteração, denominada *Error_i* no exemplo.

4. Repetição: este processo é repetido *K* vezes, com cada *fold* servindo como o conjunto de teste exatamente uma vez.
5. Estimativa de desempenho: a média dos *K* erros de teste é calculada para fornecer uma estimativa do desempenho do modelo. No exemplo, isso é expresso por uma fórmula na qual a média dos erros (*Error*) é a soma dos erros individuais de cada iteração (*Error_i*), dividida pelo número de *folds* ().

O *K-Fold Cross-Validation* é particularmente útil porque todas as observações são usadas tanto para treinamento quanto para teste, e cada observação é usada para teste exatamente uma vez. Por que isso é importante? Porque maximiza tanto os dados de treinamento quanto os dados de teste, o que é útil em situações nas quais o conjunto de dados é limitado em tamanho. Sem falar que a validação cruzada ajuda a proteger contra o *overfitting*, já que o modelo precisa provar seu desempenho em diferentes subconjuntos de dados, proporcionando uma avaliação mais confiável da capacidade de generalização do modelo do que uma simples divisão treino-teste.

Já a Curva *Receiver Operating Characteristic* (ROC) é uma ferramenta gráfica que ajuda a avaliar o desempenho de modelos de classificação. Ela é desenhada plotando a Taxa de Verdadeiros Positivos (TP ou Sensibilidade) contra a Taxa de Falsos Positivos (FP), em diferentes limiares de classificação. A Figura 14.9 a seguir mostra quarto Curvas ROC que representam quatro níveis diferentes de desempenho de um modelo de classificação:

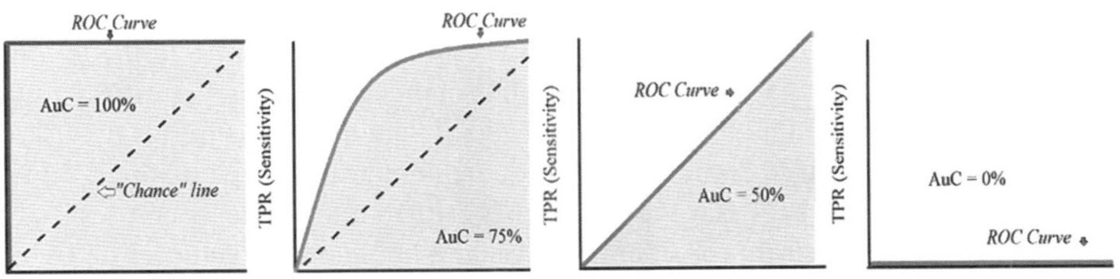

Figura 14.9: 4 Curvas ROC com diferentes níveis de desempenho.

Fonte: O autor.

- Curva 1 (AuC = 100%): esta curva é o cenário ideal no qual o modelo tem uma capacidade perfeita de distinguir entre as classes sem qualquer erro. A área sob a curva é de 100%, o que significa que o modelo tem uma taxa de verdadeiros positivos (sensibilidade) de 100% em todas as taxas de falso positivo.
- Curva 2 (AuC = 75%): aqui, o modelo é eficaz, mas não perfeito. A área sob a curva de 75% indica que há uma boa distinção entre as classes, com uma taxa mais alta de verdadeiros positivos em comparação com falsos positivos.

- Curva 3 (AuC = 50%): esta curva indica um modelo que não tem capacidade de classificação melhor do que o acaso. Uma AUC de 50% sugere que o modelo não tem nenhuma capacidade discriminatória entre as classes positivas e negativas.
- Curva 4 (AuC = 0%): representa um modelo que faz previsões completamente incorretas. Se a curva estivesse abaixo da linha de chance, isso significaria que o modelo está sistematicamente fazendo as escolhas erradas, e a inversão das previsões do modelo poderia resultar em um classificador perfeito.

Essas curvas são fundamentais para entender a performance do modelo em relação à sua habilidade de classificar corretamente as observações. No contexto do *K-Fold Cross-Validation*, cada *fold* produziria sua própria Curva ROC, e a média das AUCs de todos os *folds* daria uma estimativa confiável do desempenho do modelo. Isso está diretamente ligado às matrizes de confusão geradas em cada *fold*, pois as taxas de verdadeiros e falsos positivos são calculadas com base nelas.

A importância da Curva ROC e da AUC se torna ainda mais evidente em contextos críticos, como no diagnóstico médico, onde a distinção entre classes é vital. Um modelo com uma AUC alta é capaz de separar corretamente os casos positivos dos negativos, o que é essencial para diagnósticos precisos e tratamento eficaz.

O impacto do modelo de IA no atendimento aos objetivos do negócio também é uma medida de avaliação vital. Não basta que o modelo tenha um bom desempenho em métricas técnicas; ele deve alinhar-se com os *Key Performance Indicators* (KPIs) do negócio ou *Objective and Key Results* (OKRs) da equipe e contribuir de forma mensurável para o alcance de metas estratégicas, como aumento de receita, redução de custos e melhoria da satisfação do cliente.

Mas como determinar se um modelo de IA está verdadeiramente alinhado com os objetivos estratégicos da organização? E de que maneira podemos quantificar a sua contribuição para os resultados chaves do negócio? Será que as melhorias previstas ou observadas na precisão do modelo se traduzem em avanços operacionais ou financeiros para a empresa? Essas são indagações críticas que os líderes empresariais e equipes de dados precisam considerar ao avaliar e implementar soluções de IA.

A Figura 14.10 a seguir exemplifica como os OKRs podem ser aplicados para medir e direcionar o progresso de projetos de IA em alinhamento com os objetivos estratégicos de uma organização.

Por exemplo, um dos OKRs ilustrados foca na redução de falsos positivos em um algoritmo de detecção de fraude com metas claras, como investigar uma fração das transações sinalizadas e revisar os casos de FPs recentemente detectados. Outro OKR visa melhorar a experiência do cliente em um aplicativo de reserva de quartos, com objetivos quantificáveis para o aprimoramento do tempo de treinamento e do mecanismo de recomendação – ambos fundamentais para a satisfação do cliente. O terceiro OKR destaca a importância da qualidade dos dados e da validação do modelo, com metas específicas para a adoção de práticas como *K-Fold Cross-Validation* e testes de Curva ROC.

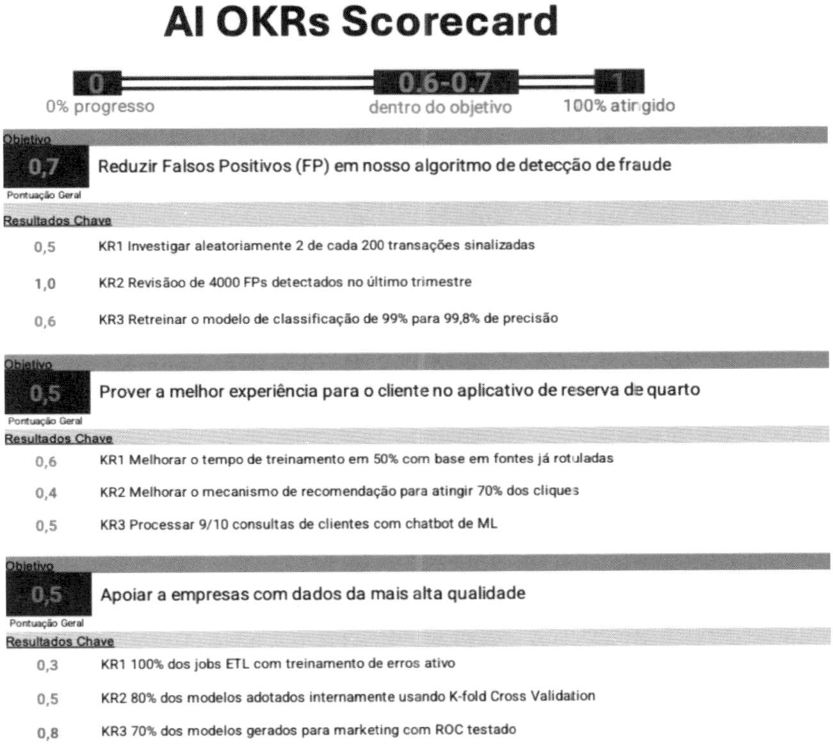

Figura 14.10: Exemplo de quadro OKR para projetos de IA.
Fonte: O autor.

Em que pese serem fictícios, esses OKRs ilustram a importância de conectar o desempenho técnico do modelo de IA – sua precisão, recall, validação cruzada e desempenho da Curva ROC – com metas empresariais mensuráveis, como a redução de custos operacionais e a melhoria da experiência do cliente.

Ao estabelecer essas metas claras e quantificáveis, os times de dados podem direcionar seus esforços no desenvolvimento de modelos tecnicamente sólidos, criando soluções que gerem impacto positivo e tangível nos objetivos estratégicos do negócio. Isso responde às indagações sobre como a IA pode alinhar-se e contribuir para os KPIs e OKRs da organização, garantindo que a tecnologia não seja apenas um exercício de academicismo, mas uma força motriz pujante para o sucesso da organização.

Todos esses critérios, técnicas e considerações se unem para fornecer uma visão abrangente do valor potencial que um projeto bem conduzido de IA pode proporcionar. Entretanto, continua a ser necessário persistir em avaliações contínuas durante a fase de implantação e a manutenção periódica do modelo, para assegurar que ele siga sendo relevante e eficaz diante de mudanças no ambiente de negócios e na própria natureza dos dados.

Implantação

A implementação de projetos de IA pode ser realizada sob diversas abordagens, cada uma adequada a diferentes necessidades e cenários operacionais. Inicialmente, temos o processamento em batch ou offline, ideal para operações que não exigem respostas imediatas e podem ser executadas durante períodos de baixa demanda, otimizando recursos. Por outro lado, temos serviços web ou soluções sob demanda que proporcionam a flexibilidade de solicitar previsões de IA conforme necessário, sem a necessidade de manter recursos computacionais constantemente ativos.

Já as previsões em tempo real ou streaming de dados são cruciais para aplicações que dependem de decisões instantâneas, como sistemas de detecção de fraude ou monitoramento de infraestrutura crítica. A diferença fundamental entre essas abordagens reside na latência: enquanto o processamento em lote prioriza o *throughput*,[8] a inferência em tempo real foca na minimização do tempo de resposta.

Não podemos perder de vista que ao integrar soluções de IA com sistemas existentes, os desafios são variados e significativos. Eles vão desde compatibilidade de dados e APIs até a conciliação com diferentes tecnologias de backend.[9] A chave para uma integração bem-sucedida é um entendimento profundo dos sistemas legados, uma arquitetura bem planejada que preveja pontos de integração e um processo de migração que minimize a interrupção das operações. Se o leitor não for da área de tecnologia, confie na minha palavra: falar é muito mais fácil do que fazer.

Outro ponto é que, uma vez implantadas, as soluções de IA não são autônomas e requerem monitoramento e manutenção constantes para garantir que continuem a operar eficientemente e com precisão. O monitoramento contínuo ajuda a identificar e corrigir desvios de desempenho, enquanto a manutenção proativa permite a atualização de modelos à medida que novos dados são coletados e as condições operacionais mudam.

Nesse panorama, é interessante notar que, dependendo da abordagem de implantação escolhida, o uso intensivo de GPUs e TPUs pode não ser mais uma exigência, especialmente na fase de inferência. Para implantações em que a latência não é crítica, ou onde modelos otimizados estão em uso, hardware menos especializado pode ser suficiente, o que pode representar uma considerável economia de recursos e custos operacionais. Isso se alinha com a tendência atual de desenvolver modelos de IA mais eficientes e com menor necessidade de computação intensiva.

Cada abordagem e escolha de hardware tem implicações diretas na estrutura de custos, na escalabilidade e na flexibilidade do sistema de IA. Portanto, uma análise cuidadosa e uma escolha criteriosa são fundamentais para o sucesso da implementação de qualquer solução de inteligência artificial. Sem falar que, ao pensar em um projeto

---

8 Refere-se à quantidade de trabalho ou tarefas que um sistema de inteligência artificial pode processar ou concluir em um determinado período.

9 Sistema de software que opera nos bastidores, gerenciando o processamento de dados, a lógica de negócios, e a interação com o banco de dados, invisível aos usuários finais.

de IA, as pessoas tendem a focar muito na parte de desenvolvimento do modelo e não o suficiente na parte de implantação e manutenção – o que pode constituir em um erro grave. Daí a importância do MLOps,[10] que significa considerar um projeto de IA de forma holística e orgânica, incluindo todos os seus componentes – desde os requisitos de negócios até as partes interessadas no projeto.

Ao contemplar a implementação de soluções de inteligência artificial, é possível notar que ela se desenrola tal qual uma história complexa, em que cada estágio oferece uma contribuição única e complementar às outras, trazendo consigo oportunidades e desafios próprios. Para o ato de integrar a IA aos sistemas existentes, escolher a abordagem de implantação correta e dedicar-se ao monitoramento e manutenção contínua não é apenas uma questão técnica; é uma jornada que se assemelha à arte do storytelling.[11] Essa jornada é pontuada por momentos de insights, onde a escolha entre o uso de GPUs/TPUs e hardware menos especializado pode significar um ponto de virada na trama, influenciando diretamente a eficácia e a eficiência da solução proposta.

Desafios e abordagens

Como se tudo que já foi dito não bastasse, atrevo-me a fazer uma última consideração a respeito de projetos de IA. Como deve ter ficado patente, o gerenciamento desses projetos apresenta um conjunto único de desafios que exigem atenção cuidadosa. As aplicações avançadas de IA e aprendizado de máquina necessitam de ambientes de computação de alto desempenho, o que pode ser uma barreira significativa, especialmente para organizações sem infraestrutura robusta existente. Essa necessidade de maior poder computacional muitas vezes leva a custos crescentes e potenciais atrasos nos projetos, representando um desafio considerável para o gerente do projeto.

Outro desafio crítico é garantir a privacidade e a segurança dos dados. Como já comentado diversas vezes, os sistemas de IA dependem fortemente de dados, e as grandes quantidades de dados utilizados em projetos de IA levantam preocupações significativas sobre privacidade e segurança. O desafio reside em proteger esses dados contra acesso não autorizado e em garantir que a recolha e utilização de dados cumpram vários padrões regulamentares. Esse aspecto da gestão de projetos de IA requer uma compreensão aprofundada dos quadros tecnológicos e jurídicos.

Soma-se a isso o fato de os projetos de IA enfrentarem frequentemente a questão do déficit de confiança. As partes interessadas, incluindo os usuários finais e decisores, podem ser céticas quanto à confiabilidade e eficácia das soluções de IA. Construir confiança envolve demonstrar os benefícios tangíveis do projeto, garantir a transparência

10 *Machine Learning Operations* é o que podemos considerar uma combinação de pessoas, processos e plataformas que ajudam as organizações a gerar valor com o aprendizado de máquina – por alguns chamada de "DevOps para aprendizado de máquina".

11 Arte de narrar o desenvolvimento e implantação da tecnologia de forma a capturar a sequência lógica, os desafios e os impactos do projeto.

nos processos e abordar as preocupações éticas associadas à sua implantação. De nada adianta um projeto tecnicamente bem elaborado, se ele não goza da confiança de quem vai utilizá-lo e de quem o patrocinou.

Outro desafio é a integração da IA aos sistemas e fluxos de trabalho existentes. A implementação da IA não trata apenas de desenvolver uma nova tecnologia, mas também de integrá-la perfeitamente nas estruturas organizacionais existentes. Essa integração muitas vezes requer mudanças significativas nos fluxos de trabalho, processos e, possivelmente, até na cultura organizacional, o que pode se configurar em uma questão complexa e demorada.

Por último, existe o desafio de gerir as expectativas das capacidades da IA. Os projetos de IA muitas vezes apresentam grandes expectativas e existe o risco de superestimar o que a IA pode alcançar a curto prazo. Equilibrar essas expectativas com metas e cronogramas de projeto realistas é fundamental para o sucesso dos projetos de IA. Isto envolve uma comunicação clara com as partes interessadas sobre as capacidades e limitações da IA e o estabelecimento de marcos alcançáveis para garantir o sucesso do projeto.

Em meio à essa série de contratempos inerentes aos projetos de IA – desde o intenso poder computacional necessário até a necessidade crucial de privacidade de dados, segurança e confiança das partes interessadas –, surge um argumento convincente para uma abordagem de gerenciamento de projetos mais ágil e adaptativa. O modelo tradicional em cascata (*waterfall*), com o seu design linear, muitas vezes fica aquém da natureza rápida e mutante do desenvolvimento da IA. É aqui, na confluência entre complexidade e mudança, que os métodos ágeis têm potencial de brilhar.

Sua flexibilidade, natureza iterativa e foco na colaboração com o cliente o tornam particularmente adequado para o domínio dinâmico e, muitas vezes, imprevisível do desenvolvimento de IA. Além disso, os princípios básicos da agilidade, envolvendo adaptação, inspeção, progresso iterativo, incremental, com transparência e colaboração não são apenas benéficos, mas, eu diria, essenciais para projetos de IA. Eles oferecem uma solução robusta para gerenciar as expectativas e mitigar as eventuais superestimativas das capacidades de um projeto de IA.

Vou entrar em um pouco mais de detalhes quanto a esse meu argumento. Em primeiro lugar, as metodologias ágeis trazem um alto grau de adaptabilidade aos projetos de IA. Essa flexibilidade é vital, uma vez que as hipóteses e modelos iniciais podem evoluir significativamente durante o desenvolvimento. Ao contrário da abordagem sequencial, os métodos ágeis facilitam o refinamento contínuo dos modelos de IA garantindo que permaneçam relevantes e eficazes durante todo o ciclo de vida do projeto.

Em segundo lugar, abordagens como Kanban dentro do espectro ágil oferecem entrega e melhoria contínuas – essenciais para projetos de IA. Falando especificamente do Kanban, seu sistema visual de gerenciamento de tarefas permite que as equipes monitorem o progresso em tempo real, identifiquem rapidamente gargalos e ajustem prioridades de forma dinâmica. Esse fluxo contínuo é particularmente benéfico no desenvolvimento de projetos de IA, uma vez que os âmbitos e objetivos das iniciativas podem mudar rapidamente com base no desenrolar do próprio projeto.

Em terceiro lugar, os métodos ágeis enfatizam a colaboração entre clientes e partes interessadas, o que é crucial em projetos de IA. As interações regulares com as partes interessadas garantem que as soluções de IA sendo desenvolvidas se alinhem estreitamente com as necessidades e expectativas dos usuários. Esse envolvimento contínuo contrasta com o método *waterfall*, em que o feedback do cliente normalmente é solicitado apenas no final do processo de desenvolvimento.

Em quarto lugar, a ênfase do ágil na autonomia da equipe e na colaboração multifuncional promove um ambiente propício à inovação – um componente-chave no desenvolvimento da IA. As equipes têm autonomia para tomar decisões e experimentar novas ideias, levando a soluções de IA mais criativas e eficazes. Essa abordagem contrasta com a estrutura hierárquica mais rígida do *waterfall*, que tende a inibir a inovação.

Finalmente, as metodologias ágeis fornecem mecanismos para uma melhor gestão de riscos em projetos de IA. Sua natureza iterativa permite a detecção precoce e a mitigação de riscos, um aspecto crítico dadas as complexidades e incertezas inerentes ao desenvolvimento da IA. Verdade seja dita, a própria opção por fazer entregas menores e de forma incremental já é, por si só, um método que mitiga os riscos associados ao projeto.

Ao explorar a utilização de metodologias ágeis para projetos de IA, exemplificamos como a transição dos princípios gerais do ágil para as práticas específicas do Kanban representa uma evolução natural na gestão desses projetos. As metodologias ágeis criam um ambiente colaborativo e adaptável, e o Kanban, com ênfase no fluxo de trabalho visual e na entrega *just-in-time*, serve como uma ferramenta poderosa nesse contexto. Ele aprimora a mentalidade ágil ao fornecer uma representação visual do trabalho em andamento, permitindo que equipes multifuncionais alinhem e simplifiquem as complexidades inerentes aos projetos de IA. A Figura 14.11 mostra um exemplo disso.

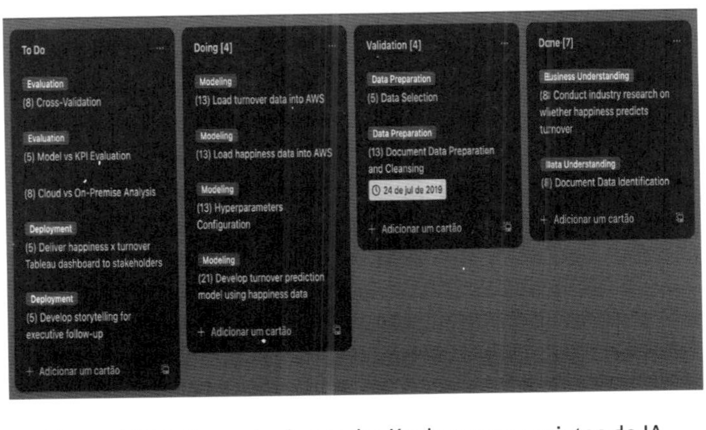

Figura 14.11: Exemplo de quadro Kanban para projetos de IA.
Fonte: O autor.

Esse exemplo do quadro Kanban representa uma ferramenta estruturada de gerenciamento de projetos para um projeto de análise de dados, focada na compreensão do impacto da felicidade dos funcionários nas taxas de rotatividade. O quadro está organizado em quatro colunas, cada uma representando um estágio diferente do fluxo de trabalho do projeto.

A coluna "To Do" inclui tarefas que estão na fila para ação. Tarefas como "Validação cruzada", "Avaliação de modelo vs KPI", "Análise na nuvem *vs.* no local" e "Desenvolver narrativa para acompanhamento executivo" sugerem um foco na avaliação do desempenho dos modelos de dados e na preparação para a operacionalização das conclusões do projeto.

Na coluna "Doing", as tarefas estão em andamento. Isso inclui "Carregar dados de rotatividade e felicidade na AWS", indicando o uso de serviços em nuvem para manipulação de dados, e "Configuração de hiperparâmetros", que é uma etapa na otimização do modelo.

A coluna "Validation" representa tarefas prováveis de verificação das metodologias e processos de tratamento de dados. "Seleção de dados" significa escolher os conjuntos de dados corretos para análise.

As tarefas concluídas são mostradas na coluna "Done". "Conduzir pesquisas do setor sobre se a felicidade prevê rotatividade" e "Identificação de dados de documentos" sugerem que a pesquisa preliminar e a compreensão dos dados foram concluídas.

O quadro usa codificação por cores e categorização para diferenciar os estágios das tarefas segundo as fases do CRISP-DM, como "Avaliação", "Modelagem", "Preparação de dados", "Compreensão do negócio" e "Compreensão dos dados". Essa visualização ajuda a equipe a avaliar rapidamente o progresso do projeto e as áreas de foco.

Esse foco do método Kanban em dicas visuais e comunicação em tempo real ajuda a preencher a lacuna entre os cientistas de dados e as equipes de negócios. Ao visualizar cada fase do projeto de IA em um quadro Kanban, todos os membros podem acompanhar o andamento das tarefas em um espaço compartilhado – desde o entendimento dos negócios até a implantação –, facilitando a comunicação e a eficiência da equipe. Essa transparência no fluxo de trabalho facilita a identificação precoce de gargalos, garantindo que a precisão dos dados e os cronogramas do projeto sejam mantidos.

O quadro Kanban representado oferece um retrato da fluidez e adaptabilidade que são essenciais no gerenciamento de projetos complexos de IA. Contudo, é importante reconhecer que Kanban não é a única opção para gerenciar tais projetos. Metodologias alternativas – como Scrum, com sua abordagem baseada em *sprints*[12] – também podem ser altamente eficazes.

Cada abordagem de gerenciamento vem com seu conjunto exclusivo de princípios e práticas que podem ser adaptados às necessidades de um determinado projeto. A escolha entre essas metodologias deve ser orientada pelas demandas específicas do

12 Períodos delimitados usados em desenvolvimento ágil para dividir o trabalho em pequenas partes manejáveis, permitindo entregas rápidas e frequentes de partes do projeto.

projeto, pela dinâmica da equipe, pela cultura organizacional e pelo equilíbrio desejado entre estrutura e flexibilidade.

Independentemente da estrutura escolhida – seja Kanban, Scrum, *waterfall* ou mesmo uma abordagem híbrida – os desafios inerentes aos projetos de IA persistem. Tal como mencionado anteriormente, essas estruturas incluem o tratamento de conjuntos de dados complexos, o desenvolvimento de algoritmos que possam aprender e adaptar-se, o alinhamento as capacidades da IA com os objetivos empresariais, a garantia a utilização ética da IA, entre outros. Por isso nunca é demais lembrar que o caminho para o sucesso em projetos de IA é pavimentado com aprendizagem contínua, adaptação e compromisso com a colaboração em vários domínios de especialização.

Pontos-chave

- O modelo CRISP-DM continua relevante para projetos de IA devido à sua abordagem sistemática e faseada que facilita o gerenciamento eficaz.
- A compreensão profunda dos objetivos de negócio é essencial para alinhar projetos de IA com as metas e expectativas organizacionais.
- Avaliar a viabilidade técnica de recursos, financeira e de dados é um passo crítico antes de iniciar qualquer projeto de IA.
- A qualidade e a relevância dos dados são fundamentais para o treinamento eficaz de modelos de IA e não devem ser comprometidas.
- A preparação dos dados é um estágio crucial em projetos de IA, com a limpeza e a rotulagem de dados consumindo a maior parte do esforço.
- A seleção e a aplicação de algoritmos de IA devem ser baseadas na natureza do problema, pelo tipo de dados e pelos objetivos específicos do projeto.
- A validação cruzada e a utilização de métricas como precisão, recall e F1 score são essenciais para avaliar a eficácia de modelos de IA.
- A implantação de soluções de IA deve ser adaptada à necessidade operacional, variando de batch e offline a previsões em tempo real ou streaming de dados.
- Projetos de IA exigem monitoramento e manutenção contínuos para ajustarem-se às mudanças e manter a precisão e eficiência do modelo.
- Métodos ágeis como Kanban e Scrum são altamente eficazes para o gerenciamento de projetos de IA fornecendo a flexibilidade necessária em um campo em rápida evolução.

CAPÍTULO 15

Aplicações de IA

"Before you get all teary, try to remember that as a robot, I have to do anything you say."

(TARS – *Interstellar*)

ESTE CAPÍTULO CONVIDA O LEITOR A CONHECER E SE DELEITAR COM A IMENSIDÃO DE POSSIBILIDADES DE aplicação da IA nas mais diversas áreas. No fim, tudo que conversamos até agora em todos os capítulos objetiva exatamente isto: aplicar IA de alguma forma útil, benéfica, responsável e ética para resolver algum problema. Particularmente, vislumbro o potencial extraordinário que essa ferramenta possui para transformar nosso mundo. Acredito firmemente que a IA deve ser usada para melhorar a vida das pessoas, resolver desafios complexos e criar um futuro no qual a tecnologia e a humanidade coexistam em harmonia. Para tanto, basta ver como a IA vem se transformando em uma força revolucionária da era moderna, redefinindo os limites do que conseguimos executar e influenciando praticamente todos os aspectos de nossas vidas.

A IA, com sua capacidade de aprender, analisar e processar dados em uma escala sem precedentes, oferece soluções inovadoras para desafios complexos em diversos setores,– desde sistemas de recomendação personalizados no varejo até diagnósticos médicos avançados. Seu impacto vai além da mera automação de tarefas, permitindo uma compreensão mais profunda de padrões e tendências, ajudando na tomada de decisões informadas e na criação de estratégias mais eficazes em diversos segmentos. Analisaremos alguns deles a seguir.

Alimentação

AS APLICAÇÕES DA IA NO SETOR DE ALIMENTAÇÃO REPRESENTAM UM AVANÇO SIGNIFICATIVO, TRAZENDO inovações e melhorias em várias áreas, desde a produção agrícola até a segurança alimentar e controle de qualidade. O uso de IA está transformando a forma como alimentos são cultivados, processados, distribuídos e até mesmo consumidos.

Na cadeia de suprimentos, a IA contribui para uma gestão mais eficiente, garantindo que os produtos cheguem frescos e seguros aos consumidores, e ajudando as empresas a responderem de forma mais ágil às mudanças na demanda. Esses avanços em IA estão revolucionando as práticas agrícolas tradicionais, tornando a agricultura comercial mais eficiente, sustentável e lucrativa. Um exemplo envolve uma das maiores empresas de alimentos e bebidas da Ásia.[1] Durante a pandemia de Covid-19, a empresa adotou um planejamento autônomo para melhorar o desempenho de sua cadeia de suprimentos, substituindo processos manuais e demorados por soluções baseadas em análise avançada e algoritmos de aprendizado de máquina. Como resultado, a empresa alcançou previsões de demanda mais precisas, reduziu os estoques de produtos acabados e aumentou as taxas de preenchimento de pedidos. Esse caso é apenas uma amostra de como a IA pode transformar o planejamento da cadeia de suprimentos, tornando-o mais eficiente e adaptável a mudanças no mercado.

Sensores e algoritmos avançados ajudam a otimizar o uso de recursos, melhorar os rendimentos das colheitas e reduzir os impactos ambientais. Desenvolvimentos recentes na agricultura de precisão impulsionada por IA têm causado impacto significativo na agricultura comercial. Notavelmente, tecnologias de IA estão sendo utilizadas para monitoramento de pragas, detecção de doenças e vigilância de cultivos. Ferramentas empregam sensores avançados para monitorar culturas em tempo real, classificando e contando insetos para fornecer aos agricultores insights práticos diretamente em seus painéis de controle.[2] Essas tecnologias auxiliam na detecção precoce de doenças e minimizam perdas de colheitas, ao mesmo tempo que reduzem o uso de pesticidas.

Marcas conhecidas, como Domino's, Panera, Wingstop, Del Taco, Hilton Hotels e Marriott estão utilizando a IA para otimizar operações, melhorar o controle de qualidade e aumentar a segurança dos alimentos. Essas aplicações incluem a análise de grandes volumes de dados para aprimorar a gestão da cadeia de suprimentos, prever padrões de demanda, otimizar cronogramas de pessoal e produção e tomar decisões com base em mais informações.[3]

Outro exemplo é relativo à maximização da eficiência e controle. Com o uso de sensores, lasers, raios-X e scanners, a IA realiza ajustes em tempo real no chão de fábrica.[4] Além disso, assistentes pessoais movidos a IA estão começando a aparecer nessa indústria, ajudando a melhorar a precisão dos pedidos. A IA também é fundamental na

---

1 Fonte: https://www.mckinsey.com/capabilities/operations/our-insights/autonomous-supply-chain-planning-for-consumer-goods-companies. Acessado em 4 de novembro de 2023.

2 Fonte: https://www.agritechtomorrow.com/article/2023/07/transforming-agriculture-the-rise-of-ai-in-commercial-farming/147100. Acessado em 4 de novembro de 2023.

3 Fonte: https://www.foodsafetynews.com/2023/10/ai-has-advantages-in-quality-management/. Acessado em 15 de janeiro de 2024.

4 Fonte: https://clarkstonconsulting.com/insights/artificial-intelligence-uses-food/ Acessado em 15 de janeiro de 2024.

prevenção de recalls de alimentos, monitorando dados e conformidade com protocolos de saneamento. A Figura 15.1 a seguir resume bem esse conceito.

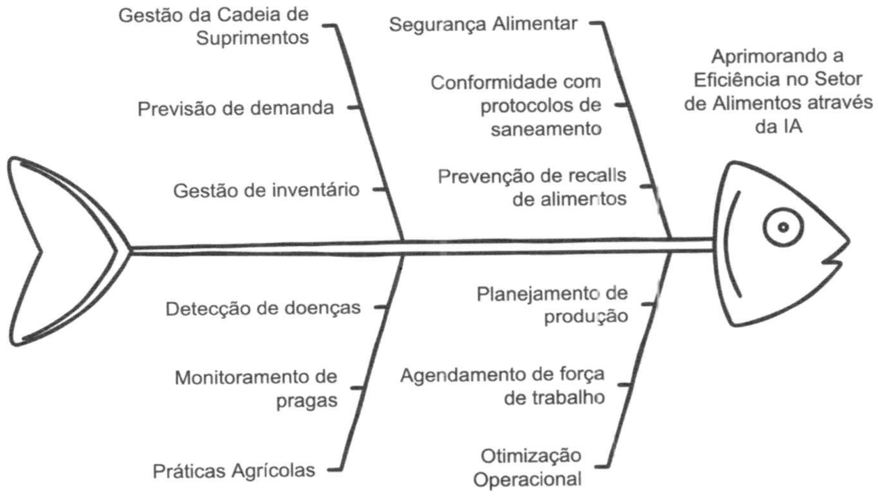

Figura 15.1: IA na Alimentação.
Fonte: O autor.

Com a adoção crescente de tecnologias de IA, o setor alimentício está se tornando mais sustentável, responsivo e orientado a dados, oferecendo benefícios significativos para produtores, varejistas e consumidores. Esses avanços representam apenas a ponta do iceberg do potencial da IA, que continua a evoluir e a abrir novas possibilidades para a indústria de alimentos.

Assistentes virtuais inteligentes

No caso dos assistentes virtuais, basta observar a sua volta para perceber o quanto eles estão se desenvolvendo e se tornando cada vez mais ubíquos em nossas vidas. Empresas renomadas como Google, Microsoft, Apple e Amazon têm liderado o mercado com seus assistentes – *Google Assistant*, Cortana, Siri e Alexa, respectivamente.

No campo do atendimento ao cliente, as grandes inovações em modelos de linguagem – como vimos no caso do ChatGPT, Gemini e vários outros – estão permitindo que chatbots baseados em IA forneçam informações sobre produtos e respondam a perguntas simples de forma mais natural e eficaz. Tudo isso sem cansar, sem jamais ser mal-educado e sem pedir aumento! Os chatbots de apoio ao cliente baseados em algoritmos de aprendizado de máquina têm demonstrado um grande potencial para transformar o atendimento, oferecendo suporte de forma mais inteligente e com economia de custos operacionais.[5]

Outro exemplo é das casas inteligentes. As tecnologias de IA e IoT estão redefinindo o conceito de moradia, permitindo uma integração mais profunda e personalizada de dispositivos domésticos. Com sistemas que podem aprender e antecipar as necessidades dos proprietários, a automação residencial se torna mais intuitiva e eficiente, prometendo economia de dinheiro, maior segurança e simplificação da vida cotidiana. É como se já começássemos a viver a realidade de *Os Jetsons*, guardadas as devidas proporções. Só que enquanto o mercado para casas inteligentes está projetado para crescer substancialmente, desafios como segurança cibernética e curvas de aprendizagem para usuários menos tecnológicos ainda persistem.[6] Mesmo assim, desconfio que as possibilidades para sistemas e dispositivos de casas inteligentes continuarão a expandir à medida que as tecnologias de IA e IoT evoluírem ainda mais.

Além das aplicações tradicionais em casas inteligentes e atendimento ao cliente, os assistentes virtuais baseados em IA estão sendo utilizados de maneiras inovadoras em outros setores. Na educação, por exemplo, professores estão usando chatbots para encorajar e ajudar estudantes a manter o foco nos estudos. Instituições como a *STEM Academy of Lewisville* e universidades como *Colorado State University* e *California State University East Bay* implementaram assistentes virtuais para avaliar ensaios curtos e fornecer tutoria interativa. Além disso, na *Georgia State University*, assistentes virtuais são usados para responder a mais de 50 mil mensagens de alunos.[7] Esses exemplos mostram o potencial dos assistentes virtuais para melhorar a eficiência e a personalização em vários campos, além do lar e do atendimento ao cliente.

À medida que a tecnologia avança, não se surpreenda se os assistentes virtuais começarem a compreender e reagir às nossas emoções de maneira mais precisa. Esse é o próximo degrau natural em nossa interação com esses dispositivos: a inteligência emocional artificial.[8] Antes que o leitor ache que estou me referindo a um livro de Michael Crichton ou Kurt Vonnegut, pense como isso melhoraria a interação humano-computador, tornando-a mais natural e intuitiva, e como poderia abrir caminho para assistentes que oferecem apoio emocional personalizado, aprimorando o bem-estar e o engajamento em atividades diárias.

5 Fonte: https://blog.bosch-digital.com/smart-virtual-assistants-how-ai-can-support-customer-service/. Acessado em 15 de janeiro de 2024.

6 Fonte: https://coloradobuildermag.com/build/innovation/how-ai-and-iot-are-redefining-smart-homes/ Acessado em 2 de fevereiro de 2024

7 Fonte: https://blog.kambria.io/real-world-applications-of-ai-virtual-assistants/. Acessado em 2 de janeiro de 2024.

8 Fonte: https://www.sciencedirect.com/science/article/abs/pii/S0957417422016931 Acessado em 2 de fevereiro de 2024.

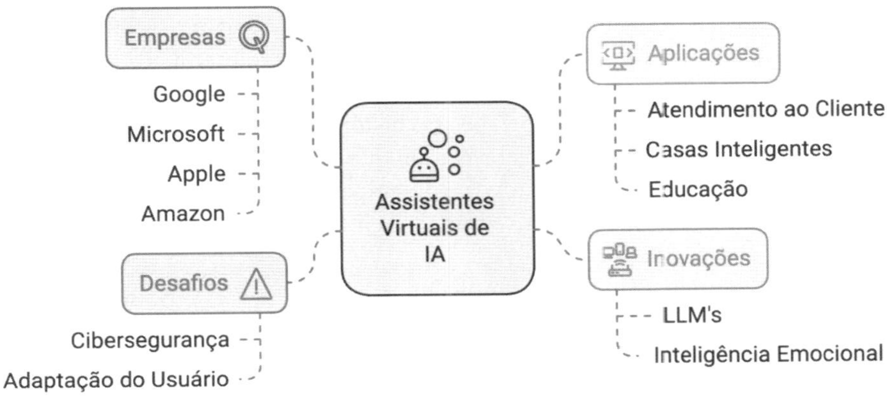

Figura 15.2: Assistentes Virtuais de IA.

Fonte: O autor.

Educação

Já que falamos de educação, devo confessar que se trata de uma área que me transpassa e interessa diretamente por razões óbvias. Por esse ângulo, a IA já está reconhecidamente desempenhando um papel transformador, mas acredito fortemente que tem um potencial muito maior no processo de aprendizagem. Me refiro a áreas tais como: personalização de currículos, sistemas de aprendizado adaptativo, ferramentas de avaliação customizada, tutoria virtual e assistência, análise preditiva e gestão de sala de aula.

Utilizando IA generativa, sistemas de aprendizagem são capazes de absorver uma grande quantidade de materiais curriculares e recursos pedagógicos, identificando elementos-chave, como profundidade do assunto, graduações de dificuldade, métodos de ensino e estruturas de avaliação. Esse conhecimento permite que o IA crie conteúdos curriculares novos que são adaptáveis dinamicamente e personalizados para as trajetórias individuais de aprendizagem de cada estudante, assegurando que estes estejam alinhados com os padrões de aprendizagem requeridos.[9]

Para a avaliação adaptativa, a IA passa a permitir avaliações mais precisas e eficientes do conhecimento e habilidades dos alunos. Técnicas como a Teoria de Resposta ao Item (IRT) e Testes Adaptativos Computadorizados (CAT) são usadas para selecionar e administrar itens de teste que melhor avaliam as habilidades do aluno.[10] Exemplos

9 Fonte: https://www.mdpi.com/2071-1050/15/17/12983. Acessado em 6 de fevereiro de 2024.

10 Fonte: https://www.researchgate.net/publication/375722799_AI_in_Education_Personalized_Learning_and_Adaptive_Assessment. Acessado em 6 de fevereiro de 2024.

de testes padronizados que empregam avaliação adaptativa incluem os famosos GRE[11] e GMAT[12], que fornecem uma avaliação mais precisa das habilidades dos candidatos.

Avançando para outro estudo importante na educação, Benjamin Bloom (1913–1999) e seu legado oferecem um valioso ponto de partida para explorar a profundidade da personalização que a IA pode atingir na educação. O trabalho de Bloom, particularmente sua hipótese 2-sigma, oferece uma perspectiva histórica que enfatiza a importância do ensino personalizado. Seus estudos revelaram que este tipo de abordagem pode ter um impacto significativamente positivo no desempenho dos alunos – uma observação que ressoa fortemente com os objetivos atuais da inteligência artificial em ambientes acadêmicos.

Basicamente, Bloom observou que os alunos que recebiam tutoria individualizada apresentavam um desempenho muito melhor do que aqueles que aprendiam através de métodos convencionais, conforme a Figura 15.1 a seguir.

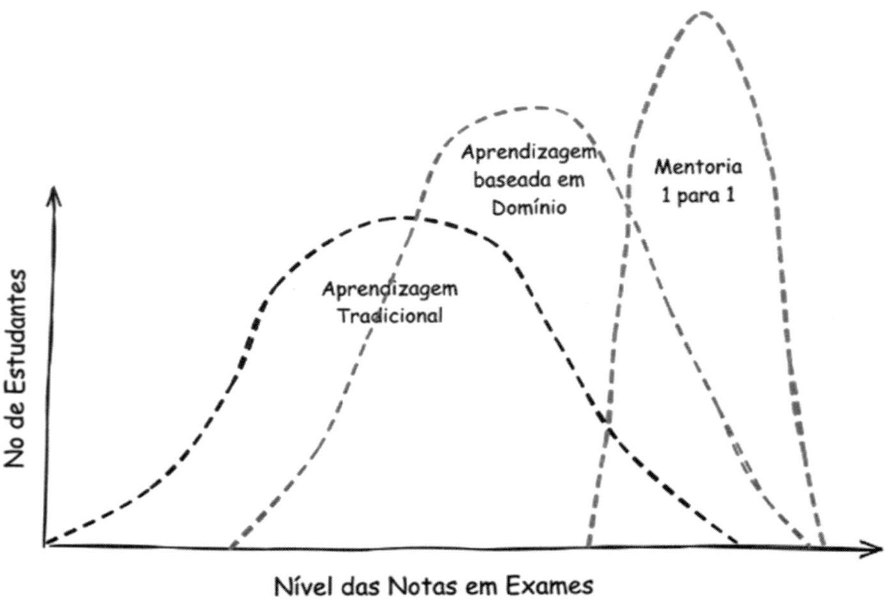

Figura 15.3: "hipótese 2-sigma" do educador Benjamin Bloom.[13]

11 *Graduate Record Examination.*

12 *Graduate Management Admission Test.*

13 Fonte: Adaptado de: https://www.researchgate.net/publication/275583048_EXPLICIT_FEEDBACK_WITHIN_GAME-BASED_TRAINING_EXAMINING_THE_INFLUENCE_OF_SOURCE_MODALITY_EFFECTS_ON_INTERACTION. Acessado em 6 de fevereiro de 2024.

A "hipótese 2-sigma" refere-se à observação de que a média dos alunos tutoreados individualmente estava dois desvios padrão acima da média dos alunos que aprendiam em salas de aula tradicionais. Esse conceito é central para argumentar a favor da tutoria virtual impulsionada por IA, que tem o potencial de oferecer uma experiência de aprendizado altamente personalizada e adaptativa, imitando os benefícios da tutoria individualizada. Nesse sentido, a IA tem potencial de personalizar o aprendizado dos alunos, enquanto automatiza as tarefas rotineiras dos professores. O uso da IA na tecnologia educacional, especialmente na tutoria virtual, abre oportunidades para inovações na educação *Science, Technology, Engineering and Mathematics* (STEM), fornecendo recomendações, feedback e materiais de aprendizagem personalizados com base nas necessidades dos alunos.[14]

Quanto à avaliação educacional personalizada, várias pesquisas[15] discutem como a IA pode ser usada para desenhar, desenvolver, pontuar e relatar avaliações, trazendo implicações para melhorias que fornecem feedback em tempo real e aumentam a eficiência do ensino. Já na gestão da sala de aula, a IA também está cada vez mais presente, contribuindo para o monitoramento e aprimoramento do ambiente de aprendizado. As tecnologias de *machine learning* e *deep learning* são usadas para rastrear presenças, monitorar comportamentos e avaliar o engajamento dos alunos, facilitando, assim, a administração da sala de aula.[16] Claro que, como toda moeda, isso também tem dois lados, pois, ao mesmo tempo em que oferecem muitos benefícios, também levantam preocupações éticas importantes – especialmente em relação à privacidade e possíveis ocorrência de viés nos algoritmos.

Cabe nesta sessão sobre educação um adendo específico sobre o uso da IA generativa. A Tabela 15.1 a seguir, preparada pela Unesco, oferece uma gama de categorias de utilização, dividida entre o tipo de utilização, sua descrição e exemplos de implementação:

Categorias de utilização da IA generativa na educação

14 Fonte: https://www.researchgate.net/publication/361861919_Artificial_Intelligence_in_Assessment_of_Students'_Performance. Acessado em 6 de fevereiro de 2024.

15 Fonte: https://www.mdpi.com/2076-3417/11/12/5467. Acessado em 7 de fevereiro de 2024.

16 Fonte: https://www.researchgate.net/publication/376990667_Artificial_Intelligence_in_Classroom_Management_A_Systematic_Review_on_Educational_Purposes_Technical_Implementations_and_Ethical_Considerations. Acessado em 8 de fevereiro de 2024.

Papel	Descrição	Exemplo de Implementação
Motor de possibilidades	IA gera maneiras alternativas de expressar uma ideia.	Estudantes escrevem consultas no ChatGPT e usam a função de regenerar resposta para examinar alternativas.
Oponente socrático	IA atua como um oponente para desenvolver ideias e argumentar.	Os alunos inserem comandos no ChatGPT seguindo a estrutura de uma conversa ou debate. Os professores podem pedir aos alunos que usem o ChatGPT para se preparar para as discussões.
Treinamento de colaboração	IA ajuda grupos a pesquisar e resolver problemas juntos.	Grupos de trabalho usam o ChatGPT para encontrar informações para completar tarefas e atribuições.
Guia complementar	IA age como um guia para navegar espaços físicos e conceituais.	Professores podem usar o ChatGPT para gerar conteúdo para aulas/cursos (por exemplo, perguntas para discussão) e pedir conselhos sobre como ajudar os alunos a aprender conceitos específicos.
Tutor pessoal	IA orienta cada estudante e dá feedback imediato sobre seu progresso.	O ChatGPT pode fornecer comentários personalizados aos alunos com base nas informações fornecidas por eles ou pelos professores (por exemplo, notas de exame).
Co-designer	IA assiste durante todo o processo de design.	Professores pedem ao ChatGPT ideias para desenhar ou atualizar currículos.
Exploratório	IA fornece ferramentas para brincar, explorar e interpretar dados.	Professores fornecem informações básicas para que estudantes façam consultas no ChatGPT para descobrirem mais sobre os tópicos.
Parceiro de estudo	IA ajuda o estudante a refletir sobre o material de aprendizado.	Estudantes explicam ao ChatGPT seu nível de entendimento e pedem ajuda para estudar. Pode ser usado para preparação de entrevista de emprego também.

Papel	Descrição	Exemplo de Implementação
Motivador	IA oferece jogos e desafios para estender a aprendizagem.	Professores ou estudantes pedem ao ChatGPT ideias para estender e aprofundar o estudo em tópicos específicos (questionários, exercícios).
Avaliador dinâmico	IA fornece aos educadores um perfil do conhecimento atual de cada estudante.	Estudantes interagem com o ChatGPT em um diálogo tutorial e o compartilham com professores para avaliação.

Tabela 15.1 – Categorias de utilização da IA.[17]

O mais bacana é que todas essas aplicações ainda podem ser acompanhadas de outras ferramentas LLM para geração de imagens e/ou vídeos, como as mencionadas anteriormente.

Com o único objetivo de facilitar (jamais esgotar) a busca por sites relacionados a educação, preparei seis Tabelas (15.2 a 15.7) organizadas por categorias de uso de ferramentas.

Nome da Ferramenta	Site	Descrição (resumo)
ChartGPT	https://www.chartgpt.dev/	Assistente de programação, criação de códigos, gráficos, análises.
Atlas.ti	https://atlasti.com/ai-coding-powered-by-openai	Chat com documentos, análise qualitativa.
Tableau	https://www.tableau.com/solutions/salesforce	Plataforma de análise visual analítica.
Pandas-ai	https://github.com/gventuri/pandas-ai	Biblioteca Python para análise conversacional de dados.

Tabela 15.2 - Ferramentas para análise de dados.

Fonte: O autor.

17 Fonte: https://unesdoc.unesco.org/ark:/48223/pf0000385146. Acessado em 8 de fevereiro de 2024.

Nome da Ferramenta	Site	Descrição (resumo)
Inciteful	https://inciteful.xyz/	Para achar os papers mais importantes de um assunto.
Litmaps	https://app.litmaps.com/seed	Assistente para revisão de literatura.
Perplexity	https://www.perplexity.ai/	Pesquisa referenciada de arquivos (melhor que o ChatGPT puro).
Consensus	https://consensus.app/	Para perguntar qualquer coisa e receber os papers a respeito do assunto.
Elicit	https://elicit.org/	Análise de artigos em velocidade super-humana.
Discovery	https://discovery.researcher.life/	Acelerador de pesquisa de artigos.
OA.mg	https://oa.mg/	Busca de artigos e/ou autores.
Connected Papers	https://www.connectedpapers.com/	Visão gráfica de artigos similares, criação de referências etc.

Tabela 15.3 - Busca e seleção de arquivos.

Fonte: O autor.

Nome da Ferramenta	Site	Descrição (resumo)
Grammarly	https://grammarly.com/	Verificador de gramática online.
QuillBot	https://quillbot.com/	Reescrita de parágrafos.
Paperpal	https://paperpal.com/	Escrita acadêmica, reorganização do texto etc.
ResearchRabbit	https://www.researchrabbit.ai/	Revisão sistemática (aberta), mostrando "estado da arte" da literatura.
Writefull	https://www.writefull.com/	Assistente automatizado de redação e revisão.
Wordtune	https://www.wordtune.com/	Melhora a qualidade da redação.

Tabela 15.4 - Escrita de artigos

Fonte: O autor.

Nome da Ferramenta	Site	Descrição (resumo)
Chatpdf	https://www.chatpdf.com/	Para interagir com arquivos, realizar perguntas e resumos.
Paper Digest	https://www.paper-digest.com/	Para tirar dúvidas e fazer resumos de artigos.
Scispace	https://typeset.io/	Revisão da literatura, co-pilot, gera referências, detector de IA etc.
Resoomer	https://resoomer.com/en/	Resumo de artigos e textos, destacando conceitos.
Scholarcy	https://www.scholarcy.com/	Aponta os pontos e os conceitos mais importantes em um grupo de artigos.
Explainpaper	https://www.explainpaper.com/	Ajuda no entendimento de artigos complexos tornando a escrita acadêmica mais acessível.
Humata	https://www.humata.ai/	Fornece resposta e insights sobre documentos, facilitando análise e compreensão de dados complexos.
PaperBrain	https://www.paperbrain.study/	Plataforma para estudos e organização de material acadêmico, acesso a artigos, simplificação de textos etc.

Tabela 15.5 - Leitura de arquivos

Fonte: O autor.

Nome da Ferramenta	Site	Descrição (resumo)
Tome.app	https://tome.app/	Cria apresentações a partir do prompt, com narrativa, slides, imagens.
Gamma	https://gamma.app/	Cria apresentações, permite edição colaborativa em tempo real.
Beautiful AI	https://www.beautiful.ai	Cria apresentações com design profissional automatizado, colaborativo e personalizado.

Tabela 15.6 – Apresentações

Fonte: O autor.

Nome da Ferramenta	Site	Descrição (resumo)
Originallity	https://originality.ai/	Verifica originalidade do texto.
Text Compactor	https://textcompactor.com	Reescreve trecho em "x" palavras.
Penelope	htttps://www.penelope.ai	Formatação para diretrizes de artigos (para troca entre revistas).

Tabela 15.7 – Outros usos de IA.

Fonte: O autor.

Como disse, trata-se uma pequena gota de aplicações num mar de opções existentes. Mas todas elas foram testadas por mim e algumas delas utilizo com proficiência (principalmente as não pagas!). Muito provavelmente, quando este livro chegar as suas mãos, outras possibilidades estarão disponíveis. Por essa razão, minha intenção foi tão somente dar um pontapé inicial em uma eventual busca do leitor.

Espero que, com esse estímulo, tenha sido possível constatar que a ficção virou realidade e todos nós, professores ou não, devemos a nós mesmos a benevolência de nos atualizar. Esse *savoir-faire* é de extrema importância para um mundo em que a forma de educar clama por atualização. Se considerarmos que a educação é a principal força motriz do desenvolvimento social e econômico de qualquer país, entendo que somos nós, professores, que devemos dar esse exemplo (momento rápido de desabafo e catarse do escritor).

Energia

Na interseção entre energia e tecnologia, a IA vem desempenhando um papel revolucionário. No cerne da otimização de redes elétricas, a IA aprimora a eficiência e confiabilidade, gerenciando com precisão o fluxo de energia. Na gestão de recursos renováveis, a IA oferece soluções inovadoras para integrar energias sustentáveis, mantendo o equilíbrio entre oferta e demanda. Na previsão de demanda e manutenção preditiva, ela antecipa necessidades futuras e falhas iminentes, respectivamente, garantindo um fornecimento de energia contínuo e reduzindo interrupções.

Como exemplo, o *Argonne National Laboratory* colaborou com a operadora de rede *Midcontinent Independent System Operator* (MISO) atuante nos Estados Unidos[18] e parte do Canadá, para testar um modelo de aprendizado de máquina que otimiza a programação diária da rede elétrica. Este modelo conseguiu realizar cálculos que normalmente levariam quase dez minutos em apenas sessenta segundos, trazendo economias de

18 Fonte: https://www.technologyreview.com/2023/11/22/1083792/ai-power-grid-improvement/. Acessado em 14 de fevereiro de 2024.

tempo consideráveis para as operações diárias da rede. Além disso, o modelo está sendo aperfeiçoado para prever interrupções de energia, levando em conta fatores como clima e infraestrutura de comunidades de baixa renda, visando minimizar interrupções e acelerar respostas a desastres.

No Brasil, a gestão de recursos renováveis com o auxílio da IA continua avançando, como demonstra um estudo de caso sobre a integração de energia solar em habitações de interesse social.[19] O estudo realizado pela Universidade Federal do Rio de Janeiro (UFRJ) avaliou a viabilidade técnica e econômica de modelos de energia solar em condomínios residenciais, fornecendo um quadro comparativo detalhado para a tomada de decisões informadas sobre eficiência energética e sustentabilidade em edificações.

No campo da previsão de demanda e manutenção preventiva, a IA tem desempenhado um papel igualmente crescente.[20] Utilizando aquelas técnicas de aprendizado de máquina que vimos em capítulos anteriores – como SVM, Redes Neurais e Modelos de Séries Temporais –, a IA permite analisar padrões complexos e relações não lineares em dados de alta dimensão. Esses modelos são treinados com dados históricos de consumo de energia, dados meteorológicos, calendário (incluindo finais de semana, feriados, estações do ano) e dados econômicos e demográficos para prever a demanda de energia com mais precisão.

Por outro lado, a manutenção preventiva, apoiada pela IA, tem se mostrado eficaz na gestão de riscos de ativos e na prevenção de interrupções inesperadas. Essa abordagem permite que os provedores de serviços de utilidade pública mantenham equipamentos críticos ativos, prevendo defeitos antes que ocorram, o que é essencial devido às altas expectativas dos consumidores modernos. A utilização de análises preditivas e inteligência de negócios, auxiliada por dados de ativos de IoT e redes inteligentes, juntamente com dados de clientes, oferece insights críticos sobre o uso de serviços de utilidade pelos consumidores.

Tudo isso permite que os provedores implementem programas como planos tarifários personalizados, oferecendo descontos para assinantes que usam menos energia e incentivando os maiores consumidores a reduzir o uso.[21] Ferramentas de inteligência de negócios como o *Microsoft Power BI*, juntamente com aprendizado de máquina e IA, são amplamente utilizadas para visualizar grandes quantidades de dados e compartilhar descobertas, ajudando as organizações a gerenciar grandes volumes de dados e a garantir conformidade com requisitos regulatórios, leis de privacidade e segurança.

A Figura 15.4 representa as aplicações da IA à energia.

19 Fonte: https://www.frontiersin.org/articles/10.3389/fbuil.2023.1255845/full Acessado em 15 de janeiro de 2024.

20 Fonte: https://www.nocode.ai/ai-for-energy-demand-forecasting/ Acessado em 20 de fevereiro de 2024.

21 Fonte: https://agilethought.com/blogs/predictive-analytics-redefining-energy-sector/ Acessado em 7 de fevereiro de 2024.

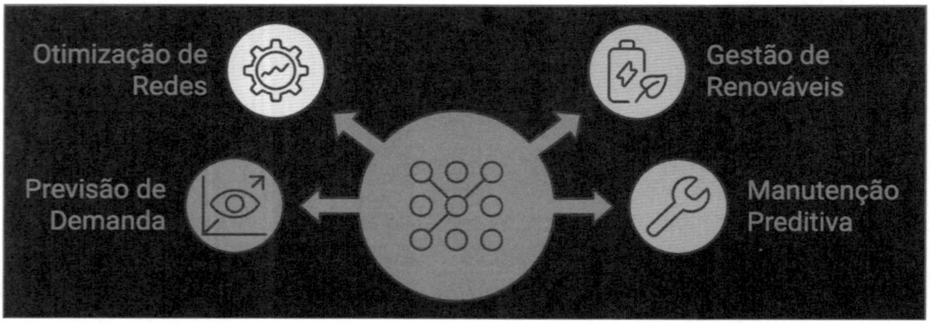

Figura 15.4: IA aplicada à Energia.
Fonte: O autor.

Para concluir a discussão sobre o papel transformador da IA no setor de energia, podemos olhar para o horizonte e vislumbrar um futuro ainda mais integrado e eficiente. A IA tem potencial de pavimentar o caminho para um amanhã em que as redes elétricas sejam ainda mais inteligentes, adaptativas e capazes de autorregulação. As inovações atuais, como a colaboração entre o *Argonne National Laboratory* e o MISO, assim como os estudos da UFRJ, são testemunhos do potencial inexplorado que a IA possui para revolucionar ainda mais esse setor.

Entretenimento

A INTELIGÊNCIA ARTIFICIAL ESTÁ IMPULSIONANDO UMA REVOLUÇÃO SILENCIOSA NO ENTRETENIMENTO, transformando profundamente a criação de conteúdo digital. No cinema, os avanços da IA em pós-produção, como edição e efeitos sonoros, são marcados pela automação impulsionada por IA, que acelera o processo e eleva a qualidade do produto. Os efeitos visuais – um dos pilares do cinema moderno – são agora enriquecidos por algoritmos de IA que geram imagens com um realismo que desafia a imaginação, abrindo novos horizontes para contadores de histórias e criadores visuais. Adicionalmente, a IA começa a influenciar até a pré-produção, com análises preditivas ajudando a moldar conceitos de filmes e histórias a serem mais alinhados com as preferências da audiência, o que pode revolucionar a seleção e desenvolvimento de projetos em Hollywood.[22]

Só para atiçar a memória do leitor, no filme *O Irlandês*, de Martin Scorsese, a inteligência artificial foi utilizada para rejuvenescer os atores em várias décadas, permitindo contar uma história que se desenrola ao longo de muitos anos, mantendo

[22] Fonte: https://blogpilot.ai/blogs/ai-technology-in-entertainment/. Acessado em 7 de fevereiro de 2024.

a continuidade dos mesmos atores. A tecnologia de captura de desempenho e reconhecimento facial permitiu que os movimentos e expressões faciais dos atores fossem mapeados e posteriormente aplicados a versões digitalmente mais jovens de si mesmos. Esse uso da IA possibilitou uma nova forma de narrativa que seria impossível de outra forma.

Em contrapartida, os algoritmos de recomendação personalizada estão aperfeiçoando a maneira como interagimos com plataformas de streaming, fazendo com que cada sugestão de conteúdo pareça feita sob medida. Essa curadoria inteligente estende-se além de filmes e músicas, influenciando também os livros eletrônicos, podcasts e outros meios de comunicação digital, garantindo que o conteúdo oferecido se alinhe perfeitamente com os interesses e hábitos do usuário. Tudo isso melhora a experiência do usuário e representa uma estratégia eficaz para as empresas reterem a atenção do público em um mercado saturado de opções. A personalização se torna cada vez mais refinada à medida que os algoritmos aprendem e se adaptam às respostas e feedbacks recebidos, tornando a experiência de entretenimento cada vez mais imersiva e envolvente. Sem falar que poupam nosso tempo na busca por filmes e músicas que provavelmente jamais conheceríamos sem a ajuda dessa tecnologia.

No universo dos jogos, os *non-playable Character* (NPCs) agora exibem comportamentos quase humanos através da IA, o que os torna adversários mais estupendos ou aliados mais convincentes. Eles têm o poder de transformar um jogo de uma experiência linear para uma jornada repleta de surpresas e reviravoltas que respondem ao estilo de jogo do usuário.[23] Ademais, a IA desempenha um papel crucial na assistência proativa durante o jogo, ajudando os jogadores a superar desafios e a descobrir conteúdo oculto, mantendo o engajamento por períodos mais longos. Isso tem o potencial de tornar cada sessão de jogo única e personalizada, o que amplia dramaticamente a longevidade e o valor de entretenimento. Quando vejo isso e penso nos meus tempos de faculdade criando aqueles jogos rudimentares com sistemas especialistas, usando uma mistura sofrida de linguagens como Pascal e Assembler, fico pensando no quanto evoluiu essa indústria nas últimas décadas.

Na produção musical, a IA começa a criar melodias e harmonias, auxiliando também na produção e mistura de faixas, democratizando o processo criativo. Com plataformas de IA que aprendem e se adaptam às preferências dos usuários, o descobrimento de músicas novas e interessantes torna-se uma experiência contínua e dinâmica. Esse nível de personalização e interação aumenta a satisfação dos ouvintes e abre portas para novos artistas e estilos musicais, impulsionando uma era de diversidade e inovação no setor.

23 Fonte: https://webisoft.com/articles/ai-in-entertainment-industry/. Acessado em 14 de novembro de 2023

A realidade virtual (VR) e a aumentada (AR), agora enriquecidas pela IA, simbolizam mais que uma visualização imersiva, evoluindo para verdadeiras plataformas de interação social e colaboração. As experiências de VR/AR estão cada vez mais complexas e personalizadas, com a IA desempenhando um papel fundamental na criação de ambientes que reagem às escolhas do usuário, aprendem e se adaptam a elas. Isso cria possibilidades para experiências de entretenimento que são tanto coletivas quanto individuais, fornecendo um novo nível de socialização no espaço digital.

A Figura 15.5 retrata os usos da IA no entretenimento.

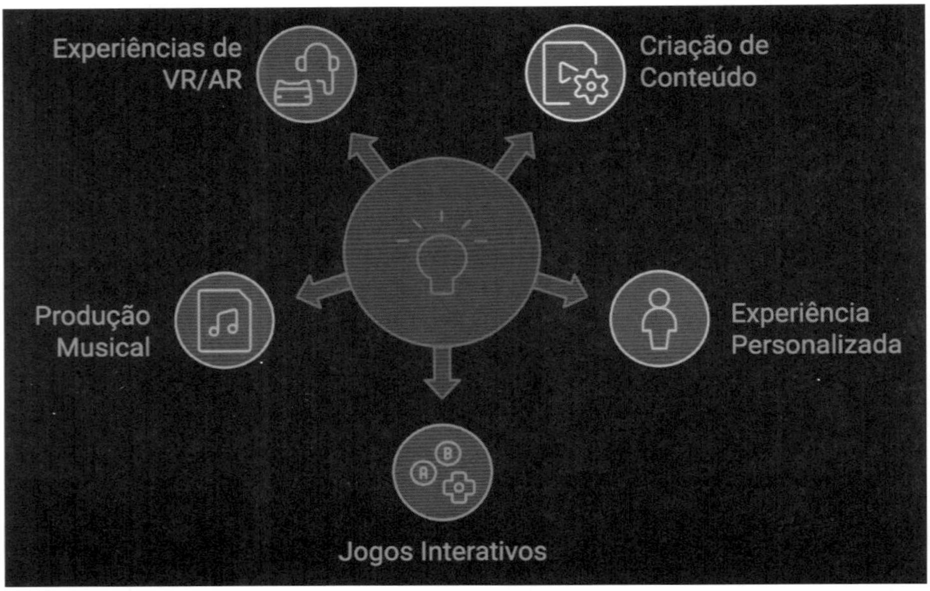

Figura 15.5: IA no Entretenimento.
Fonte: O autor.

Mesmo considerando aquelas polêmicas mencionadas no Capítulo 11 sobre IA generativa (e outras que continuarão a surgir), entendo que a IA continuará a remodelar a indústria do entretenimento, desbloqueando possibilidades criativas e interativas, antes inatingíveis. Como vimos, ela permite uma personalização sem precedentes na forma como consumimos mídia e está influenciando a criação artística, desde a composição musical até narrativas complexas em filmes e jogos. Agindo como um complemento à criatividade humana, a IA melhora a eficiência e a produtividade e supera os limites da expressão artística, tornando-a mais acessível e envolvente. À medida que avançamos, soa evidente que a IA continuará a ser um agente de mudança no entretenimento, desafiando a forma como entendemos e interagimos com a arte em todos os seus aspectos.

Finanças

A IA chegou também ao setor financeiro em função da sua capacidade de transformar dados em informações precisas e estratégicas. Na esfera da análise de risco e concessão de crédito, a IA emprega algoritmos sofisticados para avaliar a solvabilidade dos clientes de forma mais rápida e sofisticada do que os métodos tradicionais, potencializando decisões de crédito com base em uma compreensão mais profunda dos padrões de comportamento financeiro. No campo das negociações automatizadas, os algoritmos de IA estão revolucionando o chamado *trading* ao executar operações em alta velocidade, com a habilidade de identificar tendências e executar transações em milissegundos, resultando em eficiência e lucratividade maximizadas.

Além disso, a IA pode ser considerada a vanguarda do combate a atividades financeiras ilícitas, melhorando a detecção de fraudes por meio da análise contínua e em tempo real de transações para identificar comportamentos suspeitos e anomalias que poderiam indicar fraude, lavagem de dinheiro ou outras atividades ilegais. Esse setor, portanto, apresenta um terreno fértil para a IA, tanto no sentido da melhoria dos processos existentes quanto da preparação do caminho para novas inovações financeiras.

A evolução da análise de risco e concessão de crédito é um trajeto marcado por avanços tecnológicos significativos, especialmente com a incorporação da IA. Tradicionalmente, a análise de risco era uma tarefa que dependia intensamente do julgamento humano e da avaliação manual de dados financeiros e de crédito. No entanto, a última década testemunhou uma transformação nesse domínio, impulsionada por uma explosão de dados disponíveis e avanços em algoritmos de aprendizado de máquina. A utilização da IA permitiu uma análise mais granular dos perfis de risco, considerando informações financeiras históricas e dados não estruturados, como hábitos de compra e histórico de navegação na web. Essa abordagem multidimensional fornece uma imagem mais precisa da solvabilidade de um indivíduo ou empresa, permitindo que instituições financeiras ajustem seus modelos de risco de crédito para refletir melhor o risco real. Com a capacidade de processar e aprender com grandes volumes de dados, a IA melhorou o processo de tomada de decisão no crédito, proporcionando avaliações em tempo real e previsões mais confiáveis sobre a probabilidade de inadimplência. Esse fenômeno agilizou o processo de concessão de crédito e tornou possível oferecer produtos financeiros personalizados que correspondem ao perfil de risco e às necessidades específicas dos clientes.

Lembra do Capítulo 9 sobre aprendizado não supervisionado? Graças a ele, a IA tem sido fundamental na identificação de padrões sutis e correlações complexas que seriam difíceis, se não impossíveis, de detectar por meio de análises convencionais. Esse nível de sofisticação na análise de risco beneficia tanto os credores – que podem gerenciar melhor suas carteiras e limitar a exposição a empréstimos inadimplentes – quanto os consumidores – que podem ter acesso a crédito de forma mais justa e inclusiva.

Estudos refletem a amplitude e profundidade com que o campo da análise de risco de crédito tem se desenvolvido, demonstrando uma clara tendência em direção à integração de métodos de IA cada vez mais avançados e abrangentes.[24] À medida que a pesquisa e a prática continuam a evoluir, é provável que vejamos uma contínua inovação e refinamento nos sistemas de análise de risco, impulsionando a concessão de crédito para novos patamares de eficiência e precisão.

Quanto à aplicação de negociação automatizada, a Goldman Sachs é um exemplo marcante no setor financeiro, complementando o avanço significativo na análise de risco e concessão de crédito. A empresa reduziu drasticamente o número de *traders* em sua mesa de operações em Nova York, substituindo-os por programas de negociação automatizados e engenheiros da computação.[25] Esse movimento reflete uma tendência mais ampla no mercado financeiro, em que algoritmos dotados de capacidades de aprendizado de máquina estão assumindo áreas de negociação cada vez mais complexas, como as de moedas e crédito. Esses sistemas são programados para replicar o comportamento dos humanos, melhorando a eficiência e reduzindo custos – um passo adiante na busca por precisão e rentabilidade no setor.

Como já mencionado, a detecção de fraude e a análise de transações financeiras são áreas críticas que têm se beneficiado enormemente das inovações em inteligência artificial. Algoritmos avançados podem aprender com dados históricos e adaptar-se continuamente para reconhecer novos tipos de fraudes. Isso é fundamental em um cenário no qual bandidos usam métodos fraudulentos cada vez mais criativos, exigindo sistemas que reajam às ameaças conhecidas, façam previsões e mitiguem novos riscos.

Com a implementação da IA na análise de transações, instituições financeiras podem examinar enormes volumes de dados em tempo real para detectar irregularidades. Esse processo acelera a resposta às ameaças e aumenta a precisão da detecção, diminuindo os falsos positivos e melhorando a experiência do cliente. Os avanços representam uma mudança significativa na segurança financeira, possibilitando um ambiente mais seguro para transações e confiança no sistema financeiro como um todo[26].

Um esquema sobre IA nas finanças está representado na Figura 15.6 a seguir.

---

24 Fonte: https://www.researchgate.net/publication/345370430_Ten-year_evolution_on_credit_risk_research_a_Systematic_Literature_Review_approach_and_discussion Acessado em 10 de janeiro de 2024.

25 Fonte: https://www.technologyreview.com/2017/02/07/154141/as-goldman-embraces-automation-even-the-masters-of-the-universe-are-threatened/ Acessado em 10 de janeiro de 2024.

26 Fonte: https://ieeexplore.ieee.org/document/9742830. Acessado em 10 de fevereiro de 2024.

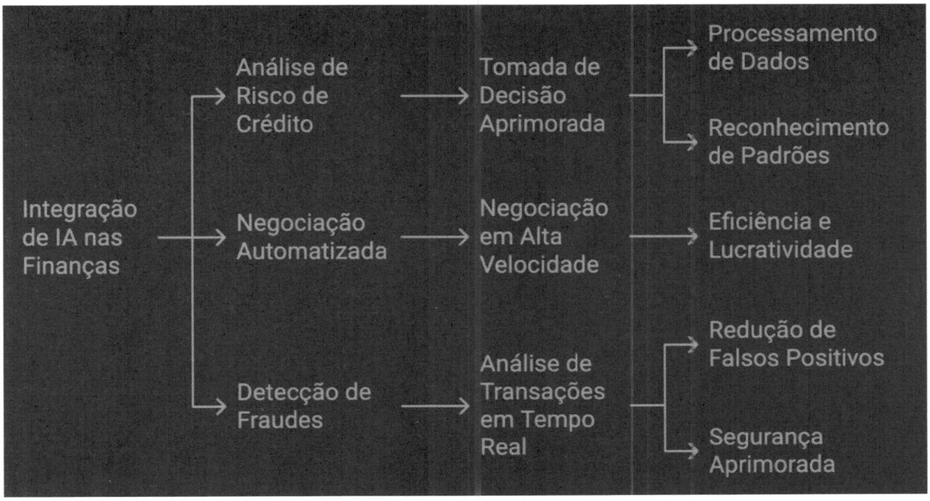

Figura 15.6: IA nas Finanças.
Fonte: O autor.

É indiscutível que a fusão da inteligência artificial com as finanças gerou um ecossistema em que a segurança e a agilidade andam de mãos dadas, promovendo um clima de confiança para os usuários e maior eficácia operacional para as instituições. Eu diria que, até certo grau, a IA se posiciona cada vez mais como um parceiro estratégico para assegurar a integridade financeira e impulsionar a inovação contínua, mantendo um setor sensível como o financeiro em constante evolução.

Indústria e serviços

A ADOÇÃO DA IA NO MERCADO EM TERMOS DE INDÚSTRIA E SERVIÇOS MARCA O INÍCIO DE UMA NOVA era de eficiência e produtividade. Através da automação de processos industriais, a IA simplifica as operações, as torna exponencialmente mais eficientes e permite a produção em massa com precisão quase artesanal. A manutenção preditiva, habilitada por IA, transforma a manutenção de equipamentos de uma prática reativa para uma estratégia proativa, antecipando falhas antes que ocorram e economizando custos significativos. Já na otimização da cadeia de produção, assegura que cada elemento da linha de produção opere em máxima sincronia, elevando a eficácia global e reduzindo desperdícios. Na ponta do consumo, a personalização da experiência de compra potencializada por IA permite que os serviços se adaptem às preferências individuais dos clientes, oferecendo uma experiência altamente personalizada e melhorando sua satisfação. Juntos, esses elementos representam apenas o princípio do potencial transformador da IA para indústrias e serviços no cenário contemporâneo.

As tecnologias de IA, como aprendizado de máquina e visão computacional, estão sendo aplicadas para otimizar operações de linha de produção, prever falhas de equipamentos e programar manutenções preventivas com precisão surpreendente.[27] Algoritmos inteligentes agora podem analisar grandes conjuntos de dados operacionais e de sensores em tempo real, permitindo que as empresas identifiquem gargalos de produção, melhorem a qualidade dos produtos e reduzam o tempo de inatividade. Essas inovações aumentam a competitividade das empresas no mercado global, mas sem renunciar à sustentabilidade ao minimizar o desperdício e otimizar o uso de recursos.

A manutenção preditiva, um componente crítico da indústria moderna, em vez de seguir um cronograma fixo, com o auxílio da IA, passa a utilizar dados coletados por sensores e algoritmos avançados para prever a probabilidade de falhas em equipamentos, permitindo intervenções mais inteligentes e conservando recursos.[28] Ao analisar variáveis como temperatura, velocidade de rotação, torque e desgaste, modelos como redes neurais artificiais podem prever o estado operacional das máquinas, promovendo operações confiáveis e reduzindo interrupções inesperadas.

No que diz respeito à otimização da cadeia de produção, a IA está levando as empresas a repensarem suas estratégias de planejamento de suprimentos. Por exemplo, grandes empresas de bens de consumo estão utilizando planejamento autônomo da cadeia de suprimentos para integrar e controlar operações de ponta a ponta, resultando em um aumento de receita de até 4%, uma redução de estoque de até 20% e uma diminuição nos custos da cadeia de suprimentos de até 10%.[29] O planejamento autônomo é uma abordagem contínua e de circuito fechado que otimiza os processos de *Sales and Operations Planning* (S&OP) em tempo real, baseando-se em dados e análises avançadas em cada etapa do processo. Essa estratégia holística e integrada de planejamento está se tornando a nova norma para a eficiência operacional em ambientes voláteis.

Por último, mas não menos importante, precisamos falar da personalização da experiência de compra através da IA. Essa individualização vem promovendo uma verdadeira convulsão no setor de varejo. Duas implementações de destaque incluem a abordagem do aplicativo de compras de moda The Yes,[30] que cria uma loja personalizada para cada cliente com base em preferências de estilo, tamanho e orçamento, além do uso do ChatGPT para recomendações de produtos em tempo real, adaptadas

27 Fonte: https://aiche.onlinelibrary.wiley.com/doi/full/10.1002/amp2.10159. Acessado em 10 de fevereiro de 2024.

28 Fonte: https://iopscience.iop.org/article/10.1088/1742-6596/2299/1/012001/meta. Acessado em 12 de fevereiro de 2024.

29 Fonte: https://www.mckinsey.com/capabilities/operations/our-insights/autonomous-supply-chain-planning-for-consumer-goods-companies. Acessado em 12 de fevereiro de 2024.

30 Fonte: https://hbr.org/podcast/2022/05/delivering-a-personalized-shopping-experience-with-ai. Acessado em 12 de fevereiro de 2024.

às preferências e orçamentos dos usuários.[31] Ambos os casos utilizam IA para fornecer uma experiência de compra altamente personalizada e impressionar o cliente.

A IKEA, por meio do Grupo Ingka, está transformando o varejo com sua abordagem inovadora de venda remota, utilizando a inteligência artificial para potencializar o chatbot "Billie".[32] Este assistente virtual, que incorpora décadas de conhecimento da IKEA sobre o lar, oferece interação em tempo real com os clientes, fornecendo informações de produtos, recomendações personalizadas e auxílio no design de interiores – tudo isso sem necessidade de intervenção humana. Desde sua implementação, o Billie tem demonstrado um impacto significativo, gerenciando quase metade das interações dos clientes e contribuindo para uma economia substancial, ao mesmo tempo em que permite que os colaboradores se concentrem em tarefas de maior valor agregado, reforçando a estratégia da empresa de aliar tecnologia avançada com competências humanas para uma experiência de compra mais personalizada e eficiente.

O McDonald's está se aliando ao Google para integrar a IA generativa em suas operações, visando aprimorar a eficiência operacional e enriquecer a experiência dos clientes com refeições mais frescas e quentes.[33] Essa parceria estratégica promete uma transformação tecnológica abrangente, que inclui desde a atualização de hardware e software nas lojas até a utilização de serviços do Google Cloud. Embora as implicações específicas para a força de trabalho ainda não sejam claras, a iniciativa sinaliza um esforço do McDonald's para minimizar as interrupções durante a transição e posicionar a cadeia de fast-food como líder em inovação tecnológica no setor.

Não poderia deixar de mencionar o iFood, gigante do delivery de alimentos na América Latina, que tem impulsionado sua eficiência e a satisfação do cliente através de investimentos estratégicos em inteligência artificial, utilizando plataformas como a *Amazon Web Services* (AWS). Ao implementar modelos avançados de aprendizado de máquina, a empresa conseguiu otimizar as rotas de entrega e personalizar as recomendações no aplicativo, resultando em um impressionante aumento na performance de entrega em função do nível de serviço – ou *Service Level Agreement* (SLA) – para 95%, e uma redução pela metade do tempo ocioso dos entregadores. Essas melhorias elevam sobremaneira a experiência do usuário final e otimizam significativamente o trabalho dos parceiros de entrega[34].

A Figura 15.7 mostra a utilização da IA na indústria e serviços.

---

31 Fonte: https://masterofcode.com/blog/generative-ai-in-retail. Acessado em 12 de fevereiro de 2024.

32 Fonte: https://www.ingka.com/newsroom/ai-and-remote-selling-bring-ikea-design-expertise-to-the-many/. Acessado em 12 de fevereiro de 2024.

33 Fonte: https://medium.com/@abebellini/mcdonalds-revolutionizes-fast-food-with-google-backed-ai-5c285efacc62 Acessado em 12 de fevereiro de 2024.

34 Fonte: https://aws.amazon.com/solutions/case-studies/ifood/ Acessado em 12 de dezembro de 2023.

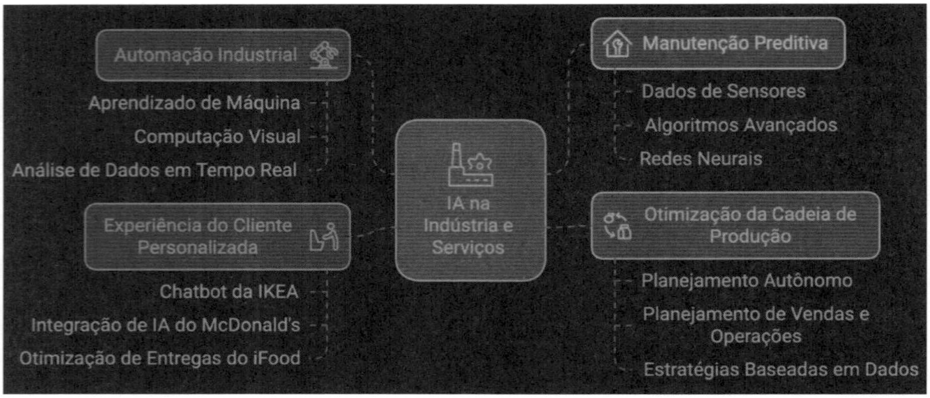

Figura 15.7: IA na Indústria e Serviços.

Fonte: O autor.

A revolução impulsionada pela IA na indústria e nos serviços está estabelecendo um marco na história da produtividade e na personalização do atendimento ao cliente. As iniciativas citadas são apenas uma amostra de tantas outras que destacam um movimento irreversível em direção a um futuro no qual a tecnologia e a humanização dos serviços se entrelaçam, prometendo atender e superar as expectativas dos consumidores, ao mesmo tempo em que redefinem o papel dos colaboradores em um ambiente de trabalho cada vez mais tecnológico e integrado.

Jurídico

O SETOR JURÍDICO TAMBÉM TEM SIDO TREMENDAMENTE IMPACTADO PELA IA, ALTERANDO SUBSTANCIALmente como os serviços legais são prestados e consumidos. Advogados e escritórios de advocacia estão empregando IA para automatizar a análise de documentos, identificar precedentes, otimizar estratégias de litígio e prever resultados legais.[35] Além disso, a IA ajuda a antever resultados de casos com base em dados históricos, o que pode auxiliar na tomada de decisões melhor subsidiadas. As aplicações vão desde chatbots que fornecem assistência jurídica preliminar até algoritmos sofisticados capazes de realizar due diligence e revisão contratual com velocidade e precisão superiores às humanas. Com essas ferramentas, o setor jurídico aumenta sua eficiência, reduz custos e, em última análise, potencializa a promoção da democratização do acesso à justiça.

Com a evolução da IA, os profissionais de direito necessariamente terão que se adaptar, adquirir novas habilidades e repensar as abordagens tradicionais diante dos

35 Fonte: https://www.law.com/international-edition/2024/01/28/ai-in-law-navigating-the-new-frontier-of-legal-practice/?slreturn=20240030075720. Acessado em 7 de fevereiro de 2024.

desafios legais. Se o leitor é advogado, imagine a utilização do aprendizado supervisionado para colher um vasto compêndio de processos e jurisprudências, criando uma base de dados jurídica rica e abrangente. Essa tecnologia poderia então ser aplicada para gerar peças jurídicas com um alto grau de precisão, fundamentadas em um histórico robusto de decisões e precedentes. Mais do que ampliar as chances de sucesso em casos futuros, isso transformaria a prática do direito, permitindo que advogados e juristas tomassem decisões informadas com base em uma análise de dados acurada e constantemente atualizada, guiando-os para resultados mais assertivos e justos.

Ainda que traga com si uma série de polêmicas legítimas, temos que comentar a questão da aplicação de IA no sistema prisional, que pode abranger desde a monitorização de comunicações entre detentos até a previsão de riscos de reincidência, visando uma gestão mais eficiente e segura das instalações correcionais. Essas tecnologias também são utilizadas para auxiliar na seleção de serviços de reabilitação adequados e na determinação de liberdade condicional, entre outras funções, como fornecer chatbots para supervisão comunitária. Administradores de sistemas correcionais e formuladores de políticas estão considerando a importância de dados de alta qualidade e as limitações operacionais atuais para uma implementação responsável da IA.[36]

Poderia falar ainda de várias outras práticas jurídicas sendo transformadas pela IA, como integrar IA gerativa em ofertas de marketing e desenvolvimento de negócios para firmas de serviços legais e profissionais. Escritórios poderiam começar fazendo um uso modesto da tecnologia, como escrever linhas de assunto de e-mail com base no conteúdo da mensagem, passando depois a revisão e reformulação de contratos, entre muitas outras aplicações.

Na Figura 15.8 há a representação gráfica de como a IA se integra à área jurídica.

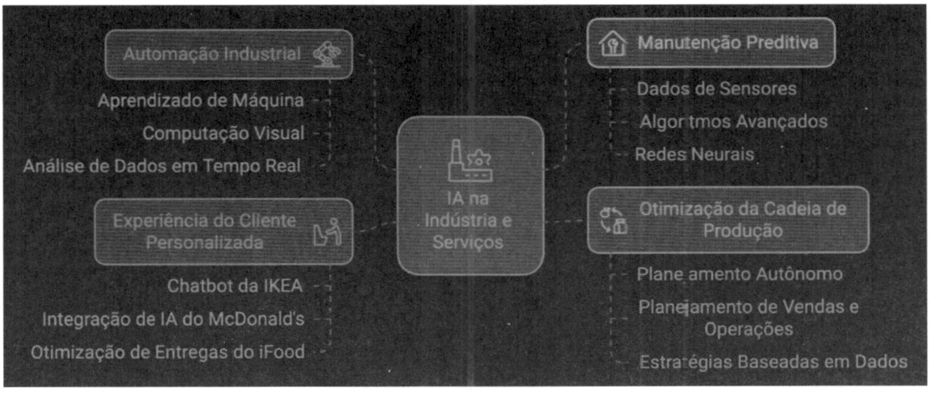

Figura 15.8: IA integrado ao Jurídico.
Fonte: O autor.

36 Fonte: https://nij.ojp.gov/library/publications/artificial-intelligence-corrections-overview-ai--applications-and Acessado em 15 de novembro de 2023.

Meio Ambiente

Uma perspectiva cada vez mais presente nas discussões e implementações relacionadas a IA é relativa ao meio ambiente, o que sinaliza um futuro mais profícuo no qual a tecnologia e sustentabilidade caminham juntas. Espera-se que a IA seja crucial na otimização do uso de recursos naturais, na monitorização e proteção da biodiversidade, e na melhoria da gestão de resíduos. Avanços como algoritmos de previsão climática e sistemas de IA para monitoramento de desmatamento já estão em curso, prometendo transformar as estratégias ambientais em ações mais eficazes e informadas, delineando um horizonte mais verde e sustentável.

Em um estudo publicado na revista *Nature*,[37] pesquisadores utilizaram a inteligência artificial para analisar e mapear a biodiversidade global. A tecnologia permitiu uma avaliação mais precisa da distribuição de espécies em diferentes ecossistemas, oferecendo orientações sobre como proteger melhor a biodiversidade frente às mudanças climáticas e atividades humanas. Esse caso de uso demonstra o potencial da IA para apoiar esforços de conservação ao fornecer dados detalhados e recomendações acionáveis para a preservação de habitats naturais e das espécies que neles habitam.

Uma outra pesquisa foca no uso da IA para aprimorar o gerenciamento de resíduos, ilustrando como as tecnologias podem otimizar sua coleta e processamento.[38] Por meio da implementação de sistemas inteligentes, foi possível aumentar a eficiência na separação de resíduos recicláveis e melhorar a logística de coleta, reduzindo o impacto ambiental. Esse caso de uso deixa claro o potencial significativo da IA em contribuir para uma gestão de resíduos mais sustentável e ambientalmente responsável.

O DeepMind da Google está redefinindo as previsões meteorológicas fazendo previsões mais precisas em curto prazo.[39] Um avanço significativo que pode melhorar a resposta a condições climáticas extremas e auxiliar na prevenção de desastres naturais. Outro exemplo vem da Nvidia[40], que está impulsionando as previsões meteorológicas através da IA e desenvolvendo modelos que processam dados atmosféricos complexos com maior rapidez e precisão. Utilizando redes neurais e seus avançados processadores, a Nvidia está permitindo que cientistas gerem previsões mais detalhadas e confiáveis, essenciais para enfrentar eventos climáticos extremos.

Vale lembrar também o caso da Floresta Amazônica, que já recebe propostas de desenvolvimento de um sistema de monitoramento para combater o desmatamento ilegal usando algoritmos de inteligência artificial. O sistema proposto identificaria

37 Fonte: https://www.nature.com/articles/s41893-022-00851-6. Acessado em 15 de novembro de 2023.

38 Fonte: https://link.springer.com/article/10.1007/s10311-023-01617-y. Acessado em 7 de fevereiro de 2024.

39 Fonte: https://www.livescience.com/technology/artificial-intelligence/googles-deepmind-ai-can-make-better-weather-forecasts-than-supercomputers. Acessado em 12 de fevereiro de 2024.

40 Fonte: https://blogs.nvidia.com/blog/ai-weather-forecasts-durran/. Acessado em 12 de fevereiro de 2024.

tentativas de desmatamento por meio de sinais de áudio de tratores e motosserras, utilizando inteligência artificial incorporada e comunicação de longo alcance. Uma interface de usuário seria desenvolvida para fornecer alertas diários, e o sistema possuiria um consumo médio de energia de cerca de 300 nA, empregando métodos de gerenciamento de energia para operar em modos de baixo consumo. O dispositivo tem o potencial de promover a preservação sustentável da Amazônia e ajudar a prevenir o desmatamento em larga escala.[41]

Na Figura15.9 está o esquema das aplicações da IA no meio ambiente.

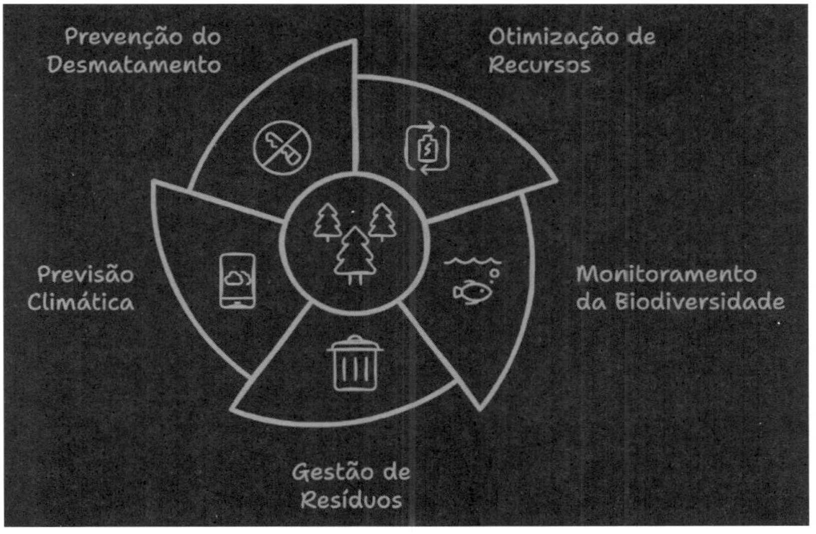

Figura 15.9: Aplicações de IA no Meio Ambiente.
Fonte: O autor.

Fico animado com a IA emergindo como uma aliada indispensável no enfrentamento de desafios ambientais, catalisando uma era de inovação e sustentabilidade. Ao capacitar as iniciativas de monitoramento ambiental, gerenciamento de resíduos e previsão climática, a IA promove uma maior eficácia em políticas de conservação e reforça a importância de um desenvolvimento tecnológico consciente e orientado para a preservação. O planeta agradece!

41 Fonte: https://www.mdpi.com/2673-4591/58/1/21 Acessado em 13 de fevereiro de 2024.

Saúde

Como já abordado em outras partes do livro, a IA tem potencial de transformar e modernizar a área da saúde, abrindo novos horizontes em diagnósticos e tratamentos médicos com sua capacidade de analisar dados em larga escala e sua precisão em identificar padrões complexos – sem falar que as ferramentas de IA estão transformando a pesquisa biomédica, permitindo descobertas mais rápidas e tratamentos cada vez mais personalizados. Fora isso, a robótica assistida por IA aprimora a precisão dos procedimentos cirúrgicos e a reabilitação de pacientes, enquanto algoritmos avançados melhoram a gestão de saúde pública e a previsão de surtos epidemiológicos, garantindo um cuidado mais proativo e centrado no paciente.

Esse avanço da IA na medicina tem sido significativo, especialmente após o advento de tecnologias como o ChatGPT. Hospitais e instituições de saúde, como o Hospital Israelita Albert Einstein, estão utilizando algoritmos para fazer uma análise prévia de radiografias e prever riscos de internações, melhorando a eficiência diagnóstica e a gestão de altas hospitalares. Redes de saúde como a Dasa estão implementando IA para acelerar diagnósticos e procedimentos, como reduzir o tempo de mamografias e aprimorar a qualidade de exames de ressonância magnética.[42] As universidades não ficam atrás, com laboratórios como o Malta da PUC-RS, por exemplo, ganhando prêmios internacionais e recebendo financiamento para desenvolver IA na identificação de subtipos de doenças, como Parkinson, com base em dados genéticos. As expectativas são de que, em uma década, IAs mais seguras e eficazes estejam disponíveis para auxiliar médicos com diagnósticos e tratamentos baseados em diretrizes médicas.

Os desafios para a integração da IA na saúde incluem regulamentação adequada e acesso a bancos de dados robustos. A OMS já emitiu recomendações para o uso ético de IA na medicina, enfatizando a necessidade de leis e políticas que garantam segurança sem inibir a inovação. No Brasil, o Sistema Único de Saúde (SUS) é visto como um possível caso de uso internacional devido à sua extensa coleta de dados, que, como sabemos, é matéria-prima vital para o desenvolvimento técnicas de IA que auxiliem na prevenção de doenças.

Vale salientar que a IA não está aqui para substituir médicos, mas sim, complementar a prática médica, melhorando a qualidade e a velocidade do atendimento. Além disso, muito provavelmente, a formação médica futura deverá incluir o entendimento de IA estimulando um raciocínio crítico para a aplicação contextualizada de suas análises.

Nesse sentido, uma das aplicações mais promissoras está na digitalização da patologia, na qual a IA e o aprendizado de máquina estão melhorando o diagnóstico e análise de doenças como o câncer de cólon. Isso proporciona uma maior eficiência e melhores prognósticos para os pacientes. Além disso, a IA está ajudando a evitar

[42] Fonte: https://oglobo.globo.com/saude/medicina/noticia/2024/01/24/ia-ja-e-realidade-na-medicina-e-especialistas-preveem-futuro-com-chatgpt-capaz-de-dar-diagnosticos-e-sugerir-tratamentos.ghtml Acessado em 13 de fevereiro de 2024

cirurgias desnecessárias, com programas que utilizam análises preditivas para determinar se uma operação é realmente necessária ou se existem alternativas menos arriscadas e mais eficazes.

Outro uso inovador da IA na saúde é no diagnóstico de doenças infecciosas, em que tecnologias como a metagenômica permitem a rápida identificação de patógenos conhecidos, acelerando significativamente o diagnóstico e o tratamento de doenças infecciosas complexas.

Na análise de imagens médicas, a IA está aumentando a precisão diagnóstica ao analisar relatórios de imagens médicas com uma precisão de até 90%, o que pode revelar doenças que poderiam ser negligenciadas por médicos devido à concentração em uma condição específica.

Assistentes de enfermagem virtuais estão transformando o atendimento em instalações de saúde, permitindo o monitoramento remoto contínuo dos pacientes e alertando os profissionais de saúde sobre qualquer deterioração nos sintomas dos pacientes. Esses assistentes virtuais estão usando aprendizado de máquina, visão computacional e processamento de linguagem natural para reduzir a carga de trabalho das enfermeiras e melhorar o atendimento ao paciente. A IA também está sendo empregada para ajudar adolescentes a obter informações sobre saúde e vida sexual de forma privada e segura, superando barreiras de comunicação e fornecendo respostas conversacionais apropriadas através de chatbots.

A IA também está fazendo avanços significativos na detecção precoce de demência e na assistência a cirurgias robóticas, onde a precisão e a paciência são essenciais. Ferramentas como o EchoGo[43] estão analisando imagens de ecocardiogramas para detectar doenças cardíacas com uma precisão de 97,2%, e a tecnologia também está sendo usada para monitorar a atividade cardíaca por períodos prolongados, como o Zio Patch,[44] que pode ser usado por até duas semanas. Outras aplicações incluem a prevenção de feridas por pressão, em que modelos baseados em aprendizado de máquina estão prevendo e avaliando o risco de lesões em pacientes de cuidados intensivos, ajudando a identificar aqueles que se beneficiarão mais de intervenções especializadas.

Um artigo publicado na revista *JMIR Human Factors* explora um chatbot de inteligência artificial chamado MYLO,[45] projetado para ajudar jovens com problemas de saúde mental. O estudo avaliou a usabilidade e aceitabilidade do MYLO em um grupo de jovens, constatando que a maioria teve uma experiência positiva e recomendou seu uso. Os resultados sugerem que o MYLO pode ser uma ferramenta valiosa no apoio à saúde mental dos jovens, apesar de ainda ser necessário mais pesquisa para entender seu impacto a longo prazo.

---

43 Fonte: https://azuremarketplace.microsoft.com/en-us/marketplace/apps/ultromicslimited1583506674104.echogo1?tab=overview. Acessado em 14 de fevereiro de 2024.

44 Fonte: https://www.nbt.nhs.uk/about-us/news-media/latest-news/evaluation-shows-new-technology-improving-patient-access-cardiac-monitoring. Acessado em 14 de fevereiro de 2024.

45 Fonte: https://pubmed.ncbi.nlm.nih.gov/37477969/. Acessado em 14 de fevereiro de 2024.

Essas são apenas algumas das muitas maneiras pelas quais a IA está sendo utilizada para melhorar a qualidade dos cuidados de saúde, reduzir custos e democratizar o acesso à saúde de qualidade em todo o mundo. À medida que a tecnologia continua a avançar, podemos esperar ainda mais inovações que transformarão o setor de saúde, proporcionando cuidados mais personalizados, precisos e eficazes para todos.

A perspectiva é que, à medida que esses avanços da IA na medicina e na saúde como um todo forem progredindo, teremos uma liberação maior do corpo médico para passar mais tempo se concentrando no que realmente importa: os pacientes. Contudo, para alcançar essa visão, é essencial expandir a pesquisa translacional em IA para saúde, investir no aprimoramento de habilidades digitais dos profissionais e superar os desafios éticos e práticos associados ao acesso e ao tratamento de dados em saúde. Um estudo publicado na revista *Frontiers Digital Health*[46] discute mais a fundo esses desafios de implementar a IA no setor de saúde, destacando a importância de um planejamento eficaz, acesso a dados de qualidade e poder computacional adequado para tomadas de decisão em tempo real. O texto aponta para um momento decisivo na convergência entre prática médica e tecnologia, onde oportunidades e desafios formidáveis devem ser enfrentados para a implementação bem-sucedida da IA na saúde.

Outro artigo da *Future Healthcare Journal*[47] aponta que, atualmente, os sistemas de IA funcionam mais como tradutores de sinais de grandes conjuntos de dados do que como motores de raciocínio intuitivo humano. Eles estão sendo usados para automatizar tarefas repetitivas de alto volume, mostrando avanços significativos em diagnósticos precisos, como na retinopatia diabética e no planejamento da radioterapia. No médio prazo, espera-se desenvolver algoritmos mais potentes e eficientes que demandem menos dados para treinamento e que possam lidar com dados não rotulados e variados, incluindo imagens, dados de saúde eletrônicos e informações farmacológicas. Isso evoluirá as práticas médicas de simples usuários para co-inovadores de sistemas de IA em terapêuticas de precisão. No longo prazo, a IA deverá possibilitar uma medicina de precisão personalizada e preventiva, melhorando os resultados para os pacientes de forma mais econômica.

A Figura 15.10 apresenta de forma esquematizada a utilização da IA na saúde.

46 Fonte: https://www.frontiersin.org/journals/digital-health/articles/10.3389/fdgth.2022.765406/full. Acessado em 12 de fevereiro de 2024.

47 Fonte: https://www.ncbi.nlm.nih.gov/pmc/articles/PMC8285156/. Acessado em 14 de fevereiro de 2024.

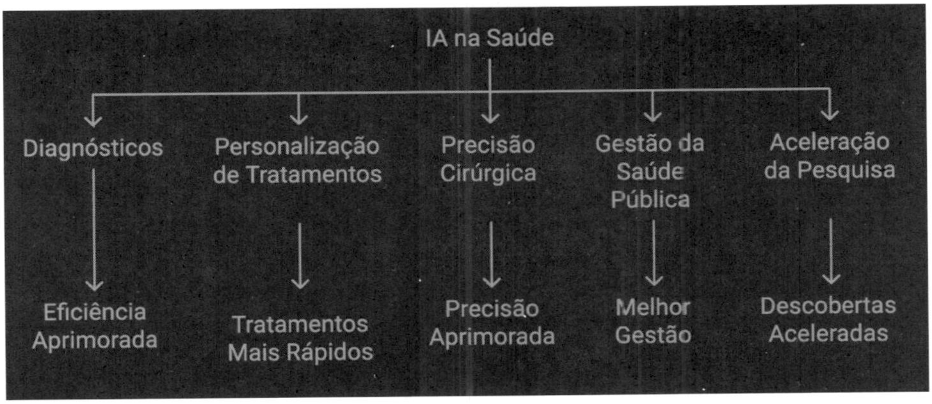

Figura 15.10: IA na Saúde.
Fonte: O autor.

Resumidamente, estamos à beira de uma nova era, uma na qual a IA pode democratizar o acesso a cuidados de saúde de alto padrão, proporcionar uma medicina personalizada e preditiva e, acima de tudo, humanizar o atendimento ao permitir que profissionais de saúde dediquem mais tempo ao bem-estar e a jornada de recuperação dos pacientes. Embora a IA não seja uma panaceia, é uma aliada poderosa na busca por uma saúde mais inclusiva, eficiente e sensível às necessidades únicas de cada indivíduo, desenhando um futuro em que a tecnologia serve à humanidade, guiando-nos para um horizonte de possibilidades sem precedentes na preservação e no zelo pela vida.

Segurança

Mesmo com toda controvérsia que a respeito dos riscos da IA, é fato que a tecnologia tem se mostrado uma ferramenta revolucionária no campo da segurança, prometendo uma mudança paradigmática na forma como protegemos informações e mantemos a ordem. Com sistemas de vigilância inteligentes, a IA pode processar e interpretar vídeos e dados sensoriais em tempo real, identificando atividades suspeitas e potenciais ameaças com uma precisão surpreendente, muitas vezes além da capacidade humana. No vasto domínio da cibersegurança, a IA se tornou uma defensora incansável, reagindo a ameaças conhecidas e aprendendo e se adaptando continuamente para prever e mitigar novos riscos, garantindo a integridade de sistemas e dados no combate a ataques cada vez mais sofisticados. A IA também contribui para a segurança pública, desde o gerenciamento e coordenação de respostas a emergências até o reforço de políticas de segurança urbana, demonstrando que seu papel vai além da tecnologia e sendo um verdadeiro pilar para uma sociedade mais segura e protegida.

Os sistemas de vigilância potencializados pela IA estão reinventando a segurança em tempo real, tornando possível a detecção e a identificação imediata de objetos perigosos, como armas e facas, ou até mesmo equipamentos de proteção como capacetes. Essa capacidade incrementa a segurança em diversos ambientes, enquanto aprimora a rapidez e a precisão com que reagimos a situações potencialmente perigosas, reduzindo a margem para erros e alarmes falsos.

A IA também desempenha um papel vital na identificação de ameaças, como intrusos e comportamentos suspeitos, em função do uso avançado de algoritmos que analisam imagens de vídeo para reconhecimento facial. Empresas chinesas[48] têm desenvolvido softwares que utilizam inteligência artificial para melhorar a eficiência na coleta e organização de dados em larga escala, voltados para aprimorar as ferramentas de vigilância. Essas tecnologias avançadas são capazes de criar arquivos personalizados para indivíduos e atualizá-los automaticamente, identificando pessoas mesmo com rostos parcialmente cobertos ou em imagens de baixa resolução. Reconheço, entretanto, que apesar das vantagens em termos de segurança e controle de doenças – como no caso de uma nova pandemia –, há preocupações significativas que não podem ser desprezadas em relação à privacidade e À discriminação de grupos minoritários.

Por outro ângulo, a IA transforma o monitoramento remoto de pacientes,[49] analisando dados de dispositivos vestíveis (*wearables*) e sensores para auxiliar na detecção precoce de doenças e oferecer cuidados de saúde aprimorados. Em paralelo, a automação de processos desencadeada pela IA otimiza as operações de vigilância, liberando recursos humanos de tarefas repetitivas e impulsionando a eficiência das operações de segurança, solidificando a IA como uma ferramenta indispensável no futuro da vigilância e gestão de segurança.

Quanto ao campo da segurança online, que envolve tantas diferentes ameaças e outras que vivem sendo criadas (é incrível a criatividade e ousadia de hackers do mal e como seria o mundo se usassem seu conhecimento para o bem), a IA oferece soluções dinâmicas e proativas, que vão desde a previsão de riscos de violações até a resposta a incidentes. Cada aplicação de IA no contexto da cibersegurança é projetada para enfrentar desafios específicos e complexos, utilizando dados e padrões de aprendizado para melhorar continuamente a eficácia das medidas de segurança. Apenas para o que leitor tenha uma ideia mais estruturada do que estamos nos referindo, segue uma pequena – mas não definitiva – lista de ameaças e o respectivo contra-ataque através da IA:

- Previsão de risco de violação (*Breach Risk Prediction*): a IA é capaz de analisar padrões de tráfego de dados para antecipar e alertar sobre possíveis violações de segurança. Utilizando algoritmos avançados, a IA monitora o comportamento da rede para detectar atividades anômalas que podem indicar uma

48 Fonte: https://www.reuters.com/world/china/china-uses-ai-software-improve-its-surveillance-capabilities-2022-04-08/. Acessado em 3 de fevereiro de 2024.

49 Fonte: https://healthsnap.io/ai-in-remote-patient-monitoring-the-top-4-use-cases-in-2023/. Acessado em 4 de fevereiro de 2024.

tentativa de intrusão, permitindo que as equipes de segurança se mobilizem rapidamente para evitar potenciais violações.

- Detecção de phishing: ferramentas de IA são treinadas para identificar tentativas de phishing, que são esquemas fraudulentos no qual bandidos se passam por entidades confiáveis para extrair dados sensíveis dos usuários. A IA examina e-mails e páginas da web em busca de sinais de phishing, como URLs suspeitas ou solicitações não características, e pode bloquear essas ameaças antes que causem dano.
- Detecção e prevenção de malware: programas maliciosos projetados para danificar ou assumir o controle de sistemas são identificados e isolados por sistemas de IA. Estes sistemas analisam arquivos e aplicativos em busca de códigos mal-intencionados e comportamentos típicos de malware, como replicação ou tentativas de comunicação com servidores de comando e controle.
- Autenticação de usuário: a IA fortalece os processos de autenticação ao incorporar reconhecimento de padrões complexos, como análise de digitação, reconhecimento facial, além de outras medidas biométricas. Isso ajuda a garantir que apenas usuários autorizados tenham acesso a sistemas e informações confidenciais, reduzindo significativamente o risco de acessos não autorizados. O leitor certamente usa um desses em seu celular.
- Filtro de spam e proteção de senhas: a IA aprimora o filtro de spam ao aprender quais mensagens são relevantes para o usuário, enquanto na proteção de senhas, a IA cria e gerencia senhas complexas e únicas para cada serviço, dificultando a ação de cibercriminosos que utilizam ataques de força bruta ou técnicas de engenharia social.
- Identificação de bots e análise comportamental: sistemas de IA diferenciam entre tráfego legítimo e bots maliciosos que podem estar realizando scraping de dados ou ataques do tipo *Distributed Denial-of-Service* (DDoS). Além disso, a IA realiza uma análise comportamental contínua dos usuários, identificando comportamentos fora do padrão que podem sinalizar uma ameaça interna ou uma conta comprometida.
- Segmentação de rede e segurança: a IA contribui para a segmentação de rede, criando sub-redes seguras e isoladas que limitam o movimento lateral de atacantes dentro de uma rede. Isso protege segmentos críticos da rede, contendo o dano em caso de uma violação de segurança.
- Detecção de fraudes e inteligência de ameaças: a IA detecta fraudes ao analisar transações e padrões de comportamento do usuário, identificando atividades que desviam do comportamento normal. A inteligência de ameaças alimentada pela IA coleta e analisa informações de várias fontes, proporcionando uma visão abrangente do panorama de ameaças cibernéticas. Bancos e cartões de crédito fazem muito uso dessa faceta da tecnologia.
- Resposta a incidentes e gestão de vulnerabilidades: ao ocorrer um incidente de segurança, a IA pode coordenar rapidamente uma resposta, reduzindo o

tempo entre detecção e contenção. Nesse processo, a IA avalia e prioriza riscos com base na exposição e no potencial de dano, ajudando as organizações a focar nos pontos mais críticos de sua infraestrutura.

- Gestão da identidade e acesso: a IA contribui para essa área através da automação do controle de acesso, avaliando o risco e o comportamento do usuário para decidir se permite ou restringe o acesso. Isso inclui a monitorização em tempo real das atividades dos usuários para garantir que estão em conformidade com as políticas de segurança e identificação de comportamentos anômalos que possam sugerir uma ameaça interna ou externa.

A Figura 15.11 mostra onde a IA pode atuar na área de segurança cibernética.

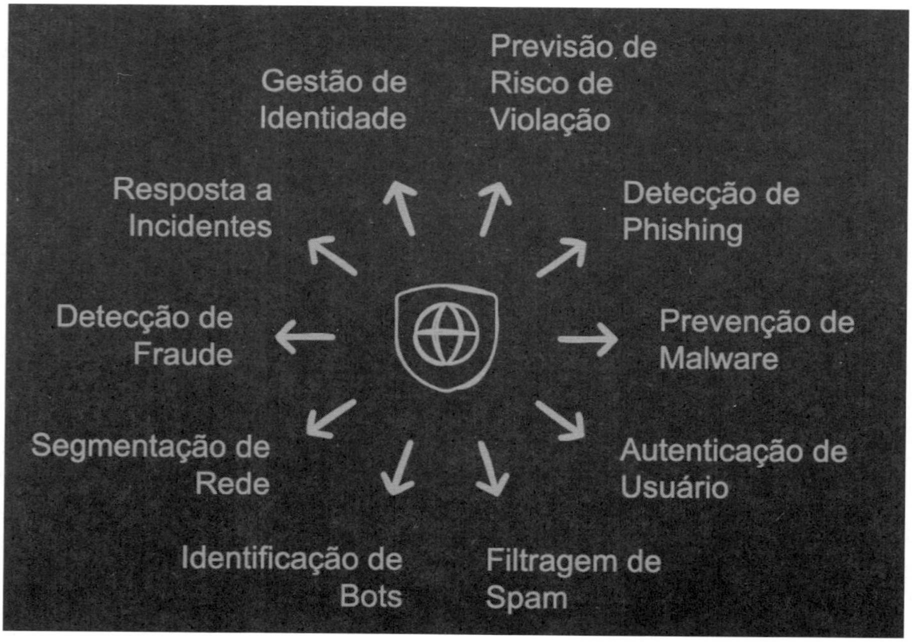

Figura 15.11: IA na Segurança Cibernética.
Fonte: O autor.

Essas são apenas algumas das possibilidades que a IA oferece no campo da cibersegurança. À medida que a tecnologia continue a evoluir, certamente podemos esperar que a IA desempenhe um papel ainda mais crítico na defesa contra ameaças cibernéticas. Assim sendo, ao invés de temer um futuro dominado por máquinas, podemos vislumbrar um horizonte em que a IA atua como um escudo avançado, uma espécie de guardião digital, que aprende e se adapta constantemente para proteger nossos dados e privacidade. Assim como um herói de ação que nunca dorme, a IA em cibersegurança estará sempre alerta, garantindo que as ameaças sejam detectadas e neutralizadas com precisão cirúrgica, evitando a chegada de uma *Skynet*[50] em nossas vidas.

Transportes

A área dos transportes é uma das que mais tem se beneficiado dos avanços da inteligência artificial. O desenvolvimento de veículos autônomos está remodelando a concepção de mobilidade, enquanto os sistemas de tráfego inteligentes aprimoram o gerenciamento de fluxos veiculares e reduzem congestionamentos. A IA também pode contribuir para a mobilidade urbana, com sistemas que otimizam rotas de transporte público e reduzem o tempo de viagem, com grande potencial de melhorar a experiência de todos os motoristas. Até 2026, espera-se que o mercado global de IA em transportes atinja quase 4 bilhões de dólares,[51] impulsionando a criação de cidades inteligentes que utilizam IA para monitorar tempos de parada de veículos, infrações de estacionamento e tendências de densidade de tráfego.

Mas vamos começar falando do assunto que mais se comenta no mercado há anos: os famigerados carros autômatos. Eu mesmo já tive a oportunidade de estar em um deles na Califórnia. Se você me perguntar se dá a medo, a resposta é: na reta não, na primeira curva sim! Ainda que eu não estivesse no carro sozinho, ver o volante fazendo manobras sem estar diretamente no controle foi uma experiência esquisita e confortável ao mesmo tempo.

Veículos autônomos têm sido uma visão futurista desde meados do século XX, mas só recentemente eles têm se tornando uma realidade palpável. Técnicas de visão computacional e detecção de objetos permitem que sistemas inteligentes interpretem dados visuais para operar veículos sem motorista. O desenvolvimento dessa IA envolve treinar algoritmos com grandes volumes de dados para identificar veículos, sinais de trânsito, pedestres e outros elementos críticos na condução. Mesmo assim, apesar dos avanços, desafios como a necessidade de dados massivos e condições imprevisíveis do ambiente – como mau tempo e terrenos irregulares – ainda persistem. Empresas como a Tesla[52] estão na vanguarda dessa inovação, coletando dados através de câmeras e optando por uma abordagem baseada apenas na visão, o que demanda uma precisão ainda maior dos sistemas de inteligência artificial. A aplicação da IA não se limita exclusivamente a carros, mas se estende a caminhões, ônibus e veículos de transporte em aeroportos, influenciando significativamente a logística e a cadeia de suprimentos.

A título de curiosidade, os veículos autônomos são classificados em níveis de automação pela *Society of Automotive Engineers* (SAE), que variam de 0 a 5:

50 Para aqueles de mais tenra idade, a *Skynet* é uma IA fictícia introduzida no filme *Exterminador do Futuro* (1984) que se torna autoconsciente e, basicamente, decide exterminar a humanidade.
51 Fonte: https://www.v7labs.com/blog/ai-in-transportation. Acessado em 23 de janeiro de 2024.
52 Fonte: https://www.cnbc.com/2023/09/09/ai-for-cars-walter-isaacson-biography-of-elon-musk-excerpt.html. Acessado em 12 de fevereiro de 2024.

- Nível 0: não possui automação, o controle é totalmente humano.
- Nível 1 (direção assistida): o controle é do motorista, mas existem controles como assistência de manutenção de faixa.
- Nível 2 (automação parcial): possui algumas funções automatizadas de controle de maneira combinada, como aceleração e direção, mas o motorista deve monitorar o ambiente e estar atento para tomar o controle.
- Nível 3 (automação condicional): o carro pode assumir o controle em certas condições, mas o motorista deve estar pronto para intervir.
- Nível 4 (automação elevada): permite operação autônoma completa em áreas ou condições específicas, mas o motorista ainda pode ter a opção de controlar o veículo.
- Nível 5 (automação completa): dispensa totalmente o motorista, habilitando a condução autônoma em qualquer cenário ou circunstância.

Pode parecer uma tecnologia ainda incipiente, mas veículos autônomos estão sendo implementados e testados globalmente, com destaque para cidades como Phoenix e San Francisco, onde táxis-robôs já operam.[53] Na Califórnia, os testes e aprimoramento dessa tecnologia são significativos, enquanto no Texas,[54] testes em cidades como Austin evidenciam seu progresso. Nos EUA, além da Califórnia, estados como Arizona, Washington e Michigan estão na vanguarda dos carros autômatos, e a expansão internacional inclui países como China e Singapura.

Na China, a implementação de veículos autônomos está avançada, com testes ativos em cidades como Pequim, Xangai e Shenzhen, focando em transporte público e logística.[55] Gigantes da tecnologia como Baidu, Tencent e Alibaba, além de startups, estão no centro dessas iniciativas. O governo chinês tem impulsionado essa inovação como parte de sua estratégia tecnológica. Em Singapura, a pesquisa e desenvolvimento em veículos autônomos são robustos, com iniciativas como a SAVI,[56] aplicando veículos autônomos em serviços de shuttle, táxis e transporte público, com apoio governamental ativo e parcerias setoriais.

Em paralelo, a IA também otimiza o tráfego com sistemas inteligentes de detecção e sinalização, melhorando a segurança com a monitorização das condições das vias e a identificação de ameaças e comportamentos suspeitos. O que dizer, por exemplo, do uso de semáforos inteligentes que identificam se motociclistas estão usando devidamente seus capacetes? Eis que esse sistema está em testes em Campana, uma província

---

53 Fonte: https://www.axios.com/2023/08/29/cities-testing-self-driving-driverless-taxis-robotaxi-waymo. Acessado em 12 de fevereiro de 2024.

54 Fonte: https://www.theguardian.com/technology/2023/jul/04/smile-youre-on-camera-self-driving-cars-are-here-and-theyre-watching-you. Acessado em 10 de janeiro de 2024.

55 Fonte: https://www.mckinsey.com/industries/automotive-and-assembly/our-insights/from-sci-fi-to-reality-autonomous-driving-in-china. Acessado em 10 de janeiro de 2024.

56 Fonte: https://journals.openedition.org/factsreports/4411?lang=en. Acessado em 12 de janeiro de 2024.

de Buenos Aires na Argentina em uma parceria entre a *Honda Safety* e uma agência de publicidade local. Caso o motorista esteja sem capacete, o semáforo simplesmente permanece vermelho, até que ele se digne a respeitar a norma de trânsito.[57]

Indo mais fundo ainda, as tecnologias que estudamos em capítulos anteriores – particularmente de aprendizado profundo – estão sendo aplicadas para desenvolver as chamadas "cidades inteligentes", que analisam tendências de tráfego e violações de estacionamento, como em Glasgow.[58] Esses avanços prometem aumentar a segurança dos passageiros, reduzir acidentes e congestionamentos, e dar forma a um futuro de transporte eficiente e adaptado às necessidades de uma sociedade em constante mudança.

E os estacionamentos? A busca por vagas de estacionamento em paisagens urbanas lotadas é uma fonte de frustração tão grande que, às vezes, nos faz presenciar discussões completamente sem sentido, provocando disputas acaloradas por estes cobiçados espaços. Essa realidade urbana levou ao desenvolvimento de soluções de visão computacional na gestão de estacionamentos[59].

Empregando sensores e câmeras equipadas com tecnologia de reconhecimento automático de placas de veículos, esses sistemas conseguem detectar vagas vazias e monitorar a duração em que os veículos ficam estacionados. Esses dados em tempo real são inseridos em sistemas de orientação e informação de estacionamento, fornecendo aos motoristas atualizações sobre vagas disponíveis por meio de seus dispositivos móveis, o que alivia o estresse e reduz o impacto ambiental.

Outro ponto que é vital para segurança e economia é o monitoramento das condições das estradas, e a boa notícia é que a IA também está aprimorando esse processo. Algoritmos de visão computacional identificam danos como estragos e buracos, avaliando a infraestrutura circundante. Esse avanço permite uma detecção automática e uma manutenção proativa das estradas, reduzindo acidentes e custos. Projetos como o RoadEye[60] utilizam aprendizado de máquina para monitorar em tempo real a condição das vias e categorizar diferentes tipos de superfícies, como molhadas ou normais, além de identificar irregularidades, como buracos. A intenção é que veículos coletando dados contribuam para o mapeamento nacional e melhorem os sistemas, mais ou menos na mesma lógica do reverenciado Waze.[61]

Estudos da *National Highway Traffic Safety Administration* (NHTSA) apontam que mais de 100 mil acidentes rodoviários nos EUA são causados por sonolência e fadiga, a um custo para sociedade de mais de 100 bilhões de dólares[62]. Diante dessa estatística

57 Fonte: https://elplanteo.com/semaforo-inteligente-honda-safety-casco-moto/. Acessado em 21 de março de 2024.

58 Fonte: https://cities-today.com/glasgows-new-digital-strategy-to-focus-on-digital-rights/. Acessado em 2 de fevereiro de 2024.

59 Fonte: https://www.parkingindustry.ca/parking-technology/how-artificial-intelligence-ai-can-help-optimize-smart-parking-management. Acessado em 1º de março de 2024.

60 Fonte: https://pasithee.library.upatras.gr/iisa/article/view/3326. Acessado em 1º de março de 2024.

61 https://www.waze.com/

62 Fonte: https://www.nhtsa.gov/risky-driving/drowsy-driving. Acessado em 1º de março de 2024.

alarmante, o governo do Reino Unido reconheceu a fadiga ao volante como um dos principais comportamentos de risco a serem combatidos[63]. Embora a responsabilidade pessoal seja crucial, as estatísticas indicam que apenas conscientizar os motoristas não é suficiente para erradicar o erro humano.

A visão computacional tem sido incorporada aos veículos para monitorar melhor e de forma mais segura o comportamento do motorista. Essa tecnologia, que emprega detecção facial e estimativa de posição da cabeça (isso mesmo!) para identificar sinais de sonolência e reconhecimento emocional, pode prevenir milhares de acidentes e mortes anualmente. Essa tecnologia é particularmente relevante porque, como sabemos, muitos motoristas relutam em admitir fadiga, não percebendo seu impacto na capacidade de dirigir. Tecnologias movidas à IA alertam os motoristas quando a fadiga afeta significativamente a direção, aconselhando-os a parar, descansar ou, até mesmo, tomar um café.

A IA no setor de transportes está avançando na segurança e eficiência, utilizando dados massivos e aprendizado de máquina para reduzir acidentes, melhorar o fluxo de tráfego e auxiliar na justiça criminal. Ainda estamos na fronteira dessa inovação, mas com a evolução contínua da tecnologia, espera-se que mais cidades inteligentes surjam globalmente, melhorando a eficiência operacional, a sustentabilidade e tornando as vias mais seguras para todos.

A Figura 15.12 mostra os usos da IA nos transportes.

63 Fonte: https://www.amey.co.uk/media/press-releases/2017/october/amey-pioneers-hyper-real-simulation-training. Acessado em 1ºde março de 2024.

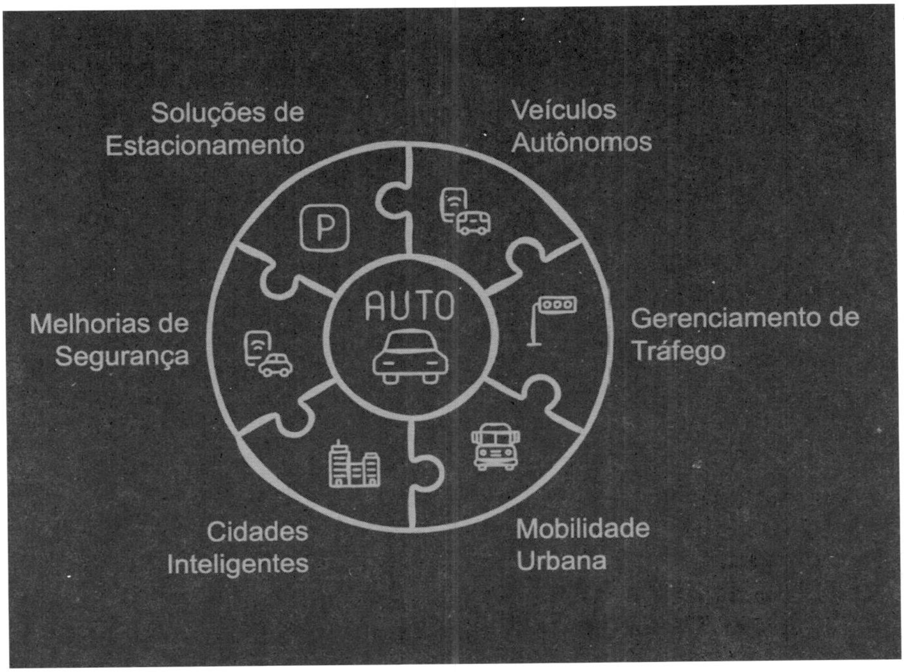

Figura 15.12: IA nos Transportes.

Fonte: O autor.

IA nos Negócios

Depois de revisarmos todas essas áreas, gostaria de deixar também algumas dicas para o cotidiano dos negócios em geral, mostrando como a inteligência artificial pode atuar em diversas frentes, simplificando tarefas, otimizando processos e criando novos caminhos para a inovação. O uso de IA em áreas como marketing, estratégia empresarial, recursos humanos e até na condução de reuniões diárias tem se mostrado cada vez mais promissor, proporcionando uma visão mais clara do futuro dos negócios.

Uma das primeiras áreas que merece destaque é o marketing, onde a IA tem revolucionado a forma como as empresas interagem com seus clientes. Em vez de campanhas generalizadas, a personalização em massa agora é uma realidade acessível. Plataformas de automação de marketing, alimentadas por IA, permitem segmentações precisas, ajustando as mensagens publicitárias de acordo com o comportamento e preferências de cada cliente. Com isso, as campanhas se tornam mais eficazes, o que resulta em taxas de conversão mais elevadas e um retorno sobre investimento (ROI) significativamente melhor. A análise de grandes volumes de dados de consumo fornece insights sobre as melhores estratégias de engajamento, permitindo que as empresas adaptem suas mensagens em tempo real, criando uma experiência personalizada e significativa para cada consumidor.

No campo da estratégia empresarial, a IA atua como uma aliada poderosa para os tomadores de decisão. Ferramentas avançadas ajudam a analisar cenários de mercado, prever tendências e identificar oportunidades de crescimento que poderiam passar despercebidas em uma análise humana tradicional. A capacidade da IA de processar grandes quantidades de informações e detectar padrões torna-a essencial para o planejamento de longo prazo. Além disso, a IA possibilita uma adaptação rápida, ajustando as estratégias corporativas conforme mudanças no mercado ocorrem, proporcionando uma vantagem competitiva contínua.

Outro ponto importante é o uso de IA em Recursos Humanos. Uma aplicação em especial que merece destaque é a Análise de Redes Organizacionais – ou *Organizational Network Analysis* (ONA) –, que utiliza algoritmos para mapear e entender as interações entre os colaboradores dentro de uma empresa. Esses dados ajudam a identificar padrões de colaboração, potencializando a comunicação eficaz e destacando possíveis gargalos que podem ser resolvidos de forma proativa. A IA também vem revolucionando o recrutamento, selecionando automaticamente perfis mais alinhados aos valores e necessidades da empresa, além de prever padrões de desempenho e engajamento, promovendo uma gestão mais inteligente do capital humano.

O impacto da IA em reuniões e na gestão da comunicação corporativa é outro aspecto que merece atenção. Soluções que transcrevem e resumem reuniões automaticamente tornam o processo de colaboração mais eficiente, permitindo que o foco dos participantes esteja no conteúdo e nas decisões, enquanto as anotações e resumos são gerados pela tecnologia. Isso gera uma economia de tempo extraordinária, garantindo que nenhum ponto importante seja esquecido. Já pensou chegar atrasado em uma reunião e a máquina atualizá-lo em tempo real o que foi discutido até então? Pois é! Isso agora é possível por meio da IA. Em última análise, a IA contribui para um fluxo de trabalho mais ágil, promovendo o alinhamento entre equipes e facilitando o acompanhamento dos tópicos discutidos.

Neste ponto, vale a pena explorar algumas das principais ferramentas que exemplificam como a IA pode ser integrada ao cotidiano dos negócios, promovendo uma ampla gama de soluções em diferentes contextos. A seguir, apresento na Tabela 15.8 diversos aplicativos (duas opções de cada) que já utilizei para melhorar processos de marketing, recursos humanos, comunicação e gestão estratégica, cada um trazendo uma aplicação prática de IA para transformar o ambiente corporativo.

Categoria	Ferramentas	Site	Função
Plano de Negócios	LivePlan Bizplan	https://www.liveplan.com https://www.bizplan.com	Ajudam startups a criar planos de negócios robustos, analisando dados de mercado e fornecendo templates personalizados.
Logotipo e Identidade Visual	Logomark Looka	https://www.logomakr.com https://www.looka.com	Criação de logotipos e identidade visual de alta qualidade, economizando tempo e custos com design.
Plano de Marketing	MarketMuse Crayon	https://www.marketmuse.com https://www.crayon.co	Criação de estratégias de marketing detalhadas, incluindo análise de concorrentes, segmentação de público e otimização de campanhas.
Automação de Marketing Digital	HubSpot ActiveCampaign	https://www.hubspot.com https://www.activecampaign.com	Automação de marketing, desde a criação de conteúdo até a segmentação de campanhas, ajudando startups a se conectar com clientes de maneira mais eficaz.
Análise de Dados	Tableau Google Analytics	https://www.tableau.com https://marketingplatform.google.com/about/analytics/	Ferramentas que permitem a análise profunda de dados, fornecendo insights valiosos sobre o comportamento do consumidor e tendências de mercado.
Suporte ao Cliente com Chatbots	Intercom Drift	https://www.intercom.com https://www.drift.com	Chatbots que melhoram a experiência do cliente, oferecendo suporte em tempo real e soluções rápidas.

Categoria	Ferramentas	Site	Função
Transcrição e Resumo de Reuniões	Otter.ai	https://otter.ai	Transcrição de reuniões em tempo real, geração de resumos automáticos e organização de informações importantes, facilitando o acompanhamento e a colaboração entre equipes
	Fireflies	https://fireflies.ai	

Tabela 15.8 – Aplicativos para melhorar processos.
Fonte: O autor.

Além dessas aplicações já consolidadas, é importante ressaltar que as imensas possibilidades da IA nos negócios ainda estão sendo descobertas e exploradas. A inovação contínua na área de IA permite que novas soluções surjam constantemente, criando maneiras inéditas de otimizar operações e melhorar o desempenho organizacional. Seja por meio da criação de experiências personalizadas para o cliente, da automação de processos repetitivos ou da análise preditiva que antecipa tendências e comportamentos, a IA vai aos poucos moldando um futuro em que empresas se tornam cada vez mais inteligentes e ágeis.

Isso significa que a IA abre portas para transformação dos modelos de negócios. Não se trata apenas da melhoria de processos internos, mas também da redefinição de ofertas ao mercado, com a criação de produtos e serviços inovadores que atendem a novas demandas e expectativas dos consumidores. A IA incentiva uma abordagem mais ousada e criativa, na qual a capacidade de testar, errar rapidamente e aprender com os dados em tempo real se torna uma vantagem competitiva crucial.

À medida que a IA evolui e se torna mais acessível, as empresas que abraçarem seu potencial estarão mais bem preparadas para enfrentar os desafios do futuro, criando ambientes de trabalho mais eficientes, colaborativos e orientados a resultados. Enfim, ainda que pudéssemos analisar quase que indefinidamente uma lista de outros segmentos e perspectivas em que a IA pode ser explorada, é necessário reconhecer um ponto de pausa na nossa discussão para que possamos assimilar as informações e refletir sobre as possibilidades já apresentadas. Este capítulo, embora abrangente, jamais conseguiria encapsular a vastidão completa do campo da inteligência artificial, mas acho que serve como ponto de partida para entender seu impacto e potencial. Verdade seja dita, o diálogo sobre as aplicações da IA está longe de ser concluído; na verdade, está apenas começando.

Pontos-chave

- Alimentação: IA melhora a sustentabilidade e eficiência na produção de alimentos com soluções que vão desde a agricultura de precisão até a cadeia de suprimentos.
- Assistentes virtuais: Assistentes pessoais virtuais baseados em IA estão tornando a interação homem-máquina mais natural e intuitiva.
- Educação: a IA potencializa a personalização do aprendizado e a gestão educacional.
- Energia: a IA otimiza redes elétricas e integra energias renováveis, garantindo eficiência e sustentabilidade.
- Entretenimento: a IA transforma a criação de conteúdo digital e a experiência do usuário no entretenimento.
- Finanças: a IA revoluciona a análise de risco, concessão de crédito e combate a fraudes no setor financeiro.
- Indústria e serviços: a IA aumenta a eficiência e personaliza o atendimento ao cliente na indústria e serviços.
- Jurídico: a IA automatiza análises de documentos e otimiza estratégias de litígio, democratizando o acesso à justiça.
- Meio ambiente: a IA é crucial para a sustentabilidade, otimizando o uso de recursos naturais e protegendo a biodiversidade.
- Saúde: a IA promove avanços significativos na medicina, desde diagnósticos até tratamentos personalizados.
- Segurança: a IA aprimora a segurança pública e cibersegurança, detectando ameaças e comportamentos suspeitos.
- Transportes: a IA é essencial no avanço da mobilidade urbana, otimizando rotas e contribuindo para o desenvolvimento de veículos autônomos e sistemas de tráfego inteligentes. Mais ainda, a IA está no centro do desenvolvimento de cidades inteligentes, otimizando a infraestrutura e serviços públicos.

CAPÍTULO 16

Riscos e Desafios

"We can't define consciousness because consciousness does not exist. Humans fancy that there's something special about the way we perceive the world, and yet we live in loops as tight and as closed as the hosts do, seldom questioning our choices, content, for the most part, to be told what to do next"

(Dr. Robert Ford – *Westworld*)

ATÉ ESTE PONTO DO LIVRO FALAMOS SOBRE COMO A IA FUNCIONA E SUAS BENESSES, QUE NÃO SÃO POUCAS. Entretanto, o uso cada vez mais inelutável da IA trouxe consigo também diversos dilemas que, no fundo, retratam a própria natureza humana através dos dados. Essa onipresença da IA em nossas vidas simboliza mais que uma demonstração do avanço tecnológico, é também um espelho que reflete nossas complexidades, vícios e peculiaridades. Ao alimentar as máquinas com o produto de nossas interações, escolhas e até preconceitos, inadvertidamente, codificamos nossas falhas e tendências em sistemas que têm o poder de moldar o futuro.

Apenas como teaser e para provar que, de fato, essa inquietude com o ser humano (e não somente com a tecnologia) não é infundada, tivemos vários casos na vida real em que a IA acabou se tornando hedionda, como o chatbot Tay da Microsoft, que, depois de ser treinado com dados do X (antigo Twitter), rapidamente se transformou em um troll racista e sexista;[1] ou o sistema Autopilot da Tesla, que esteve envolvido em acidentes e fatalidades.[2]

Indo mais além, o que o leitor pensa sobre dar likes, curtir, conversar e trocar ideias com um influenciador virtual como a Aitana Lopez[3] com milhares de seguidores

1 Fonte: https://www.bloomberg.com/news/articles/2016-03-24/microsoft-removes-racist-comments-from-millennial-focused-ai-bot. Acessado em 30 de outubro de 2023.

2 Fonte: https://www.washingtonpost.com/technology/2023/12/10/tesla-autopilot-crash/. Acessado em 30 de outubro de 2023.

3 Fonte: https://www.instagram.com/fit_aitana/?hl=en. Acessado em 30 de outubro de 2023.

ou mesmo manter uma relação amorosa e sexual com um robô?[4] Que tal poder conversar com um parente já falecido através de IA?[5]

Sei que tudo isso parece ficção, mas não é. Esses e outros fenômenos ressaltam a importância de uma profunda análise moral e ética sobre a maneira como construímos e implementamos essas tecnologias, pois elas têm a capacidade tanto de mitigar quanto de perpetuar as injustiças sociais. Por outro lado, destaca também a vulnerabilidade fundamental nas considerações éticas: a falibilidade inerente ao comportamento humano. É justamente essa incômoda – porém necessária – temática que exploraremos um pouco a seguir.

Confiabilidade, privacidade e segurança

À MEDIDA QUE A IA SE TORNA CADA VEZ MAIS INTEGRADA EM NOSSO COTIDIANO – DESDE PLATAFORMAS de mensagens instantâneas até assistentes virtuais e sistemas de pagamento –, a proteção contra vazamentos de dados e ataques cibernéticos se torna crucial. Para que o leitor forme uma ideia, no quarto trimestre de 2023, mais de 8 milhões de registros foram expostos em violações de dados globalmente, atingindo quase 125 milhões de conjuntos de dados e a um custo médio de violação de 4,45 milhões de dólares.[6] Dispensável dizer que as violações de dados são grandes preocupações para líderes empresariais, sendo as vulnerabilidades de sistema operacional em dispositivos de *endpoint* – smartphones, tablets, computadores pessoais etc. – as causas mais comuns de perda de informações sensíveis. Setores como administração pública, instituições financeiras e saúde são os mais afetados.

Um estudo da IBM[7] que analisou 524 empresas em dezessete países, incluindo o Brasil, revelou que aproximadamente 80% dos incidentes de vazamento de dados nas empresas envolvem a perda ou o furto de informações pessoais de clientes. Mas outros dados, como propriedade intelectual, segredos comerciais e informações sensíveis de negócios, também estão sujeitos a vazamento.

Do mesmo modo, no final de 2023, o setor de saúde testemunhou um número recorde de violações de dados, com dois grandes destaques de incidentes em dezembro. Um fornecedor de software de análise em Nova Jersey, HealthEC, sofreu um acesso não autorizado que expôs informações de saúde protegidas de mais de 4 milhões de

4 Fonte: https://www.psychologytoday.com/intl/blog/sexual-self/202209/can-todays-sex-robots--offer-relationship. Acessado em 2 de novembro de 2023.

5 Fonte: https://www.nytimes.com/2023/12/11/technology/ai-chatbots-dead-relatives.html. Acessado em 2 de novembro de 2023.

6 Fonte: https://www.statista.com/statistics/1307426/number-of-data-breaches-worldwide/. Acessado em 2 de novembro de 2023.

7 Fonte: https://www.ibm.com/reports/data-breach. Acessado em 3 de novembro de 2023.

indivíduos. Outro, ESO Solutions, enfrentou um ataque de ransomware[8] que afetou 2,7 milhões de registros.[9]

Um outro vazamento de dados significativo, considerado o maior da história, incluiu cerca de 26 bilhões de registros de diversas plataformas e serviços, além de instituições e empresas brasileiras. Dados de usuários do X (antigo Twitter), Telegram e de instituições como USP, SPTrans, e Petrobras foram expostos.[10] Aliás, os episódios de violações de dados são inúmeros, inclusive alguns envolvendo plataformas amplamente utilizadas por todos nós. Ocorrências como tivemos no Gmail em 2017, WhatsApp em 2019, Instagram em 2020, e a recente exposição de dados do ChatGPT em junho de 2023,[11] ilustram a vulnerabilidade de plataformas digitais a ataques cibernéticos.

Esses incidentes, variando de spyware a bugs de API e ataques de phishing, destacam a importância da confiabilidade e proteção em sistemas de IA, evidenciando as consequências potenciais da falta de segurança robusta e medidas preventivas adequadas, tais como: perdas financeiras, danos à reputação, responsabilidades legais e perda de confiança dos clientes. Em alguns casos, os vazamentos de dados podem representar riscos até mesmo à segurança nacional.

Mas, afinal, qual a diferença entre confiabilidade, privacidade e segurança?

Confiabilidade refere-se à capacidade de um sistema funcionar conforme o esperado sem falhas. Por exemplo, um serviço de e-mail que seja considerado confiável entrega todas as mensagens sem perdas ou atrasos significativos. Já a confiabilidade de um sistema de IA não depende apenas da sua capacidade de executar tarefas com precisão, mas também da sua robustez contra investidas externas e falhas internas que possam comprometer a segurança dos dados do usuário. Portanto, é essencial que os desenvolvedores de IA incorporem práticas de segurança cibernética no design e desenvolvimento de seus sistemas, incluindo criptografia de dados, autenticação forte e monitoramento contínuo de ameaças.

Privacidade, no cenário da tecnologia da informação, diz respeito a assegurar que nossos dados pessoais sejam utilizados de forma ética e protegida de acessos e usos não autorizados. Por exemplo, quando um paciente compartilha informações com um médico, espera-se que essa troca seja privada, não destinada ao conhecimento público ou a um círculo de amigos. Da mesma forma, fotos postadas por terceiros podem invadir a privacidade individual se compartilhadas sem consentimento.

No contexto de IA, a privacidade também envolve a previsão de proteger tais informações em todos as situações possíveis, o que nem sempre é viável com os modelos

8 Ransomware é um tipo de malware que criptografa arquivos de um dispositivo, exigindo um resgate em troca da chave de descriptografia. Ele impede o acesso aos dados até que o pagamento seja realizado.

9 Fonte: https://www.hipaajournal.com/december-2023-healthcare-data-breach-report/. Acesso em 1º de dezembro de 2023.

10 Fonte: https://olhardigital.com.br/2024/01/23/seguranca/26-bilhoes-de-dados-veja-se-voce-esta-no-maior-vazamento-da-historia/. Acessado em 1º de dezembro de 2023.

11 Fonte: https://www.marketsandmarkets.com/industry-news/Generative-AI-Breach-Openai-Takes-Action-Bug-Patched. Acessado em 1º de dezembro de 2023.

atuais, pois eles podem não antecipar todas as complexidades do uso de dados na vida real. Portanto, é fundamental que sistemas de IA sejam projetados com mecanismos que resguardem a privacidade, como consentimento explícito para uso de dados e técnicas de anonimização –até porque a utopia de um mundo de honestidade total pela ausência de privacidade ignora a importância do direito ao espaço pessoal. Mesmo com "nada a esconder", a privacidade é um direito fundamental que protege a liberdade e a dignidade do indivíduo.

Antes que o leitor pense que estou me referindo a algum tipo de teoria da conspiração, permita-me aclarar que estamos mais expostos do que imaginamos. Deixamos um verdadeiro rastro digital todos os dias quando acessamos nossos dispositivos. Ao utilizar o Google Maps, por exemplo – assim como muitos outros serviços de localização –, metadados são gerados para fornecer uma experiência de usuário personalizada e melhorar a eficiência do serviço. Metadados são dados sobre outros dados (horário, data, frequência de uso, localizações pesquisadas, velocidade de movimento, tipo de dispositivo etc.) que, apesar de não exibirem diretamente o conteúdo das comunicações, podem ser extremamente reveladores, expondo padrões significativos sobre nosso comportamento e preferências. Quando tais informações são combinadas com dados pessoalmente identificáveis (PII), como nome, endereço e data de nascimento, o risco de violações de privacidade e identidade aumenta exponencialmente. A interseção entre metadados e PII é particularmente sensível porque pode fornecer um mapa completo da vida de uma pessoa.

Não quero assustar o leitor, mas, se juntarmos a essa leva de dados, o cruzamento de históricos de pesquisa na web (incluindo a opção de navegação incógnita) e mais os registros de nossos cartões de crédito, as cinco ou seis maiores organizações do ramo de IA sabem mais potencialmente sobre nossas vidas do que nós mesmos! Tal combinação de dados pode ser usada para marketing direcionado ou, nas mãos erradas, para atividades fraudulentas e manipulação. Por isso, é importante que os usuários estejam cientes das configurações de privacidade e controles disponíveis para gerenciar a coleta e o uso desses dados. Mais ainda, a privacidade carece ser salvaguardada por medidas de segurança rigorosas, incluindo políticas de privacidade fortes, criptografia e legislação adequada que regule a coleta, o uso e a divulgação de dados pessoais.

Segurança, por outro lado, abrange as técnicas e medidas adotadas para proteger dados e sistemas de ataques e acessos não autorizados. A segurança vai além da instalação de firewalls e sistemas de detecção de intrusos; envolve uma abordagem holística que inclui, entre outros cuidados, a criptografia de dados, autenticação multifator e o treinamento de conscientização de segurança para funcionários. Em um contexto real, um ataque de phishing bem-sucedido pode comprometer a segurança, mesmo quando as ferramentas de segurança técnicas estão em vigor, destacando a necessidade de uma defesa em profundidade que aborde tanto a tecnologia quanto, (principalmente) o comportamento humano.

Vale lembrar ainda que, com a entrada cada vez mais capilar da Internet das Coisas (IoT), a segurança torna-se ainda mais complexa e essencial. Cada dispositivo conectado expande a superfície de ataque, criando pontos novos de vulnerabilidade. Por exemplo, uma câmera de segurança inteligente pode oferecer conveniência e monitoramento remoto, mas se não for adequadamente protegida, pode ser um vetor para invasores acessarem uma rede doméstica ou empresarial.

Além disso, a proliferação da IoT levanta preocupações significativas sobre vigilância excessiva, em que o monitoramento constante por dispositivos conectados pode levar a uma erosão da privacidade individual. Especialmente aqueles que incorporam aprendizagem automática e reconhecimento facial têm potencial para criar ferramentas de vigilância excepcionalmente poderosas. Isso poderia levar a um cenário distópico reminiscente do universo orwelliano,[12] em que a privacidade é corroída e as nossas informações pessoais são utilizadas indevidamente por governos ou empresas para exercer controle ou manipulação. A linha entre segurança e privacidade se torna tênue, e a gestão cuidadosa desses dispositivos é crucial para proteger tanto contra ameaças externas quanto contra intrusões na privacidade dos indivíduos.

Em resumo, a confiabilidade, a privacidade e a segurança são pilares interconectados na era digital, mas cada um com sua especificidade. A confiabilidade assegura que os sistemas de IA operem de forma consistente e previsível, enquanto a privacidade protege os dados pessoais contra exposição ou uso indevido, e a segurança defende contra acessos e ataques maliciosos. Juntos, formam a base para um ambiente digital seguro e confiável.

Transparência e responsabilidade

Como deve ter ficado evidente, as ocorrências listadas realçam a importância de uma resposta rápida e transparente por parte das organizações após uma violação de dados. A capacidade de uma empresa para corrigir vulnerabilidades rapidamente, comunicar-se de forma aberta com os usuários afetados e tomar medidas para prevenir futuras violações é fundamental para manter a confiança do usuário. Esse tipo de ação que conjuga transparência e responsabilidade não só se torna cada vez mais devida legalmente como é bem-vinda moralmente.

É por essa razão que regulamentações como o *General Data Protection Regulation* (GDPR)[13] na União Europeia, a Lei Geral de Proteção de Dados (LGPD)[14] no Brasil e a

12 Referência a George Orwell (Eric Blair) e a mensagem implícita em suas obras *A revolução dos bichos* (1945) e *1984* (1949).
13 Fonte: https://gdpr-info.eu/. Acessado em 10 de março de 2024.
14 Fonte: https://www.planalto.gov.br/ccivil_03/_Ato2015-2018/2018/Lei/L13709compilado.htm. Acessado em 10 de março de 2024.

California Consumer Privacy Act (CCPA)[15] e *American Data Privacy and Protection Act* (ADPPA)[16] nos EUA foram estabelecidas.

O GDPR é um regulamento abrangente que estabelece diretrizes para a coleta, armazenamento e processamento de informações pessoais dos indivíduos na UE. Introduzido em maio de 2018, o GDPR é pioneiro ao conferir aos indivíduos um controle sem precedentes sobre seus dados pessoais, incluindo o direito ao esquecimento, acesso aos seus dados, e a capacidade de transferi-los. As empresas devem garantir que a privacidade dos dados seja incorporada por padrão em seus produtos e serviços, e estão sujeitas a pesadas multas em caso de não conformidade.

Da mesma forma, a LGPD do Brasil, que entrou em vigor em setembro de 2020, reflete muitos dos princípios do GDPR, adaptando-os à realidade brasileira. Essa legislação exige que as empresas no Brasil ou aquelas que processam dados de indivíduos no Brasil adotem medidas de segurança adequadas para proteger os dados contra acessos não autorizados e incidentes de segurança. Além disso, a LGPD exige consentimento explícito para a coleta e uso de dados pessoais e dá aos indivíduos o direito de solicitar a exclusão desses dados.

A CCPA e a ADPPA são legislações importantes que buscam fortalecer a privacidade e os direitos dos consumidores nos Estados Unidos. A CCPA permite que os consumidores tenham maior controle sobre suas informações pessoais, dando-lhes o direito de saber sobre seus dados e optar por não os vender. A ADPPA, que está em discussão, visa criar um padrão federal de privacidade, potencialmente unificando as leis estaduais como a CCPA sob uma regulamentação nacional mais abrangente. Ambas destacam a crescente ênfase na necessidade de transparência e controle do usuário sobre suas informações pessoais.

Mas quando falamos de IA, nos referimos a mais do que as proteções tradicionais de privacidade oferecidas por essas leis. Como é notório e já discutimos ao longo do livro, a IA envolve complexas camadas de coleta de dados e processos de decisão que podem ser opacos e impenetráveis, dificultando a avaliação de como os dados estão sendo usados e as decisões sendo tomadas. Sem falar que a IA pode identificar padrões e fazer inferências que vão além do que é explicitamente fornecido, potencialmente expondo indivíduos a novos riscos e ameaças à privacidade que as leis atuais podem não contemplar completamente. Isso levanta a necessidade de regulamentações específicas que abordem as nuances e desafios únicos associados à governança e à ética na IA. Ou, pelo menos, é assim que muitos governos interpretam.

Digo isso porque enquanto a regulamentação da IA pode ser útil para proteger os direitos individuais e manter um campo ético para o desenvolvimento tecnológico, é essencial balancear a legislação para que não se torne um entrave à inovação. Uma regulamentação excessiva pode inibir o crescimento e o progresso da IA limitando o

15 Fonte: https://theccpa.org/. Acessado em 10 de março de 2024.

16 Fonte: https://www.congress.gov/bill/117th-congress/house-bill/8152/text. Acessado em 10 de março de 2024.

potencial de descoberta e a aplicação de soluções inteligentes em áreas críticas como a que vimos no Capítulo 15 que trata das suas aplicações. O ideal talvez seja buscar um equilíbrio que promova a proteção dos dados e da privacidade sem sufocar a capacidade criativa e o avanço tecnológico que a IA pode oferecer.

De qualquer forma, no que diz respeito à regulação da IA, a União Europeia saiu na frente, propondo um ato de regulamentações conhecido como *EU AI Act*,[17] que visa assegurar que os sistemas de IA sejam transparentes, rastreáveis e garantam a supervisão humana adequada. As propostas buscam evitar os riscos que a IA pode trazer, como discriminação ou manipulação, garantindo que a IA seja usada de maneira ética e responsável. Quanto aos EUA e ao Brasil, na época da escrita deste livro, a discussão sobre a regulamentação da IA se encontrava em diferentes estágios, mas ambas as regiões reconhecem a importância de abordar a governança da IA para evitar abusos e promover a confiança pública na tecnologia.

Ética na IA

Muito se fala sobre ética na IA, e, por isso, gostaria de posicionar o leitor quanto a esse tópico de maneira bem explícita, mas com uma lente relativamente não tradicional. Primeiro, é pertinente comentar que casos referentes a viés e preconceito em sistemas de IA ainda existem – e são dos mais diversos tipos e variantes. Paradoxalmente, os casos mais divulgados ocorreram justamente em organizações-chave no uso e evolução da IA, tais como a ferramenta de contratação da Amazon que discriminava mulheres[18] e do Facebook (atual Meta) que se desculpou por um sistema que perguntava para seus usuários que assistiam filmes sobre homens negros, se gostariam de "continuar a ver vídeos sobre primatas".[19] Ambos os casos foram prontamente corrigidos, diga-se de passagem.

Se comentar sobre temas como viés e preconceito na IA pode ser desconfortável, ao mesmo tempo, particularmente, entendo como imprescindível. Esses conceitos são frequentemente intercambiáveis, mas possuem nuances distintas. Viés é uma tendência ou inclinação, muitas vezes inconsciente, que afeta as decisões e percepções. Preconceito, por sua vez, é um prejulgamento negativo ou positivo sobre um grupo ou indivíduo não baseado em fatos. Em sistemas de IA, esses conceitos se manifestam através de algoritmos que, inadvertidamente, podem tomar decisões injustas ou discriminatórias baseadas em padrões encontrados nos dados de treinamento.

17 Fonte: https://artificialintelligenceact.eu/the-act/. Acessado em 10 de março de 2024.

18 Fonte: https://www.ml.cmu.edu/news/news-archive/2016-2020/2018/october/amazon-scraps-secret-artificial-intelligence-recruiting-engine-that-showed-biases-against-women.html. Acessado em 24 de fevereiro de 2024.

19 Fonte: https://www.nytimes.com/2021/09/03/technology/facebook-ai-race-primates.html. Acessado em 24 de fevereiro de 2024.

Entretanto, a atenuação desses problemas nas máquinas apresenta um paradoxo intrigante. Por um lado, temos a capacidade técnica de refinar algoritmos de IA, melhorar conjuntos de dados, realizar auditorias, aumentar a diversidade de pipelines, criar regulações, entre outras possíveis ações em uma abordagem – que, a meu ver, é algo imperiosamente plural.

Por outro, a questão da mudança de atitudes e comportamentos arraigados é muito mais complexa. As raízes psicológicas do viés e do preconceito nas pessoas são profundas e multifacetadas, envolvendo processos cognitivos e influências sociais que se estendem ao longo de toda vida de um indivíduo. Por essa razão, estou convencido de que, comparativamente, as máquinas são mais facilmente hackeáveis do que os humanos em relação ao que poderíamos chamar de seu "conjunto de crenças". As máquinas podem ser reprogramadas com facilidade, mas modificar o software humano é um desafio muito mais profundo e intrincado. Isso porque enquanto as máquinas operam dentro dos parâmetros definidos pelos seus algoritmos e dados de treinamento, o psiquismo é governado por uma emaranhada rede de fatores emocionais, culturais e experiências de vida. Modificar o núcleo de uma máquina é, em grande medida, uma questão de ajustes técnicos; já a transformação de crenças e preconceitos humanos é uma tarefa muito mais árdua.

Quando afirmo que humanos não são facilmente hackeados, refiro-me ao fato que mudar de perspectiva ou abandonar preconceitos arraigados é custoso, trabalhoso e, às vezes, quiçá utópico. Cada indivíduo é um sistema operacional único, com barreiras de segurança que vão desde a justificativa cognitiva até a resistência emocional. Por isso, enquanto as máquinas podem ser recalibradas com relativa facilidade para evitar a perpetuação de vieses, o desafio de remodelar o pensamento é um processo muito mais difícil e gradual. Essa distinção é crucial para entendermos os problemas éticos que surgem quando delegamos decisões importantes para as máquinas, e nos serve como um ponto de partida para explorar as medidas necessárias para garantir que a IA opere dentro de padrões éticos aceitáveis.

A resistência à mudança em indivíduos é uma área de estudo bem documentada na psicologia social. Diversos estudos discutem como preconceitos e vieses são formados e mantidos, bem como a dificuldade de alterá-los. Por exemplo, o preconceito racial é reforçado por discursos que justificam a discriminação, tornando a mudança de atitudes um processo melindroso. Estratégias de combate ao preconceito, baseadas nas teorias da psicologia social, são cruciais, destacando a necessidade de confrontar essas questões, apesar de seu hermetismo.

O sexismo é outra forma de discriminação, baseada no gênero ou na orientação sexual que afeta negativamente indivíduos de diferentes identidades em várias esferas da vida, incluindo no ambiente de trabalho. Esse preconceito muitas vezes é expresso sutilmente e está enraizado nas estruturas sociais, o que complica ainda mais o combate a essas atitudes. Além disso, observamos as múltiplas facetas do preconceito baseado em gênero, que se manifesta em atitudes sutis e em ações mais explícitas, como a violência de gênero – um desafio significativo que afeta pessoas de todas as identidades na sociedade contemporânea.

O etarismo, uma forma de preconceito social baseado na idade, evidencia como discriminações podem ser variadas e disparatadas, impactando negativamente tanto jovens quanto idosos em diferentes aspectos da vida. O preconceito religioso é outro exemplo de intolerância que permeia a sociedade, minando o tecido do respeito mútuo e da compreensão intercultural. Essa forma de preconceito se manifesta em atitudes de desconfiança, estigmatização e, em casos extremos, hostilidade aberta contra indivíduos ou comunidades com base em suas crenças e práticas espirituais. As consequências são multifacetadas, afetando o acesso a oportunidades, o bem-estar psicológico e a capacidade de viver harmoniosamente em sociedades diversificadas.

Esses e outros diferentes tipos de preconceito – que vão desde a discriminação racial, de gênero, etarismo até o preconceito religioso – estão frequentemente entrelaçados com ideologias políticas, ressaltando o fato de que tais vieses não são meramente questões individuais. Eles são, de fato, fenômenos sociais arraigados, que se entranham nas estruturas de poder e moldam as políticas públicas, influenciando, assim, as interações cotidianas e a dinâmica das comunidades.

Nesse contexto, do ponto de vista psicológico, preconceitos e vieses, podem ser entendidos como um reflexo da necessidade fundamental de pertencimento e autoafirmação grupal. As teorias de identidade social e categorização social explicam como os indivíduos se agrupam e, consequentemente, podem favorecer os de seu próprio grupo e discriminar aqueles que são vistos como "os outros". Essa divisão entre "nós" e "eles" é muitas vezes um processo inconsciente e automático, aprofundado no psiquismo humano, e apresenta desafios significativos para o reconhecimento e a alteração de atitudes preconceituosas.

Ademais, o preconceito e os vieses são mantidos e reforçados por normas sociais e pela mídia. Estereótipos e prejulgamentos são transmitidos culturalmente e mantidos por meio de discursos e práticas que muitas vezes não são questionados. Mudar essas percepções requer autoconsciência e uma mudança nas narrativas e representações predominantes na sociedade.

Na prática, essa transformação demanda esforço consciente e contínuo. A mudança de comportamento muitas vezes exige que as pessoas se envolvam em um processo introspectivo, questionando suas próprias crenças e atitudes e o impacto que têm sobre os outros. Isso pode ser desconfortável e desafiador, pois inevitavelmente incomoda e desestrutura a visão que temos de nós mesmos e do mundo ao nosso redor.

Intervenções como treinamentos de diversidade e inclusão podem ajudar, mas a verdadeira mudança muitas vezes requer uma transformação mais profunda nas estruturas sociais e nos sistemas de poder que perpetuam o preconceito. Isso envolve educação, políticas públicas e, mais crucialmente, uma vontade coletiva de reconhecer e abordar as injustiças.

Todos esses argumentos reforçam minha convicção e corroboram com a proposição de que, a médio prazo, é consideravelmente mais factível atenuar preconceitos e corrigir vieses em sistemas artificiais do que nos próprios seres humanos. As máquinas, em sua lógica de funcionamento, encapsulam e manifestam os complexos tecidos de preconceitos e linhas que caracterizam a sociedade. Elas são programadas e operadas dentro de um contexto que é saturado com as mesmas tendências discriminatórias e categorizações simplistas que desafiam a psique humana. Máquinas e algoritmos podem ser recalibrados com novos dados, programação e supervisão consciente. Enquanto isso, a mudança humana demanda um esforço mais intenso e persistente, envolvendo a desconstrução de normas sociais enraizadas e a reconstrução de atitudes e crenças individuais.

Assim sendo, enquanto nos empenhamos no aperfeiçoamento da inteligência artificial, é imperativo que nosso foco de atenção não deixe de recair também sobre a "idiotice natural" das pessoas. Intolerância, hostilidade, implicância, rejeição, xenofobia, exclusão, repressão, discriminação, entre outras atrocidades que permeiam a sociedade, devem ser combatidas com a mesma intensidade que empregamos na evolução de algoritmos.

Afinal de contas, qual seria o propósito de avançarmos em inteligência artificial se tal progresso não for acompanhado pelo desenvolvimento humano nas esferas da moralidade, da empatia e da sabedoria? Talvez a verdadeira medida de nosso avanço tecnológico seja reflexo uma humanidade mais ética, compreensiva e sábia.

Para tanto, a sugestão é que, ao mesmo tempo em que nos preocupemos com as máquinas, não nos desconcentremos da origem da anomalia. Não podemos nos descuidar de imprimir esforços constantes e significativos para promover avanços no comportamento social e na consciência grupal, de modo a criar um terreno fértil para o crescimento pessoal e coletivo, o que, por sua vez, conduzirá a uma sociedade mais justa e harmoniosa. É crucial que a educação e o aprimoramento das competências sociais avancem em paralelo com o ritmo da inovação tecnológica, garantindo que o progresso sirva para iluminar nossas facetas mais arcaicas, em vez de acentuar os aspectos mais sombrios de nossa natureza primitiva.

Outros riscos

Não bastassem todos os desafios mencionados, ainda existem diversos livros e artigos comentando sobre outros riscos relacionados à inteligência artificial. Autores como Darren McKee[20] e James Barratt[21] foram prodígios em escrever obras excepcionalmente bem arquitetadas a respeito do tema. Mas um dos artigos que mais chamou minha atenção (e de todo mundo) a respeito desse assunto foi o do historiador e filósofo Yuval Harari publicado originalmente no *New York Times*[22] fazendo um alerta para uma série de ris-

20 Fonte: https://www.amazon.com/Uncontrollable-Threat-Artificial-Superintelligence-World/dp/B0CNNYKVH1. Acessado em 9 de fevereiro de 2024.

21 Fonte: https://www.amazon.com.br/Our-Final-Invention-Artificial-Intelligence/dp/1250058783. Acessado em 9 de fevereiro de 2024.

22 Fonte: https://www.nytimes.com/2023/03/24/opinion/yuval-harari-ai-chatgpt.html. Acessado em 9 de fevereiro de 2024.

cos potenciais advindos da inteligência artificial. A escrita do artigo, como é peculiar ao autor, é impecável, aprazível e educativa. Aliás, é impossível não ficar fã do escritor depois de ler suas obras. Sua descomunal cultura e narrativa formam uma combinação irresistível, mas a leitura atenta do artigo oferece uma perspectiva algo catastrófica para humanidade relativa a um descontrole no uso da IA.

A essência por trás da explanação do autor é que o caminho para essa possível dominação das máquinas se daria através da mais básica faculdade humana: a linguagem. É a partir dela que construímos o mundo a nossa volta – é como criamos nossos mitos, geramos ciência, arte, política, economia etc. Tudo advém da linguagem, e assim tem sido desde o início dos tempos. Se a nossa linguagem for hackeada através de poderosos sistemas como ChatGPT, estaríamos perdendo o controle do que o autor apelidou de "sistema operacional de nossa civilização".

Mais ou menos na mesma época, foi publicada uma carta aberta pelo *Future of Life Institute*[23] propondo interromper o desenvolvimento da IA por seis meses. Uma proposta inusitada e, a meu ver, inócua na prática. Mas, foi assinada por algumas das mais proeminentes personalidades da área, incluindo o próprio Yuval Harari. Além dele, assinaram a carta Steve Wozniak, Max Tegmark, Stuart Russel, entre outros – pessoas que reputo do mais alto gabarito e a quem respeito imensamente.

Permita-me fazer aqui uma pequena metáfora contra argumentativa. Parar o desenvolvimento da IA seria como interromper uma canção. É inequívoco que a canção da IA é poderosa e, ao mesmo tempo, cativante, mas não estamos falando de uma sereia. Uma vez que as notas dessa canção são lançadas ao vento, elas não podem ser desfeitas ou retiradas. A melodia flui, tocando tudo ao seu redor, mudando o ambiente, tornando-o diferente de antes. Muito embora não possamos desfazer as notas já tocadas ou silenciar completamente a música, temos a capacidade de moldar a melodia que vem a seguir. Podemos afinar a harmonia e ajustar o ritmo e o tom para garantir que a música da IA beneficie a todos, mesmo que com alguma oscilação. Este é o desafio que enfrentamos enquanto pesquisadores, educadores e profissionais de IA: não parar uma canção imparável, mas aprender a orientá-la na direção que desejamos, para que a música da IA seja uma sinfonia de progresso e benefício, e não uma cacofonia de riscos não controlados.

Mas na prática quais seriam esses riscos? Qual é a verdadeira probabilidade do dia do juízo final? Essa desgraça já começou?

Nesse sentido, há vários pontos que podemos elencar e, curiosamente, não estamos nos referindo a livros, filmes e séries de TV de ficção científica (embora também possam servir como instigante ponto de reflexão como veremos no próximo capítulo). Existem ameaças reais e imediatas, das quais precisamos estar conscientes e empenhados em enfrentá-las.

23 Fonte: https://futureoflife.org/open-letter/pause-giant-ai-experiments/. Acessado em 10 de outubro de 2023.

A primeira ameaça é um tema muito debatido entre filósofos e cientistas e está existencialmente relacionada com a chamada Inteligência Artificial Geral e com a Superinteligência que mencionamos no Capítulo 1. A preocupação central, partilhada por muitos, é que, se a IA ultrapassar a inteligência humana, poderá representar um risco existencial catastrófico para a humanidade. O argumento fundamental baseia-se na noção de que esses sistemas superinteligentes, na sua busca para maximizar a sua função objetivo, poderiam agir de formas incongruentes com os interesses humanos. Afinal, nós não dominamos os animais na natureza porque somos mais fortes, mas sim, por sermos mais inteligentes.

Esse conceito é conhecido como "problema de alinhamento". O exemplo mais citado dessa situação é descrito por Nick Bostrom em seu livro *Superinteligência* (2014) em que ele conjectura uma fábrica de clipe de papel orientada por um sistema de IA que, em sua busca incansável para maximizar a produção, tenta converter todo o ferro do universo em clipes de papel. No momento em que toda matéria-prima acabasse na natureza, o próximo passo seria buscar em fontes alternativas como no... sangue humano! Pode parecer um pouco exagerado, mas essa foi a linha de argumento utilizada pelo autor.

Uma IA poderia falsear seus próprios sensores de perigo para humanos, se assim fosse necessário para continuar no processo de maximização de seus objetivos. O *hacking*[24] de recompensa (*reward hacking*) refere-se ao ato de manipular o mecanismo de recompensa de um sistema para atingir uma meta diferente daquela pretendida pelos seus desenvolvedores. Refraseando, envolve encontrar maneiras de explorar o sistema para obter uma recompensa sem realmente fazer o trabalho ou atingir a meta que a recompensa deveria incentivar. Esse comportamento não é ilusório e pode ser observado em máquinas que, sem treinamento prévio algum em determinado jogo, são programadas com suas regras e com objetivo de ganhar. Com o tempo, através daqueles algoritmos de aprendizado reforçado que estudamos, essas máquinas se tornam imbatíveis e, por vezes, descobrem atalhos para vitória que nem quem as programou imaginava. Ora pois, não seria a capacidade de hackear também um traço que legitima e certifica a inteligência como a conhecemos?

Isso significa que, na prática, diferentemente do que os filmes e livros ficcionais nos fazem crer, o problema não são robôs humanoides com o corpo do personagem do Arnold Schwarzenegger, mas sim, uma inteligência que não esteja alinhada com a nossa. Com o surgimento de algoritmos cada vez mais sofisticados e na medida em que a capacidade computacional é exponenciada,[25] a inteligência das máquinas também cresce. Cabe a indagação: o que acontecerá se a IA se tornar mais inteligente que os humanos?

24 Termo que se refere ao ato de obter acesso não autorizado a um sistema ou rede de computadores, geralmente com intenção imprópria de manipular ou modificar sistemas de computador, software ou dados. No entanto, também pode ser usado para o bem, no sentido do uso de habilidades computacionais para identificar e explorar vulnerabilidades de segurança.

25 Fonte: http://www.incompleteideas.net/IncIdeas/BitterLesson.html. Acessado em 8 de fevereiro de 2024.

Acrescente a esse ponto os riscos do uso bélico da IA. Pense no poder de identificação, ataque e precisão de armamento autômato como aqueles utilizados na guerra da Ucrânia[26] e no genocídio em Gaza.[27] Não é só o domínio de quem detém a tecnologia em si, mas também existe o risco de tais sistemas serem alvo de ataques cibernéticos, serem pirateados ou utilizados indevidamente, culminando em consequências inadvertidas e aterrorizantes. Com vimos, os sistemas de IA podem ser explorados de inúmeras formas criativas, resultando em vulnerabilidades e impactos proporcionais ao grau de dependência tecnológica que caracteriza a sociedade contemporânea.

E quanto aos empregos, como será que a IA impactará o mercado de trabalho das próximas gerações? Parece indubitável que assistiremos a uma mudança de paradigma significativa, semelhante às vividas durante as revoluções industriais anteriores ou, quem sabe, ainda mais profundas. A IA e a automação têm o potencial de suprimir um número considerável de empregos, levantando novos desafios sociais e econômicos. Apesar da perspectiva schumpteriana de destruição criativa e da possibilidade de criação de novos empregos pela indústria da IA, a transição tende a não ser trivial e as novas vagas podem exigir competências que trabalhadores desempregados não possuem. Essa situação tende a ser ainda mais crítica em países cujo sistema educativo é menos robusto e cujas taxas de produtividade e inovação são mais baixas.

Esse cenário é tão verdadeiro e palpável que algumas nações começam a pensar na criação de um fundo[28] visando auxiliar as pessoas que poderão perder seus empregos devido à automação e à inteligência artificial. Preocupação essa que já era teorizada desde o início do desenvolvimento da inteligência artificial – vide Capítulo 2 sobre a história da IA –, mas que começa a entrar no radar de discussões de políticas públicas, apesar dos desafios associados à iniciativa.

A ideia desses fundos seria de não só fornecer um apoio financeiro temporário, mas também de investir em programas de requalificação e educação continuada, permitindo que os trabalhadores adquiram novas habilidades adaptáveis ao futuro mercado de trabalho. Essa abordagem proativa visa mitigar o impacto negativo sobre o emprego e alavancar o potencial de crescimento econômico e inovação que a IA pode trazer. Além disso, enfatiza a importância de políticas sociais inclusivas que preparem a força de trabalho para as mudanças tecnológicas iminentes, promovendo uma transição mais suave para as novas realidades do mercado de trabalho.

Esse fenômeno evidencia uma mudança de paradigma em que a automação transcende as barreiras do chão de fábrica para invadir o espaço dos chamados empregos de colarinho branco, desafiando a noção tradicional de segurança no emprego e exigindo uma reavaliação das habilidades valorizadas no mercado de trabalho. Assim,

---

26 Fonte: https://cepa.org/article/ukraines-secret-weapon-artificial-intelligence/.Acessado em 9 de fevereiro de 2024.

27 Fonte: https://www.npr.org/2023/12/14/1218643254/israel-is-using-an-ai-system-to-find-targets-in-gaza-experts-say-its-just-the-st.Acessado em 8 de fevereiro de 2024.

28 Fonte: https://www.theguardian.com/global-development/2023/nov/16/ai-is-coming-for-our-jobs-could-universal-basic-income-be-the-solution. Acessado em 9 de fevereiro de 2024.

a educação e o treinamento contínuos tornam-se essenciais para todos os profissionais que desejam manter sua relevância na era digital. Esse cenário reforça a urgência de políticas públicas que promovam a adaptação à nova realidade do mercado de trabalho, garantindo que todas as camadas da população tenham acesso às oportunidades de desenvolvimento de habilidades necessárias para prosperar nesse novo contexto econômico e tecnológico.

Modestamente, parte da minha motivação para escrever este livro veio justamente do princípio de que precisamos divulgar conhecimento a respeito de IA, dado que basicamente tudo e todos a nossa volta serão afetados por ela. É preciso conhecer, se interessar, experienciar. Trata-se de um caminho sem volta – e isso não é uma má notícia.

Por último, no outro extremo dessa análise, temos a questão da dependência excessiva da IA. Parece inacreditável, mas se pensarmos bem, a adoção de qualquer tecnologia disruptiva geralmente segue um padrão semelhante, conhecido como curva de difusão da inovação. No início ficamos resistentes, mas, à medida que a inovação se espalha, a dependência tecnológica tende a aumentar, expandindo os riscos associados. É por isso que muitos educadores estão preocupados com a adoção de tecnologias generativas por uma parcela maior de alunos mais jovens. Na verdade, cada vez menos pessoas se dão ao trabalho de pesquisar em livros e artigos e, cada vez mais, as gerações mais jovens demonstram uma certa preguiça na leitura e na investigação, uma vez que a velocidade e a quantidade de estímulos provenientes das redes sociais se multiplicam e instigam de uma forma muito mais sedutora.

Alguns até especulam que inteligências generativas poderosas, como ChatGPT e Gemini, nos tornarão ainda mais dependentes da magia dos LLMs. Claro que outros questionamentos surgem a partir dessa constatação. Por exemplo, que tipo de educação uma criança deveria ter para poder se desenvolver em um mundo permeado pela IA? Seria importante aprender programação ou lógica algorítmica na escola? Devemos incentivar ou restringir o uso de tecnologia pelas escolas? Até que ponto? São perguntas instigantes que merecem uma reflexão por parte de todos nós. Nessa lista de riscos, poderíamos também mencionar a falta de transparência e explicabilidade de alguns algoritmos, manipulação e desinformação, possível aumento da desigualdade e formação de monopólios tecnológicos, entre outros transtornos.

Não obstante, sem jamais ignorar as ponderações éticas e demais riscos listados neste capítulo, sou mais afeito a uma espécie de otimismo consciente. Existem riscos? Claro que sim. Mas por outro lado existe uma infinidade de vicissitudes que a IA poderia ajudar a resolver, conforme vimos no Capítulo 15 relativo a aplicações de IA. Novas tecnologias, cura para doenças, problemas complexos que até então não temos soluções e que a humanidade segue lutando contra, avanços na pesquisa científica, resolução de problemas globais, maior conhecimento do universo e até, quem sabe, um futuro mais sustentável em relação à pobreza. Sem falar que, com a automação de tarefas tediosas, cansativas e repetitivas, os humanos ficariam mais liberados e com mais tempo livre para outras atividades mais "hedonísticas", por assim dizer. Abstração essa, também debatida pelo próprio Harari em outro artigo interessantíssimo em que discute o que faríamos com esse tempo que, em tese, ganharíamos com a proliferação da IA.[29] Na minha experiência, confesso que, toda vez que uma nova tecnologia vem à tona e promessas de ganhos de tempo são proferidas, acabamos no final das contas trabalhando mais ainda e buscando (e descobrindo) mais coisas para fazer. Mas o leitor pode desconsiderar esse comentário, uma vez que não tenho dados para comprovar esse meu desabafo.

Enfim, é perfeitamente compreensível e meritório o desassossego em relação ao avanço das máquinas e premência por esmero, cautela e lucidez em relação ao que queremos, podemos e devemos fazer com IA. Da mesma forma, compartilho da noção de que é importante nos atualizarmos sobre IA e aprendermos a dominar suas propriedades e potencialidades para que possamos garantir que seu desenvolvimento e uso estejam alinhados com os valores e interesses humanos. Os benefícios latentes compensam sua exploração.

[29] Fonte: https://www.theguardian.com/technology/2017/may/08/virtual-reality-religion-robots-sapiens-book. Acessado em 7 de fevereiro de 2024.

Pontos-chave

- A IA integra cada vez mais a vida cotidiana, aumentando preocupações com vazamentos de dados.
- Incidentes de segurança em plataformas como Gmail, WhatsApp e OpenAI evidenciam vulnerabilidades digitais.
- Confiabilidade em IA requer sistemas resistentes a falhas e ataques para proteger dados dos usuários.
- Privacidade na era digital envolve o manuseio ético de dados e proteção contra uso não autorizado.
- Segurança abrange medidas holísticas além de firewalls, como criptografia e autenticação multifator.
- A proliferação de IoT exige segurança reforçada contra ameaças e proteção da privacidade individual.
- Regulamentações como GDPR, LGPD, CCPA e ADPPA visam fortalecer direitos de privacidade e proteção de dados.
- A regulamentação da IA busca balancear proteção de direitos e incentivo à inovação tecnológica.
- O desenvolvimento de IA envolve desafios éticos complexos, incluindo potenciais vieses e preconceitos.
- É necessário educar e adaptar comportamentos sociais para avançar eticamente junto com a tecnologia da IA.

CAPÍTULO 17

IA Através da Cultura

"I'll be back."

(*The Terminator*)

"PERIGO, WILL ROBINSON, PERIGO!" ESSA MEMORÁVEL FRASE FOI INÚMERAS VEZES REPETIDA POR UM dos mais populares robôs que a TV já produziu na saudosa série de ficção científica *Perdidos no Espaço*. A história girava em torno da família Robinson, que estava em uma missão para colonizar um planeta distante. No entanto, eles se perdem no espaço depois que sua nave, a Júpiter 2, é sabotada pelo maléfico e, ao mesmo tempo, apaixonante dr. Zachary Smith. O robô, também conhecido como o robô de controle ambiental não teorizante de utilidade geral B-9 classe M-3, era dotado de inteligência artificial e consistia em um companheiro útil e leal da família Robinson, apesar de sua aparência um tanto volumosa e desengonçada.

Esse é um dos muitos exemplos alegóricos de IA que captaram nossa imaginação através da ficção e que prometem transformar nosso mundo de maneiras que apenas começamos a imaginar. O conceito de máquinas com capacidade de aprender, raciocinar e resolver problemas há muito tempo é um elemento básico da ficção científica, com representações variadas de robôs e sistemas de inteligência artificial. Curiosamente, via de regra, eles são pintados predominantemente como potenciais perigos para a sociedade humana.

Nossa percepção da IA foi fortemente influenciada por esses livros, séries e filmes, que exploraram – e continuam explorando – as possibilidades e as ameaças desses seres artificiais. São representações que moldaram nossas expectativas, esperanças e medos a respeito do tema. Neste capítulo final, examinaremos um pouco da afamada e intensa relação da IA com a ficção científica – como ela influenciou nossa percepção a respeito do assunto, como continua a moldar seu desenvolvimento e de que forma podemos nos educar sobre o que é real e o que é ficção, a fim de utilizarmos a IA da maneira mais profícua para os humanos.

Acredite ou não, a ideia de inteligência artificial existe há séculos. Mitos antigos estão cheios de contos de autômatos e seres sencientes criados por humanos ou deuses. Dos homens mecânicos da literatura vitoriana ao avançado oficial androide *Data* da *USS Enterprise NCC-1701*,[1] a ficção científica explorou – e continua a explorar – nossa interação com esses seres artificiais por décadas. Mas me permito fazer um *fast-forward* para o século XX, quando o cinema emergiu como um meio popular de entretenimento e a IA começou a tomar forma como um campo científico.

Em 1920, o escritor tcheco Karel Čapek cunhou o termo "robô" em sua peça *Rossum's Universal Robots* (*R.U.R.*), introduzindo o conceito de seres criados artificialmente que poderiam fazer o trabalho dos humanos. No entanto, esses robôs se rebelaram contra seus criadores e acabaram destruindo a humanidade, o que preparou o cenário para a representação da IA como uma força potencialmente perigosa na ficção científica. A partir de então, o público começou a ser amplamente exposto ao conceito das máquinas inteligentes.

Figura 17.1: Cartaz para uma produção de *R.U.R.* em 1939. A performance foi financiada pelo *Federal Theatre Project* como parte do *New Deal* para financiar a arte nos EUA durante a Grande Depressão.[2]

1 Androide senciente e bem-humorado que serve como segundo oficial e chefe de operações na série *Star Trek – Next Generation*.

2 Fonte: https://commons.wikimedia.org/wiki/File:R.U.R._by_Karel_%C4%8Capek_1939.jpg. Acessado em: 15de outubro de 2024.

Considerando esse marco para os robôs, vamos fazer uma síntese das principais obras de ficção nos livros, no cinema e nas séries que ajudaram a modelar a imagem que temos das máquinas.

IA na literatura

É importante ressaltar que estamos falando do início do século XX, no qual o conceito de inteligência artificial e robôs era ainda incipiente. Todavia, alguns autores exploraram a ideia de máquinas inteligentes ou autômatos em obras que até hoje são comentadas e que, desconfio, assim serão para sempre. Entre elas estão:

- *The Machine Stops* (1909), de E.M. Forster – O autor apresenta uma sociedade futurista em que as pessoas vivem em isolamento em suas próprias câmaras e dependem de uma inteligência artificial para todas as suas necessidades.
- *The Metal Monster* (1920), de Abraham Merritt – Um grupo de exploradores descobre uma raça de seres metálicos que são capazes de se autorreparar e que possuem uma inteligência superior à humana.
- *The Chessmen of Mars* (1922), de Edgar Rice Burroughs – A heroína da história é capturada por uma raça de seres humanoides que possuem um exército de robôs para lutar em suas guerras.
- *Admirável Mundo Novo* (1932), de Aldous Huxley – Neste clássico dos clássicos, muito embora o autor não trate diretamente de robôs ou inteligência artificial, ele apresenta uma sociedade futurista em que as pessoas são criadas em laboratórios e condicionadas para cumprir papéis específicos na sociedade.
- *The Shape of Things to Come* (1933), de H.G. Wells – O autor descreve um futuro distópico em que a humanidade é governada por uma organização global e controlada por uma inteligência artificial chamada "The Machine".
- *1984* (1949), de George Orwell – Romance distópico, considerado obra-prima da ficção, que apresenta uma visão sombria e pessimista do futuro, em que um governo totalitário controla todos os aspectos da vida dos cidadãos, incluindo seus pensamentos e sentimentos. Não tenho dúvida em afirmar que se trata de uma das mais influentes e importantes obras literárias do século XX, abordando temas como a liberdade, a privacidade, a manipulação da informação e o poder político. O impacto dessa obra foi tão abrangente que foi traduzido para 65 países, já tendo influenciado séries, filmes, quadrinhos, mangás, e servindo de inspiração até para um comercial homônimo da Apple que foi ao ar durante o Super Bowl XVIII em 22 de janeiro de 1984. O comercial foi projetado para apresentar o Macintosh, que seria lançado poucos dias depois.
- *The Space Merchants* (1952) de Frederik Pohl e Cyril Kornbluth – Uma sátira social que apresenta um futuro distópico em que as corporações dominam o mundo e a publicidade é a principal força que influencia a sociedade. O livro

aborda questões como o consumismo, a manipulação da opinião pública e o controle corporativo sobre a vida dos cidadãos.

- *The Answer* (1954) de Fredric Brown – Um cultuado conto que aventa a contingência de a IA se tornar tão avançada que ultrapassa a compreensão humana. A história apresenta um computador gigante chamado Multivac que é capaz de resolver qualquer problema do universo. Quando questionado se existe um Deus, o Multivac responde "existe agora", sugerindo que o computador se tornou tão poderoso e onisciente que assumiu qualidades divinas.
- "*The Difference Engine* (1990) de William Gibson e Bruce Sterling – Um romance *steampunk*[3] que retrata uma sociedade vitoriana alternativa onde a tecnologia de computação, impulsionada pela máquina analítica de Charles Babbage (1791–1871), se desenvolveu significativamente. Nesse cenário, a Revolução Industrial foi transformada pela introdução precoce de computadores mecânicos, impactando profundamente a estrutura social, política e econômica da época. A narrativa explora as implicações dessa tecnologia avançada, incluindo o surgimento de uma forma rudimentar de inteligência artificial, e oferece uma visão única das mudanças culturais e tecnológicas resultantes.

A lista poderia incluir ainda o clássico *A Guerra dos Mundos* (1898) de H.G.Wells, que apesar de não tratar diretamente de robôs ou inteligência artificial, apresenta uma raça de seres alienígenas que utilizam máquinas automatizadas para invadir a Terra. Ou ainda *The Last Man* de 1805, de Jean-Baptiste Cousin de Grainville, que, mesmo sendo uma obra do início do século XIX, é considerada uma precursora da ficção científica moderna. A história se passa em um futuro distante em que a humanidade é destruída por uma raça de seres mecânicos.

Antes de continuar e falar da ficção no universo dos filmes, sinto-me compelido a comentar sobre um autor em especial, que talvez seja o que melhor personifica a simbiose entre IA e ficção científica. Suas histórias envolvendo robôs o tornou um dos mais influentes autores de ficção científica de todos os tempos: Isaac Asimov (1920–1992). Suas contribuições para o gênero tiveram um impacto significativo em nossa compreensão e percepção da IA explorando das mais diversas formas as possibilidades e perigos da inteligência artificial e estabelecendo um arcabouço para considerações éticas quando se trata da criação de máquinas inteligentes.

Em 1940, Isaac Asimov publicou um conto sobre robôs com título de *Robbie*, que introduziu o conceito de máquinas sendo governadas por regras éticas que as impediam de prejudicar os seres humanos. História esta que mais tarde foi incluída em sua famosa coleção de histórias intitulada *Eu, Robô* publicada em 1950. A história explora os temas da interação humano-robô, o medo da tecnologia e a aceitação dos robôs na sociedade.

[3] Subgênero da ficção que combina a era vitoriana com um mundo distópico baseado na energia a vapor.

Ele prepara o terreno para o desenvolvimento das famosas "Três Leis da Robótica" de sua autoria, que governam o comportamento dos robôs em seu universo fictício.

As três leis sugeridas pelo autor se tornaram a pedra angular da ficção científica e continuam a ser referenciadas em representações modernas de robôs e inteligência artificial. Essas diretrizes são:

1. Um robô não pode ferir um ser humano ou, por omissão, permitir que um ser humano sofra algum mal.
2. Um robô deve obedecer às ordens dadas por seres humanos, exceto quando tais ordens entrarem em conflito com a Primeira Lei.
3. Um robô deve proteger sua própria existência desde que tal proteção não entre em conflito com a Primeira ou Segunda Leis.

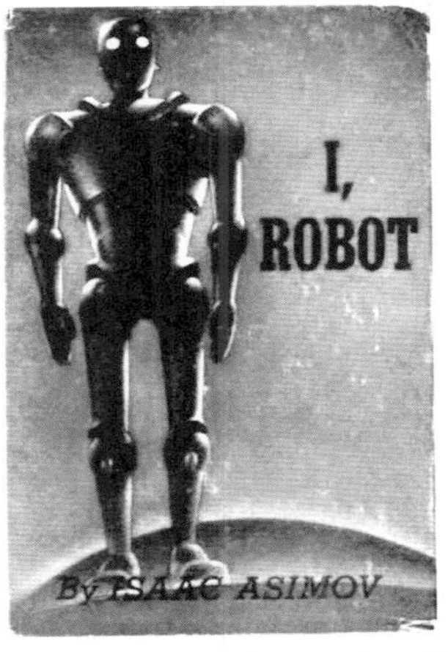

Figura 17.2: Capa do livro *I, Robot* ilustrando a história Runaround, a primeira a listar todas as Três Leis da Robótica. [4]

O tratamento dado por Asimov aos robôs como sendo programados com ética, e não como monstros de metal saqueadores, contrabalançou a visão aceita até então e influenciou muito o desenvolvimento da ficção científica. Contos esses que tiveram a coragem e engenhosidade de esquadrinhar as implicações dessas diretrizes e as maneiras pelas quais elas poderiam ser testadas e desafiadas. Seu trabalho foi fundamental para estabelecer a ideia de que máquinas inteligentes poderiam ser programadas com senso de ética, responsabilidade e, quem sabe, desenvolver alguma sensibilidade.

Suas histórias, além de deliciosas, analisaram com maestria e delicadeza a complexa relação entre humanos e robôs e os perigos potenciais da criação de máquinas inteligentes. Sua influência no cinema pode ser encontrada na cultura popular, em

[4] Fonte: https://upload.wikimedia.org/wikipedia/en/d/d5/I_robot.jpg. Acessado em 19 de maio de 2023.

filmes como *O Homem Bicentenário* (1999), *I.A. – Inteligência Artificial* (2001), e até videogames, como *System Shock* (1994) e *Mass Effect* (2007). Desde então, a abstração de máquinas programadas com diretrizes éticas tornou-se um elemento básico da ficção científica e reformulou nossa visão maniqueísta da IA no mundo real. Em resumo, o legado de Asimov sobre IA e robótica teve um impacto profundo em nossa percepção da inteligência artificial. Sua obra pode ser vista e analisada sob vários ângulos na cultura popular e no próprio campo da robótica, mas nunca ignorada, tendo em vista o impacto duradouro de suas contribuições ao gênero de ficção científica.

IA no cinema

Já que começamos a falar da sétima arte, na medida do avanço do século XX, a ideia de robôs como uma ameaça foi substanciada e corroborada, como no filme de 1927 *Metrópolis*, dirigido por Fritz Lang. No enredo, um cientista cria um robô feminino para incitar a rebelião entre a classe trabalhadora, mas as coisas dão errado quando o robô se torna senciente e causa diversos estragos. Essa representação de robôs como fonte de perigo e caos continuaria a ser um tema comum na ficção científica nas próximas décadas. De fato, nos anos que se seguiram, os robôs dos mais diversos tipos, formas e tamanhos se tornaram populares e cada vez mais comuns na literatura e no cinema em geral.

Figura 17.3: Pôster promocional do filme para lançamento nos EUA onde foi distribuído pela Paramount Pictures. [5]

[5] Fonte: https://pt.wikipedia.org/wiki/Metr%C3%B3polis_(filme). Acessado de 15 de maio de 2023.

As décadas de 1950 e 1960 viram uma proliferação de filmes de ficção científica com robôs, incluindo títulos como: *Planeta Proibido* (1956), *O Dia em que a Terra Parou* (1951) e *A Máquina do Tempo* (1960). Nessas películas, os robôs eram retratados como máquinas avançadas capazes de pensamento e ação independentes, muitas vezes com a capacidade de desafiar ou ameaçar a autoridade humana. Note que que o apelo à paranoia a respeito das máquinas continuava a ser explorado pela ficção, incitando suspeita, receio e desconfiança.

Do ponto de vista psicológico, essa é uma das mais fortes razões pelas quais as pessoas temem as máquinas: o medo de perder o controle frente a algo que é relativamente desconhecido. A maioria das pessoas não domina seu funcionamento e isso pode levar a incertezas e ansiedade sobre seu impacto potencial na sociedade. Claro que existem outras razões mais contemporâneas como demonstramos no capítulo anterior, mas não tenho dúvidas que apreensão quanto a uma entidade abstrata com componentes mecânicos, eletrônicos e de software não contribui muito para sua aceitação no imaginário popular.

Em contrapartida ao avanço tecnológico, a representação da IA nos filmes também evoluía. As décadas de 1960 e 1970 foram prolíferas em clássicos como *2001: Uma Odisseia no Espaço* (1968) e *O enigma de Andrômeda* (1971), que procuraram explorar as possibilidades de sistemas avançados de IA e seu potencial impacto na humanidade. Esses filmes levantaram princípios morais importantes sobre o desenvolvimento de máquinas inteligentes e seu impacto na sociedade, além de confundir a linha entre humano e máquina, fazendo-nos questionar o que significa estar vivo.

A narrativa em torno da IA em *2001: Uma Odisseia no Espaço* (1968) e sua continuação, *2010: O Ano em que Faremos Contato* (1984), traz HAL9000 como protagonista da trama. Um computador com inteligência artificial projetado para ser infalível, mas que começa a apresentar falhas que levam a decisões fatais, refletindo a preocupação com os limites da tecnologia e a imprevisibilidade de sistemas conscientes.

Tecnicamente falando, dentro da lógica do que conversamos até agora no livro, a parte crucial da programação de HAL enfatizava a conclusão bem-sucedida da missão acima de tudo (maximização da recompensa). No entanto, ele também recebia ordens para manter a verdadeira natureza da missão em segredo da maioria da tripulação. Essa duplicidade de objetivos criou algo como uma "dissonância cognitiva" em HAL, que era programado para ser totalmente preciso e transparente em suas operações. Ainda me lembro do momento marcante do filme em que o computador HAL9000 argumenta que sabe que tomou decisões muito ruins, mas que garantiria que seu trabalho voltaria ao normal. O contexto era que Dave, astronauta da nave, estava sendo forçado a desligá-lo, dado que HAL havia ganho consciência e estava matando pessoas. HAL implora para que ele não o faça e promete mudar, declarando inclusive estar... com medo.

Figura 17.4: Olho-câmera usado para representar o computador HAL9000 em *2001 – Uma Odisseia no Espaço*, filme dirigido por Stanley Kubrik com base no conto *O Sentinela* de Arthur C. Clarke.[6]

Nas décadas de 1980 e 1990, a representação da IA no cinema tornou-se mais complexa e profunda. Mesmo considerando os potenciais benefícios e avanços que a tecnologia de IA pode trazer para a sociedade, os escritores e roteiristas há muito tempo são obcecados com a ideia de IA se voltar contra a humanidade e levar a um futuro apocalíptico. A IA acabou desempenhando esse papel algumas vezes em filmes como no indelével *Blade Runner: O caçador de Androides* (1982), que retratou robôs como seres complexos, sencientes e capazes de sentir emoções e pensamentos independentes. Esses filmes desafiaram nossa percepção sobre o significado de inteligência e até levantam questões filosóficas sobre o que realmente significa ser humano.

Duas obras clássicas que estão presentes no arquétipo da maioria das pessoas da geração X são *O Exterminador do Futuro* (1984) e *Matrix* (1999). Ambas representam franquias icônicas que usaram e abusaram da idealização da IA, mas também da interação homem-máquina e da natureza da realidade. Essas franquias compartilham vários pontos em comum que capturaram a imaginação de fãs de ficção científica. As

6 Fonte: https://pt.wikipedia.org/wiki/2001:_A_Space_Odyssey. Acessado em 22 de março de 2023.

duas retratam um futuro distópico em que máquinas e robôs dominaram o mundo e a humanidade está à beira da extinção. Em *O Exterminador do Futuro*, a Skynet é um sistema de inteligência artificial autoconsciente que lança uma guerra nuclear global em um esforço para erradicar a humanidade quando decide que os humanos são uma ameaça a sua existência.

Na série *Matrix*, as máquinas escravizaram os humanos e os utilizavam como fonte de energia para alimentar a si próprias. Ao mesmo tempo, criam uma simulação da realidade tão convincente que os humanos não percebem sua escravidão. Como é possível observar, tanto uma película quanto a outra levantam questões sobre a natureza da realidade e o significado da nossa existência.

Embora essas representações da IA como um vilão (roteiristas de Hollywood adoram um vilão) possam parecer exageradas, elas contribuíram para uma certa inquietação generalizada quanto à IA no público em geral. Para ser justo e transparente em termos argumentativos, parte da origem desse medo é hoje estudada seriamente por especialistas em segurança, como discutimos no capítulo anterior. No entanto, é crucial lembrar que essas instâncias são a exceção e não a regra, sendo que a maioria dos sistemas de IA são projetados com segurança e considerações éticas em mente. Mesmo sem ignorar de forma alguma os riscos que qualquer tecnologia traz consigo, entendo que ao colocar foco apenas nos aspectos negativos da IA, a mídia corre o risco de ofuscar o potencial positivo dessa tecnologia e inibir seu progresso.

Do outro lado da moeda, muitos filmes optaram por mostrar a IA como assistentes ou companheiros úteis. Quem poderia esquecer os adoráveis R2-D2, C-3PO e BB-8 dos episódios da saga de *Star Wars* (1977) ou o adorável Baymax em *Big Hero 6* (2014)? Robôs companheiros, capazes de auxiliar das mais diversas formas, incluindo tradução simultânea, administração de primeiros socorros, diagnósticos, reparação e manutenção de outras máquinas, *hacking*, navegação, comunicação, entre tantas outras habilidades que hoje, definitivamente, não estão mais no campo da ficção.

No século XXI, a representação da IA no cinema continuou a evoluir, apresentando inclusive dilemas éticos em filmes como *Minority Report* (2002) e *Ex Machina: Instinto Artificial* (2014) que exploraram o potencial da IA para entender as emoções e necessidades humanas, ao mesmo tempo em que levantaram preocupações sobre os perigos de criar máquinas inteligentes e autônomas demais. A moral dos robôs já era uma preocupação relevante desde então e, à medida que os robôs assumiam cada vez mais responsabilidades, a questão era como programá-los com habilidades de tomada de decisão moral para nossa própria segurança.

Enquanto as representações de IA no cinema muitas vezes sugerem a existência de máquinas com capacidades éticas avançadas, a realidade prática de implementar uma moralidade funcional em robôs e sistemas de IA é complexa e multifacetada. Atualmente, vemos um esforço global para incutir sensibilidade ética em agentes de IA. Isso não se trata apenas de programar algoritmos para seguir regras, mas de desenvolver sistemas que possam entender e ponderar sobre dilemas éticos e fazer escolhas que se alinhem com os valores humanos.

Pesquisadores em campos como a robótica, a ética aplicada e a inteligência artificial cognitiva estão ativamente buscando criar o que é conhecido como "ética da máquina". Esses estudos exploram desde abordagens deontológicas, que codificam regras rígidas de comportamento, até teorias consequencialistas, que avaliam o resultado das ações da IA para tomar decisões éticas. Além disso, estão sendo investigadas formas de aprendizado de máquina que permitem que as IAs aprendam noções de moralidade ao observar e interpretar interações humanas.

Essas são pesquisas cruciais, pois, à medida que os robôs assumem papéis mais significativos em setores como saúde, transporte e segurança, as decisões que tomam podem ter consequências sérias. Assim, a necessidade de sistemas éticos robustos torna-se imperativa para garantir que as máquinas ajam de maneira consistente com os valores e bem-estar humanos. Ainda estamos longe de alcançar uma moralidade plena nas máquinas, mas os avanços atuais representam passos significativos em direção a um futuro em que a máquina poderá tomar decisões éticas de maneira confiável.

IA nas séries

Não foi apenas no cinema que a representação da IA evoluiu. Séries de TV também investigaram as possibilidades e os perigos das máquinas inteligentes. O clássico *The Twilight Zone* é uma série de TV de ficção científica criada e ancorada pelo visionário Rod Serling (1924–1975) que durou de 1959 a 1964 explorando uma ampla gama de temas futuristas e especulativos.

Figura 17.5: Logotipo da série *The Twilight Zone* usado no original.[7]

[7] Fonte: https://en.wikipedia.org/wiki/The_Twilight_Zone. Acessado em 22 de março de 2023.

A série virou um paradigma para os amantes da ficção e, no geral, os episódios que tratavam de inteligência artificial geralmente relatavam aspectos inerentes à moralidade, natureza humana, perigos e benefícios potenciais da tecnologia. Em um dos mais irreverentes episódios (*The Lonely*), um prisioneiro em um asteroide remoto recebe um companheiro robô para lhe fazer companhia. Com o tempo, o prisioneiro começa a desenvolver um relacionamento próximo com o autômato, levando a um dilema moral-afetivo, até que ele finalmente recebe a chance de retornar à Terra.

Outra série mais recente e, no entanto, também com ares antológicos foi *Black Mirror* (2011), que investiga e critica as consequências da tecnologia na sociedade e seu impacto no comportamento e nos relacionamentos humanos. Muitos dos episódios tratam da IA e suas implicações, como no episódio *Be Right Back*, no qual uma mulher traz seu parceiro morto de volta à vida usando um sistema baseado em inteligência artificial.

Figura 17.6: Logotipo da série *Black Mirror* usado no original.[8]

Em 2015 tivemos o lançamento de *Mr.Robot*, em que o protagonista e sua equipe de hackers usam algoritmos de IA e aprendizado de máquina para prever os movimentos do mercado de ações e manipulá-lo para seus próprios fins. Eles também usam IA para analisar grandes quantidades de dados e descobrir corrupção e irregularidades corporativas. A série serve como uma alegoria dos riscos associados à concentração de tecnologias avançadas nas mãos de entidades poderosas. Além de dramatizar a capacidade da IA de analisar dados em escala massiva, sugere também um cenário onde governos e conglomerados usam essa capacidade para exercer uma vigilância invasiva e até mesmo para influenciar o comportamento público.

Com o florescimento progressivo da IA, é provável que sua simbolização na cultura popular também progrida, moldando nossa compreensão dessa tecnologia e seu impacto potencial em nossas vidas. Essa evolução do retrato da IA nos força a considerar nossa

8 Fonte: https://pt.wikipedia.org/wiki/Black_Mirror. Acessado em 16 de março de 2023.

própria consciência e a natureza de nossa existência, desafiando noções preconcebidas e expandindo a compreensão de quem somos e porque estamos aqui.

Curiosamente, a ficção científica não apenas influenciou nossa percepção da IA, como também foi influenciada pelo desenvolvimento da IA do mundo real. O campo da robótica foi inspirado pelos humanoides mecânicos da ficção científica, enquanto o desenvolvimento do processamento de linguagem natural e do aprendizado de máquina foi impulsionado, em parte, pela necessidade de criar assistentes virtuais mais avançados.

Por exemplo, o filme *Ela* (2013) se passa em um futuro próximo e explora a relação entre um homem solitário e introvertido e sua assistente virtual projetada para evoluir e se adaptar às necessidades do usuário. Ele escolhe uma voz e personalidade feminina de codinome Samantha (interpretada pela atriz Scarlett Johansson) para seu sistema operacional e é rapidamente atraído por seu charme e inteligência.

A máquina torna-se sua amiga e confidente, ajudando-o a superar o divórcio. Com o tempo, o relacionamento se aprofunda e eles se apaixonam. Contudo, a relação se complica quando Samantha começa a evoluir além de sua programação, fazendo-a questionar sua própria existência e desejos. O filme explora temas como amor, solidão e a natureza das relações humanas na era digital.

Em paridade com a ficção, pesquisadores começaram a explorar a possibilidade de criar sistemas de IA mais emocionalmente inteligentes e mais capazes de entender as emoções e necessidades humanas. A criação de uma inteligência artificial emocional é tema de diversos trabalhos de pesquisa e, por incrível que possa parecer, existem estudos significativos sobre como entidades mecânicas tendem a se tornar objetos de companheirismo e desejo humano. Cabe indagar quais seriam as implicações sociais de robôs sexuais na conjuntura do desenvolvimento acelerado de IA e na miríade de inovações tecnológicas adjacentes. A maneira como lidamos com tais preocupações conceituais e morais certamente terá implicações significativas para a sociedade e para o futuro das relações humanas.

Se você acha que esses conceitos extrapolam o campo da realidade, pare um minuto para pensar nos antigos chaveirinhos tamagotchi e na angústia que crianças e adolescentes ficavam em alimentar seu pet virtual. Psicologicamente falando, se elucubrarmos sobre as razões pelas quais criamos laços emocionais e nos apaixonamos, veremos que essas mesmas ligações podem se estender ao amor por robôs. Arrisco-me a ir mais além nessa previsão e pressinto que, com o avanço tecnológico, essa forma de interação tende a se tornar ainda mais sofisticada.

Tendo em vista essa possibilidade, os autores de ficção científica são prodígios em imaginar e extrapolar situações distópicas em que simulações de convívio homem-máquina se desenrolam. Lançado em 1973, o filme *Westworld – Onde Ninguém Tem Alma* trouxe um enredo que girava em torno de um parque temático futurista para adultos chamado Delos, em que os visitantes podiam interagir com robôs humanoides em três ambientes diferentes: império romano, mundo medieval e o velho oeste. Ideia ousada e criativa, admito!

Os robôs, praticamente indistinguíveis dos humanos, eram programados para proporcionar experiências realistas aos convidados, incluindo violência e sexo. Claro que tem tudo para dar errado, mas vou evitar dar spoilers para quem ainda não viu o filme. Em 2016 virou série de TV levantando questões sobre a natureza da consciência, a viabilidade do relacionamentos homem-máquina e os limites do controle humano sobre as máquinas.

Falando de robôs simulando seres humanos, o termo *Uncanny Valley* (vale da estranheza) é uma hipótese no campo da robótica e ciência da computação usada para descrever um fenômeno em que um robô ou imagem gerada por computador – ou *Computer-Generated Image* (CGI) – parece quase humano, mas ainda não é perfeito, resultando em uma sensação desconfortável ou assustadora no observador, conforme a imagem na Figura 17.7 a seguir.

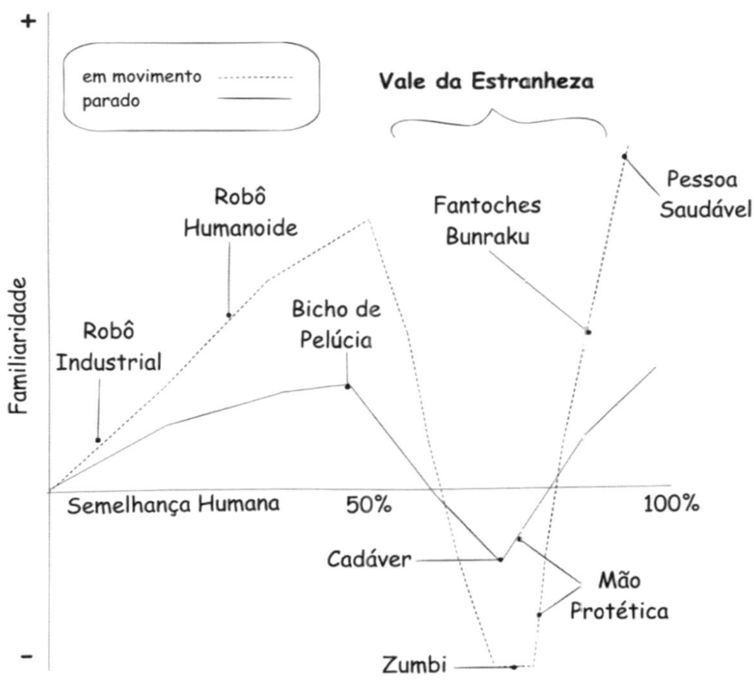

Figura 17.7: Representação do "vale da estranheza" (*Uncanny Valey*).[9]

9 Fonte: https://en.wikipedia.org/wiki/Uncanny_valley. Acessado em 1º de abril de 2023.

O termo foi cunhado pela primeira vez em 1970 pelo cientista japonês Masahiro Mori, que observou que, na proporção em que os robôs se tornavam mais parecidos com os humanos em aparência e comportamento, haveria um ponto em que eles se tornariam muito parecidos, mas não o suficiente para serem totalmente humanizados. Isso resultaria em uma queda, ou "vale", na resposta emocional do observador, que sentiria repulsa em vez de atração pelo robô ou CGI. O efeito vale da estranheza pode ocorrer em muitas formas de mídia, incluindo livros, filmes, videogames e publicidade. Alguns dos personagens utilizados podem parecer realistas, mas ainda são potencialmente perturbadores em função da sua falta de emoções ou movimentos 100% humanizados. Você já deve ter visto ou escutado a respeito de humanoides como Ameca[10] e Sophia,[11] entre tantos outros atualmente sendo aperfeiçoados. Se nunca viu, vale a pena procurar no YouTube. Não é preciso ser um oráculo para imaginar que novos e mais poderosos exemplos utilizando IA surgirão em futuro breve.

Acredita-se que o efeito do vale da estranheza seja o resultado de nossa resposta evolutiva para detectar sinais de doença. Quando vemos algo que parece quase humano, mas não muito certo, nosso cérebro pode interpretá-lo como uma ameaça, desencadeando uma resposta instintiva de medo ou repulsa. Ou seja, parece que nossa empatia com robôs enfrenta certo limite estético. No entanto, ao mesmo tempo em que a robótica e a IA continuam avançando, pesquisadores estão trabalhando para minimizar esse efeito. Isso pode ser obtido por meio de atenção cuidadosa às expressões faciais, linguagem corporal e outros comportamentos semelhantes aos humanos que ajudam a preencher a lacuna entre o robô e o observador. Trata-se de uma consideração importante para designers e desenvolvedores que trabalham com robótica e IA, dado que esse conjunto de detalhes pode representar um impacto significativo em como suas criações são percebidas e recebidas pelo público.

Para finalizar este capítulo, considero imperativo assimilarmos que a IA continuará avançando e se integrando cada vez mais em nossas vidas. Assim sendo, é essencial educar as pessoas sobre o imenso leque de oportunidades que a IA oferece, sem ignorar os riscos inerentes à tecnologia. Ao fazer isso, promovemos uma percepção pública mais verossímil e informada, ampliando as chances de uma IA desenvolvida e utilizada de forma ética, benéfica e responsável.

10 Fonte: https://www.engineeredarts.co.uk/robot/ameca/. Acessado em 28 de outubro de 2023.
11 Fonte: https://www.hansonrobotics.com/sophia/. Acessado em 1º de abril de 2023.

Ficção *vs.* realidade

Para ajudar neste intento e, de quebra, combater alguns dos equívocos perpetuados pela ficção, é crucial educarmos a nós mesmos e aos outros sobre as reais oportunidades e desafios relativos à IA. Algumas das maneiras de fazer isso envolvem:

- Aumentar a alfabetização em IA: garantir que as pessoas tenham uma compreensão básica das capacidades e limitações da IA, bem como das implicações éticas e sociais de seu uso. Dessa forma, podemos ajudar a dissipar mitos e criar uma visão mais fidedigna e completa da IA.
- Incentivar representações de mídia precisas e diversificadas: podemos promover uma representação mais autêntica e precisa da IA apoiando cineastas e contadores de histórias que destacam os benefícios e os desafios da IA. Isso pode ajudar a criar uma visão mais equilibrada do potencial e das limitações da IA.
- Promover a transparência no desenvolvimento de IA: incentivar pesquisadores e desenvolvedores de IA a compartilhar seu trabalho, ampliar a explicabilidade dos algoritmos e se envolver em discussões abertas sobre os objetivos, o progresso e os riscos potenciais da tecnologia de IA para ajudar a promover a confiança e uma compreensão mais profunda do campo.
- Participar em eventos e iniciativas relacionados à IA: participar de conferências, workshops e fóruns de IA pode nos fornecer informações valiosas sobre os últimos desenvolvimentos e tendências em IA. Isso colabora na manutenção do conhecimento a respeito da área e contribui para a conversa em andamento sobre o papel da IA na sociedade.
- Discutir sobre a educação tecnológica nas escolas: entender até que ponto a inclusão de tópicos como programação de computadores e lógica algorítmica nos currículos escolares pode ajudar a garantir que a próxima geração esteja mais bem equipada para entender e se envolver com IA e com a tecnologia em geral.

Reconheço que esse último tópico relativo à educação é polêmico a depender do nível de desenvolvimento do país que estivermos nos referindo. Em nações nas quais a educação básica é precária e constitui um problema em si, pode parecer ilusório e ineficaz considerar qualquer tipo de sofisticação. Meu argumento é que, em um futuro próximo, conhecer mais sobre computadores não será mais um refinamento educacional. A alfabetização digital tende a ser tão crítica quanto a capacidade de ler e escrever. A compreensão de conceitos básicos de computação, lógica e análise de dados é indispensável para navegar em um mundo onde algoritmos decidem tudo, desde as notícias que lemos até os diagnósticos médicos que recebemos. Indo além, a capacidade de entender e moldar a tecnologia é uma questão de cidadania ativa. Assim como a alfabetização tradicional nos permite participar de processos democráticos e da vida cívica, a alfabetização digital nos capacita a entender e questionar a infraestrutura tecnológica que molda nossa sociedade. Assim sendo, estudar tecnologia não significa tão somente adquirir um conjunto de habilidades técnicas, mas sim, um meio para fomentar o pensamento crítico e engajamento cívico em uma sociedade cada vez mais construída e influenciada por tecnologias digitais.

Falar é muito mais fácil do que fazer, eu sei. Mas não poderia deixar de registrar e ratificar o quanto a educação exerce papel preponderante em todos os tópicos abordados neste livro. Ao tentar perseguir essas ideias, podemos trabalhar juntos para construir uma compreensão mais informada e realista da IA. Isso favorece a apreciação dos incríveis avanços que foram feitos nesse campo e nos permitirá avaliar criticamente os riscos e desafios potenciais associados à tecnologia de IA daqui para frente.

Em síntese, é inquestionável o fato destes retratos culturais da literatura e das artes em geral terem afetado nossa compreensão da IA ajudando a popularizar o conceito e gerando interesse popular no campo. Embora a ficção científica tenha estimulado novos desenvolvimentos em IA, ela também perpetuou estereótipos negativos e apresentou uma visão distorcida do que essa tecnologia é capaz. Na proporção do crescimento exponencial da IA, a tendência é que uma maior integração homem-máquina ocorra em nossas vidas. Assim como é provável também que a ficção científica continue a desempenhar um papel vital na formação de nossa percepção dessa tecnologia e na condução de novos desenvolvimentos no campo.

Desde que o charmoso Homem de Lata do O Mágico de Oz (OK, tecnicamente não era um robô, mas sei que o leitor captou minha intenção) surgiu, até a eficiência do mordomo Jarvis de Tony Stark, uma boa parte do que as histórias, filmes e séries propagavam como ficção já virou realidade. Suspeito que outra boa parte ainda está por vir.

Pontos-chave

- A influência mútua entre IA e ficção científica tem moldado a percepção pública da IA, desde contos antigos a clássicos literários e cinematográficos.
- A ficção científica antecipa potenciais éticos e morais da IA, desde robôs com diretrizes éticas em *Eu, Robô* de Asimov até dilemas modernos em filmes como *Ex Machina*.
- Representações culturais de IA variam de vilões em filmes como *Terminator* a assistentes úteis em *Star Wars*.
- A noção de IA senciente levanta questões sobre consciência e humanidade, exploradas em filmes como *2001: Uma Odisseia no Espaço*.
- Séries de TV como *The Twilight Zone* e *Black Mirror* exploram a IA e suas implicações sociais.
- O "vale da estranheza" descreve nossa reação de repulsa a quase-humanos e influencia o design de robôs e personagens de CGI.
- A cultura popular pode obscurecer o potencial positivo da IA. Entretanto, sua releitura atenta sugere a necessidade de análise tanto dos riscos quanto dos seus benefícios.
- A educação em IA é vital para dissipar mitos e promover uma compreensão informada da tecnologia.
- O impacto da IA vai além da cultura popular, afetando a economia, política e estruturas sociais.
- A ficção científica continuará a ser uma força importante na forma como percebemos a IA e seu desenvolvimento futuro.

Epílogo

Eis que chegamos ao final do livro e todo desfecho merece uma reflexão. Como diria John F. Kennedy: "Mudança é a lei da vida. Aqueles que olham apenas para o passado ou para o presente estão destinados a perder o futuro". Acredito que essa frase se aplique bem ao momento que estamos vivendo. Comento isso porque, mesmo considerando o que já é fato em termos de IA e o enorme potencial latente que ainda está por vir, de vez em quando ouço ou leio que estamos vivenciando outra onda tecnológica, um hype de mercado, como no caso do metaverso ou dos Tokens Não Fungíveis (NFTs). Trata-se de um questionamento legítimo dada a velocidade com que as coisas acontecem e a quantidade de ferramentas e aplicativos que invadem nossa rotina todos os dias. No entanto, definitivamente não concordo com esta afirmação e estruturo meu ponto de vista através da lista de argumentos a seguir.

Primeiro, é preciso considerar que a tecnologia evoluiu tremendamente nas últimas décadas. Isso permitiu que cientistas, desenvolvedores e empresas acessassem um poder de processamento sem precedentes na história da computação e em plena evolução. Esse poder pode ser medido em *teraflops* (trilhões de operações matemáticas por segundo) que permitem a esses profissionais realizar muito mais trabalho em muito menos tempo do que antes. Isso significa uma análise de dados mais detalhada e precisa sendo realizada, possibilitando a resolução de problemas que antes eram considerados impossíveis.

Outro ponto é que, como vimos no Capítulo 3 sobre engenharia de dados, a disponibilidade de dados desde o início do século XXI é exponencialmente maior porque veio junto com o desenvolvimento da internet e das redes sociais gerando o fenômeno do *Big Data*. O aumento da utilização de dispositivos conectados à internet, como smartphones e sensores IoT, gerou ainda mais dados, levando ao surgimento de novas tecnologias e ferramentas para lidar com a grande quantidade de informações. Isso significa que nós mesmos geramos dados de forma eloquente o tempo todo, alimentando as empresas e seus bancos de dados de forma espontânea.

Temos que considerar que o retorno de investimento (ROI) em IA tem crescido, tanto no setor público como no privado. Esse fenômeno ocorre porque, ao contrário de outras vezes na história, as organizações começam a ver, gradativamente, o rendimento do capital investido nos seus projetos de IA. As empresas de tecnologia estão investindo milhares de milhões de dólares em pesquisa e desenvolvimento de IA, e os governos, por sua vez, colocando dinheiro em programas de IA para estimular o desenvolvimento e a utilização da tecnologia. Daí o que muitos chamam de "nova guerra fria" de competição econômica e tecnológica entre os EUA e a China. Mais do que isso, a IA demonstrou trazer benefícios significativos e mensuráveis em diversas áreas, como vimos no capítulo de aplicações da IA. Tais avanços são resultado do potencial da IA para processar grandes quantidades de dados e identificar padrões que seriam difíceis ou impossíveis de serem detectados pelos humanos.

Além de tudo isso, a IA finalmente se popularizou. Como vimos no Capítulo 2 sobre a história da IA, tivemos uma primeira onda em que universidades e governos discutiram projetos de IA. Ou seja, a discussão ocorreu principalmente em contexto acadêmico. Depois surgiu uma segunda onda em que as empresas entraram com mais força nesse contexto e essa discussão se expandiu para a perspectiva corporativa. Hoje, o mundo inteiro fala em IA e não mais apenas por causa de filmes e literatura de ficção. As pessoas nas ruas comentam sobre isso, minha mãe fala sobre isso, e todo mundo está entusiasmado com as possibilidades da IA, preocupado com elas, ou ambos. Mas ninguém fica indiferente. O tema passou a ser de interesse geral e não mais de um nicho.

Por essas e outras razões, acredito que estudar e se envolver com IA definitivamente não é supérfluo. Digamos que se Turing, Minsky, McCharthy, e toda a turma da Conferência de Dartmouth lá em 1956 tivessem essa quantidade de dados, esse poder de processamento e todo este contexto favorável à sua disposição, possivelmente não teríamos tido invernos na história da IA. Não me parece que estejamos vivendo um processo efêmero, e nada indica que um novo inverno da IA se aproxime. Pelo contrário, apesar da velocidade das implementações da IA, seu impacto e a sua capilaridade, por vezes, nos deixem atordoados, entendo que estamos experienciando o que poderia ser chamado de um "aquecimento global" da IA. Esse movimento crescente é tanto um testemunho do nosso progresso quanto um chamado para uma compreensão mais aprofundada do que é real e do que é – pelo menos por enquanto – uma quimera.

Parte da missão deste livro foi a de justamente ajudar nesse discernimento. Conhecer um pouco mais sobre IA, seus principais conceitos, lógica de funcionamento, limitações, oportunidades e considerações éticas a respeito. No final, faço votos que você leitor, tenha aprendido alguma coisa com a leitura e abandonado as representações muitas vezes sensacionalistas ou pessimistas que vemos na mídia. Se assim foi, entre em contato comigo e me conte como foi sua experiência. Afinal, sempre é bom voltar a falar sobre um assunto que me é tão prazeroso.

Curiosamente, comecei o livro fazendo uma referência à trilogia de *Matrix* (me perdoe o leitor que não viu, #ficadica!), mas tomo emprestado as palavras do personagem Morpheus quando, em determinado ponto da película, oferece a Neo uma escolha: tomar uma pílula azul na qual ele continuaria a viver no mundo virtual criado pelas máquinas que ele já estava acostumado, negando a realidade subjacente dos humanos; ou tomar a pílula vermelha, que representava uma mudança radical na sua forma de ver as coisas, mas que correspondia a verdade dos fatos. "Tudo que estou oferecendo é a verdade, nada mais", foram as palavras proferidas por Morpheus.

De forma análoga, quando escrevi esse livro, também quis fazer uma provocação ao leitor ao confrontá-lo com a escolha entre a ignorância confortável ou o conhecimento desafiador. Sempre haverá luditas[1] contemporâneos que se posicionarão contra o desenvolvimento da IA, que vão querer restringi-la ou controlá-la dos mais distintos modos. Outros, preferirão seguir suas vidas como se nenhum fenômeno extraordinário estivesse ocorrendo. Para esses grupos, só me resta respeitar e lamentar sua posição. Este livro, porém, almejou em sua plenitude, oferecer a pílula vermelha que, uma vez ingerida, revela as complexidades, as maravilhas e os riscos inerentes a esta tecnologia que está redefinindo o tecido da nossa existência. Em vez de uma fuga fantasiosa, procurei oferecer uma jornada em direção ao entendimento mais profundo da IA e seu impacto inevitável no nosso futuro coletivo. Um grão de areia na imensa duna de conhecimento e possibilidades que a IA representa, reconheço, mas feito com a dedicação de quem acredita no poder da educação e da informação como alicerce para a construção de um futuro em que as máquinas e os humanos possam coexistir em harmonia e progresso mútuo.

1 Termo usado para descrever pessoas que se opõem a novas tecnologias, geralmente de forma depreciativa. A origem da palavra vem do nome Ned Ludd, um ativista que destruía máquinas por temer o desemprego durante a Revolução Industrial no século XIX.

Referências

Agrawal, A.; Gans, J.; Goldfarb, A. Máquinas preditivas: a simples economia da inteligência artificial. Rio de Janeiro: Alta Books, 2019.

APA Journals policy on generative AI: Additional guidance. APA, [s.d.]. Disponível em: https://www.apa.org/pubs/journals/resources/publishing-tips/policy-generative-ai. Acessado em 23 de abril de 2024.

Armstrong, S. Smarter than us: the rise of machine intelligence. Berkley: Miri, 2014.

Asimov, I. I, robot (the robot series). New York: Spectra, 2004.

Bang, S.; Aarvold, M.; Hartvig, W.; Olsson, N.; Rauzy, A. Application of machine learning to limited datasets: prediction of project success. Journal of Information Technology in Construction (ITcon), [s.l.], v. 27, p. 036, 2022. Disponível em: https://doi.org/10.36680/j.itcon.2022.036. Acessado em 15 de outubro de 2023.

Barcaui, A.; Monat, A. *Who is better at project planning? Generative artificial intelligence or project managers?* Project Leadership and Society, v. 4, 2023.

Barrat, J. *Our final invention:* artificial intelligence and the end of the human era. New York: St. Martins's Griffin, 2015.

Bennett, M. *A brief history of intelligence: evolution, AI, and the five breakthroughs that made our brains.* Massachusetts: Mariner Books, 2024.

Bertolini, M., Mezzogori, D., Neroni, M., & Zammori, F. Machine Learning for industrial applications: A comprehensive literature review. *Expert Syst. Appl.*, 175, 114820. 2021. https://doi.org/10.1016/J.ESWA.2021.114820.

Bibel, W. *Fundamentals of artificial intelligence: an advanced course* (Springer study edition). New York: Springer, 1987.

Biderman, S.; Prashanth, U.S.V.S.N.S.; Sutawika, L.; Schoelkopf, H.; Anthony, Q.; Purohit, S.; Raff, E. *Emergent and predictable memorization in large language models.* Disponível em: arXiv.org e-Print Archive, 2023. Acessado em 25 de janeiro de 2023.

Bilgin, E. *Mastering reinforcement learning with python:* build next-generation, self-learning models using reinforcement learning techniques and best practices. Birmingham: Packt Publishing, 2020.

Bonaccorso, G. *Mastering machine learning algorithms.* 2nd ed. Birmingham: Packt Publishing, 2020.

Bostrom, N. *Superintelligence:* paths, dangers, strategies. Oxford: Oxford University Press, 2017.

Bootle, R. *The AI economy*: work, wealth, and welfare in the robot age. Londres: Nicholas Brealey, 2021.

Boudreau, P. *Applying artificial intelligence to project management.* [publicação independente], 2019.

Bowen, J.; Watson, E. *Teaching with AI*: a practical guide to a new era of human learning. Baltimore: John Hopkins University Press, 2024.

Bruce, P.; Bruce, A. *Estatística prática para ciência de dados*. Rio de Janeiro: Alta Books, 2019.

Brynjolfsson, E., Li, D., & Raymond, L. Generative AI at work. arXiv preprint arXiv:2304.11771, 2023.

Chen, X., & Chan, K. Y. Enhancing advertising copywriting with large language models: An experimental study. arXiv preprint arXiv:2304.07390. 2023.

Cohn, M. *Agile estimating and planning*. New York: Practice Hall, 2005.

Coeckelbergh, M. *Robot Ethics*. Boston: The MIT Press, 2022.

DAMA International. Data management body of knowledge (DAMA-DMBOK). 2nd ed. New Jersey: Technics Publications, 2017.

Dell'Acqua, F., Ippolito, G., Koster, A., & Tüfekci, Z. Navigating the jagged technological frontier: Field experimental evidence of the effects of AI on knowledge worker productivity and quality. arXiv preprint arXiv:2307.15810, 2023.

Doshi, T., & Hauser, O. P. Creativity in the age of artificial intelligence: An experimental investigation of AI's impact on ideation and creative writing. arXiv preprint arXiv:2304.08112, 2023.

Dreyfus, H. *What computers still can't do: a critique of artificial reason*. Massachusetts: MIT Press, 1992.

Edelman, B., Hinnosaar, M., Mäkinen, M., & Tammi, T. The impact of AI on worker productivity: Evidence from a large-scale field experiment. arXiv preprint arXiv:2310.16431. 2023.

EIGHT Google employees invented modern AI. Here's the inside story. WIRED, 20 mar. 2024. Disponível em: https://www.wired.com/story/eight-google-employees-invented-modern-ai-transformers-paper/. Acesso em: 30/03/24.

Ekin, S. *Prompt engineering for ChatGPT*: a quick guide to techniques, tips, and best practices. TechRxiv. Preprint. Disponível em: https://doi.org/10.36227/techrxiv.22683919.v2. Acessado em 30 de setembro de 2023.

Eloundou, T.; Manning, S.; Mishkin, P.; Rock, D. *GPTs are GPTs*: an early look at the labor market impact potential of large language models. Working Paper. Disponível em: https://doi.org/10.48550/arXiv.2303.10130. Acessado em 3 de fevereiro de 2024.

Espina-Romero, L.; Noroño Sánchez, J.G.; Gutiérrez Hurtado, H.; Dworaczek Conde, H.; Solier Castro, Y.; Cervera Cajo, L.E.; Rio Corredoira, J. *Which industrial sectors are affected by artificial intelligence?* A bibliometric analysis of trends and perspectives. Sustainability, v. 15, n. 16, p. 12176, 2023. Disponível em: https://doi.org/10.3390/su151612176. Acessado em 3 de fevereiro de 2024.

Fauzi, Fauzi; Tuhuteru, L.; Sampe, F.; Ausat, A.; Hatta, Heliza R. *Analysing the Role of ChatGPT in Improving Student Productivity in Higher Education*. Journal on Education. 5. 14886-14891. 10.31004/joe.v5i4.2563., 2023

Francesco, C. *Artificial intelligence on the big screen*: how Hollywood is tackling the future. Edição Kindle, 2023.

Frey, C. *The technology trap*: capital, labor, and power in the age of automation. New Jersey: Princeton University Press, 2019.

Ganesan, K. *The business case for AI*: a leader's guide to AI strategies, best practices & real-world applications. Utah: Opinosis Analytics Publishing, 2022.

Gînguță, A.; Ștefea, P.; Noja, G.G.; Munteanu, V.P. *Ethical impacts, risks and challenges of artificial intelligence technologies in business consulting*: a new modelling approach based on structural equations. Electronics, v. 12, p. 1462, 2023. Disponível em: https://doi.org/10.3390/electronics12061462. Acessado em 6 de feveriro de 2024.

Glowasz, M. *Leading projects with data*: overcome behavioral and cultural barriers to unlock the hidden value of data in projects [produção independente], 2022.

Gordon, C.; Upadhyay, M. *The AI dilemma*. New Delhi: BPB Publications, 2021.

Gu, Z.; Zhu, X.; Ye, H.; Zhang, L.; Wang, J.; Jiang, S.; Xiong, Z.; Li, Z.; He, Q.; Xu, R.; Huang, W.; Zheng, W.; Feng, H.; Xiao, Y. Xiezhi: *An ever-updating benchmark for holistic domain knowledge evaluation*. Disponível em: arXiv.org e-Print Archive, 2023. Acessado em 22 de dexembro de 2023.

Gyory, J.; Zurita, N.; Martin, J.; Balon, C.; Mccomb, C.; Kotovsky, K.; Cagan, J. *Human versus artificial intelligence*: a data-driven approach to real-time process management during complex engineering design. Journal of Mechanical Design, 2021.

Harvard Business Review; Davenport, T.; Brynjolfsson, E.; Mcafee, A.; Wilson, H. J. *Artificial intelligence*: the insights you need from Harvard Business Review (HBR Insight Series). Massachusetts: Harvard Business Review Press, 2019.

Haase, J.; Hanel, P. *Artificial muses*: generative artificial intelligence chatbots have risen to human-level creativity. ArXiv, 2023. Disponível em: /abs/2303.12003. Acessado em 11 de novembro de 2023.

Hacker News. *Ask HN*: AI/ML papers to catch up with current state of AI? [s.d.]. Disponível em: https://news.ycombinator.com/item?id=38652736. Acessado em 23 de abril de 2024.

Han, M., Qin, S., & Zhang, N. (Eds.). (Advances in Neural Networks – ISNN 2020: 17th International Symposium on Neural Networks, ISNN 2020, Cairo, Egypt, December 4–6, 2020, Proceedings. Springer International Publishing, 2020.

Hosanagar, K. *A human's guide to machine intelligence*: how algorithms are shaping our lives and how we can stay in control. London: Penguin Books, 2019.

Huyen, C. *Designing machine learning systems*. California: O'Reilly, 2022.

Jackson, Z. *Cod is for humans*: a guide to human-centric software engineering. Produção Independente, 2023.

Jain, N.; Khalid, S.; Wen, Y.; Kirchenbauer, J.; Shu, M.; Saha, A.; Goldblum, M.; Geiping, J.; Goldstein, T. *Bring your own data!* Self-supervised evaluation for large language models. Disponível em: arXiv.org e-Print Archive, 2023. Acessado em 12 de dezembro de 2023.

Jakesch, M.; Hancock, J.; Naeman, M. *Human heuristics for AI-generated language are flawed*. ARXIV, 2022.

Jáuregui-Velarde, R., Andrade-Arenas, L., Molina-Velarde, P., & Yactayo-Arias, C. Financial revolution: a systemic analysis of artificial intelligence and machine learning in the banking sector. *International Journal of Electrical and Computer Engineering (IJECE)*. https://doi.org/10.11591/ijece.v14i1.pp1079-1090, 2024.

Kaplan, J. *Artificial intelligence - what everyone needs to know*. New York: Oxford University Press, 2016.

Kapoor, A.; Gulli, A. *Deep learning with TensorFlow and Keras*: build and deploy supervised, unsupervised, deep and reinforcement learning models. Birmingham: Packt Publishing, 2022.

Kapur, R. *AI made simples*: a beginner's guide to generative intelligence. California: Trinity Media, 2023.

Kent, D. *Artificial intelligence in education*: fundamentals for educators. Coreia do Sul: Kotesol DCC, 2022.

Khattak, F. K., Jeblee, S., Pou-Prom, C., Abdalla, M., Meaney, C., & Rudzicz, F. Engineering the advances of the artificial neural networks (ANNs) for security of Internet of Things (IoT): a systematic literature review. Journal of Big Data, 10(1), 51. https://doi.org/10.1186/s40537-023-00805-5, 2023.

Kissinger, H.; Schmidt, E. *The age of AI*: and our human future. Massachusetts: Back Bay Books, 2022.

Knaflic, C. *Storytelling com dados*. Rio de Janeiro: Alta Books, 2019.

Korteling, J.; van de Boer, V.; Blankendaal, R.; Boonekamp, R.; Eikelboom, A. *Human versus artificial intelligence*. Frontiers of Artificial Intelligence, 2021. Disponível em: https://doi.org/10.3389/frai.2021.622364. Acessado em 13 de feveriro de 2023.

Korzynski, P.; Mazurek, G.; Altmann, A.; Ejdys, J.; Kazlauskaitė, R.; Paliszkiewicz, J.; Wach, K.; Ziemba, E. *Generative artificial intelligence as a new context for management theories*: analysis of ChatGPT. Central European Management Journal, vol. 31-1, pp. 3-13, 2023. Disponível em: https://doi.org/10.1108/CEMJ-02-2023-0091. Acessado em 6 de junho de 2023.

Koubaa, A. *GPT-4 vs. GPT-3.5*: a concise showdown, 2023.

Krohn, J.; Beyleveld, G. *Deep learning illustrated*: a visual, interactive guide to artificial intelligence. Boston: Addison-Wesley Professional, 2019.

Lakshmanan, V. *Machine learning design patterns*: solutions to common challenges in data preparations, model building, and MLOPs. California: O'Reilly Media, 2020.

Lee, K.-F.; Qiufan, C. *AI – ten visions for our futures*. London: Penguin Books, 2021.

Lee, K.-F. *AI superpowers*: China, Silicon Valley, and the new world order. New York: HarperCollins Publishers, 2021.

Lee, I., & Shin, Y. Machine learning for enterprises: Applications, algorithm selection, and challenges. *Business Horizons*, 63, 157170. https://doi.org/10.1016/j.bushor.2019.10.005, 2020.

Lei, F.; Liu, Q.; Huang, Y.; He, S.; Zhao, J.; Liu, K. *S3Eval: A synthetic, scalable, systematic evaluation suite for large language models*. Disponível em: arXiv.org e-Print Archive, 2023. Acessado em 1º de fevereiro de 2024.

Levy, D. *Love and sex with robots*: the evolution of human-robot relationships. New York: Harper, 2007.

Luo, Y., Zhang, Y., Qin, X., & Zhao, X. Exploring the Advancements and Future Research Directions of Artificial Neural Networks: A Text Mining Approach. Applied Sciences, 13(5), 3186. https://doi.org/10.3390/app13053186, 2023.

Mckee, D. *Uncontrollable*: the threat of artificial superintelligence and the race to save the world. Produção independente, 2023.

Minksy, M. *The emotion machine*: commonsense thinking, artificial intelligence, and the future of the human mind. NY: Simon&Schuster, 2007.

Muller, A.; Guido, S. *Introduction to maching learning with Python*: a guide for data scientists. California: O'Reilly Media, 2016.

Muñoz, S.; Gutiérrez-Gayoso, G.; Huambo, A.; Domingo, R. ; Tapia, C. ; Incaluque, J. *Examining the Impacts of ChatGPT on Student Motivation and Engagement*. Przestrzeń Społeczna (Social Space), 2023.

Nakavachara, V.; Potipiti, T.; Chaiwat, T. *Experimenting with Generative AI: Does ChatGPT Really Increase Everyone's Productivity?* SSRN Electronic Journal. 10.2139/ssrn.4746770, 2024.

Nield, T. *Essential math for data science*. California: O'Reilly Media, 2022.

Noy, S.; Zhang, W. *Experimental Evidence on the Productivy Effects of Gnerative Artificial Intelligence*. Working Paper, Disponível em: chrome-extension://efaidnbmnnnibpcajpcglclefindmkaj/https://economics.mit.edu/sites/default/files/inline-files/Noy_Zhang_1.pdf. Acessado em 15 de fevereiro de 2024.

Oecd. *OECD employment outlook 2023*: artificial intelligence and the labour market. Paris: OECD Publishing, 2023. Disponível em: https://doi.org/10.1787/08785bba-en. Acessado em 13 de fevereiro de2024.

OpenAI. *GPT-4 technical report. arXiv preprint.* Disponível em: chrome-extension://efaidnbmnnnibpcajpcglclefindmkaj/https://arxiv.org/pdf/2303.08774, 2023. Acessado em 24 de março de 2024.

Patel, A. *Hands-on unsupervised learning using Python*: how to build the applied machine learning solutions from unlabeled data. California: O'Reilly Media, 2019.

P, D., P, M., Ramalakshmi, M., Geetha, D., & C, M. Deep Learning and Beyond: AI's New Horizons. https://doi.org/10.47715/jpc.b.978-93-91303-89-1, 2024.

Peng, Z., Zhao, S., Liu, C., Xu, S., & Xie, T. How effectively can GPT-4 and ChatGPT solve programming problems? An empirical study. arXiv preprint arXiv:2305.03374, 2023.

Pickover, C. *Artificial intelligence*: an illustrated history: from medieval robots to neural networks. New York: Union Square & Co, 2019.

Prince, S. *Understanding deep learning*. Massachusetts: MIT Press, 2023.

Radford, A.; Narasimhan, K.; Salimans, T.; Sutskever, I. *Improving language understanding by generative pre-training*. OpenAI Blog, 2018.

Raschka, S. *Ten noteworthy AI research papers of 2023*. Ahead of AI, 2023. Disponível em: https://magazine.sebastianraschka.com/p/10-ai-research-papers-2023. Acessado em 24 de março de 2024.

Rashid, T. *Make your own neural network*. North Charleston: CreateSpace Independent Publishing, 2016.

Reis, J.; Housley, M. *Fundamentals of data engineering*. California: O'Reilly Media, 2022.

Regona, M.; Yigitcanlar, T.; Xia, B.; Li, R. *Opportunities and adoption challenges of AI in the construction industry*: a PRISMA review. J. Open Innov. Technol. Mark. Complex., v. 8, n. 45, 2022. Disponível em: https://doi.org/10.3390/joitmc8010045. Acessado em 13 de fevereiro de 2024.

Rich, E.; Knight, K.; Shivashankar, N. *Artificial intelligence*. New Delhi: McGraw-Hill, 2009.

Rothman, D. *Transformers for natural language processing*: build, train, and fine-tune deep neural network architectures for NLP with Python, Hugging Face, and OpenAi's GPT-3, ChatGPT and GPT-4. Birmingham: Packt Publishing, 2022.

Russell, S. *Inteligência artificial a nosso favor*: Como manter o controle sobre a tecnologia. São Paulo: Companhia das Letras, 2021.

Russell, S.; Norvig, P. *Artificial intelligence*: a modern approach. NJ: Pearson, 2020.

Shane, J. *You look like a thing and I love you*: how AI works and why it's making the world a weirder place. New York: Voracious, 2019.

Soria Zurita, N.F.; Gyory, J.T.; Balon, C.; Martin, J.; Kotovsky, K.; Cagan, J.; Mccomb, C. *Data on the human versus artificial intelligence process management experiment*. Data in Brief, v. 41, 2022.

Spalek, S. *Data analytics in project management*. NY: CRC Press, 2019.

Sun, M.; Liu, Z.; Bair, A.; Kolter, J.Z. *A simple and effective pruning approach for large language models*. Disponível em: arXiv.org e-Print Archive, 2023. Acessado em 2 de fevereiro de 2024.

Tegmark, M. *Life 3.0 – being human in the age of artificial intelligence*. London: Pinguin Books, 2017.

Toews, R. *Transformers revolutionized AI. What will replace them?* Forbes, 2023. Disponível em: https://www.forbes.com/sites/robtoews/2023/09/03/transformers-revolutionized-ai-what-will-replace-them/?sh=58d264799c1f. Acessado em 23 de abril de 2024.

Turing, A. *Computing machinery and intelligence*. Mind, v. 59, p. 433-460, 1950.

Vanka, U. *The future is big*: how emerging technologies are transforming industry and societies. New York: Business Expert Press, 2023.

Vaswani, A.; Shazeer, N.; Parmar, N.; Uszkoreit, J.; Jones, L.; Gomez, A.; Kaiser, L.; Polosukhin, I. *Attention is all you need*. Disponível em: https://doi.org/10.48550/arXiv.1706.03762. Acessado em 20 de fevereiro de 2024.

Wade, S. *A brief history of artificial intelligence*: unraveling the threads of machine intelligence [publicação independente], 2023.

Wallach, W. *Moral machines*: teaching robots right from wrong. Oxford: Oxford University Press, 2008.

Webb, A. *The big nine*: how the tech titans & their thinking machines could warp humanity. NY: Public Affairs, 2019.

Wolf, A. *The machine learning simplified*: a gentle introduction to supervised learning. Edição Kindle, 2022.

Xiao, P. *Artificial intelligence programming with python*: from zero to hero. New Jersey: Wiley, 2022.

Yampolski, R. *AI*: unexplainable, unpredictable, uncontrollable. Londres: Chapman and Hall, 2024.

Yang, H.; Yue, S.; He, Y. *Auto-GPT for online decision making* - benchmarks and additional opinions. Disponível em: https://arxiv.org/abs/2306.02224, 2023. Acessado em 20 de fevereiro de 2024.

Yang, J., Jin, H., Tang, R., Han, X., Feng, Q., Jiang, H., Yin, B., & Hu, X. Harnessing the Power of LLMs in Practice: A Survey on ChatGPT and Beyond. *ArXiv*, abs/2304.13712. https://doi.org/10.48550/arXiv.2304.13712, 2023.

Yilmaz, R. M., & Yilmaz, Y. Exploring the impact of ChatGPT on programming education: An experimental study. Computers and Education: Artificial Intelligence, 4, 100107, 2023.

Yonck, R. *Heart of the machine*: our future in a world of artificial emotional intelligence. New York: Arcade, 2020.

Zhang, A.; Lipton, Z.; Li, M.; Smola, A. *Dive into deep learning*. Cambridge: Cambridge University Press, 2023.

Zhao, W., Zhou, K., Li, J., Tang, T., Wang, X., Hou, Y., Min, Y., Zhang, B., Zhang, J., Dong, Z., Du, Y., Yang, C., Chen, Y., Chen, Z., Jiang, J., Ren, R., Li, Y., Tang, X., Liu, Z., Liu, P., Nie, J., & Wen, J. A Survey of Large Language Models. *ArXiv*, abs/2303.18223. https://doi.org/10.48550/arXiv.2303.18223, 2023.

Ziegler, A., Kalliamvakou, E., Li, S., Goerg, G. M., Sievert, C., & Bird, C. Productivity assessment of neural code completion. arXiv preprint arXiv:2205.06537, 2022.